RESISTÊNCIA

Memória da ocupação nazista
na França e na Itália

CONSELHO EDITORIAL
Ana Paula Torres Megiani
Eunice Ostrensky
Haroldo Ceravolo Sereza
Joana Monteleone
Maria Luiza Ferreira de Oliveira
Ruy Braga

RESISTÊNCIA

Memória da ocupação nazista
na França e na Itália

Denise Rollemberg

Copyright © 2016 Denise Rollemberg

Grafia atualizada segundo o Acordo Ortográfico da Língua Portuguesa de 1990, que entrou em vigor no Brasil em 2009.

Edição: Haroldo Ceravolo Sereza

Editora assistente: Camila Hama

Projeto gráfico, diagramação e capa: Camila Hama e Dafne Ramos

Assistente acadêmica: Bruna Marques

Revisão: Zélia Heringer de Moraes

Assistente de produção: Jean Ricardo Freitas

Imagens da capa: Marc Chagall (1887-1985). Tríptico (óleo sobre tela de linho) intitulado Revolução, de 1937, dividida, em 1943, em três partes: Resistência (painel à esquerda), 1937-1948, 168 x 103 cm; Ressurreição (painel central), 1937-1948, 168 x 107,5 cm; Libertação (painel à direita), 1937-1952, 168 x 88 cm. Paris, Centro Georges Pompidou, Museu Nacional de Arte Moderna, dação em 1988, em depósito ao Museu Nacional Marc Chagall, em Nice, França.

Este livro foi publicado com apoio da Faperj.

CIP-BRASIL. CATALOGAÇÃO-NA-FONTE
SINDICATO NACIONAL DOS EDITORES DE LIVROS, RJ

R656M

ROLLEMBERG, DENISE, 1963
RESISTÊNCIA: MEMÓRIA DA OCUPAÇÃO NAZISTA NA FRAN-
ÇA E NA ITÁLIA
Denise Rollemberg. - 1. ed.
São Paulo : Alameda, 2016.
376 p. : il. ; 23 cm.

Inclui bibliografia e índice
ISBN 978-85-7939-375-4

1. Nazismo. 2. Guerra Mundial, 1939-1945. I. Título.

16-30353	CDD: 940.54
	CDU:
94(100)'1939/1945'	

ALAMEDA CASA EDITORIAL

Rua 13 de Maio, 353 – Bela Vista

CEP 01327-000 – São Paulo, SP

Tel. (11) 3012-2400

www.alamedaeditorial.com.br

À Doris, por tudo, sempre.

Ao Samuel, filho querido.

Ao Ronaldo, que acreditou em tudo.

SUMÁRIO

APRESENTAÇÃO 9

CAPÍTULO I. Resistência: o desafio conceitual 15

PARTE I: Memória da Resistência na França

CAPÍTULO 2. Museus e Memoriais franceses 73

CAPÍTULO 3. *Em algumas horas, vou morrer... As* 173
cartas de despedida dos resistentes e reféns fuzilados

PARTE II: Memória da Resistência na Itália

CAPÍTULO 4. Museus e Memoriais italianos 231

CAPÍTULO 5. Os *Sette Fratelli* 313

BIBLIOGRAFIA 363

AGRADECIMENTOS 375

APRESENTAÇÃO

Em abril de 2013, o Museu Jean Moulin, de Paris, inaugurou uma exposição temporária em comemoração aos 70 anos da morte do mais celebrado herói da Resistência francesa à ocupação nazista, capturado e morto pela Gestapo, em Lyon. No cartaz espalhado pela cidade, a promessa de *coleções inéditas* e o sugestivo título, *Rédecouvrir Jean Moulin*, aumentaram meu interesse pela exposição.[1] Como venho estudando, há alguns anos, a ocupação nazista na Segunda Guerra, em particular, a Resistência ao ocupante estrangeiro, àprimeira vista, foi inevitável pensar: que documentação teria permanecido ignorada nessas décadas, considerando a fixação dos franceses pelo assunto?

A novidade da exposição era trazer para um público o lado humano do herói, explorado com documentação pessoal dos tempos de menino, jovem e homem maduro. Em destaque, as relações com a família e os amigos e o talento artístico de Jean Moulin como pintor, desenhista, cartunista e chargista.

Embora essa fosse a abordagem escolhida, a sua sexualidade foi discretamente contornada. Em uma única foto, o visitante da exposição viu Moulin com a esposa. A legenda informava: "criada em Paris, ela jamais se acostumara à vida na província; as ausências constantes levaram o marido a solicitar o divórcio, alegando abandono do lar".

---

1   *Rédecouvrir Jean Moulin*. Exposição temporária (de 18 de abril de 2013 e 31 de agosto de 2014) no Museu do Général Leclerc de Hauteclocque e da Libertação de Paris - Museu Jean Moulin, com o Ministério da Defesa. Curadoria de Christine Levisse-Touzé e Dominique Veillon. Catálogo: Museu do Général Leclerc de Hauteclocque e da Libertação de Paris - Museu Jean Moulin. Christine Levisse-Touzé e Dominique Veillon. *Jean Moulin*. Artiste, préfet, résistant. Paris: Talladier, 2013.

O tipo de documentação trabalhado, contudo, impunha o assunto e a sua ausência só o tornava mais evidente ao visitante atento.

Rédecouvrir Jean Moulin encobriu mais uma vez o tabu: a homossexualidade de Moulin. Do herói. Do mito. O indizível. Revelou a presença ainda do preconceito. O silêncio a esse respeito expôs não somente a impossibilidade de se ter um herói nacional homossexual. Mostrou como ainda é difícil a desconstrução de personagens míticos da Resistência, longe, portanto, das imagens lapidadas pela memória. O silêncio explicitou, por fim, os embates dos museus históricos da Resistência entre a vocação celebratória do passado e a pretensão de ser histórico.

Afinal, por que sacralizar os que lutaram contra a barbárie nazista? Por que a homenagem que todos eles merecem deve contornar, quando não ocultar, os dilemas e incertezas de cada um?

Da invasão da Polônia, em setembro de 1939, dando início à guerra, até o desembarque aliado na Sicília, a partir de julho de 1943, a Alemanha ocupou grande parte da Europa. A partir da ilha mediterrânea, o processo de libertação do continente se prolongou por quase dois anos até a vitória final. Em abril de 1945, os nazistas deixaram os últimos territórios que ainda controlavam.

A ocupação foi vivida segundo as características de cada país (cultura, história, circunstâncias da derrota) em face dos interesses alemães. Entre a adesão e a rejeição, a colaboração e a resistência, os comportamentos sociais variaram imensamente.

No pós-guerra, a historiografia sobre o assunto seguiu a forte tendência presente nos países outrora ocupados de lembrar aqueles anos celebrando os feitos heroicos da Resistência, contornando as colaborações e, sobretudo, evitando as *zonas cinzentas* entre os dois extremos.

Terminada a guerra, o desafio era reerguer os países libertados não somente do ponto de vista político, militar, econômico, mas também moral. Na França, por exemplo, falou-se de uma *França deitada,* rendida, humilhada, fracassada, submissa, servil, em oposição a uma *França de pé,* de cabeça erguida, recomposta, orgulhosa, soberana, resistente.

Esse esforço esteve presente também na Itália e na Alemanha, países em que os regimes fascista e nazista haviam contado com a adesão expressiva de segmentos da sociedade.

É nesse contexto de reconstrução da Europa que a memória como uso do passado exerceu um papel fundamental, produzindo versões e interpretações apaziguadoras a respeito dos anos deocupação. Sobre alguns pilares deu-se esse processo: a identificação das forças coercitivas como elemento essencial dos regimes totalitários; a percepção da sua propaganda como fundamentalmente manipuladora; o argumento do desconhecimento da barbárie perpetrada pelos nazistas e colaboradores. *Nós não sabíamos*, síntese tantas vezes repetida.[2] A reconstrução europeia sustentou-se, também, no mito da Resistência, segundo o qual os países derrotados na guerra não haviam, desde a derrota até a libertação dos territórios, se curvado diante do invasor e seus colaboradores assumidos.

Enfim, as necessidades do presente deram o tom às reconstruções do passado recente, mobilizando interesses e sensibilidades, desde o indivíduo até o Estado, com suas políticas públicas em relação ao assunto.

Somente na década de 1970, os países enfrentaram – ou começaram a enfrentar - a desconstrução do mito da Resistência, segundo, mais uma vez, dinâmicas próprias. Esse movimento envolveu amplamente a sociedade. Em jornais, rádios, tevê, cinema, documentários, literatura o tema foi debatido. No que diz respeito à historiografia, autores enfrentaram o lado sombrio de um tempo que se queria esquecer. Certezas foram abaladas. Se, até então, o tema por excelência para lembrar a ocupação havia sido Resistência, doravante o próprio conceito foi posto em xeque, quando não as evidências de ações de resistência. O certo é que, entre os historiadores, a naturalização do termo tornou-se inaceitável.

Passadas décadas de discussões nas universidades e centros de pesquisa, resultando em congressos, livros, coletâneas, dossiês em revistas acadêmicas, os historiadores da Resistência vivem hoje o seguinte dilema: ou bem restringem os critérios para a conceituação, identificando determinadas experiências de luta como oposição ou dissidência ou bem alargam tais critérios a ponto de admitir que qualquer ato proibido pelo ocupante significou resistir, de modo que o conceito acaba por se diluir, tornando-se, talvez, inútil. Em todo caso, a riqueza das reflexões desfizeram muitas das *confusões*[3] entre a memória e a história, o que foi essencial na produção do conhecimento da ocupação e da Resistência, em particular. As com-

---

2   Cf., entre outros autores, Peter Longerich. *"Nous ne savions pas"*. Les allemands et la Solution finale. 1933-1945. Paris: Éditions Héloïse d'Ormesson, 2008.

3   Henry Rousso. Mémoire et histoire: la confusion. *La hantise du passé*. Entretien avec Philippe Petit. Paris: Les Éditions Textuel, 1998.

plexidades dos comportamentos sociais, em geral, e dos resistentes, em particular, ganharam o seu lugar.

Foi, portanto, nesse contexto do fim da guerra e glorificação da Resistência que começaram a surgir os inúmeros museus e memoriais da Resistência. Eles estão espalhados por toda a Europa que esteve ocupada e, sobretudo, onde se concentraram as lutas de resistência. Na própria Alemanha, protagonista da ocupação, há museu e memoriais dedicados à Resistência. Esses lugares de memória contribuíramativamente na construção da memória coletiva, tão importante na reedificação das identidades nacionais, divulgando heróis e seus feitos, celebrando a Resistência como patrimônio da nação. Os museus e memoriais, apesar de celebratórios, buscaram (e buscam) atuar, produzir um discurso, um conhecimento sobre o tema. De uma forma ou de outra, uns mais, outros menos, põem em discussão o mito da Resistência e incorporam as reflexões conceituais sobre o que pôde significar resistir à ocupação nazista. Nesse processo, refizeram-se, reinventaram-se como museus e memoriais.

Se a função celebratória de fatos e personagens parece hoje mais restrita aos memoriais, à medida que os museus da Resistência, sobretudo os mais atualizados, esforçam-se para se afastar dos discursos de memória, reivindicando-se como museus históricos, os limites ainda existem. A exposição *Rédecouvrir Jean Moulin* é uma evidência dessa constatação.

Proponho, nesse livro, uma abordagem da memória da Resistência, suas construções e desconstruções e, para tanto, começo por reconstruir os esforços da historiografia na conceituação da Resistência, acompanhando as linhas centrais de um debate que, como vimos acima, envolveu as trajetórias dos museus e memoriais da Resistência, sobretudo, nas últimas décadas do século XX.

No seguimento, examino as narrativas presentes em museus e memoriais de dois países onde eles são mais numerosos e diversificados: França e Itália. Na França, ocupada entre 1940 e 1944, são cerca de 60 museus (capítulo 2) e, na Itália, ocupada entre 1943-1945, aproximadamente 15 museus (capítulo 4). Para cada caso, procurei verticalizar o estudo de temáticas presentes nesses museus. No caso francês, tratei das cartas de despedidas de condenados à morte, escritas a poucas horas do fuzilamento (capítulo 3). No caso italiano, examinei a tragédia dos *sette frattelli* – o fato e memória dele – acerca dos sete irmãos resistentes mortos pelos fascistas da região da Emilia-Romagna (capítulo 5). Busquei analisar o museu a eles dedicado relacionando-o a duas visões historiográficas opostas.

RESISTÊNCIA: MEMÓRIA DA OCUPAÇÃO NAZISTA NA FRANÇA E NA ITÁLIA

Impossível pesquisar todos os museus e, menos ainda, todos os memoriais, de modo que selecionei 15 museus, na França, e oito na Itália, que visitei ao longo de 2013 e 2014. Considerei que tais museus são, ou pretendem ser, ao mesmo tempo, *monumento* e *documento*, conforme a reflexão de Jacques Le Goff sobre a ambiguidade das fontes históricas.[4]Essa seleção permite uma visão geral e também regional das memórias da Resistência consagradas nos museus da França e da Itália, bem como uma reflexão comparativa das duas construções.

Assim, na seleção dos museus e memoriais considerei: 1) os momentos e as circunstâncias em que foram criados; 2) os projetos arquitetônicos e as localizações, considerando não apenas aqueles cuja a importância é evidente, mas também, os mais modestos; 3) as pretensões nacionais, regionais e locais, que jogam papel importantíssimo na reconstrução da memória da Resistência; 4) as concepções das exposições, concebidas como narrativas; 5) a natureza dos acervos (virtual e material) e suas organizações; 6) as noções ou os conceitos de Resistência neles veiculados. Procurei ainda, identificar as transformações – ou não – pelas quais passaram os museus e memoriais ao longo do tempo, convencida de que tais lugares de memória têm também a sua história, assim como a história neles registrada o é segundo o que convém à memória que cada época constrói sobre o passado.

Leopold von Ranke, em *Conceito de história universal*, obra de 1831, afirmou:

> Tudo o que existe está ameaçado pela morte. Somente aqueles que a História menciona não morreram completamente, sua essência e sua vida continuarão a exercer influência enquanto ainda forem compreendidos: é somente com o apagar da memória que a verdadeira morte acontece.[5]

Referência maior do historicismo e da escola metódica alemã, Ranke referia-se à memória como registro histórico, não como reconstrução do passado. É, portanto, como história que os homens serão compreendidos e perpetuados no tempo.

---

4   Cf. Jacques Le Goff. Documento/Monumento. R. Romano. *Enciclopédia Einaudi:* Memória/ História. Lisboa: Imprensa Nacional/ Casa da Moeda, 1982.

5   Leopold von Ranke. *O conceito de história universal* (1831). In: Estevão de Rezende Martins (org.). *A história pensada.* Teoria e método na historiografia europeia do século XIX. São Paulo: Contexto, 2010, p. 213.

Por ser construída e reconstruída em função dos ventos do presente, a memória é, a um só tempo, previsível, pois está sujeita a manipulações. Mas, em boa medida, ela é também imprevisível, pois sujeita às mudanças, ao porvir, à história.

O desafio dos monumentos da Resistência, sobretudo dos museus, é eternizar homens e mulheres que lutaram contra a ocupação nazista e a seus colaboradores na história. Não como mitos intocáveis, senão como seres humanos em sua complexidade, quer individual quer na sua dimensão coletiva. Essa é a maior homenagem, divergências à parte, que lhes podemos prestar.

CAPÍTULO 1

Resistência: o desafio da conceituação

Sob a bandeira nacional socialista, a Alemanha parecia, em novembro de 1942, enfim, realizar a antiga ambição prussiana de expansão das fronteiras. A derrota na Grande Guerra, em 1918, do Império criado em 1871, amargada nos anos seguintes ao fim do primeiro conflito de dimensões mundiais, parecia superada diante do domínio obtido de grande parte da Europa continental e do Norte da África (junho de 1940) e de parte do território soviético (junho de 1941).

Na Europa, a expansão alemã já se iniciara com as anexações da Áustria e dos Sudetos, na Tchecoslováquia, em março e outubro de 1938, respectivamente, no contexto da política de apaziguamento da Grã-Bretanha e da França dispostas a concessões à Alemanha nazista diante da perspectiva de guerra.[1] A invasão da Polônia (setembro de 1939), campanha que suscitou o início à guerra, deu sequência à expansão em curso, fenômeno que só começou a mudar a partir da derrota alemã, em El Alamein (Egito), em novembro de 1942, e em Stalingrado (URSS), em fevereiro do ano seguinte.[2]

---

1 Os Sudetos eram uma região de população alemã que passou a integrar a Tchecoslováquia, país criado na sequência do fim da Grande Guerra (1914-1918). A Conferência de Munique, ocorrida em 29 de setembro de 1938, reunindo Chamberlain, Daladier, Mussolini e Hitler na cidade bávara acordou a recuperação dos Sudetos por parte da Alemanha. O encontro marcou o ápice da chamada política de apaziguamento defendida pelos primeiros ministros britânico e francês frente às ambições expansionistas do nacional socialismo, no poder desde janeiro de 1933, quando Hitler tornou-se 1º ministro da Alemanha.

2 Nesse cenário, a derrota das tropas comandadas pelo general Erwin Rommel, na batalha de El Alamein, em novembro de 1942, no Egito, para o general britânico Montgomery, foi um marco, dando início à expulsão das forças militares do Eixo do Norte do continente africano

As vitórias da *Wehrmacht*[3] ocorreram sem que as forças armadas dos países europeus agredidos conseguissem conter a chamada guerra relâmpago (*blitzkrieg*). À tática militar, baseada em ataques surpresas, rápidos e brutais, somou-se a profunda crise dos valores da democracia representativa liberal e de identidade nacional na qual os países europeus se encontram, resultando em derrotas súbitas e avassaladoras. Assim, entre os meses da invasão da Polônia (setembro de 1939) e da derrota da França (junho de 1940), todos os países europeus haviam caído sob o jugo nazista ou mantinham regimes próximos a Berlim, exceto a Grã-Bretanha.

Após o fracasso da política do apaziguamento, com a consequente queda do primeiro ministro a ela identificado, Neville Chamberlain, Winston Churchill tornou-se chanceler, não por acaso, no momento em que a França foi invadida (10 de maio). Contrário à conciliação com interesses expansionistas do regime nazista, estivera isolado, até então, no parlamento britânico. "A Grã-Bretanha jamais se renderá!", ecoou na Europa e no mundo a posição do novo primeiro ministro. Sob intensos bombardeios aéreos, em 1940, na chamada batalha da Inglaterra, a população britânica acompanhou sua determinação. Quatro anos mais tarde, a Grã-Bretanha voltou a ser alvo dos ataques aéreos de uma Alemanha já derrotada mi-

---

e o início do desembarque e ocupação da estratégica região pelos países Aliados. Em outro cenário da guerra, no Extremo Oriente, outro momento importante do início da virada na guerra foi a derrota do Japão para os EUA, na batalha de Midway, em junho de 1942. Os EUA haviam se somado ao combate ao Eixo Alemanha-Japão-Itália em dezembro de 1941, após o ataque japonês à base naval de Pearl Harbor, no Oceano Pacífico. A partir de então, a expansão japonesa no Oriente, ocupando antigas colônias europeias começava a ser contida. No cenário europeu, o terceiro momento importante do ponto de inflexão da guerra, interrompendo os êxitos do Eixo foi a batalha de Stalingrado, iniciada em novembro de 1942 e concluída em fevereiro do ano seguinte, a derrota das tropas alemãs do general von Paulus. Os resultados dessas três batalhas em diferentes cenários de uma guerra que, com a entrada dos EUA, tornara-se mundial – Midway, El Alamein e Stalingrado – tiveram um peso decisivo no início da reversão do quadro que parecia indicar a vitória alemã.

3 *Wehrmacht*, cuja tradução é *Força de Defesa*, é um termo muitas vezes usado para se referir ao exército alemão durante o Terceiro Reich; significa, mais precisamente, o conjunto das forças armadas, exército (*heer*), marinha (*kriegsmarine*) e força aérea (*luftwaffe*), entre 1935 e 1945. *Wehrmacht* veio substituir a palavra *Reichswehr,* usada entre 1921, no contexto da Alemanha derrotada na Grande Guerra (1914-1918) e 1935. No pós-Segunda Guerra, com a Alemanha já rearmada, as forças armadas passaram a ser denominadas *Bundeswehr*.

litarmente, por meio dos mísseis V1 e V2, inovações da indústria bélica alemã, as *armas da vingança*, assim denominados por Goebbels, ministro da propaganda.[4]

Na sequência das conquistas militares, os alemães deram início aos processos de ocupação dos países derrotados, transformando-os em domínios da política e da ideologia nazista e em fontes de recursos materiais e humanos.

O triunfo sobre a França, em junho de 1940, tornou-se símbolo do êxito da expansão nazista. Ao contrário do que ocorrera na Grande Guerra, quando as forças armadas e a população francesas defenderam-se da invasão da parte Norte do território por longos e penosos anos, em três semanas, os chefes militares aceitavam a rendição. A rapidez com que a derrota consumava-se expressou a decadência e a fragilidade do país. A população, nas poucas semanas em que as forças armadas francesas e britânicas juntas resistiam à invasão, lotou as igrejas rezando pelo milagre que não aconteceu. Homens, mulheres, idosos e crianças partiram em fuga em direção ao Sul, apavorados com a presumível revanche alemã. No entre-guerras, os alemães chamavam de *ditado* de Versalhes o tratado imposto pelos vitoriosos, sobretudo, pela França, expressão das humilhações e da exploração dos recursos materiais que impediam o reerguimento do país, impactando diretamente na penúria da população nos anos 1920.

A debilidade da defesa militar e o desânimo da população foram registrados por Marc Bloch. Com o sugestivo título de *A estranha derrota*, o historiador, integrante da geração que viveu, em curto espaço de tempo, as duas guerras mundiais, testemunhou as profundas transformações pelas quais os civis e militares, suas convicções políticas, seus espíritos, passaram face à antiga inimiga. O destino do grande historiador Marc Bloch as simbolizou: de ex-combatente da Grande Guerra, francês, nacionalista, herói, passou, na Segunda Guerra, a judeu perseguido, resistente, preso e executado pelos nazistas.

Com a ocupação alemã nos países vencidos, iniciou-se um capítulo de suas histórias não concluído com o fim da guerra. As populações, assim como seus dirigentes, experimentaram comportamentos que variaram de país para país, ao longo do tempo, num amplo campo de possibilidades desde a colaboração mais aguerrida com os vencedores até a resistência mais combativa.

---

4   O antigo bunker onde eram produzidos os foguetes (mísseis) V1 e V2, perto de Saint Omer, em Pas de Calais, foi transformado em museu da Segunda Guerra Mundial, La Coupole. Sobre o museu, ver o capítulo 2.

Nesse sentido, mais uma vez, a França apareceu como experiência-extrema uma vez que, na parte Sul do território, o Estado nacional foi refundado, oficialmente denominado *Estado Francês*, segundo o documento do armistício que pôs fim ao conflito entre os dois países. À frente do governo instalado na cidade de Vichy, pontificou o marechal Philippe Pétain, herói da Grande Guerra, o *Vencedor de Verdun*, como os franceses a ele se referiam, ascendeu ao poder a classe política de extrema-direita presente no país. Na França de Vichy, viabilizava-se, assim, a implementação das transformações da chamada *Revolução Nacional* em oposição aos valores e instituições liberais oriundos da Revolução Francesa. Com essa particular arquitetura geopolítica, o país viu-se fraturado física e moralmente, deixando marcas profundas com as quais os franceses tiveram que lidar nas décadas seguintes à Libertação e ao fim da guerra.[5]

A luta armada contra os alemães, hoje chamada de *resistência,* ocorreu em toda a Europa ocupada, embora nem todos os seus agentes se autodenominassem resistentes. Foi o caso da Polônia: "país onde o movimento da resistência foi, sem dúvida, o mais precoce, mais geral e mais desenvolvido que em qualquer outro país, a palavra jamais foi usada entre 1939 e 1945".[6]No polo oposto, na própria Alemanha, país ocupante, o termo r*esistência* apareceu em alguns nichos opositores do regime, como nos panfletos do *Rosa Branca*, grupo de jovens estudantes da Universidade de Munique.

Entretanto, o exemplo francês da luta contra o ocupante (alemão) e colaboradores (franceses) ficou como *referência* de Resistência no pós-guerra. Assim, em outros contextos, como nos processos de libertação nacional em países africanos e asiáticos, no pós-guerra, bem como nas lutas contra ditaduras militares na América Latina, nas décadas de 1960-80, o caso francês manteve-se como referência, o que contribuiu para certa banalização ou naturalização do termo, como se verá adiante.

Contudo, o paradigma da Resistência francesa ancora-se menos na história desse confronto, mas, sobretudo, na memória construída sobre as anos 1940-1944. Essa deformação encobriu os diversos e, por vezes, conflitantes projetos políticos ali presentes, engolfados pela memória gaullista da Resistência, que prevaleceu sobre as demais. Da mesma forma, a perspectiva sacralizada da Resistência dificultou a

---

5   Para a realidade da França no momento da derrota, ver o capítulo 2.

6   François Bédarida. "L'histoire de la Résistance: lectures d'hier, chantiers de demain."*Vingtième Siècle,*Paris, n. 11, jul-set, 1986, p. 79.

percepção da pluralidade dos comportamentos sociais existentes sob a ocupação e a colaboração. Inspirando-se em Primo Levi, Pierre Laborie chamou de *zona cinzenta* o amplo campo de possibilidades entre resistência e colaboração, expressando, assim, mais ricamente os comportamentos sociais em tais circunstâncias, que se alternavam e coexistiam nos indivíduos. As ambivalências da zona cinzenta não foram exclusivas à França.

A elaboração de critérios que permitam a conceituação de Resistência considera, necessariamente, o caráter do regime ao qual se resiste. Resistir ao regime totalitário[7] alemão, na Alemanha, por exemplo, não é o mesmo que resistir aos ocupantes e aos colaboradores na França, seja na zona ocupada seja na *zona livre.* Isso não impede a comparação das várias experiências ocorridas na Europa no contexto da guerra e mesmo de outras experiências históricas. O método comparativo enriquece a compreensão de cada situação específica, e, portanto, suas conceituações. A flexibilidade do conceito de resistência parece diretamente proporcional ao grau de sucesso do Estado em sua ambição totalitária. Assim, quanto mais bem sucedido na ambição totalitária o regime for, mais flexível é a conceituação de resistência a ele. As possibilidades de articulação da sociedade eram mais difíceis e perigosas; as ações armadas possíveis apenas no interior das forças armadas; os riscos de cair nas mãos do algoz e as penalidades submetidas eram maiores e mais graves. Por outro

---

7   O conceito de totalitarismo foi amplamente discutido pela historiografia. Nesse movimento, houve uma tendência entre os historiadores de rejeitá-lo uma vez que profundamente associado aos embates da Guerra Fria, contaminando-o, portanto, como instrumental de análise. A teoria do totalitarismo, que procurou igualar nazismo a stalinismo, foi a evidência da deformação do conceito. Já há algum tempo, o conceito vem sendo recuperado pelos historiadores para diferenciar determinadas experiências históricas, como o fascismo, o nazismo e o stalinismo, de outras realidades autoritárias. Acredita-se que, embora o fascismo, o nazismo e o stalinismo jamais tenham conseguido dominar todos os aspectos públicos e privados da sociedade e, assim, a sociedade civil nunca desapareceu de todo, essa intervenção era objetivo central desses regimes. Nos regimes autoritários, mas não totalitários, a intervenção no campo privado não era finalidade. Outras diferenças que justificariam o uso do conceito de totalitarismo também são destacadas. Para o conceito de totalitarismo, ver Denis Peschanski. "Le concept du totalitarisme". In: _____; Michael Pollak; Henry Rousso (orgs.). *Histoire Politique et Sciences Sociale*s. Questions au XXè siècle. Paris e Bruxelas: IHTP e Editions Complexes, 1991; Guy Hermet, Pierre Hassner e Jacques Rupnik (orgs.), *Totalitarismes*. Paris: Economica, 1999 (1a ed. 1984); Enzo Traverso (éd.) *Le totalitarisme*. Le XXe siècle en débat. Paris: Seuil, 2001.

lado, quanto mais possibilidades de articulações na sociedade civil houver e menos truculento for esse Estado, a conceituação de Resistência é mais estreita.

A historiografia sobre o conceito de Resistência é vasta, seja quanto aos países ocupados na Segunda Guerra Mundial, seja quanto à própria a própria Alemanha. O que pretendo fazer, neste capítulo, é, menos um balanço bibliográfico exaustivo – de resto inviável - senão refletir sobre as possibilidades, dilemas e reflexões da conceituação da Resistência.[8] Com características próprias em cada país, a luta contra o ocupante foi uma das reações historicamente possíveis, assim como a colaboração. Entre as atitudes extremas de combater ou auxiliar o inimigo, a ampla gama de comportamentos ambivalentes da zona cinzenta. Os casos francês, italiano e alemão, tão diferentes entre si, histórica e historiograficamente, oferecem exemplos excelentes para tal reflexão.

FRANÇA

> Se a resistência de um povo outrora martirizado por um invasor não existisse, seria preciso sem dúvida inventá-la.
>
> Jacques Sémelin[9]

Em 1971, estreou o filme Le chagrin et la pitié, de Marcel Orphüls, causando um enorme impacto na França.[10] O documentário, filmado em 1969, pretendeu narrar a história dos anos seguintes à derrota para a Alemanha nacional-socialista, em 1940. Os anos da ocupação. O cotidiano da cidade de Clermont-Ferrand, na região de Auvergne,[11] serviu de cenário para enxergar o dia a dia do país sob o regime de Vichy.[12]Com mais de quatro horas de duração, o documentário expõe imagens

---

8 Em outra oportunidade, apresentei reflexões sobre a problematização do conceito de Resistência, centrando, sobretudo, no caso francês. Aqui, procuro aprofundar o tema em relação à França, assim como estender a discussão para os casos italiano e alemão. Para essa primeira abordagem do tema, ver Samantha Quadrat e Denise Rollemberg (orgs.). História e memória de ditaduras. Brasil, América Latina e Europa. Rio de Janeiro: Ed. FGV, 2015.

9 Jacques Sémelin. "Qu'est-ce que 'résistir'?"Esprit. Paris, n. 198, jan. 1994, p. 63.

10 O DVD foi lançado no Brasil em 2011, com o título A tristeza e a piedade. Creio que jamais passou nos cinemas nem na televisão.

11 Departamento de Puy-de-Dôme.

12 Foi em Clermont-Ferrand que o papa Urbano II, no final do século XI, lançou, em concílio, a ideia de cruzada contra os muçulmanos. Tratava-se, portanto, do marco inicial da expansão

de época e entrevistas com pessoas de diferentes origens, posição social e opção políticas, desde personalidades célebres, como Pierre Mendès-France,[13] até cidadãos provincianos envolvidos nos acontecimentos. A intenção do documentário é convencer o espectador de que o comportamento da maioria dos franceses diante da situação foi bem diferente daquele que vinha sendo contado desde a Libertação, em 1944. Multiplica evidências de que, longe de serem resistentes de primeira hora, os franceses foram sobretudo colaboradores, quando não débeis ou indiferentes face à ocupação alemã.

O fato de ser um documentário com imagens, fatos e personagens adensa a veracidade da narrativa, como se imparcialidade e objetividade fossem da natureza do gênero documentário. A fotografia em preto e branco também reforça a impressão de realidade que se quer divulgar. Depoimentos e situações desfilam na tela como um documento instaurador da verdade, imune a interpretações e à crítica interna, priorizando as respostas e não as perguntas, do entrevistador oculto atrás da câmera.

O impacto do filme foi tamanho que o governo francês proibiu a sua exibição na TV durante 10 anos, somente o liberando em 1981, no governo de François Mitterrand.[14]Assim, a opinião pública francesa se deslocou de um polo para ao ou-

---

da cristandade, a Primeira Cruzada, cujo objetivo era libertar Jerusalém dos *infiéis*.

13 Pierre Mendès-France (1907-1982) foi primeiro-ministro da França de 18/6/1954 a 23/2/1955.

14 Embora a liberação do filme para a exibição na TV, em 1981 lembre a chegada à presidência da República do primeiro social democrata, é bom não esquecer que François Mitterrand, assim como os presidentes de direita que o precederam, jamais reconheceu, como chefe de Estado, Vichy como o Estado francês. O primeiro a fazê-lo, como veremos adiante, foi justamente o gaullista Jacques Chirac, em 1995.
O *Office de Radiodiffusion-Télévision Française* (1964-1974), órgão público do Estado encarregado da difusão e da produção audiovisual da rádio e da televisão públicas, recusou-se a comprar o documentário. Na época, as duas emissoras existentes na França eram do Estado. Nas salas de cinema, a sua distribuição fez-se de maneira independente. Simone Veil, então, membro do Conselho do ORTF, foi uma das mais aguerridas oponentes à compra e à difusão do documentário na TV. Em autobiografia publicada em 2007 (*Une vie*. Paris, Stock, 2007), alegou o alto preço exigido pela produção do documentário. Veil, sobrevivente de Auschwitz, campo de extermínio de onde o pai, a mãe e o irmão, não voltaram, irmã de Denise Jacob, atuante na Resistência, expressa, no livro, o desacordo com o filme, que não expressaria a realidade da época. Marcel Orphüls, por sua vez, em entrevista publicada em 10/7/2012, na

tro: a memória oficial de que os franceses foram *todos resistentes*, versão criada ainda em 1944, foi desafiada pela ideia de que foram *todos colaboradores*. Uma espécie de contra-memória. Num só golpe, pôs-se em xeque o mito da resistência, presente em livros de história, testemunhos, filmes, romances, enfim, na opinião pública. O combate contra a Alemanha viu-se transformado em "mito da resistência", uma *honra inventada*, como a chamaram depois os historiadores.

No entanto, deslocar a interpretação de um extremo ao outro também evidencia a dificuldade de lidar com o passado à luz do presente, de perceber a complexidade dos comportamentos reais, não raramente distantes dos dois extremos. Vários passados possíveis. Presentes volúveis.[15]

Não por acaso, *Le chagrin et la pitié* foi realizado na sequência do Maio francês. Em 1968, a onda contestatória que atravessou o mundo contribuiu para a retomada da história do tempo presente dos franceses, questionando ideologias à direita e à esquerda, hierarquias, modelos, derrubando heróis. Se os jovens questionavam a *liberdade* e a *felicidade,* seja no capitalismo seja no *socialismo real*, também se perguntavam de qual lado seus pais, mães, avós, professores estavam nos *anos sombrios*, seguintes à derrota para a Alemanha. Afinal, muitos contemporâneos de Vichy e da ocupação estavam ainda vivos, presentes, próximos. A memória coletiva da resistência não sairia, como não saiu, imune desse turbilhão.

Até então, os historiadores endossavam o *mito da resistência* construída no pós-guerra. A primeira pesquisa acadêmica sobre a França ocupada, a tese de Henri Michel, defendida em 1962, dá exemplo desta tendência, embora nela já houvesse a preocupação de definir resistência, veremos adiante.

---

revista *Télérama*, dá sua versão para o fato: "O diretor geral da ORTF foi encontrar o General [De Gaulle] em Colombey [cidade onde morava], para perguntar-lhe o que devia fazer deste filme que evocava *verdades desagradáveis*. De Gaulle teria respondido: 'A França não precisa de verdades; a França precisa de esperança'. De certa maneira, acho essa resposta magnífica e de uma enorme classe. Mas nós não tínhamos o mesmo ofício, o General e eu." Para Orphüls, a censura ao filme foi "efeito da dominação dos gaullistas e do Partido Comunista sobre a memória da França ocupada. (http://television.telerama.fr/television/marcel-ophuls-je-n-aime--pas-me-servir-d-une-camera-comme-d-une-arme,83377.php; consultado em 9/3/2015). O filme foi indicado para o Oscar de melhor documentário de 1971.

15 Para análises do documentário *Le chagrin et la pitié,* realizadas em diferentes momentos, ver Henry Rousso. Cf. *Le syndrome de Vichy de 1944 à nos jours*. 2ªed. Paris: Seuil, 1990 (1ª ed. 1987); Pierre Laborie. *Le chagrin et le venin*. La France sous l'Occupation, mémoire et idées recues. Montrouge: Bayard, 2011.

RESISTÊNCIA: MEMÓRIA DA OCUPAÇÃO NAZISTA NA FRANÇA E NA ITÁLIA

Em 1972, contudo, foi publicado o livro do historiador norte-americano Robert O. Paxton, nos EUA e na Inglaterra, *Vichy France*, e em 1973, na França, *La France de Vichy* (Paxton, 1972 e 1997). A partir de então, a historiografia sobre a França sob a ocupação nazista e o regime de Vichy (1940-1944) deu uma guinada. Entre dois modelos de memória, ou entre duas memórias, a historiografia buscou um caminho próprio.

Mas a busca de uma conceituação atenta à complexidade das experiências vividas naquele tempo somente ocorreu nas décadas de 1980 e 1990. Foi, certamente, um desdobramento do que foi chamado de *revolução paxtonienne* (o impacto da tese de Paxton), segundo a qual o Estado nascido da derrota, Vichy, não era um fantoche da Alemanha nacional-socialista, mas o próprio Estado francês reformulado. Essa inflexão desencadeou, nos anos seguintes, pesquisas de temas e objetos até então tabus, assim como novas abordagens para antigas temáticas.[16]

Estudar a resistência francesa, nesta nova perspectiva, implicou o desafio de conceituá-la para além dos mitos. *En garde* contra a memória oficial ou memórias oficiais. Como argumentou François Bédarida, as interpretações da resistência ligam-se diretamente a suas definições.[17] Aí estaria o ponto de partida para interpretá-la. Aliás, a própria banalização do conceito de resistência, em nítido contraste com o volume de pesquisas sobre o tema, praticamente exigia uma discussão teórica.[18]

Atentos à tarefa que se impunha, os historiadores da *geração paxtonienne*, se assim podemos chamá-los, estiveram menos preocupados com demarcações fechadas do que com a reflexão conceitual. A rica produção daí resultante demonstra, de imediato, que a naturalização do conceito em nada contribuiu para compreensão da experiência histórica, pois servia à memória, não à história. Porém, se os limites da definição de um Henri Michel, autor clássico, eram evidentes, a dificuldade para

---

16 Para *revolução paxtonienne*, ver a publicação em homenagem a Paxton: Sarah Fishman, Laura Lee Downs, Ioannis Sinanoglou, Leonard V. Smith e Robert Zaretsky (orgs.). *La France sous Vichy*: autour de Robert O. Paxton. Paris: IHTP/CNRS; Bruxelas: Editions Complexe, 2004; Robert O. Paxton. *Vichy France*. Old guard and new order. 1940-1944. New York, 1972; Robert O. Paxton. La France de Vichy. 1940-1944. Paris, Seuil, 1997 (1a edição, em 1973).

17 François Bédarida, *op. cit.*, 1986, p. 79.

18 Ainda assim, como se verá, os autores e editores seguem, nos anos 1980 e 1990, chamando a atenção não somente para a quantidade de estudos sobre a resistência, mas também para a naturalização do termo, pouco preocupados em conceituá-lo.

construir outro modelo, uma terceira via também se revelaram evidentes. Assim, *o ponto de chegada*, creio, acabou importando menos do que o caminho a percorrer, ou seja, o exercício da reflexão.

Em 1962, Henri Michel havia sustentado, em *Les courants de pensée de la résistance,* os seguintes conceitos:[19]"[Resistência seria] toda ação [...] que, contrariamente à Convenção do armistício, continuava o combate contra a Alemanha ou a Itália [...]", enquanto *correntes de pensamento* seriam as "forças de combate que, simultaneamente, reúnem grupos e misturam ideias, que participam na luta e, simultaneamente, formulam ou adotam uma teoria, até mesmo uma doutrina e uma ética".[20]

Henri Michel dirigia, então, o Comitê de História da Segunda Guerra Mundial,[21] fundado em 1951, "cujas primeiras bases datam de 1944, quando o governo provisório do general de Gaulle criou uma Comissão sobre a História da Ocupação e da Libertação da França (CHOLF) a fim de reunir o mais próximo do evento fundos documentais e testemunho".[22] O Comitê ligava-se diretamente à presidência do Conselho, parecendo confirmar a máxima de que a história é tão importante que não deve ficar nas mãos dos historiadores. Foi o Comitê de História da Segunda Guerra Mundial que deu origem ao Instituto de História do Tempo Presente (IHTP), em 1978, não mais vinculado diretamente ao primeiro ministro, e sim ao CNRS,[23] sob a direção de François Bédarida.

Selecionei autores e textos que me pareceram particularmente úteis para o debate aqui proposto. Difícil escolha, entre tantos que nas últimas décadas vêm pensando o assunto em congressos e publicações, num exercício constante de revisões, definições e redefinições, para as quais o historiador deve estar disponível. Embora

---

19 Para uma resenha do livro, ver Léon Liebmann. Michel (Henri)."Les courants de pensée de la Résistance."*Revue belge de philologie et d'histoire,* v. 42, 1964, n. 42-2, p. 662-665.

20 Henri Michel, *apud* Léon Liebmann. Michel (Henri), *op. cit..,* 1962, p. 1 e 2; p. 662 (da resenha do livro).

21 Comité d'Histoire de la Deuxième Guerre Mondiale.

22 *Site* do Institut d'Histoire du Temps Présent (IHTP). Disponível em: <www.ihtp.cnrs.fr>. Acesso em 23 de janeiro de 2010.

23 Centre National de la Recherche Scientifique, órgão de caráter científico e tecnológico do Ministério do Ensino Superior e da Pesquisa.

o debate ainda esteja aberto, seu amadurecimento já permitiu mesmo a produção de um dicionário da resistência, organizado por François Marcot.[24]

Comecemos pelas sugestões de François Bédarida, em *L'histoire de la résistance: lectures d'hier, chantiers de demain*, já sugerindo no título do artigo de 1986 a revisão do tema como agenda presente e futura.[25] Em 1994, Bédarida publicou, com Jean-Pierre Azéma, outro texto sobre o assunto, permitindo-o olhar em perspectiva as próprias posições defendidas oito anos antes.[26]

Ao apresentar o primeiro artigo (1986), o editor destacou a "impressionante massa de trabalhos" já existente nos 40 anos decorridos desde a Libertação, contrastando com as "múltiplas sombras" que subsistiam tanto em termos empíricos — "o do conhecimento dos fatos" — como no "plano da conceituação — a propósito da definição, dos componentes, das modalidades de ação da luta clandestina".[27]

Para formular uma definição, Bédarida retoma autores que procuram defini-la em torno de dois vetores: 1º) a luta contra o invasor estrangeiro, seja o alemão na Europa, seja o japonês no Extremo Oriente; 2º) a "luta pela liberdade e pela dignidade do homem, contra o totalitarismo, no contexto da Segunda Guerra". Se a primeira luta prevalece sobre a segunda, conforme escrevera Henri Michel, o conceito de resistência não poderia ser aplicável, por exemplo, à luta de alemães e italianos antinazistas e antifascistas em seus respectivos países. Já Henri Bernard, observa Bédarida, inverte os dois componentes — a luta pela liberdade e pela dignidade do homem seria o cerne da questão —, o que o leva a tratar os movimentos italianos e alemães de oposição como ações típicas de resistência.

Após analisar as definições que obedecem a critérios diferenciados, Bédarida conclui que

> a resistência é a ação clandestina, em nome da liberdade da nação e da dignidade da pessoa humana, por voluntários se organizando para lutar contra a dominação (e o mais frequentemen-

---

24 François Marcot (org.). *Dictionnaire historique de la résistance*. Paris: Robert Laffont, 2006.

25 François Bédarida, *op. cit.*, 1986.

26 Pierre Azéma e François Bédarida. "Historisation de la *Résistance*."*Esprit*, Paris, n. 198, jan. 1994, p. 94.

27 Cf. a Introdução do editor ao artigo de François Bédarida, *op. cit.*, 1986.

te a ocupação) de seus países por um regime nazista ou fascista ou satélite aliado.[28]

Tal definição, por sua amplitude, poderia compreender os movimentos europeus e asiáticos, motivados pela "libertação nacional" e pela "libertação das formas de opressão". Nela estariam reunidos "os três componentes fundamentais da ação de resistência":[29] "a atividade clandestina e ilegal" (diferentemente das formas da guerra clássica); "o voluntarismo"; "a luta multiforme, armada ou não, contra a força do inimigo (força militar, política, econômica, ideológica etc.)."

Nesta perspectiva, o mais importante, no tocante às lutas contra o nacional--socialismo, o fascismo e o militarismo japonês – tanto faz o lugar e o regime - seria a "extrema multiplicidade" das formas de combate. A unidade do conceito de resistência residiria, assim, não obstante as diferenças, em cinco critérios: 1) o resistente é "dissidente", no sentido do "rebelde fora da lei" ou que apela para uma "lei superior", a da consciência; 2) todos os resistentes enfrentam o mesmo inimigo; 3) todos recorrem a métodos heterodoxos, estranhos às regras e às normas da guerra clássica; 4) todos os movimentos de resistência procedem da improvisação; 5) os grupos de resistência surgem da base, saem de iniciativas individuais, e não da vontade do Estado; são construídos de baixo para cima, da periferia para o centro com líderes improvisados. Vale acrescentar que, segundo Bédarida (1986), *trata-se sempre de um combate necessariamente ilegal.*

Em 1994, o autor retomou o tema, em parceria com Jean-Pierre Azéma, em artigo publicado no dossiê *Resistência* da *Esprit.* Assim como esta revista acadêmica, outros periódicos acadêmicos propuseram o tema, da mesma forma que historiadores o fizeram em congressos, cujos trabalhos e debates deram origem a coletâneas.

Azéma e Bédarida apontaram, uma vez mais, o notável volume de livros sobre o assunto, mas sublinharam a permanência de uma narrativa ao "modo épico", empenhada em realçar o "gesto romântico dos combatentes da sombra", as "lendas sacralizantes",[30] "os feitos militares em detrimento da "Resistência simplesmente

---

28 François Bédarida, *idem ibidem*, 1986, p. 80.

29 No original, *fait résistente.*

30 No original, *légendes pieuses.*

modesta e cotidiana, sem heroísmo".[31] No texto anterior, Bédarida[32] já dissera que o essencial ao historiador da resistência, antes de tudo, era "substituir a exaltação pela análise crítica, a vontade de edificação pelo exame atento e pelo espírito de rigor, a exploração militante pelo respeito à verdade qualquer que seja ela seja e qualquer que seja o preço".

Os autores sugeriram que a relação da sociedade francesa com a resistência, construída como memória no pós-guerra, explicava-se pelo que essa elaboração podia proporcionar aos franceses, em geral, segundo três modelos possíveis ("triplo paradigma"): 1) supressão das "vergonhas de Vichy", símbolo do colaboracionismo francês, equivalente à *honra recupera*da; 2) superação da crise de identidade nacional que marcou a França desde 1918, apesar da vitória na Grande Guerra; 3) restauração da República, de seus valores e de sua legitimidade. Por essas razões, a historiografia, "imersa nas circunstâncias", teria priorizado os temas ligados à resistência em detrimento das temáticas acerca da colaboração e de Vichy."

Azéma e Bédarida recuperam, na década de 1990, a definição de resistência de 1986:

> a ação clandestina levada, em nome da liberdade da nação e da dignidade da pessoa humana, por voluntários se organizando para lutar contra a dominação (e mais frequentemente a ocupação) de seu país por um regime nazista ou fascista ou satélite ou aliado.[33]

Já nesta altura, Bédarida tinha apresentado o que considerava como "os três componentes fundamentais da ação de resistência: a atividade clandestina e ilegal; o voluntarismo, base do engajamento pessoal; a luta multiforme, armada ou não".[34] Nisto já sugeriu uma "mutação conceitual" da resistência: se até então ela era considerada exclusivamente na dimensão política e/ou militar, Bédarida incorporou a resistência civil, política, ideológica e até a humanitária, como a ajuda às vítimas da perseguição nazista.

---

31 Pierre Azéma e François Bédarida. "Historisation de la Résistance. *Esprit*, Paris, n. 198, jan. 1994, p. 20.

32 François Bédarida, *op. cit.*, 1986, p. 81.

33 Pierre Azéma e François Bédarida, *op. cit.*, 1994, p. 22-23.

34 Pierre Azéma e François Bédarida, *idem ibidem*, 1994, p. 23.

A possibilidade de acesso às fontes, por meio da lei dos arquivos de 1979,[35] a consideração das mulheres e dos judeus como objetos de pesquisa, a revisão historiográfica acerca do PCF como "o alfa e o ômega da resistência interior, o uso da história oral, a ruptura no cinema da memória gaullista, tudo isso levou ao alargamento do conceito, assim como ao interesse pelas 'atitudes ambivalentes dos franceses' mais do que 'ao gesto heroico dos resistentes'".[36]

Jacques Sémelin, na década de 1990, também chamou a atenção para o fato de que, havendo enorme quantidade de obras sobre a resistência, raras se interrogaram sobre o significado da palavra, usada sem considerar a diversidade de suas acepções.[37] Afirmou que os *hoje* chamados de "resistentes" dificilmente seriam assim considerados, a começar pelos próprios, no tempo da ocupação.

François Bédarida já tinha notado que o termo *resistência* fora usado pelo general Charles de Gaulle no apelo pelo rádio, transmitido pela BBC, em 18 de junho de 1940. Mas Sémelin foi além, afirmando que esta noção de resistência se constituiu durante a guerra e depois dela, como resultado de uma construção, uma recriação do termo *no contexto da Libertação da França*. Conceito mitificado, embaraçado com a ideologia da revanche. Desembaraçá-lo e desmistificá-lo era tarefa tão difícil quanto necessária.

Sémelin[38] foi, então, buscar o sentido da palavra resistência bem antes da emissão do discurso do general de Gaulle na BBC, de junho de 1940. Encontrou-o na Declaração de Direitos do Homem e do Cidadão de 1789. O artigo 2 refere-se ao "direito de resistência à opressão". Passando por John Locke, chegar-se-ia à ideia de ruptura do contrato, ou seja, ao direito à resistência contra "o abuso de poder". Nessa ótica, seria possível, então, para Sémelin, atribuir o conceito de resistência à Itália depois de 1922 e à Alemanha após 1933. Mas tal ideia de resistência seria, contudo, *insuficiente* para interpretar a situação dos países ocupados pelos dois Estados, pois as relações entre ocupantes e ocupados não são da mesma natureza que as relações entre governantes e governados. Sob ocupação, a resistência será

---

35 A Lei dos Arquivos, de 1979, estabeleceu o prazo de 30 anos para o livre acesso a documentos dos arquivos públicos.

36 Pierre Azéma e François Bédarida, *op. cit.*, 1994, p. 28.

37 Jacques Sémelin, *op. cit.*, 1994.

38 Jacques Sémelin, *idem ibidem*, 1994, p. 51.

primeiramente a luta contra o invasor e "seus colaboradores", e não o combate contra o "abuso de poder".

As revoluções fascista e nacional-vichista, como sabemos, opunham-se exatamente aos princípios difundidos pela Revolução Francesa. Ambas atribuíam aos valores liberais a crise do mundo contemporâneo, que se tornara insustentável nos anos seguintes à Grande Guerra e à Crise de 1929. Não seria, portanto, o caso de redefinir o contrato, mas de extirpá-lo. Liberdade, democracia, indivíduo desaparecem, ao mesmo tempo que surge um Estado forte e corporativo. Sem confundir, portanto, o conceito de consenso com o de contrato, vale perguntar até que ponto o consenso construído na Itália fascista e na Alemanha nazista, por determinado período, permitiria manter o critério do "abuso de poder" sugerido por Sémelin.[39]

Assim, até mesmo para o caso francês, emblemático para definir a ideia — ou o conceito — de resistência, ficaria a pergunta: manter-se-ia como *resistência*, considerada a tese, hoje inquestionável, de que houve um Estado francês após a derrota de 1940? O conceito de resistência seria restrito exclusivamente à *zona ocupada*, na qual o combate era contra o estrangeiro invasor? Que conceito, então, usar para os combates na chamada *zona livre*, onde havia um Estado francês? Embora surgido da derrota, o combate se deu, ali, entre franceses resistentes e o Estado francês.[40] Lembremos, contudo, que as ações de resistência cresceram depois de 1942-1943, quando o território de Vichy também foi ocupado.

---

39 Para o conceito de consenso na Itália fascista, ver Renzo de Felice. *Mussolini il Duce*, I, Gli anni del consenso. 1929-1936. Turim: Einaudi, 1974; Didier Musiedlak, "O fascismo italiano: entre consentimento e consenso", e Patrizia Dogliani, "Consenso e organização do consenso na Itália fascista". In:Denise Rollemberg e Samantha Viz Quadrat (orgs.). *A construção social dos regimes autoritários*. Legitimidade, consenso e consentimento no Século XX. v. 1: Europa. Rio de Janeiro: Civilização Brasileira, 2010; para o conceito de consenso na Alemanha nazista, ver Robert Gellately. *Apoiando Hitler*. Consenso e coerção na Alemanha nazista. Rio de Janeiro: Record, 2011, e _____. "Os marginais sociais e a consolidação da ditadura de Hitler, 1933-1939." In: Denise Rollemberg e Samantha Viz Quadrat (orgs.), *idem ibidem*, 2010, v. 1. Para uma definição do conceito, ver Daniel Aarão Reis."A revolução e o socialismo em Cuba: ditadura revolucionária e construção do consenso." In: Denise Rollemberg e Samantha Viz Quadrat (orgs.), *idem ibidem*, 2010, v. 2, nota 387, p. 387.

40 É verdade que o conceito refere-se ao combate contra o invasor e *seus colaboradores*, e, portanto, serviria para se referir aos colaboradores de Vichy. Entretanto, ainda que esse Estado tenha sido fundado nos desdobramentos da derrota de 1940, ele, antes de ser um Estado colaborador do invasor, era um Estado francês.

Para Sémelin, diante da derrota militar e da ocupação do território nacional pelo inimigo, a questão da resistência se apresenta na medida em que a defesa militar do país desabou. Haveria, então, a diferença entre resistência e defesa: aquela se refere a uma situação imprevista que imprime uma reação, um dinamismo; esta, ao contrário, é prevista, preparada; a primeira é a adaptação ao presente diante de um futuro imprevisto; a segunda, a antecipação de um futuro (possível) a ser evitado. Assim, seria pertinente falar em resistência para a França uma vez que a defesa esperada das Forças Armadas desapareceu.

Para definir resistência, Sémelin recorreu ao conceito de *homem revoltado*, de Albert Camus: "resistir é, primeiramente, encontrar a força de dizer 'não', sem ter sempre uma ideia muito clara acerca de a que se aspira". A revolta começa mais, portanto, com uma negação do que com uma afirmação. Seguindo os passos do filósofo, o historiador concorda que o *homem revoltado* não é necessariamente um homem resistente. Nascida de uma "ruptura individual", a resistência exprime-se, necessariamente, de forma coletiva. Com isso, Sémelin introduz outro critério importante, *o da consciência*: ao se revoltar, o indivíduo toma consciência de que seu sofrimento não é individual, mas coletivo. Nesse momento, o revoltado afirma: "eu me revolto; logo, nós somos".[41] Ou seja, *só há resistência como expressão coletiva, jamais como expressão individual*. As noções de "dissidência" ou de "desobediência" pareceram "mais adequadas" a Sémelin na compreensão das "ações puramente individuais". Daí todo o esforço gaullista — de convencimento, organização, propaganda, sensibilização da opinião... — para transformar a dissidência em resistência, para dar um sentido coletivo a atos isolados.

A resistência implica ainda, de acordo com Sémelin, o ataque ao poder do ocupante e das forças de colaboração, e não a uma lei em particular. No entanto, a rejeição a uma lei específica implica um "salto na ilegalidade" que pode abrir "a via para o engajamento resistente". Assim, Jacques Sémelin vê a possibilidade de se pensar numa "pré-história da resistência", com múltiplas raízes e origens. A resistência seria, então, a "fase avançada de uma oposição social e política que teve sucesso em se organizar e fixar objetivos".[42] Nesse sentido, desconsidera como atos de resistência, por exemplo, ouvir os pronunciamentos do general de Gaulle no rádio,

---

41 Jacques Sémelin, *op. cit.*, 1994, p. 52.

42 Jacques Sémelin, *idem ibidem*, 1994, p. 57.

usar roupas ou chapéus à moda inglesa ou americana,[43] todos resultados de uma "vontade individualista de distinção e de provocação cultural, não de resistência".

Por outro lado, o autor se questiona quanto a outras situações como o comportamento de estudantes não judeus em Paris, que, em 1942, voluntariamente e sem uma combinação prévia, passaram a andar pelas ruas da cidade ocupada com a estrela amarela no peito; de funcionários da administração, da polícia ou do exército franceses, que "cometeram, sobretudo a partir de 1943, atos individuais de insubordinação para não executar tal ou tal ordem vinda de Vichy ou do ocupante". Mesmo que o autor só admita a resistência em termos coletivos, questiona se a multiplicação de atos inviduais de oposição configurariam uma resistência propriamente dita. Para ele, tratar-se-ia mais precisamente de "uma sociedade civil em estado de resistência".[44]

Entre os "atos de simples independência de espírito" (ouvir o rádio, usar a moda inglesa e americana) e os atos de resistência, estariam muitos comportamentos e atitudes da *zona cinzenta*, o espaço ocupado pela maior parte da sociedade, entre a *resistência* e a *colaboração*.[45]

Seja como for, Sémelin admite tratar-se de duas abordagens distintas do fenômeno, e conclui: ou se segue o viés da "ação organizada" quanto às estruturas e formas de luta, ou se segue o da "reatividade social". Ainda assim, reconhece a importância da "resistência cotidiana", "sem heroísmo", anônima, fundada na noção

---

43 Para a moda *zazou*, ver Dominique Veillon. "La mode comme pratique culturelle." Jean-Pierre Rioux (dir.). *La vie culturelle sous Vichy*. Bruxelas, Éditions Complexe, 1990.

44 Jacques Sémelin, *op. cit.*, 1994, p. 59.

45 Para os conceitos de *zona cinzenta*, *ambivalência* e *pensar-duplo*, ver Pierre Laborie. "Os franceses do pensar-duplo." In: Denise Rollemberg e Samantha Viz Quadrat (orgs.). *A construção social dos regimes autoritários*: legitimidade, consenso e consentimento no século XX. Europa. Rio de Janeiro: Civilização Brasileira, 2010. v. 1.
Recusando os conceitos de consenso e consentimento para a França sob ocupação e Vichy, Laborie defendeu: "Os franceses, em sua maioria, não foram primeiramente vichistas depois resistentes, pétainistas, depois gaullistas, mas puderam ser, simultaneamente, durante um tempo mais ou menos longo, e de acordo com os casos, um pouco dos dois ao mesmo tempo. Em entrevista (*) recente, Simone Veil lembrava as dificuldades para apreender hoje a complexidade da época e indicava, a respeito dos franceses, 'alguns se comportaram bem, outros mal, muitos os dois ao mesmo tempo', antes de acrescentar: '...não era tão simples quanto se apresenta hoje.'" Pierre Laborie, *idem ibidem*, 2010, p. 39. (*nota do Autor): "Entrevista concedida ao jornalista Éric Conan, *L'Express*, 9 de outubro de 1997" (p. 43).

de "reatividade social". Seria, então, pergunta Sémelin,[46] a cumplicidade com resistentes um engajamento resistente? Se assim for, constata que "a noção de resistência se dilui no social, o que não permite mais identificá-la claramente". Nisto residem os limites e tensões de ambas as abordagens: "ou bem se mergulha nas profundezas do social, mas sua especificidade [do fenômeno resistente] tende a se diluir; ou bem se define exclusivamente através de suas [do fenômeno resistente] estruturas e ações e ele se reduz à sua dimensão organizada".[47]

Lembrando a significação mecânica da palavra "resistir" — "frear"[48] —, Sémelin acredita que "a resistência é a resultante de uma dinâmica de ação que combina conservação e ruptura. Resistir é tentar conservar o que o agressor quer mudar". Mas "resistir é também ruptura, reagir contra. [...] É atacar a ordem política [do ocupante], policial, militar, atacar seus símbolos, suas tropas, seus funcionários, seus colaboradores".[49]

Se *resistir* equivale a *conservar*, os conceitos de resistência e revolução seriam excludentes, apesar do combate ao nacional socialismo (ou ao fascismo, de modo geral) promovido pela URSS no VII Congresso da III Internacional, em 1935. O engajamento dos partidos comunistas do mundo inteiro contra o fascismo e o nazismo, nos anos 1930, se deu no âmbito da política de "frentes amplas" para se manter o *status quo*, evitando o que tais regimes ou movimentos consideravam a verdadeira revolução - a fascista, segundo Mussolini, a nacional-socialista, segundo Hitler.

A importância da maneira como a resistência foi assimilada pelo conjunto da nação é tão significativa que Henry Rousso, lembra Jacques Sémelin, criou um termo próprio para o fenômeno — "resistencialismo"[50] —, diferenciando-o, portanto, do conceito de resistência. Por meio dessa assimilação teria sido possível minorar por um tempo as "realidades incômodas" da participação social na colaboração e no genocídio.[51] Resistência e *resistencialismo* se diferenciam entre si, como se diferenciam a história e a memória, a resistência e o mito da resistência.

---

46   Jacques Sémelin, 1994, *op. cit.*, p. 59-60.

47   Jacques Sémelin, 1994, *idem ibidem*, p. 60.

48   No original, *faire frein*. Jacques Sémelin, *idem ibidem*, 1994, p. 60.

49   Jacques Sémelin, 1994, *idem ibidem*, p. 60-1.

50   No original, *résistancialisme*.

51   Jacques Sémelin, 1994, *op. cit.*, p. 63.

Jacques Sémelin enxergou ao menos três maneiras pelas quais a resistência tornou-se mito. A primeira diz respeito ao "culto do homem providencial". Em seguida, destaca a exaltação dos feitos armados: "contar uma história lendária que glorifica seletivamente atos de caráter militar em detrimento de uma resistência não armada menos espetacular. Nasce então uma mitologia épica da resistência, exemplar de coragem e de bravura, símbolo de uma violência libertadora da tirania".[52] Por fim, a "sacralização das vítimas": "rememorar a resistência, menos através de seus eventos exitosos contra o ocupante do que pela morte dos que pereceram sob suas balas". Trata-se, pois, da "cultura do sacrifício que força o respeito e legitima o discurso deste que fala em nome dos mortos".[53]

O mito nasce, logo, de uma necessidade social, e é nesse sentido que Sémelin afirma que, se a resistência não existisse, seria preciso inventá-la.[54]

Para Pierre Laborie, igualmente, a "ideia de resistência", título de artigo que publicou em 1998, está marcada por *mitologias e heroísmos, entusiasmos cândidos e teorizações estéreis*. É essa ideia que, no entanto, orienta, conforme observara Bédarida, todo o trabalho de análise, formulando um conceito em constante redefinição segundo o tempo e o meio. Se não se trata de "dominar totalmente o conceito", tampouco é o caso de *condenar a noção de resistência à sombra ou ao nebuloso*, defende Laborie.[55]

As definições existentes — de Henri Michel, Louis Jong, François Bédarida —, segundo Laborie, dizem mais das "formas objetivas" da resistência do que de sua "natureza": resistências civil, armada, espiritual, humanitária… Assim, não são capazes de pontuar a especificidade do fenômeno.

Laborie parte, então, do que seria o objetivo da luta, o que dá sentido à sua existência: antes de tudo, a libertação do território. Entretanto, não se trata de *cercar o conceito* a partir das constatações da observação empírica, e sim da *revisão da cai-*

---

52 Jacques Sémelin, 1994, *idem ibidem*, p. 63.

53 Jacques Sémelin, 1994, *idem ibidem*, p. 63.

54 Jacques Sémelin, 1994, *idem ibidem*, p. 63.

55 Pierre Laborie. "L'idée de Résistance, entre définition et sens: retour sur un questionnement." In: _____. *Les Français des années troubles*. De la guerre d'Espagne à la Liberation. Paris: Seuil, 2003b, p. 67. O artigo foi publicado originalmente em 1998, em *Cahiers de l'IHTP*, com o título "La Résistance et les Français, nouvelles approches", número especial, dez. de 1997.

xa de ferramentas para alargar os instrumentos de inteligibilidade do fenômeno. Sua essência não seria sua expressão manifesta.

Nesse sentido, reflete sobre os estatutos já conferidos à resistência, começando com o da ação. Em François Marcot, organizador do *Dicionário da resistência*, por exemplo, a ideia de resistência é inseparável da ideia ação: "não se é resistente, mas se faz a resistência"[56], conclui. Para Laborie, contudo, a ação só pode ser de resistência se for motivada por esse sentido. Há resistência quando ato e ação se confundem, são a mesma coisa: "ela [ação] deve ser pensada na coerência da relação entre engajamento, intenções e consequências".[57] Mas como o sentido não se liga sempre à parte visível das ações, poderia até mesmo haver ações de resistência sem que seja resistência, ou, em outras palavras, sem o ânimo ou a motivação de resistência. Um ato de compaixão — por exemplo, salvar judeus da deportação — não seria um ato de resistência. Nesse caso, mesmo que o sujeito da ação arque com a possibilidade de ser liquidado, esta teria sido impulsionada antes pela compaixão, não pela consciência crítica contra o regime opressor. O ato resistente seria necessariamente responsável e intencional. Implica um comportamento de ruptura, uma prática de transgressão, esta última a ideia que melhor traduziria a noção de resistência, segundo Laborie.

A pergunta inevitável, então, é, lembrando as lições de E. P. Thompson: até que ponto a *consciência* não poderia nascer da ação não resistente? Dito de outro modo, "o fazer-se" resistência, em alusão à expressão do historiador britânico, não poderia surgir da *ação de resistência*? Ver-se-á adiante que o sentido processual foi observado na caracterização da Resistência na Alemanha.

Para se referir à *transgressão*, Laborie recorre a Michel Foucault. Como tal, a resistência implicaria ultrapassar os limites, numa nítida ruptura com o legalismo, conforme também defendera Bédarida. A "resistência legal" não seria resistência, mas, "formas de oposição ou de dissidência marcadas pelo espírito de resistência".[58]

Tanto Pierre Laborie como Jacques Sémelin percebem que as múltiplas formas de resistência não poderiam existir sem a proteção e o apoio de um meio cúmplice. Cúmplice, mas não resistente.

---

56 François Marcot *apud* PierreLaborie, *op. cit.*, 2003a, p. 73.

57 Pierre Laborie, *idem ibidem*, 2003a, p. 75.

58 Pierre Laborie, *idem ibidem*, 2003 a, p. 77.

Alguns critérios para uma abordagem da *ideia de resistência* e de sua especificidade são propostos: 1) a vontade de prejudicar um inimigo identificado com o ocupante ou a seu serviço e de impedir a realização de seus objetivos; 2) a *consciência de resistir*, isto é, de participar na *expressão coletiva e coordenada da recusa*, por uma *escolha voluntária*, uma *adesão responsável* em relação aos objetivos distintamente afirmados, pela aceitação, de fato ou de princípio, da necessidade de luta armada, com uma justa consciência do risco e do sentido da luta; 3) ação de transgressão, de infringir a lei, de ilegalidade.[59]

Isso posto e identificando um inimigo comum, o combate resistente não excluiu objetivos próprios às diferentes organizações que o assumiram.

Outro princípio-eixo sustentado por Pierre Laborie vincula a *noção* de resistência aos valores da cultura dominante, nacional ou local. Assim, "os mesmos fatos sob culturas diferentes tomam sentidos diversos quando são pensados como ações de resistência".[60] Essa perspectiva torna a tarefa de conceituação mais complexa. A *noção* de resistência pode aludir a ações e/ou situações muito distintas, variando conforme os países ocupados pela expansão alemã nos anos 1940. Além disso, a percepção do que era ou não resistência também alterou nas décadas seguintes. Mas se o conceito sofre essa metamorfose no tempo e no lugar, mantém certo sentido original, que faz com que a palavra apareça em contextos diversos. Talvez resida nessa metamorfose, em suas mudanças e permanências, a chave para a compreensão do conceito.

Em texto de 2006, Denis Peschanski sustenta que o grande avanço na conceitualização de resistência reside na noção de decisão.[61] E se decisão diz respeito a opinião, é preciso considerar o próprio conceito de opinião para, então, retomar o de resistência. Visando à compreensão de opiniões e comportamentos de rejeição à realidade da ocupação e de Vichy, mas que não implicam ações de resistência, Peschanski recorre ao termo da física *resiliência*.[62] Trata-se da "propriedade que alguns corpos apresentam de retornar à forma original após terem sido submetidos a uma deformação elástica". Por derivação, o sentido figurado refere-se à "capacidade

---

59 Pierre Laborie, *idem ibidem*, 2003 a, p. 78.

60 Pierre Laborie, *idem ibidem*, 2003 a, p. 75.

61 Denis Peschanski. "Résistance, résilience et opinion dans la France des années noires". *Psychiatrie Française*, v. XXXVI, n. 2-5, p. 194-210, fev. 2006.

62 No original, *résilience*.

de se recobrar facilmente ou se adaptar à má sorte ou às mudanças".[63] Resiliência — não sendo resistência — seria útil para se referir a "uma abundância de comportamentos que revelam a capacidade da sociedade e dos indivíduos ao mesmo tempo de reagir aos golpes terríveis que lhes são dirigidos e reconstruir-se sob a bota"[64]:

> Na acepção que proponho, a resiliência integra todos os comportamentos de recusa, de distância, de contestação que assinalam a *vontade de resistir* aos golpes sofridos em virtude da ocupação e da derrota e para se reconstruir uma identidade individual e coletiva. Mas ela exclui os atos de resistência [...].[65]

Resistência, diferentemente, seria:

> toda ação subversiva visando a impedir a realização dos objetivos do ocupante. Encontram-se aí, portanto, ao mesmo tempo o objetivo, a consciência da ação e o sentido dessa ação que a distingue das formas legais, negociadas ou não, de oposição, ou dos comportamentos conduzidos unicamente pela compaixão, a caridade ou a amizade.[66]

O que Peschanski denomina resiliência, Laborie chama de "não consentimento", qualificando, desse modo, todas as "práticas de adaptação sem submissão", como as estratégias de sobrevivência, de contornamentos, de "pensar-duplo".[67]

Enfim, Jacques Sémelin[68], como vimos acima, sintetizou claramente o dilema com o qual as tentativas de definição de resistência deparam. Esse impasse está diretamente ligado ao desenvolvimento da historiografia, que, ao romper com interpretações baseadas na dicotomia resistentes *versus* colaboradores e/ou adesistas, abriu um universo complexo e ambivalente dos comportamentos e das posições das diferentes sociedades diante da ocupação estrangeira. Acredito que conceituar

---

63 *Dicionário online Houaiss*. A etimologia do termo está no inglês *resilience* (1824): "elasticidade; capacidade rápida de recuperação".

64 Denis Peschanski, *op. cit.*, 2006, p. 3.

65 Denis Peschanski, *idem ibidem*, p. 4 e 5.

66 Denis Peschanski, 2006, *idem ibidem*, p. 2.

67 Para o *pensar-duplo*, ver Pierre Laborie, *op. cit.*, 2010.

68 Jacques Sémelin, *op. cit.*, 1994, p. 60.

resistência hoje, portanto, é mais lidar com as possibilidades e os limites das próprias definições, aproveitando as tensões e riquezas que são intrínsecas ao dilema observado por Sémelin, do que buscar *resolvê-lo*.

Por fim, vale notar, o aspecto político, no sentido de incorporar as diversas tendências [políticas] contrárias ao armistício e à colaboração, deu o tom à organização da Resistência francesa e à sua posterior conceituação pela historiografia. Veremos, a seguir, que outros foram os aspectos que caracterizaram os casos italiano e alemão, tanto nas suas respectivas realidades históricas, como nas suas conceituações.

Hoje, é indiscutível o avanço historiográfico da conceituação do fenômeno da Resistência francesa. Críticos da naturalização do termo até a década de 1980, vimos, os autores que se colocaram o desafio de conceituá-la produziram uma discussão de notável riqueza. Sem deixar de lado a complexidade da própria experiência histórica e, portanto, da sua conceituação, esses historiadores, contudo, parecem em alguns momentos engolfados em excessivas filigranas e retórica.

De um fenômeno histórico, "uma das originalidades da Segunda Guerra Mundial em relação aos conflitos internacionais e às guerras do passado",[69] resistência passou a servir para designar outras realidades no tempo (depois de 1945) e no espaço (não apenas na Europa). As lutas de libertação nacional nos países africanos e asiáticos, no pós-guerra, e os combates contra ditaduras da América Latina, nas décadas de 1960 a 1980, são exemplos do uso naturalizado do termo resistência.

Essa naturalização teve um duplo desdobramento. Por um lado, limitou o conhecimento das experiências em suas complexidades e facilitou a construção de outros mitos de resistência, como ocorrera anteriormente. Serviu mais, portanto, à memória e menos à história. Contudo, também possibilitou o alargamento do que veio a ser um conceito adaptável a realidades específicas.

O esforço de conceituação de resistência, um dos vetores da revisão historiográfica sobre a ocupação nazista na França, pode inspirar a conceituação de outras experiências históricas em regimes autoritários no século XX, inclusive levando-se em conta o dilema referido anteriormente.[70]

---

69 François Bédarida, *op. cit.*, 1986, p. 78.

70 No que diz respeito aos estudos sobre a ditadura no Brasil, como no caso francês, é evidente o desequilíbrio entre a produção sobre resistência se comparada às pesquisas que tratam dos demais temas, sobretudo do que foi *nossa zona cinzenta*, as posições e os comportamentos

O apelo ao nacional, sabemos, não unifica os interesses numa sociedade complexa e diferenciada. Não se trata de minimizar a realidade da França, derrotada militarmente e ocupada, transfigurada nos ideais do nacional-socialismo, imersa na crise de identidade nacional. Contudo, arriscaria pensar se o pressuposto do *nacional* contra o *estrangeiro* não acabou por enfraquecer a percepção de Vichy como a hora e a vez de segmentos sociais ligados a valores presentes na sociedade antes da ocupação. Essa presença já foi bem demonstrada por historiadores dos

---

ambivalentes da maior parte da sociedade entre os extremos da resistência e colaboração. Igualmente, não houve, na historiografia brasileira até o momento a preocupação de defini-la de maneira mais consistente. Tomada de maneira naturalizada, acaba por comprometer as interpretações, como vimos defender François Bédarida (*op. cit.*,1986, p. 79). O autor referia-se à experiência francesa, mas a observação serve, sem dúvida, para outros momentos históricos. Jacques Sémelin lançou mão, como observei, do critério de "abuso de poder" para definir movimentos de resistência na Itália e na Alemanha. Se seguirmos, contudo, as interpretações que veem esses regimes como construção social, baseada no consenso e no consentimento, não se poderia falar em "abuso de poder". Sua lógica seria outra que não a do contrato, já superado. Esse também não foi o caso do Brasil, ao menos no momento do golpe, clamado e apoiado por amplos segmentos da sociedade?

O argumento da ilegalidade aparece, como notamos, com frequência nas definições. Se usarmos esse critério, o conceito de resistência aqui é mais adequado para se referir às ações de organizações e partidos de luta armada. Por outro lado, sendo revolucionários, esse combate não visava à reconstrução da ordem institucional anterior a 1964, como já defendeu Daniel Aarão Reis (*Ditadura militar, esquerdas e sociedade*. Rio de Janeiro: Jorge Zahar, 2000). Quem atuava nesse sentido eram justamente organizações e segmentos sociais legais que, segundo as interpretações vistas, são mais bem identificados como de oposição, mas não de resistência. Igualmente, são os comportamentos considerados formas de resistência "por dentro". Para o argumento em defesa do que seria resistir "por dentro", ver Denise Rollemberg. "Ditadura, intelectuais e sociedade: *OBem-Amado* de Dias Gomes". In: Cecília Azevedo, Denise Rollemberg, Paulo Knauss, Maria Fernanda Bicalho e Samantha Viz Quadrat (orgs.). *Cultura política, memória e historiografia*. Rio de Janeiro: Ed. FGV, 2009.

Se nos casos da descolonização mantinha-se a ideia do confronto com o estrangeiro, o colonizador, nos regimes miliares latino-americanos não era disso que se tratava. Embora se possa falar do apoio norte-americano aos golpes, até mesmo com a disposição concreta de intervenção militar, assim como às implantações e manutenções das ditaduras no contexto da guerra fria, o fato é que os países nunca foram ocupados pelo estrangeiro. Na comparação com o Brasil, valeria investigar se a ideia de *libertação nacional* (do *imperialismo*, do capital estrangeiro), tão presente numa esquerda herdeira, quisesse ela ou não, da linhagem comunista do PCB, serviu para traduzir o embate entre governantes e governados como de ocupantes e ocupados.

anos negros. Vichy antes de Vichy, fórmula de Pierre Laborie na defesa da tese segundo a qual a crise de identidade nacional da derrota de 1940 já vinha sendo gestada desde os anos 1930. Ou em Hannah Arendt, que recua ao final do século XIX, ao Caso Dreyfus, para refletir sobre os valores de uma sociedade muito além dos ideais republicanos e muito aquém do antissemitismo, antiliberalismo e anticomunismo do nacional-socialismo.

Seguindo essa abordagem e considerando Vichy como o Estado francês, o conceito de resistência não foi mais prejudicial do que útil para compreender a França dos anos 1940-1944, emborase refira igualmente à luta contra os colaboradores franceses?[71]

Hoje se pode notar na historiografia sobre a França a tendência a ampliar o que foi a resistência. Incorporam-se aspectos até então alheios ao que se entendia como tal. Depois de décadas nas quais a resistência (mitificada, naturalizada ou definida de maneira restrita) parecia intocável, a tendência a incorporar "tudo" na definição, levando à própria *diluição* (Sémelin e Laborie) da experiência histórica, não leva à reconstrução do mito? Derrubado, desconstruído, analisado, chegar-se-ia à conclusão de que "os franceses", em atos, posições, intenções muito diferentes entre si, foram, sobretudo resistentes.[72]

No que diz respeito ao uso da Resistência francesa como referência para pensar outras experiências contemporâneas e também posteriores à Segunda Guerra Mundial baseou-se menos na experiência concreta (história), e mais na memória sobre ela, construída no calor da Libertação e nos anos seguintes. Ocorre que essa memória ancorou-se, sobretudo, no ideário da Resistência gaullista, que não dá conta da diversidade dos projetos, culturas e famílias políticas envolvidas no confronto com as forças de ocupação e colaboração. As histórias das Resistências

---

71   Na ditadura brasileira, *o militar* não representou *nosso estrangeiro*, e a ideia de resistência — naturalizada —, nossa dificuldade na compreensão das relações — múltiplas, ambivalentes, mutantes, complexas — entre civis e militares, a dificuldade na compreensão de nós mesmos?

72   Em outra oportunidade, levantei a possibilidade de a celebração dos Justos da França, anônimos e para sempre anônimos em sua maioria, quantificáveis apenas parcialmente, seguia nessa mesma direção. Cf. Denise Rollemberg. "Aos grandes homens a Pátria reconhecida. Os Justos no Panthéon." In: Angela de Castro Gomes (org.). *Direitos e Cidadania*. Memória, política e cultura. v. 2. Rio de Janeiro: Ed. FGV, 2007. Em poucas palavras, justos seriam aqueles que, não sendo judeus, ajudaram judeus a se salvarem das perseguições sem que houvesse qualquer interesse em jogo (financeiro, político, sexual etc.).

identificadas com outras referências e valores, igualmente vitoriosas na Libertação do país do domínio estrangeiro, foram engolidas pela memória gaullista.

Uma vez que o paradigma de Resistência francesa passou, por força da construção de memória, a equivaler à experiência gaullista, o seu uso para pensar outras situações de Resistência no século XX fica comprometido. Por exemplo, a Resistência a golpes militares de Estado na América Latina, nos anos 1960-1970. O critério de luta pelo restabelecimento da ordem legal violada poderia ser colocada em xeque se lembrarmos de tendências políticas à direita e à esquerda que com ela não estavam comprometidas. Citemos dois exemplos, da Resistência francesa, de organizações, uma de direita, outra de esquerda, que não entraram na luta para defender a ordem legal anterior à derrota de 1940. O*Combat*, de Henri Frenay, reunindo a direita e a extrema direta nacionalista e patriota, cujo projeto para a França aproximava-se da Revolução Nacional implementada por Vichy, compartilhando, portanto, com o *Estado Francês* a aversão à ordem republicana liberal democrática da III República. Na extrema-esquerda, o *Francs-tireurs et partisans-Main-d'oeuvre immigrée* (FTP-MOI),[73] de Joseph Epstein e Missak Manouchian, comunistas não identificados com o Partido Comunista Francês.[74] Desde junho de 1941, a invasão da URSS pelos alemães (Operação Barbarrosa) pôs fim ao pacto entre os dois países, recolocando os comunistas ligados à Internacional Comunista na linha política tirada no VII Congresso da Internacional Comunista (agosto de 1935) de frentes amplas no enfrentamento do fascismo e do nazismo. No campo do comunismo, o MOI estava à margem dessa orientação, envolvido no combate contra a ocupação e à colaboração como uma luta essencialmente ofensiva, que nada tinha a ver com a restauração das instituições da Terceira República (1870-1940). Até mesmo se quisermos nos restringir à memória gaullista da Resistência, o próprio general de Gaulle, liderança da Resistência exterior, não era bem um partidário da ordem liberal democrática. A reorganização da ordem política defendida pelas direitas francesas – muitas delas participantes da Resistência, como De Gaulle, Frenay, para ficarmos apenas nos dois aqui citados – em meio à crise da democracia representativa liberal, aproximava-se de valores e referências da Revolução Nacional de Vichy. Nacionalistas e patriotas, contudo, não poderiam tolerar que as mudanças partis-

---

73 Franco atiradores e *partisans*-mão de obra imigrada.

74 Sobre o assunto, ver o capítulo 2.

sem de um Estado comprometido com a ocupação estrangeira, como foi o regime comandado por Pétain.

Os anos seguintes à guerra mostraram as dificuldades de Charles de Gaullede lidar com a pluralidade política e o respeito às contradições restaurados, não somente na França, mas na parte ocidental da Europa libertada, onde os tempos de Estados fortes haviam terminado.

ITÁLIA

> *No caso italiano, se podia ser antifascista sem pensar na resistência armada; se podia pensar a resistência sem praticá-la; se podia praticá-la sem ter sido antifascista.*
>
> Gianni Perona.[75]

Em 25 de julho de 1943, depois de duas décadas no poder, chegava ao fim o regime fascista na Itália. Sem apoio popular, com a derrota alemã no horizonte e o desembarque aliado no Sul, o Grande Conselho do Fascismo,órgão máximo do Partido Nacional Fascista, e as mesmas elites que apoiaram Mussolini em 1922, derrubaram-no, tendo à frente o rei Vitor Emmanuel. Na sequência, o Conselho e o Partido foram dissolvidos. O general Pietro Badoglio tornou-se chefe do governo provisório até junho de 1944, negociando a rendição com os aliados. O armistício assinado dia 3, tornou-se público em 8 de setembro de 1943. A experiência italiana na guerra (1940-1943), marcada por sucessivos fracassos militares e pelos sofrimentos e privações da população, foi decisiva para a derrocada do fascismo. Na conjuntura do verão de 1943, "identificou-se o fascismo com sua política militar e seu fracasso com o de todo o conjunto: o do Estado corporativo, o do império colonial, o da ditadura."[76]

---

75 Gianni Perona. "Penser la Résistance: les formes de la Résistance et l'opposition au fascisme en Italie." In: François Marcot e Didier Musiedlak (orgs.). *Les Résistances, miroir des regimes d'oppression.* Allemagne, France, Italie. Actes du Colloque International de Besançon, 24 a 26 septembre 2003, Musée de la Résistance et de la Déportation de Besançon, Université de Franche-Comté e Université de Paris X. Besançon, Presses Universitaires de Franche-Comté, 2006, p. 38.

76 Gianni Perona, *idem ibidem*, 2006, p. 33.

A partir da divulgação do armistício, em 8 de setembro de 1943, a Alemanha ocupou a parte Norte do território italiano. Ao lado dos ocupantes, esteve uma elite fascista que rejeitou a rendição, rompendo com a fidelidade ao rei. Em Salò, cidade perto de Milão, esses, que se afirmavam como os *puros* que restaurariam os valores e referências das origens do fascismo, fundaram, apoiados na Alemanha, a República Social Italiana, conhecida como República de Salò. Pretendiam continuar a guerra contra os aliados que avançavam em direção ao Norte, ocupando, por sua vez, a parte Sul da península, à medida que venciam as defesas alemãs. Assim, a Itália dividia-se fisicamente, assim como se dividiam os fascistas.

Entre 1920-22 e 1943, o combate dos antifascistas de diferentes tendências políticas e ideológicas, no exílio e no país, não foi considerado pelos atores políticos da época nem pelos historiadores como Resistência, mas oposição. Somente a partir da rendição italiana e da ocupação alemã, passou-se a falar em Resistência. O combate, então, era contra o invasor estrangeiro.

O termo Resistência, exclusivo, portanto, para o período 1943-1945, designou um campo muito amplo. Entre a antiga *oposição*, sobrevivente da repressão do *ventennio*,[77] estava o "arquipélago fragmentado do antifascismo", nas palavras de Bernard Droz: os comunistas, com suas estruturas clandestinas; os socialistas; os anarquistas; os democratas-cristãos; os liberais, liderados por Benedetto Croce[78]; os acionistas, integrantes do Partido da Ação, criado em 1942, tendo na origem o movimento Justiça e Liberdade (*Giustizia e Libertà*), de inspiração republicana, laica e socializante, liderado por Ferruccio Parri.[79]

Englobava, igualmente, os antigos partidários do fascismo a favor da rendição, contrariando antigos correligionários que se mantiveram fiéis a Mussolini. Da mesma forma, no campo resistente, combatendo ao lado dos aliados e dos antigos antifascistas, encontravam-se oficiais e suboficiais das forças armadas, ex-combatentes da Guerra da Etiópia (1936) e das campanhas da Segunda Guerra, com di-

---

77 *Ventennio*, como são chamados os vinte anos do regime fascista.

78 Benedetto Croce (1866-1952), filósofo, escritor, historiador, intelectual liberal, senador pelo Partido Liberal.

79 Cf. Bernard Droz, Prefácio à edição francesa de Claudio Pavone. *Une guerre civile*. Essai historique sur l'éthique de la Résistance italienne. Paris: Seuil, 2005 (1ª edição italiana de 1991). Ferruccio Parri (1890-1981), jornalista, presidiu o Comitê de Libertação Nacional (CLN), tornando-se primeiro-ministro italiano entre junho e dezembro de 1945.

ferentes níveis de identidade com o fascismo e de adesão a suas causas.[80] Nesse amplo lado da guerra, ainda se encontravam antigos fascistas civis e jovens (civis e soldados) formados nas organizações do Estado totalitário. Por fim, somaram-se prisioneiros de guerra de diversas nacionalidades, libertados ou fugidos quando do armistício. Os resistentes que se integraram à luta de guerrilha, nas montanhas ou nos povoados e cidades, foram denominados *partigiani*, correspondendo aos *maquisards* franceses.

Ao longo de vinte anos, a *oposição* antifascista havia se concentrado na luta política, negando o enfrentamento armado, militar, mesmo em tese, à exceção dos anarquistas.[81] Reconhecia os fascistas como adversários ou interlocutores políticos, procurando, dessa forma, não romper de todo os vínculos com a realidade social. Via-se a si mesma, portanto, como *oposicionistas*, não como resistentes. Nesse período, os antifascistas mantiveram, no país e no exterior, uma ativa e rica reflexão acerca do fascismo.

Na nova configuração da Itália de 1943-1945, na qual o regime contra o qual se opuseram não existia mais, a reflexão empobreceu-se, reduzida ao combate ao invasor estrangeiro. A Alemanha nazista tornou-se o inimigo principal e a razão de ser da Resistência, da qual, então, os antigos antifascistas faziam parte. De interlocutores ou adversários, os fascistas viraram os traidores dos interesses nacionais, excluídos da discussão política. A "negação política do fascismo".[82] Perdiam, pois, o reconhecimento de sua identidade nacional, engajados numa guerra que somente à Alemanha interessava. Não à toa surgiu na época o termo nazifascismo para denominar o inimigo contra o qual a Resistência lutou, caracterizando, exclusivamente,

---

80   Parte da significativa da oficialidade, no Norte do país, integrou-se às forças armadas da RSI. Para a conjuntura italiana, ver o capítulo 4. Sobre isso, ver a síntese de Bernard Droz, no seu prefácio à edição francesa da obra de Claudio Pavone. *Une guerre civile*. Essai historique sur l'éthique de la Résistance italienne. Paris, Seuil, 2005 (1ª edição italiana de 1991); Renzo de Felice. *Mussolini l'alleato* [Mussolini, o aliado], II. La guerra civile. 1943-1945. Turim: Einaudi, 1997; Gianni Perona, *op. cit.*, 2006; Claudio Silingardi. *Alle spalle della Linea Gotica*. Storie luoghi musei di guerra e resistenza in Emilia-Romagna. [Atrás da Linha Gótica. Histórias lugares museus de guerra e resistência na Emilia-Romagna] Modena: Artestampa; Istituto Storico di Modena, 2009.

81   Essa análise e a que se segue baseia-se em Bernard Droz, *idem ibidem*, 2005 e Gianni Perona, *idem ibidem*, 2006.

82   Cf. Gianni Perona, *idem ibidem*, 2006.

o enfrentamento militar em território italiano entre 1943 e 1945. Nessa situação específica, fascismo (republicano) e nazismo tornavam-se irmãos siameses.[83]

Tal simplificação apenas parcialmente dava conta da realidade. Encobria conflitos e contradições internos ao país, não somente anteriores à ocupação alemã, mas também no interior das alianças políticas e militares das forças que se enfrentaram nos campos de batalha entre 1943 e 1945.

Essa *simplificação*, como analisou Gianni Perona, deu-se, no contexto da crise do verão de 1943, tanto em relação ao passado anterior o fascismo como ao futuro da Itália. Quanto a esse último aspecto, "a nova classe política", identificada com a Resistência, reivindicava legitimidade na "reconstrução total do Estado italiano" devido à participação na guerra. Diante dos aliados, procurou mostrar não somente sua colaboração militar, mas também democrática, pois havia recusado qualquer compromisso com o que restara da ditadura fascista.[84] No que diz respeito ao passado, as antigas oposições antifascistas do período anterior à derrocada do regime"tiveram necessidade de encontrar na tradição democrática nacional símbolos indiscutíveis que eliminassem toda suspeita sobre a natureza puramente patriótica de seu engajamento militar".[85] Foram essas forças que constituíram as organizações *partigiani* mais ativas na Resistência, o Partido da Ação e o Partido Comunista.

Os comunistas encontraram no *Risorgimento* do século XIX a referência patriótica para a luta travada em 1943. Aproximavam, portanto, contextos bem diferentes, na busca de simbologias legitimadoras. Em sua maioria, os comunistas haviam rejeitado a Grande Guerra (1915-1918), seguindo as recomendações da Segunda Internacional Socialista, à qual estavam, então, filiados. Denunciavam, justamente, o caráter patriótico do conflito. Isso explica por que não podiam recorrer às referências nacionais da Guerra. Daí, a denominação das organizações militares do PCI que combateram o nazifascismo, Brigadas Garibaldi, legitimando-se no personagem histórico da guerra de libertação nacional.[86]

---

83 Em direção semelhante, Gianni Perona cita a pesquisa de história oral de Luisa Passerini, que demonstra como a memória da população sobre a violência fascista raramente refere-se às violências do período 1920-1922, que se sobrepõe, ainda, à memória de 1944-1945. O alemão aparece como impiedoso e o fascista, que exerce a violência e a extorsão, é o parasita do poder ocupante. Cf. Gianni Perona, *idem ibidem*, 2006, p. 45.

84 Cf. Gianni Perona, *idem ibidem*, 2006.

85 Gianni Perona, *idem ibidem*, 2006, p. 35.

86 Ver capítulo 5.

Já os partidos antifascistas moderados, os herdeiros das tradições políticas que nada tinham a ver com a hostilidade à entrada na Grande Guerra, incluindo parte da esquerda não marxista, reencontrava na Resistência sua antiga tradição de " 'interventisi' democráticos". Desde 1914, haviam defendido a entrada da Itália na guerra ao lado da *Entente*, rompendo a aliança do país com os impérios alemão e austro-húngaro. Na Resistência ao nazifascismo, seus herdeiros se abrigaram no Partido da Ação. Ferruccio Parri bem representa essa linhagem: um dos comandantes-chefe do *Corpo Volontari della Libertà* (CVL), fora condecorado na guerra de 1915-1918. É nesse sentido que Perona afirma que "a participação na Resistência parecia enraizar-se numa história anterior ao fascismo, na qual cada partido tentava recuperar seus títulos de nobreza patriótica".[87]

Já os militares, buscaram legitimar-se no campo da Resistência respaldados na fidelidade ao rei, defendendo, assim, *a continuidade* com o período anterior, na condição de profissionais da guerra. Os antigos antifascistas, contudo, questionavam tal legitimidade, afirmando-se, eles sim, como os representantes da descontinuidade entre o Estado fascista e a democracia a ser estabelecida. Segundo a elaboração dos oficiais e soldados das forças armadas, eles também rejeitavam a dimensão política da Resistência, centrando-a na sua dimensão militar.[88] Contavam com uma reciclagem dos fascistas, sobretudo, os camisas negras, absorvidos na infantaria regular no momento da derrubada do regime. Tiveram, entretanto, que fazer uma "depuração ao menos parcial de certos quadros responsáveis por crimes de guerra nos países ocupados entre 1941 e 1943". A intenção de promover um "Nuremberg italiano" foi, porém, abandonada no pós-guerra.[89]

A definição da Resistência como luta armada contra o invasor estrangeiro e seus colaboradores foi critério recorrente, vimos, na discussão conceitual da Resistência francesa. Entretanto, a França não passara pela experiência do fascismo no poder, como foi o caso italiano, embora os resistentes franceses também

---

87 Gianni Perona, *op. cit.*, 2006, p. 36.

88 Gianni Perona, *idem ibidem*, 2006. Sob pressão dos sucessos dos antigos antifascistas na organização das bandas *partigiani* e nas greves de 1944 e 1945, os militares acabaram filiando-se, em sua maior parte, ao Partido Liberal, monarquista e o mais moderado no campo da Resistência, uma vez que apenas os representantes dos partidos políticos tinham assento nos Comitês de Libertação Nacional. Cf. Gianni Perona, *idem ibidem*, 2006, p. 39-40.

89 Cf. Gianni Perona, *op. cit.*, 2006, p. 39.

enfrentassem colaboradores e colaboracionistas. O curto regime de Vichy não era, propriamente, fascista. A situação na Itália era bem outra.

O país tornara-se um dos principais fronts da guerra, palco de batalhas entre as forças armadas britânicas e norte-americanas contra a *Wehrmacht*. Churchill foi dos que mais apostou, enquanto pôde, em uma frente ocidental pela Itália, devidamente reforçada. A derrota do nazismo parecia certa e a Alemanha transformou sua então fragilidade em terror contra os prisioneiros de guerra e a população local, na tentativa de conter o avanço inimigo, o que deslegitimava ainda mais os fascistas republicanos junto à população.

Por ironia da história, foi a partir da queda do fascismo que a legislação antissemita, em vigor desde 1938, passou a ser, de fato, aplicada pela República Social Italiana, e nas regiões sob jurisdição direta da Alemanha, aquém da Linha Gótica, como no Lazio, onde se situa Roma. Para o fascismo italiano, a começar por Mussolini, a *questão judaica* jamais se colocou como um problema. Por essa razão, aliás, o historiador israelense Zeev Sternhell rejeita o conceito *fascismos*, no plural, para se referir ao fascismo italiano e ao nacional-socialismo alemão.[90] Sendo o antissemitismo ausente em um e estrutural no outro, não caberia, segundo Sternhell, usar o mesmo conceito para os dois fenômenos. Enfim, as leis antissemitas só haviam sido estabelecidas na Itália no momento em que Mussolini buscava aproximar-se da Alemanha, cedendo, contrafeito, às exigências do *Führer*. Esse movimento coincidiu com o fim do consenso em torno do fascismo.[91]

Se a marca da Resistência francesa foi política, à medida que agregou tendências político-ideológicas variadas, a marca da Resistência italiana foi a ação organizada no campo militar.

O caráter político foi a marca essencial da Resistência francesa, vimos, o militar definiu a italiana. Iniciou-se com o país ocupado por estrangeiros "amigos" e por estrangeiros "inimigos". Desenvolveu-se no front militar, no qual se tornou a Itália, após a queda de Mussolini, bombardeada no Sul pelos aliados, e no Norte pelos alemães. A Resistência foi o confronto, fundamentalmente, militar nesse campo de batalha.

---

90 Zeev Sternhell. *Nascimento da ideologia fascista*. Com Mario Sznajder e Maia Asheri. Lisboa: Bertrand Editora, 1995.

91 Os autores apontam o consenso na Itália entre 1929 e 1936-37. Ver nota 40, acima.

Quanto ao comportamento da população em relação à Resistência, ao mesmo tempo em que via com bons olhos o combate para por fim ao terror imposto pelo inimigo, temia as represálias contra as ações que recaíam sobre os habitantes de cidades e povoados. Nessa tensão, as responsabilidades pelos massacres e fuzilamentos cometidos pelos nazifascistas, em suas costumeiras retaliações, podiam recair sobre os próprios resistentes.[92]

Para os historiadores, portanto, não se trata de discutir conceitualmente a Resistência italiana, definindo o que foi e o que não foi resistir, segundo diferenciados critérios, tal qual ocorre na historiografia sobre a França. Não há dúvidas sobre o que foi resistir naquelas circunstâncias. O único aspecto definidor da Resistência italiana é, como disse, o marco cronológico: entre 1920-22 e 1943, a luta antifascista – política, não militar – foi, antes de tudo, oposição; entre 1943-1945, enquanto ação militar brigadista, aí sim, foi resistência.

Não sendo conceitual, o debate historiográfico italiano se concentra na interpretação específica do caráter da Resistência e, bem como do papel de seus atores, principalmente das lideranças ou de militantes destacados. Ainda que renuncie a uma discussão conceitual verticalizada, como no caso francês, a historiografia italiana das últimas décadas tem desconstruído a memória simplificada da Resistência enquanto luta contra o invasor alemão. Um modelo que minorava, quando não escondia, a continuidade do projeto fascista entre os adeptos da República de Salò.

Nesse esforço, a polêmica obra de Claudio Pavone, publicada em 1991, tornou-se referência. O historiador, ex-*partigiano*, nascido em 1920, defendeu que a Resistência italiana abrigou três guerras a um só tempo: a patriótica, a civil e a de classe. As três dimensões da resistência italiana puderam coexistir em uma mesma consciência, seja individual seja coletiva. A guerra patriótica envolveu indivíduos e segmentos sociais mobilizados pela luta contra a ocupação alemã. A guerra civil assinalou o enfrentamento entre os italianos – parte a favor dos aliados, parte a

---

92   Gianni Perona cita o caso exemplar do massacre ocorrido em Civitella in Val di Chiana, no qual aparece essa *memória dividida*, indicando, entre farta bibliografia sobre o episódio, o livro de Giovanni Contini e Silvia Paggi (ed.). *La memoria divisa*: Civitella della Chiana, 29 giugno 1944-94. Roma, Manifestolibri, 1996. Aqui no Brasil, conhecemos o debate sobre a memória do acontecimento a partir do artigo de Alessandro Portelli. "O massacre de Civittela Val di Chiana (Toscana, 29 de junho de 1944): mito e política, luto e senso comum." In: Marieta de Moraes Ferreira e Janaína Amado (orgs.). *Usos & abusos da história oral*. Rio de Janeiro, Ed. FGV, 1996. Gianni Perona, *op. cit.*, 2006, p. 41, nota 22.

favor dos alemães. Nesta segunda dimensão, Pavone destaca que as mais profundas contradições políticas e ideológicas foram deixadas de lado, entre os resistentes, em prol da luta contra o inimigo maior, o nazismo, e seu aliado nacional, o fascismo republicano.[93] Por fim, quanto à guerra de classes, Pavone destaca os projetos revolucionários de esquerda, no interior da Resistência, visíveis nas greves operárias de março de 1944, bem como em ações do campesinato pobre e da classe média urbana. Numa frente contra a burguesia, acusada de pactuar com o inimigo para afirmar seus privilégios e da longa convivência com o fascismo, esses segmentos sociais pretenderam desencadear uma revolução socialista, inspirada no modelo soviético, no processo da luta de Resistência.[94]

Quase meio século após o fim da guerra, Pavone sofreu pesadas críticas dos próprios companheiros de combate ao levantar as contradições internas do país e da Resistência – ideológicas, políticas, de classe – que punham em xeque a versão unificadora da luta patriótica, nacional. Acusaram-no de *defender* os fascistas republicanos uma vez que eles, os fascistas de Salò, haviam apontado para o caráter de guerra civil do confronto. Pavone reconheceu neles, ao mesmo tempo, essa interpretação do caráter de guerra civil, bem como o fato de expressarem, eles também, a nação italiana. A análise do historiador pôs abaixo a construção da memória mitificada da *partigiana*.[95]

O debate historiográfico italiano, dessencadeado por Pavone, desconstruiu a memória da Resistência como luta nacional antigermânica. Portanto, desvelou a diversidade de atores políticos engajados na luta; as contradições entre as facções resistentes; as continuidades e descontinuidades entre o passado fascista e o ânimo brigadista vivenciados por vários combatentes.

A realidade na Itália criou uma situação completamente particular, sintetizada por Gianni Perona na epígrafe selecionada: "no caso italiano, se podia ser antifas-

---

93 Para a perspectiva da guerra civil, na Itália de 1943 a 1945, ver também Renzo de Felice. *Mussolini l'alleato* [Mussolini, o aliado], II. La guerra civile. 1943-1945. Turim: Einaudi, 1997.

94 Cf. Bernard Droz, *op. cit.*, 2005 e Claudio Pavone, *op. cit.*, 2005.

95 Sobre o mito da Resistência italiana, abordado no capítulo 5, ver Giampaolo Pansa. *Bella Ciao*. Controstoria della Reistenza. Milão: Saggi Rizzoli, 2014.

cista sem pensar na resistência armada; se podia pensar a resistência sem praticá-la; se podia praticá-la sem ter sido antifascista".[96]

ALEMANHA

> *Nós fomos os testemunhos mudos de fatos monstruosos; fomos muito hábeis; apendemos a arte da dissimulação e do discurso ambíguo; a experiência nos tornou desconfiados em relação aos homens e tivemos, frequentemente, que nos abster de dizer a verdade e falar livremente; conflitos insuportáveis nos esgotaram ou talvez nos tornaram cínicos – podemos ainda servir a alguma coisa?*
>
> Dietrich Bonhoeffer. [97]

Se há diferenças substantivas quanto à conceituação historiográfica da Resistência à ocupação, nos casos francês e italiano, a polêmica não é menor no caso da historiografia sobre a Resistência alemã. A começar pelo fato de não se tratar de um combate contra o invasor estrangeiro, senão contra um regime ancorado em largo consenso e com métodos policiais de governo.

A historiografia da Resistência na Alemanha é vasta e complexa, expressando as diversas fases pelas quais o país passou, desde o pós-guerra até os dias atuais. A desnazificação do pós-guerra, a divisão do país e de Berlim, o Tribunal de Nüremberg, a culpa de gerações pela Shoah, a caça de governos e/ou instituições judaicas aos nazistas refugiados etc., atualizaram constantente as feridas da guerra.[98]

---

96 Gianni Perona, *op. cit.*, 2006, p. 38.

97 Dietrich Bonhoeffer *apud* Michael Kissener. "Les formes d'opposition et de résistance au national-socialisme en Allemagne." In: François Marcot e Didier Musiedlak (orgs.). *Les Résistances, miroir des regimes d'oppression*. Allemagne, France, Italie. Actes du Colloque International de Besançon, 24 a 26 septembre 2003, Musée de la Résistance et de la Déportation de Besançon, Université de Franche-Comté e Université de Paris X. Besançon, Presses Universitaires de Franche-Comté, 2006., p. 19-29. Bonhoeffer (1906-1945), teólogo e pastor luterano, membro fundador da Igreja Confessante, ala da Igreja protestante contrária à política nazista, atuante na Resistência, foi preso em abril de 1943 e enforcado em 9 de abril de 1945. A pergunta foi feita, ainda de acordo com Kissener, pouco antes da sua prisão.

98 Para um excelente balanço historiográfico, ver Klaus-Jünger Müller. "La résistance allemande au régime nazi. L'historiographie en République Fédérale." *Vingtième Siècle*. Revue d'his-

Seja como for, a *ideia* de resistência ao nazismo surgiu fora da Alemanha, timidamente, ainda na década de 1930. Durante os anos de exílio, que, para muitos começou com a chegada de Hitler ao poder, em janeiro de 1933, ou mesmo antes, os alemães no exterior chamavam a atenção do mundo para a existência de *outra Alemanha*.[99] Uma Alemanha que nada tinha a ver com os valores do nacional socialismo, como dava prova a existência mesma dos exilados.

No pós-guerra, esta imagem de *outra Alemanha*, resistente no exílio ou no interior do país, motivou historiadores contrários ao regime, então derrotado, bem

---

toire, Paris, n°11, jul-set. 1986. p. 91-106. Além da discussão historiográfica, o autor, neste artigo, dá referências importantes nesse sentido. Ver também, entre outros, Hans Mommsen. "The German Resistance against Hitler and the restoration of politics." *The Journal of Modern History*, v. 64, Supplement: Resistance against the Third Reich (dez. 1992), p. S112-S12; Michael Geyer. "Resistance as ongoing project: visions of order, obligations to strangers, struggles for civil society." *The Journal of Modern History*, v. 64, Supplement: Resistance against the Third Reich (dez. 1992), p. S217-S241; Mary Nolan. "The historikerstreit and social history." *New German Critique*, n. 44, Special issue on the historikerstreit (primavera--verão,1988), p. 51-80. Frank Trommler. "Between normality and Resistance: catastrophic gradualism in nazi Germany." *The Journal of Modern History*, v. 64, Supplement: Resistance against the Third Reich (dez. 1992), p. S82-S101; Ian Kershaw. *L'opinion allemande sous le nazisme en Bavière*: 1933-1945. Paris: Editions CNRS, 2002; Joachim Fest. *La Résistance allemande* à Hitler. Paris: Perrin, 2009; Gilbert Merlio. *Les résistances à Hitler*. Paris: Talladier, 2001; Christine Levisse-Touzé e Stefan Martens (orgs.). *Des Allemands contre le nazisme*. Oppositions et résistances. 1933-1945. Paris: Albin Michel, 1997; Barbara Koehn. *La Résistance allemande contre Hitler*, 1933-1945. Paris: Presses Universitaires de France, 2003. Michael Kissener. "Les formes d'opposition et de résistance au national-socialisme en Allemagne." In: François Marcot e Didier Musiedlak (orgs.). *Les Résistances, miroir des regimes d'oppression*. Allemagne, France, Italie. Actes du Colloque International de Besançon, 24 a 26 setembro 2003, Musée de la Résistance et de la Déportation de Besançon, Université de Franche-Comté e Université de Paris X. Besançon: Presses Universitaires de Franche-Comté, 2006. Agradeço a Marcelle Santana indicações bibliográficas.

99 Nesse primeiro momento, ou seja, no início de 1933, partiram para o exílio, sobretudo, artistas e intelectuais antinazistas, muitos de ascendência judaica, mas não necessariamente. De maneira significativa, os judeus procuraram deixar a Alemanha, sobretudo, a partir da Noite de Cristal, grande pogrom ocorrido em 9 de novembro de 1938, em Berlim, estendendo-se para demais cidades do país. Para o exílio de artistas e intelectuais antinazistas, ver a belíssima obra de Jean-Michel Palmier. *Weimar en exil*. Le destin de l'émigration intellectuelle allemande antinazie en Europe et aux États Unis. Paris: Payot, 1988. 2 vols.

como suas várias vítimas a escrever sobre o tema da Resistência.[100] No contexto de ocupação do país pelos países vencedores, historiadores imbuídos de "um grande élan moral e com um engajamento político intenso", seja "uma vontade científica" sejam "motivos patrióticos", procuravam opor-se à tese da "culpabilidade coletiva" que marcou o período. No "espírito da resistência" da *outra Alemanha* seria construída a "nova Alemanha", eis o lastro político da valorização da resistência ao regime no próprio país[101]

À historiografia dedicada ao tema da Resistência, produzida fora da Alemanha, pareceu inviável o surgimento de movimentos coletivos ou ações individuais de Resistência. Para essa interpretação, os historiadores consideraram a eficácia do regime totalitário nazista no seu projeto de controle absoluto da sociedade, bem como na eliminação de organizações autônomas em relação do Estado. As instituições de repressão, informação e propaganda do Estado totalitário, onipresentes na eliminação de qualquer ameaça à *Comunidade Popular*,[102]impediam qualquer confronto com o Reich. Não se poderia, portanto, falar em Resistência no interior da Alemanha, mas somente em atividades de oposição ao regime entre os exilados alemães. Mais recentemente, historiadores buscaram explicar o amplo apoio da população em outro registro que não o da repressão e da propaganda, exclusivamente, manipuladora da opinião. Obtidos em curto espaço de tempo, o consenso e o con-

---

100 Cf. Klaus-Jünger Müller, *op. cit.*, 1986.

101 Essa foi a perspectiva presente também nos manuais escolares alemães, segundo Bertrand Lécureur, desde 1950, limitando a resistência interior ao "panteão de personagens e fatos notáveis, imutáveis e sacralizados". A partir de 1990, ainda de acordo com Lécureur, doutor em História contemporânea e professor de história de liceu, iniciou-se uma "renovação notável" no ensino escolar, com a incorporação dos resultados das pesquisas e dos debates historiográficos na Alemanha. Cf. Bertrand Lécureur. "L'autre Allemagne, la résistance intérieure au nazisme, un aspect particulier des manuels d'histoire allemands publiés depuis 1950."*Tréma*, 29, 2008. Disponível na web: trema.revues.org/730 (acesso em 17/12/14).

102 Comunidade Popular, conceito fluido que serviu à política nazista para designar o conjunto de alemães pertencente à suposta superior *raça ariana*. Os temas relativos ao mito da Comunidade Popular foram tratados, simbolicamente, nos discursos, imagens e ritos do nacional socialismo, levando multidões à ação. Cf. Pierre Ayçoberry. *La société allemande sous le IIIème Reich*. 1933-1945. Paris: Éditions du Seuil, 1998.

sentimento, conceitos usados por vários desses historiadores, manteve-se até o fim da guerra.[103]

Abordagem distinta pode ser vista na obra de Martin Broszat, fundador e diretor do prestigiado Instituto de História Contemporânea de Munique.

Broszat propôs, na década de 1970, o conceito de *Resistenz*, para referir-se ao fenômeno na Alemanha. O termo, emprestado da biologia para designar reações espontâneas e naturais dos organismos vivos a microrganismos como vírus e bactérias, cuja tradução literal é *imunidade*, pareceu-lhe mais adequado, para a compreensão do que ocorrera no país, do que *Widerstand*, traduzível por resistência. Mais precisamente, *Widerstand* designa, na língua alemã, uma rebelião, um desafio frontal à ordem política e legal existentes, muitas vezes justificada pelo abuso do poder. Segundo Pierre Ayçoberry, *atitude refratária* seria a melhor tradução para *Resistenz*.[104] Curiosamente, Broszat recorreu a um termo de um campo de conhecimento, a biologia, muito frequentado pelo nacional-socialismo na defesa de suas teses raciais.

A tese de Broszat foi resultado de ampla pesquisa sob sua coordenação, entre 1973 e 1983, realizada pelo Instituto, envolvendo uma equipe de historiadores, *Resistência* [Widerstand] *e perseguição na Baviera*, conhecida como *Projeto Baviera*. Sob a perspectiva da história social, o objeto estudado foi a vida cotidiana da população bávara sob o III Reich (1933-1945).[105] Crítico em relação à "importância exagerada" dada ao atentado de 20 de julho de 1944, a última tentativa de assassinato de Hitler por parte de oficiais do Exército, sob a liderança do coronel Stauffenberg, Broszat, por outro lado, "queria reavaliar as pequenas formas de coragem cida-

---

103 Para o apoio da população alemã ao regime, ver, entre outros, Robert Gellately, *op. cit.*; Pierre Ayçoberry, *op. cit.*, 1998; Götz Aly. *Comment Hitler a acheté les Allemands*. Le IIIe Reich, une dictature au service du peuple. Paris: Flammarion, 2005.

104 Pierre Ayçoberry, *idem ibidem*, 1998.

105 Os resultados da pesquisa foram publicados em 6 volumes: Martin Broszat. e outros. *Bayern in der NS-Zeit* (Baviera nos anos do nacional socialismo). 6 vols. Munique. De Gruyter Oldenbourg, 1977-1983. (Band I (volume I) Soziale Lage und politisches Verhalten der Bevölkerung im Spiegel vertraulicher Berichte; Band II Herrschaft und Gesellschaft im Konflikt; Band III Herrschaft und Gesellschaft im Konflikt; Band IV Herrschaft und Gesellschaft im Konflikt; Band V Die Parteien KPD, SPD, BVP in Verfolgung und Widerstand; Band VI Die Herausforderung des Einzelnen).

dã", dispersas no dia a dia do alemão anônimo, comum.[106] O objeto, assim, não era os comportamentos e as ações de pessoas com posições influentes no interior ou fora do Estado (forças armadas, burocracia, Igrejas católica e protestante, aristocracia) nem de organizações políticas ilegais (Partido Social-democrata alemão/SPD, Partido Comunista alemão/KPD e outros partidos menores), tendência dominante na historiografia até então.

Broszat chamava a atenção para a necessidade de historicização do nacional socialismo, evitando os anacronismos e nuançando os tipos de comportamentos sociais sob o regime que ambicionava o controle total da população.[107] Da mesma forma, no que se refere, em particular, aos comportamentos não conformistas, era essencial levar em consideração o meio social e ideológico no qual eles apareceram, o "território da resistência", como havia proposto Günter Plum.[108]

Nas reflexões de Broszat, "os critérios de abordagem da resistência não são mais tanto os objetivos e motivos políticos, éticos ou morais", outra tendência marcante na historiografia, "mas seus efeitos concretos (*Wirkung*), a saber, a defesa, a limitação, a estagnação, os contra-ataquesà dominação e às exigências ideológicas dos nazistas".[109] Defendeu que era, exatamente, por meio dessa abordagem que se podia compreender "a que ponto a dimensão criminal do regime havia encontrado seu prolongamento até na vida cotidiana." Com esse argumento, rebateu as críticas do historiador israelense Saul Friedländer, segundo as quais sua abordagem diluía o essencial do regime, a violência criminal.[110]

---

106 Michael Kissener, *op. cit.*, 2006.

107 Cf. Pierre Ayçoberry, *op. cit.*, 1998, p. 12.

108 Cf. Klaus-Jünger Müller, *op. cit.*, 1986, p. 100. Müller refere-se ao seguinte texto de Günter Plum: "Das 'Gelände' des Widerstandes. Marginalien zur literatur über den Widerstand gegen den Nationalsozialismus" ["As 'motivos' das Resistências na literatura sobre marginais na resistência ao nacional-socialismo"], in Wolfgang Benz (ed.). Miscel. *Fests chrift für Helmut Krausnkk zum 75* [Coletânea. Homenagem aos 75 anos de Helmut Krausnkk]. Geburtstag, Stuttgart, DVA, 1980, p. 93-102.

109 Klaus-Jünger Müller, *idem ibidem*, 1986, p. 100.

110 Pierre Ayçoberry, *op. cit.*, 1998, p. 13. Para o debate, ver Martin Broszat & Saul Friedländer. "A controversy about the historicization of national socialism". In: Peter Baldwin (ed.). *Reworking the Past*. Hitler, the Holocaust and the historians. Boston, Beacon Press, 1990; Martin Broszat e Saul Friedländer. "Sur l'historisation du national-socialisme. Échanges de lettres."*Bulletin trimestriel de laFondation Auschwitz*, 1990, n. 24, p. 43-86.

Para Klaus-Jünger Müller, "uma mudança fundamental de perspectiva apareceu, então: tratava-se de analisar não mais 'a resistência a partir de cima', feita por pessoas com posições influentes no seio do Estado ou por organizações políticas (ilegais), mas a 'resistência a partir de baixo'". Além disso, "tomando como objeto de estudos as repercussões da dominação nazista sobre a vida cotidiana das pessoas e sua reação, podia-se observar as trocas entre o poder e a sociedade, e os conflitos ou campos conflituosos que daí resultam".[111] A "resistência cotidiana" assumiu formas muito variadas, desde a "resistência parcial", com a aprovação inclusive de "certos objetivos do regime", até a resistência ativa.[112]

Seguindo, portanto, um critério "funcionalista" para a formulação do conceito, focado no efeito das ações, e não o "intencionalista", que priorizara a intenção, Broszat identificou comportamentos sociais difusos de reação, mesmo diante das severas restrições às quais a população estivera submetida. O critério para designar *Resistenz* é o fato (o que foi feito, a ação) e o seu resultado, e não o que se desejou e vislumbrou com ele. "A *Resistenz* procede menos de uma vontade deliberada de agir contra o regime, de motivos e objetivos precisos" – critério essencial, como se viu, para historiadores dedicados à conceituação da Resistência francesa – "e mais de uma reação de defesa contra seus objetivos e usurpações".[113] Daí, a imagem da *resistência* do organismo atacado por microrganismos.

Nessa perspectiva, surgiu uma definição alargada de Resistência, incluindo comportamentos ativos e passivos, que implicavam riscos, reveladores de recusas ao regime ou a parte de sua ideologia.[114]*Resistenz* designou, portanto, múltiplas e diferenciadas atitudes, comportamentos e ações que expressam o não-conformismo, desde exemplos silenciosos, invisíveis, limitados (como recusar fazer a saudação nazista, frequentar a Igreja católica, duvidar de notícias oficiais, ajudar um perseguido) até o ato do 20 de julho de 1944, considerado, então, o fato resistente por excelência.[115] Tudo *Resistenz*, nada *Widerstand*. Vale lembrar que Günther Weisenborn, escritor e dramaturgo alemão, exilado, preso após seu retorno à Alemanha, condenado à morte, com pena reduzida para 10 anos de prisão, libertado em abril de

---

111 Klaus-Jünger Müller, *op. cit.*, p. 100.

112 Broszat, segundo Kissener, *op. cit.*, 2006.

113 Gilbert Merlio, *op. cit.*, 2001, p. 29.

114 Cf. Ian Kershaw, *op. cit.*, 2002.

115 Michael Kissener, *op. cit.*, 2006.

1945, em seu livro de 1953, baseado nos relatórios de polícia, já apontara para a dimensão do que chamou "rebelião silenciosa".[116]

O conceito de *Resistenz* permite, no campo da história social, destacou Gilbert Merlio, medir os pontos de atrito, de conflito, de ruptura entre a sociedade e o Estado, ou seja, o "não-conformismo". Contém, assim, uma dimensão política à medida que evidencia os limites da adesão ao nazismo. Por outro lado, mostra também a "adaptação", a "colaboração total ou parcial".[117] O estudo de Broszat indica, assim, os limites do totalitarismo, mesmo no Estado nazista, levando-o a negar o uso deste conceito para a Alemanha. Nos anos 1970-1980, como afirma Klaus-Jünger Müller, assim como a historiografia abandonava a interpretação do regime nazista como um monólito, influenciada pela teoria do totalitarismo, a imagem da resistência passava por transformações: "se cessa de considerá-la tampouco como um monólito para ver nela um fenômeno complexo e cambiante, no seio de um sistema de dominação marcado por forças e grupos de poder muito diferentes".[118]

Deslocando-se da vida cotidiana para o campo intitucional, Broszat, portanto, também qualificou como *Resistenz* comportamentos e ações *refratários* de indivíduos ou grupos no interior de instituições como a *Werharcht*, as Igrejas católica e protestante, a burocracia, círculos aristocráticos. A *imunidade* da qual essas instituições desfrutavam face ao poder nazista criou a possibilidade do surgimento de tais atitudes, funcionando de acordo com seus valores tradicionais, sem, necessariamente, desafiar o regime, embora esse também foi o caso de situações concretas ocorridas nessas esferas. Aqui, Broszat seguia a tese de Peter Hüttenberger, "origem intelectual" do Projeto Baviera.[119] Pesquisador do Instituto de História Contemporânea, de Munique, entre 1974 e 1975, professor da Universidade de Düsseldorf, Hüttenberger viu o sistema de dominação do nazismo como uma "policracia", na qual a resistência fora "uma forma específica de enfrentamento

---

116 Cf. Gilbert Merlio, *op. cit.*, 2001. Ver Günther Weisenborn. *Une Allemagne contre Hilter*. Paris: Félin, 1998, tradução do original *Der lautlose Aufstand* [A rebelião silenciosa]. Bericht über Die Widerstandsbewegung des Deutschen Volkes, 1933-1945 [Relatório sobre o movimento de resistência [Widerstand] do povo alemão, 1933-1945], 1ª edição de 1953. Günther Weisenborn (1902-1969).

117 Gilbert Merlio, *op. cit.*, 2001, p. 32.

118 Klaus-Jünger Müller, *op. cit.*, 1986, p. 98.

119 Cf Michael Kissener, *op. cit.*, 2006, p. 26.

no interior de uma relação de dominação".[120] O próprio Martin Broszat desenvolveu a tese do Estado nazista como uma policracia.[121]O grupo de jovens estudantes da Universidade de Munique, Rosa Branca, também se enquadrou no conceito *Resistenz*.[122]

Assim, a Resistência envolveu uma relação entre dominação e sociedade, mas também no interior da sociedade. Para se compreender a diversidade das formas de resistência era preciso associá-las à análise social da ditadura, integrando as *vítimas*, os *responsáveis* e os *resistentes*, segundo relações de dominação simétricas e assimétricas. Nessa perspectiva, foi possível apreender as condições, os limites, os resultados modestos, as diversidades ideológicas e dos meios, os resistentes.[123] Nessa base, foi desenvolvido o Projeto Baviera:

> "O estudo global [de Broszat], sobre um plano histórico e social, de campos regionalmente delimitados, tornaram mais visíveis tradições, condições de existência concretas, estruturas sociológicas e outros fenômenos que permitiram, pela primeira vez, tornar realmente compreensíveis os comportamentos, tanto de resignação como de resistência, pois recolocados nas condições de sua aparição e de sua manifestação".[124]

Por meio do conceito de *Resistenz*, abrangendo um "inventário de atitudes entre os dois extremos da submissão e da rebelião", Martin Broszat fez com que "os historiadores da Resistência tenham se transformado em historiadores das resistências", concluiu Ayçoberrry.[125]

Além da valorização dos comportamentos múltiplos e difusos no cotidiano de pessoas comuns sob ditaduras, Broszat, ao notar o caráter contraditório – ou ambivalente – desses comportamentos, próximo daquilo que Laborie chamou de

---

120 Michael Kissener, *idem ibidem*, 2006, p. 26.

121 Martin Broszat. *L'État hitlérien*. L'origine et l'évolution des structures du Troisième Reich. Paris: Fayard,1986.

122 Para o Rosa Branca, ver, entre outros, Christine Moll. "Des jeunes qui résistèrent au national--socialisme: la Rose Blanche." In: Christine Levisse-Touzé e Stefan Martens (orgs.), *op. cit.*, 1997.

123 Cf. Michael Kissener *op. cit.*, 2006.

124 Michael Kissener, *idem ibidem*, 2006, p. 27.

125 Pierre Ayçoberry, *op. cit.*, p. 11.

zona cinzenta, ambivalência e *pensar duplo*, no caso francês, talvez tenha contribuído para uma tendência da historiografia das décadas de 1980 e 1990 sobre as Resistências nos países ocupados. O mesmo indivíduo, constatou o historiador alemão, conformado ao comportamento esperado pelo regime em determinadas situações, podia, em outras, assumir um comportamento refratário a ele.

A realidade histórica da Resistência alemã é tão rica e particular, que mesmo os comportamentos e ações *intencionalistas* das elites, ou seja, dispostas a agir contra o regime, também tiveram ou podiam ter a marca da ambivalência. Na verdade, justamente, porque incarnaram essa duplicidade puderam existir e sobreviver por algum tempo, apesar do fim trágico ao qual os resistentes estiveram destinados. Além da marca da contradição, a Resistência muitas vezes teve um aspecto processual, contribuição de Hans Mommsen incorporada na pesquisa coordenada por Broszat.[126] Referia-se Mommsen à evolução de comportamentos à medida que o caráter criminal do regime intensificava e revelava-se mais claramente.

A percepção da Resistência como um processo no curso do qual foi possível a sobreposição da oposição ao regime e da colaboração com ele, comportamento frequente nas elites nacional-conservadoras, seja das forças armadas seja da alta administração estatal, está na essência das análises de Klaus-Jünger Müller sobre esses segmentos sociais.[127] Acreditando que a conceituação de Martin Broszat (*Resistenz*), baseada na ideia de *imunidade* social ao regime, mais dificultou do que ajudou a compreensão do fenômeno, Müller preferiu, entretanto, restringir-se ao termo *Widerstand*.[128]

Também no esforço de conceituação, o cientista político "Richard Loewenthal definiu três formas essenciais de Resistência para caracterizar o comportamento não- conformista diante do Estado nazista: oposição política, resistência social de ordem individual ou institucional e dissidência em matéria de visão de mundo".[129]

Ian Kershaw, que integrou a equipe do Projeto Baviera, também defende que a proximidade linguística entre as palavras *resistenz* e *resistência*, em várias línguas

---

126 Cf. Klaus-Jünger Müller, *op. cit.*, 1986, p. 97.

127 Klaus-Jünger Müller. "Les elites national-conservatrices dans l'Allemagne nazie: entre coopération et résistance." In: Christine Levisse-Touzé e Stefan Martens (orgs.), *op. cit.*, 1997.

128 Klaus-Jünger Müller, *idem ibidem*, 1986, p. 100.

129 Klaus-Jünger Müller, *idem ibidem*, 1986, p. 103.

europeias, semeou confusões, tornando o uso do conceito *Resistenz* difícil.[130] Além disso, o conceito abarcava comportamentos muito diferentes entre si, embora reconheça o fato de Broszat ter chamado a atenção para isso:

> "colocar uma bomba sob a mesa de Hitler ou dirigir uma célula comunista clandestina era, sem contestação, de uma natureza totalmente diversa daquela de protestar contra as interferências dos nazistas nas procissões de *Corpus Christi* ou de se queixar da política agrícola de alimentos do Estado."[131]

Nas publicações sobre a Baviera durante os anos nazistas,[132] Kershaw preferiu usar o conceito de *dissensão*, "que cobre o amplo inventário de forma de comportamento menores que não se cabem nos limites estreitos do conformismo". Reservou o termo Resistência (*Widerstand*) para "a oposição fundamental ao regime nazista". Entretanto, o historiador defende que as duas abordagens, a "fundamentalista" (restrita, centrada nos esforços organizados para abater o regime) e a "societal" (ampla, abarcando diversos aspectos do conflito entre o regime e a sociedade), são válidas e não excludentes. Pelo contrário. Tratar da *dissensão* é perceber os comportamentos críticos, mas também os domínios nos quais o regime podia contar com amplo *consentimento*:

> "*Consentimento* e *dissensão* caminham juntos, frequentemente, numa mesma pessoa. E fazem parte do mesmo problema de compreensão e interpretação. [...] De fato, poder-se-ia pretender que apenas uma exploração das contradições do comportamento 'cotidiano' revelado pela abordagem societal torna possível uma melhor compreensão do isolamento social e ideológico da resistência fundamental e, assim, das razões do seu fracasso. [...] a história da dissensão, da oposição e da resistência sob o III Reich é, ao mesmo tempo, a história do consentimento, da aprovação e da colaboração."[133]

---

130 Ian Kershaw, *op. cit.*, 2002, p. 12 e ss.

131 Ian Kershaw, *op. cit.*, 2002, p. 14

132 Ian Kershaw, *idem ibidem*, 2002; _____. *The 'Hitler myth'*. Image and reality in the Third Reich. Oxford: Oxford University Press, 1987.

133 Ian Kershaw, *idem ibidem*, 2002, p. 14-15.

A abordagem de Kershaw mantém, nesse aspecto, muito do que Peter Hüttenberger e Martin Broszat haviam desenvolvido no Projeto Baviera. Considerou uma tipologia para "dissensão" disposta em três círculos:

> "na periferia, uma 'dissensão', segundo uma definição muito ampla, que seria, grosso modo, o equivalente da *Resistenz* e designaria, então, uma resistência passiva e reativa; em direção ao centro, uma 'oposição' já mais qualificada, que implicaria ações ou comportamentos dirigidos contra certos aspectos ou certas decisões do regime; no centro, enfim, a resistência ativa e organizada cujas motivações políticas ou éticas respondem a três critérios seletivos".[134]

Ian Kershaw acredita que a "monumentalização" e a "heroicização" da Resistência "são obstáculos a uma compreensão histórica de suas excessivas lacunas e fraquezas humanas, mas também das 'zonas cinzentas' políticas e ideológicas que contribuíram de maneira emblemática/insigne para a sua ineficácia e seu fracasso". O que importa é "situar as condutas fundamentais e heroicas no contexto da sociedade que as engendrou, de vê-las no quadro das formas de comportamentos que eram bem menos heroicas e bem menos fundamentais em sua oposição".[135]

Sem negar o caráter totalitário da Alemanha nazista, considerando, não o êxito de controle total da população, mas a pretensão nesse sentido,[136] outros autores defendem o uso do termo Resistência (*Widerstand*), desde que se leve em consideração as suas especificidades no contexto do Estado totalitário. No início da década de 1980, Klaus Gotto, Hans-Günther Hockerts e Konrad Repgen propunham:

> 'Para que um conceito de resistência possa servir ao plano histórico, é preciso que ele seja sempre colocado em perspectiva com o conceito concreto do sistema de dominação correspondente. [...]. Comportamentos que poderiam parecer anódinos em outras condições,..., poderiam representar uma forma de resistência. O critério fundamental do conceito de resistência deve, pois, consistir em se perguntar se tal ou tal comporta-

---

134 Gilbert Merlio, *idem ibidem*, 2001, p. 32.

135 Ian Kershaw, *op. cit.*, 2002, p. 14.

136 Sobre o conceito de totalitarismo, ver nota 8.

mento individual ou coletivo apresentava ou não, na época, um risco. Um conceito amplo de resistência corresponde a esse critério de risco; fundamentalmente, entre 1933 e 1945, todo comportamento que se subtraísse ao constrangimento totalitário e à pressão visando à obediência expunha-se a risco.[137]

Assim, a Resistência não pôde ser mais clara e amplamente ativa, militante, além de jamais ter sido um fenômeno coletivo. A impossibilidade de sê-lo, acredito, se deve ao caráter totalitário do regime, mas também ao significativo, rápido e duradouro apoio recebido da população.[138] Sendo *Resistenz* ou *Widerstand*, o fenômeno na Alemanha sempre se limitou a poucos, o que levou Hans Mommsen a defender o conceito de uma *Resistência* [Widerstand] *sem povo*. Nas reflexões sobre a França, por outro lado, o caráter coletivo do fenômeno é essencial na definição de Resistência.

Além disso, as iniciativas resistentes no interior do país não podiam contar com o apoio dos aliados, como o foi o caso de resistências em países ocupados, embora também nesses países a presença das esquerdas, sobretudo, comunistas, mais ou menos radicais, provocou desconfianças nos governos britânico e norte--americano, dificultando ou limitando a preciosa ajuda.

Günther Weisenborn e Hans Rothfels, historiador alemão exilado, chamavam a atenção dos aliados para a existência de alemães antinazistas na Alemanha.[139] Entretanto, as desconfianças com relação à resistência alemã eram inevitáveis. Klaus-Jünger Müller fala, quanto aos planos do golpe de Estado, da "incompreensão mútua entre a resistência alemã e os governos estrangeiros", da incompatibilidade entre objetivos políticos de uma e dos outros.[140] Os resistentes foram os "testemu-

---

137 Klaus Gotto, Hans-Günther Hockerts e Konrad Repgen *apud* Kissener, *op. cit.*, 2006, p. 25. Os autores estudaram a resistência nos meios católicos.

138 Sobre o consenso na Alemanha, ver, entre outros autores, Robert Gellately, *op. cit.*

139 Cf. Michael Kissener, *op. cit.*, 2006. Günther Weisenborn (1902-1969), escritor e dramaturgo, resistente. Hans Rothfels (1891-1976), historiador, a princípio apoiador do nazismo, depois resistente; exilou-se nos EUA, quando teve negado seu estatuto de ariano devido à ascendência judaica (pai judeu convertido).

140 Klaus-Jünger Müller, *op. cit.*, 1986, p. 101.

nhos isolados", os "conjurados abandonados", notou Klemens von Klemperer, também historiador exilado, e talvez até mesmo "outsiders", sugere Michael Kissener.[141]

Outro obstáculo para os resistentes alemães foi o fato de serem vistos por todos, até mesmo por eles, como traidores da pátria, uma vez que lutavam "contra o governo que representava desde sempre, para a maior parte da população, o Estado nacional, a própria nação".[142]Entre os militares a condição de traidor agravava-se devido ao juramento de fidelidade. Na sequência da morte do presidente da República, Hindenburg, em agosto de 1934,Hitler assumiu as funções da presidência e exigiu que todos os oficiais e membros das forças amadas prestassem o juramento diretamente ao *Führer*. A perspectiva da traição tornou-se mais evidente ainda nos anos de guerra, quando os resistentes tinham que desejar a derrota do próprio país e trabalhar por ela.[143]Citemos o caso do general Oster, que revelou a um oficial holandês a data do ataque alemão aos Países Baixos. Hans Oster ocupava o cargo de vice-chefe do serviço de informação do Exército, *Abwehr*. Entre 1935 e 1944, o chefe do *Abwehr* foi o almirante Canaris, igualmente, ligado à Resistência no interior das forças armadas. Ambos envolveram-se na tentativa frustrada de assassinado de Hitler, de 20 de julho de 1944, que seria seguida do golpe de Estado. Presos, foram enforcados no campo de concentração de Flossenbürg, em abril de 1945.[144]

Nos países ocupados, por outro lado, era mais fácil percebê-los como *heróis*, encontrando muitas vezes apoio providencial junto à população, o que, vale lembrar, não excluiu delações de colaboradores e colaboracionistas, ou recusas a ajudá-los diante do terror prometido – e cumprido – para quem os apoiasse, por exemplo, numa fuga, no fornecimento de alimento, medicamento, informação etc. Nos países ocupados, a Resistência encontrou sua "logística no meio ambiente",[145] instalando-se, por exemplo, em *maquis* e nas montanhas do Vercors, nos Alpes Ocidentais franceses, nos Apeninos, na Itália, como se verá nos capítulos seguintes. Na Alemanha, por outro lado, com o consenso alcançado pelo regime e sem invasor

---

141 Cf Michael Kissener, *op. cit.*, 2006, p. 21. A referência a Klemperer é de Kissener.

142 Klaus-Jünger Müller, *op. cit.*, 1986, p. 93. Michael Kissener (*idem ibidem*, 2006) e Gilbert Merlio (*op. cit.*, 2001) também indicam esse aspecto em Hans Mommsen.

143 Cf também Michael Kissener, *idem ibidem*, 2006, p. 8.

144 Hans Oster (1887-1945); Wilhelm Canaris (1887-1945).

145 Michael Kissener, *idem ibidem*, 2006; Gilber Merlio, *op. cit.*, 2001.

estrangeiro, resistência significou traição e isolamento. Intelectuais e artistas anti-nazistas, que integraram a primeira vaga rumo ao exílio, em 1933, testemunharam atônitos e constrangidos a percepção recorrente no exterior, segundo a qual alemão e nazista eram sinônimos.[146]

Na Alemanha, a identificação dos resistentes como traidores era tão expressiva, mesmo terminada a guerra, que, num primeiro momento da discussão acadêmica acerca da Resistência, os estudiosos dedicaram-se a biografias dos resistentes, enfatizando sua integridade moral, justificando suas trajetórias diante da própria população.[147] Lembro a força do *mito da punhalada pelas costas*, ainda vivo, então, na Alemanha. Cunhado pelos alto-oficiais militares, no contexto da derrota do país na Grande Guerra, atribuía-a à traição dos movimentos sociais defensores do fim do conflito, e não ao fracasso militar das forças armadas alemãs.

O arguto e sensível questionamento, em 1943, de Dietrich Bonhoeffer, aqui citado como epígrafe, "descreve de maneira muito concreta o estado da sociedade, ao fim de 10 anos, no seio da qual a resistência e o espírito de resistência à ditadura hitlerista foram constrangidos a se desenvolver."[148] Somente com uma visão clara do contexto, considerando as complexidades dos comportamentos individuais e coletivos e suas contradições, pode-se ter "a noção exata do lugar que a 'resistência' teve na Alemanha", defendeu Kissener.

⁕⁕⁕

A historiografia alemã e estrangeira que usa o conceito de Resistência [*Widerstand*] já é vastíssima, referindo-se às oposições e dissidências no país, antes mesmo do início da guerra até os últimos anos do conflito. Os objetos estudados, entretanto, são menos as reações cotidianas de homens e mulheres comuns, tal como priorizou Broszat. A produção historiográfica centra-se, justamente, nos círculos aristocráticos, elites nacional-conservadoras, oficiais militares, Igrejas católica e protestante, movimento operário, grupos de estudantes.[149]Essa é também a abor-

---

146 Cf. Jean-Michel Palmier, *op. cit.*, 1988.

147 Cf. Michael Kissener, *op. cit.*, 2006.

148 Michael Kissener, *idem ibidem*, 2006, p. 20.

149 Para a historiografia sobre grupos de jovens resistentes, ver, entre outros, Christine Moll."Des jeunes qui résistèrent au national-socialisme: la Rose blance." In: Christine Levisse-Touzé e Stefan Martens (orgs.), *op. cit.*, 1997; Gilbert Merlio. "La résistance de la jeunesse." In: _____, *op. cit.*, 2001; para a resistência da juventude, em geral, ver Barbara Koehn. "La ré-

dagem do Memorial da Resistência Alemã, em Berlim. Cito, a seguir, alguns exemplos de temas abordados. Os vãos esforços dos socialistas e comunistas para sobreviverem como organizações e partidos clandestinos, dissolvidos, ainda no primeiro semestre de 1933.[150] O Círculo Kreisau, grupo de reflexão reunindo, desde 1940, aristocratas sob iniciativa do conde Helmuth James von Moltke; o grupo foi considerado a *cabeça pensante* da Resistência,[151] elaborando um projeto político, econômico, social e cultural para a Alemanha após a era nacional-socialista; também ligado ao complô do 20 de julho, oito membros do Círculo foram mortos, entre os quais, Moltke e o também conde Peter Graf Yorck von Wartenberg, as principais lideranças. Foi a defesa de suas autonomias institucionais que levou, primeiramente, as Igrejas católica e protestante a comportamentos resistentes; nesse embate, surgia em setembro de 1933, a Igreja Confessante, como um movimento minoritário no interior da Igreja protestante, negando-se a submeter-se à ideologia nazista; num segundo momento, a explicitação e a radicalização da agressividade do regime motivaram a afirmação do envolvimento resistente; devido à própria natureza das Igrejas, uma vez que não são organizações políticas, não desejaram nem podiam ser, acreditam os autores, ativas na resistência; bispo de Münster, na Renânia, Clemens August Graf von Galen, tornou-se conhecido na denúncia das mortes dos doentes mentais e incuráveis como política de Estado; Dietrich Bonhoeffer, pastor da Igreja Confessante, foi, entre os religiosos, o que extremou os contatos próprios à resistência política, articulando-se com círculos civis e militares engajados na luta; ultrapassou, assim, os limites das motivações institucionais, ideológicas e humanitárias,

---

sistance de la jeunesse." In: _____, *op. cit.*, 2004; ver ainda Inge Scholl. *La Rose blanche*. Six allemands contre le nazisme. Paris: Les Éditions de Minuit, 2001 (1ª edição francesa de 1953; depoimento da irmã de Sophie e Hans Scholl). Sobre os demais temas, indico a bibliografia adiante.

150 Ver, entre outros, Hartmut Mehringer. "La résistance du mouvement ouvrier et son échec." In: Christine Levisse-Touzé e Stefan Martens (orgs.), *op. cit.*, 1997; Gilbert Merlio. "La résistance communiste", e também, "La résistance socialiste", ambos em _____. *op. cit.*, 2001; Barbara Koehn. "La résistance des ouvriers." In _____. *op. cit.*, 2003.

151 Cf. Gilbert Merlio. "Le Cercle de Kreisau." In: Christine Levisse-Touzé e Stefan Martens (orgs.), *op. cit.*, 1997, p. 211. Ver ainda Gilbert Merlio. "Le Cercle de Kreisau" In: _____. *op. cit.*, 2001; Barbara Koehn. "Les projets pour une nouvelle Allemagne." In _____, *op. cit.*, 2004; Freya von Moltke. *Memories of Kreisau & German Resistance*. Lincoln and London, University of Nebraska Press, 2003 (trata-se das memórias da esposa de Moltke, atuante ela também no Círculo).

mais característicos das Igrejas;Bonhoeffer estava ligado ao Círculo de Kreisau e ao atentado de 20 de julho de 1944, pelo que foi preso e condenado à morte.[152]

Nesse conjunto de resistentes, cujas origens sociológicas são diferenciadas, está o que Ian Kershaw chamou de "resistência fundamental", em contraposição às resistências, digamos, de contornos menos nítidos, incorporadas no conceito de *Resistenz*.[153] As motivações e os objetivos que os levaram a ações resistentes variaram, mas, de uma forma ou de outra, envolvem graus de intencionalidade e racionalidade distantes do tipo de reação (irracional, espontânea) estudada pela equipe do Projeto Baviera.

A Resistência alemã foi um fenômeno, fundamentalmente, de elite, embora dela também tenham participado, disse, organizações políticas ligadas ao movimento operário, na ilegalidade, como o SPD e o KPD. Entre os segmentos de elite, não se tratava de restaurar a ordem liberal democrática anterior à chegada dos nazistas ao poder. Da mesma forma que não foi o objetivo de tendências políticas da Resistência francesa, vimos, a defesa da democracia existente quando da derrota de 1940. Entre as elites alemães, tratava-se de derrubar o Estado identificado ao regime criminal, belicista e totalitário, para fundar um Estado autoritário que nada tinha a ver com o da República de Weimar (1919-1933).[154]

O isolamento em relação à população e a sujeição permanente a delações, somados à realidade dos instrumentos de informação e repressão do Estado, criaram uma característica própria à Resistência alemã: permitiu aos resistentes sobrepor

---

152 Cf. Gilbert Merlio. "La résistance des Églises." In _____, *op. cit.*, 2001; ver também, entre outros, Kurt Nowak. "Églises et Résistance dans le IIIè Reich." In Christine Levisse-Touzé e Stefan Martens (orgs.), *op. cit.*, 1997; Barbara Koehn. "La résistance des Églises." In _____, *op. cit.*, 2004.

153 Ian Kershaw, *op. cit.*, 2002, p. 14.

154 Cf, entre outros, Klaus-Jürger Müller. "Les élites national-conservatrices dans l'Allemagne nazie: entre cooperation et résistance"; Kurt Nowak. "Églises et Résistance dans le IIIè Reich"; Gilbert Merlio. "Le Cercle de Kreisau"; Karl Otmar Freiher von Aretin. "La résistance militaire"; Peter Steinbach. "Résistance, attentats et coup d'État du 20 juillet 1944", todos em Christine Levisse-Touzé e Stefan Martens (orgs.), *op. cit.*, 1997. Joachim Fest. *La Résistance allemande à Hitler*. Paris, Perrin, 2009. Gilbert Merlio. "La résistance des elites traditionnelles." In _____, *op. cit.*, 2001. Barbara Koehn, "La résistance des conservateurs." In _____. *op. cit.*, 2003. Joachim Scholtyseck. "Les elites dans la Résistance allemande"; Klaus-Jürgen Müller. "Les officiers et la Résistance en Allemagne", ambos em François Marcot e Didier Musiedlak (orgs.), *op. cit.*, 2006.

comportamentos antagônicos, ou seja, a cooperação real e/ou dissimulada e a resistência.[155] A clandestinidade e a ilegalidade, critérios tão importante, como se observou, na definição da Resistência francesa, aqui, são aspectos restritos à luta, por exemplo, dos partidos políticos ligados ao movimento operário (SPD, KPD etc.).

Entre as elites, sobretudo, nas situações concretas no interior da *Wehrmacht* e da alta burocracia, era, precisamente, a atuação legal no interior das instituições do Estado que permitiu a cobertura necessária para as ações resistentes, como se viu acima. Nesse sentido, foi possível, por exemplo, a oficiais das forças armadas, envolvidos nos esforços de guerra e combatentes nas campanhas militares, participarem das conspirações para derrubar o regime e/ou assassinar Hitler; a civis em postos-chave do aparelho estatal fornecerem informações estratégicas e sigilosas aos aliados. Os estudos de Klaus Gotto, Hans-Günther Hockerts e Konrad Repgen, segundo Kissener, contribuíram para a compreensão de comportamentos e manifestações resistentes que puderam "ser acompanhados de atitudes de lealdade política e mesmo de aprovação de certos objetivos do regime".[156]Vários são os exemplos que comprovam essa realidade. Talvez o mais conhecido seja o de Claus Philipp Schenk Graf von Stauffenberg, conde de Stauffenberg. Coronel do exército, esteve à frente da conspiração envolvendo inúmeros oficiais. Partilhava com o regime a crença na Comunidade Popular e, como tantos oficiais das forças armadas atuantes na Resistência, participou de campanhas militares da Segunda Guerra, como nas batalhas no Norte da África. A última tentativa de assassinar Hitler, comandada pelo coronel, resultou em mais um fracasso, desencadeando a condenação à morte de militares e civis ligados ao atentado. Juntamente com outros oficiais,Stauffenberg foi fuzilado na madrugada seguinte à explosão da bomba que ele mesmo havia colocado no poderoso quartel-general do III Reich, na Prússia Oriental, a *Toca do lobo*. O local do fuzilamento, o *Bendlerblock*, então prédio do Alto Comando do Exército, abriga hoje o Memorial da Resistência Alemã, na Rua Stauffenberg, em Berlim.[157]

---

155 Michael Kissener, *idem ibidem*, 2006.

156 Cf. Michael Kissener, *idem ibidem*, 2006.

157 Embora assim denominado, o Memorial da Resistência Alemã é também um museu. Nele, além da Resistência dos militares, culminando no episódio do atentado de 20 de julho de 1944, os demais movimentos e iniciativas de Resistência - individuais, coletivos, de civis -, integram a exposição permanente. Além do Museu-Memorial, o *Bendlerblock* abriga o Ministério da Defesa da Alemanha, localizando-se na Rua Stauffenberg, homenagem ao coronel morto, em Berlim. Bem perto dali, na Rua Tiergarden, número 4, estava o prédio onde

A combinação de comportamentos resistentes com atitudes de lealdade política e aprovação de objetivos do regime, perspectiva vista acima, não se confunde com a interpretação de Hans Mommsen. Segundo o historiador, o atentado do 20 de julho de 1944 revelou o enfrentamento no interior de uma relação de dominação que exprimia a "policracia" do Estado nazista[158]. " 'A resistência do 20 de julho de 1944'", concluiu Mommsen, "representa, em muitos aspectos, a alternativa de um Estado autoritário face ao nacional socialismo, que, em 1932, não havia tido ocasião de viabilizar-se'".[159]

Essa peculiaridade – a duplicidade - é a chave para a compreensão da Resistência no interior das elites (*Wehrmacht*, alta burocracia, aristocracia, elites nacional-conservadoras). Da mesma forma, é importante compreendê-la e, aqui, não apenas no que diz respeito às elites, como processo, tal como defendeu Hans Mommsen. Em função da experiência da opressão no país, a Resistência pôde transitar da "resistência parcial" à "resistência ativa".[160]

Se, como se viu no caso francês a Resistência organizou-se segundo as diversas tendências políticas contrárias ao armistício e à colaboração com o ocupante estrangeiro e com o Estado surgido da derrota, a Resistência alemã assumiu uma característica corporativa, organizando-se de acordo com os lugares em que os indivíduos e grupos encontravam-se na sociedade.

***

Assim como nos casos francês e italiano, tratados acima, os historiadores da Resistência alemã enfrentaram as construções de memória no pós-guerra. Na Alemanha, o embate entre história e memória ganhou contornos específicos devido à divisão do país oficializada em 1949, no contexto da Guerra Fria.

A República Democrática Alemã (RDA), por exemplo, restringiu a Resistência antinazista à luta dos comunistas, celebrando o partido e heroicizando seus atos: "o dogma da luta heroica dos comunistas impediu, em larga medida e

---

o Estado nazista implementou o projeto de eliminação de doentes mentais. Destruído pelos bombardeios, o edifício deu lugar a um memorial em homenagem às vítimas.

158 Hans Mommsen refere-se à *policracia*, no sentido presente em Peter Hüttenberger e Martin Broszat.

159 Hans Mommsen *apud* Klaus-Jünger Müller, *op. cit.*, 1986, p. 96.

160 Cf. Michael Kissener, *op. cit.*, 2006.

por muito tempo, um exame crítico do conceito".[161] A República Federal Alemã (RFA), por sua vez, silenciou sobre a Resistência comunista, atribuindo as honras, ou seja, também no registro da memória sacralizada, ao 20 de junho de 1944. Na RDA, somente na década de 1960 o atentado foi "reabilitado e contabilizado como força da Frente antifascista".[162] Como em toda a Europa que vivera a ascensão e a queda do fascismo e do nazismo, a reconstrução moral das duas Alemanhas passou, num primeiro – e prolongado – momento menos pela compreensão das complexidades daquela realidade e mais pelas elaborações da memória. Lembrar, esquecer, silenciar fizeram parte desse processo, na busca de legitimidade no contexto de um difícil presente.[163]

Assim, tal como no caso francês, a discussão sobre a Resistência, dentro e fora da academia, passou por fases. Num primeiro momento, dominou o ceticismo em relaçãoà sua própria existência, como se viu acima. Em seguida, a sua apropriação política da Resistência por diversos grupos ou indivíduos com ela identificados; por fim, a "instrumentalização inflacionária do conceito de resistência em favor de objetivos políticos os mais variados". A compreensão da Resistência esteve, portanto, submetida à contingência temporal.[164]

Para além das disputas de memória, diante da realidade multiforme do fenômeno, não foi possível propor uma teoria ou modelo que esgotasse e explicasse a Resistência, acredita Merlio. Diante disso, "a maior parte dos especialistas alemães da resistência" segue a proposição de Christoph Klessmann da conservação da "flexibilidade histórica" do conceito.[165]

Superadas as contradições da Guerra Fria,

> "a instrumentalização política da resistência agora foi substituída por uma historiografia crítica que considera o estudo da resistência a Hitler como peça essencial do trabalho de memória sobre o passado. A ação exemplar dos resistentes a Hitler é

---

161 Michael Kissener, *idem ibidem*, 2006, p. 23.

162 Klaus-Jünger Müller, *op. cit.*, p. 95.

163 As construções de memória diferentes e opostas entre a RDA e a RFA é uma constatação comum aos autores que se dedicaram ao estudo da Resistência na Alemanha, tornando-as, inclusive, objeto de pesquisa.

164 Cf. Gilbert Merlio, *op. cit.*, 2001.

165 Gilbert Merlio, *idem ibidem*, 2001.

também evocada com fins pedagógicos nacionais, como uma espécie de contraponto ao horror nazista. Mas ela não constitui uma referência identitária fundamental da cultura política alemã atual".[166]

Esse uso pedagógico da memória da Resistência, que não deixa de ser uma instrumentalização, está presente também nos demais países aqui estudados e é elemento recorrente e central dos diversos museus da Resistência, veremos nos capítulos seguintes.

Em todo caso, para a "legião" de "novos trabalhos [que] atualizam sem cessar aspectos [da Resistência] até então ignorados", importa a compreensão desse passado, prevalecendo, atualmente na historiografia, o método da história, não o da memória.[167]

Entre as razões que motivaram o engajamento na Resistência, a mais frágil parece ser a política racial alemã. Esse aspecto é comum entre indivíduos e grupos de origens sociais variadas, tanto na históriada Resistência na França, na Itália e na Alemanha. A historiografia que conceituou Resistência, entre tantos questionamentos, pouco refletiu sobre as razões dessa fragilidade ou até mesmo ausência. Em outras palavras, a relação entre as atitudes resistentes e a política racial alemã, frágil ou ausente na história, assim permaneceu na historiografia. Curiosamente, entretanto, a questão racial aparece como tema essencial nos museus da Resistência, ganhando uma importância que jamais teve entre os resistentes. Em suas narrativas, a relação entre Resistência e a política racial surge como construção de memória, não como História.

---

166 Gilbert Merlio, *idem ibidem*, 2001, p. 5.

167 Gilbert Merlio, *idem ibidem*, 2001, p. 5.

Capítulo 1 - Caderno de Imagens

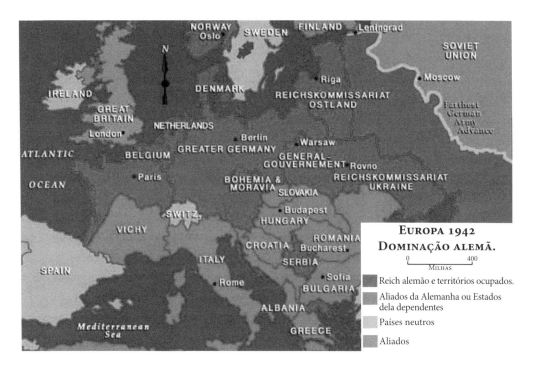

Imagem 1: Mapa da ocupação alemã em 1942.
Fonte: https://www.jewishvirtuallibrary.org/jsource/images/occupymap.jpg

PARTE I
França

CAPÍTULO 2

Museus e Memoriais da
Resistência da França

A quantidade de museus e memoriais dedicados a Resistência à ocupação da Alemanha nazista e a seus colaboradores na França é notável. Em cidades grandes, médias, pequenas; em regiões onde o movimento foi mais significativo, em regiões onde passou desapercebido. Alguns grandes, outros modestos. Às vezes, instalados em antigas sedes do aparelho repressivo; às vezes, em prédios construídos para a função. Em área nobre de Paris, ou no meio de uma estrada secundáriado interior. Eles estão nos quatro cantos do país. Isso para não mencionar as incontáveis placas de logradouros públicos que levam nomes de combatentes da Libertação. Parecem atuar hoje como a oralidade atuou antes da difusão da escrita, mantendo viva a memória. A frase que se repete com frequência nas placas dos memoriais, *"Passants, souviens-toi!"*, vai nessa direção.

A França viveu de maneira dramática a invasão alemã de 1940. Já na Grande Guerra, de 1914 a 1918, como ficou conhecida na época a Primeira Guerra Mundial, havia sido um trauma. O território francês foi palco permanente de batalhas, ocupado pelas trincheiras, corpos estilhaçados por todo lado, bombas de gás, cheiro de morte. O Norte do país foi devastado e a população conheceu a ocupação do território pelo inimigo e até mesmo a deportação. Ambas experiências, a França voltou a vivenciar no segundo conflito de dimensão mundial em tão curto espaço de tempo. Muitos órfãos da Grande Guerra foram os soldados da Segunda Guerra Mundial, por exemplo. A devastação humana, material e moral levou a se falar que não houve vencedores e vencidos. Todos haviam sido derrotados. Os anos do entre--guerras pareceram comprovar a tese. Os valores e referenciais que estruturaram as sociedades europeias entraram em uma crise profunda, agravada pelas dificuldades de recuperação econômica nos padrões da *belle époque.*

As dificuldades do entre-guerras para a Alemanha reascenderam antigas rivalidades, renovando ressentimentos e abrindo caminho para ideias e projetos políticos já presentes no século XIX, porém, não dominantes. A democracia parlamentar e o capitalismo liberal mostravam-se incapazes de resolver questões materiais e morais da sociedade europeia em crise. Duas alternativas revolucionárias surgiam em desafio à ordem, ambas centradas no fortalecimento do Estado e na sua intervenção direta da ordem social. À esquerda, a revolução socialista. Em 1917, fundou-se o primeiro Estado socialista, originando em seguida um modelo próprio, o socialismo soviético, resultado de ideias gestadas no século anterior e da realidade histórica da Rússia. À direita, a revolução fascista, que não mais propunha a retomada de valores do liberalismo, como ainda queriam os conservadores, mas um Estado corporativista. Sua atuação não se limitava às dimensões públicas do país, estendendo-se para dimensões que até então permaneciam sob a alçada do indivíduo. A revolução fascista surgia em frontal oposição à revolução socialista. A guerra nacionalista, principal característica da Grande Guerra, dava lugar à chamada guerra civil europeia, na qual os campos em luta não se definiam mais pela Nação, mas pela confrontação de ideologias opostas e excludentes.

Os anos 1920 anunciavam mais uma guerra.

A Linha Maginot materializou essa expectativa. A França construiu, ao longo da fronteira Leste, um complexo de fortificações, com inúmeras vias subterrâneas e artilharia pesada nos baluartes. A gigantesca obra da engenharia militar procurava cobrir as extensões mais vulneráveis por onde se julgava que viriam os *inimigos hereditários,* os alemães. Assim pensavam o idealizador da fortaleza, o Marechal Joffre, em 1927, e o Ministro da Defesa, André Maginot, em 1929, que deu nome ao complexo erigido na região renana.

A República de Weimar, nascida da derrota alemã na Grande Guerra, não sobreviveu à chegada do partido nacional socialista ao poder em janeiro de 1933. Em julho, os vários partidos da democracia institucional já estavam fechados. Mais seis meses foram suficientes para reconfigurar todo o Estado, completando uma revolução de novo tipo. Em 1936, a economia alemã jogava todas as fichas na preparação da guerra. A invasão da Polônia, em setembro de 1939, desencadeou as políticas de aliança firmadas anteriormente, colocando a França mais uma vez em campo oposto à Alemanha e ao lado da Inglaterra.

Tanto os franceses como os ingleses, porém, deixaram a Polônia, na prática, jogada à própria sorte. Invadida, ocupada, destroçada. Os meses seguintes ficaram conhecidos, na França, como *drôle de guerre*, uma guerra estranha, sem conflitos diretos até o ano seguinte. Surpreendendo os estrategistas militares, a Alemanha chegou à França atacando Sedan, através da Bélgica, movendo suas poderosas divisões de blindados pelas Ardenas, cortando a floresta, em maio de 1940. A Linha Maginot revelou-se inútil, pois não cobria a fronteira noroeste do país por onde a *Wermacht* avançou. A França, que se orgulhava de ter parado por quase quatro anos o avanço militar alemão a Oeste, na Grande Guerra, mediante duras e pesadas perdas, sucumbiu à *blitzkrieg* do Terceiro Reich em cinco semanas.

Aí teve início o drama francês que marcou o país por toda a segunda metade do século XX. A derrota acachapante e rápida, diante de um exército que se mostrou totalmente despreparado para enfrentar os armamentos e, sobretudo, as estratégias alemãs. Mais do que isso, uma Nação que, diferentemente do que ocorrera na Grande Guerra, parecia desmotivada na defesa do território, da própria Nação. É verdade que os franceses ainda estavam exaustos, desgastados com as provações da guerra anterior. Mas o fato é que a crise dos valores e das referências do entre-guerras também merecem ser consideradas naquilo que Marc Bloch chamou de *a estranha derrota*.[1] O que estranhava ao historiador, que combateu nos dois conflitos, não era tanto a derrota, mas a facilidade e a rapidez com que aconteceu. A vida e a morte de Bloch sintetizam o destino de uma geração de judeus havia muito tempo assimilados na Europa.[2] Tendo lutado na Grande Guerra em defesa da Nação com a qual se identificava, viu-se dela excluído duas décadas depois, entregue à própria sorte pelo Estado que ajudara nas trincheiras a salvar. O Centro de História da Resistência e da Deportação, em Lyon[3], homenageia Marc Bloch. Sobre a sua

---

1   Marc Bloch. *A estranha derrota*. Rio de Janeiro: Jorge Zahar, 2011.

2   Para o conceito de geração aqui usado, ver Jean-François Sirinelli. "Effets d'âge et phénomènes de génération dans le milieu intellectuel français" e "Les Khagneux et normaliens des années 1920: un rameau de la "génération de 1905?". *Les Cahiers de l'Institut d'Histoire du Temps Present*. Dossier Générations intellectuelles, Paris, n. 6, nov. 1987. _____. *Génération intellectuelle*. Les Khâgneux et normaliens dans l'entre-deux-guerres. Paris: Fayard, 1988. _____. "Génération et Histoire Politique". *Vingtième Siècle*. Revue d'Histoire, Paris, n. 22, abr-jun 1989.

3   A partir aqui, me refiro a ele como Museu de Lyon. Isabelle Doré-Rivé (dir.) *Une ville dans la guerre*. Lyon 1939-1945. Les collections du Centre d'Histoire de la Résistance et de la

mesa de trabalho, a primeira edição do *L'étrange défaite*, lançada postumamente, em 1947.

A invasão da França provocou o êxodo desesperado de oito milhões de pessoas de diferentes origens sociais, em direção ao Sul. Somou-se ao êxodo já iniciado da população belgaque fugia das zonas de combate e da ocupação. Pelas estradas, deslocavam-se como podiam, a pé, em carroças e carros, carregando o que podiam. Veículos vindos da região de Paris provocaram engarrafamentos ininterruptos e gigantescos. Famílias apavoradas com as represálias do país que a França humilhara na sequência da Grande Guerra e tentara inviabilizar com o Tratado de Versalhes, assinado em 1919. O momento foi descrito como *o fim de um mundo*, o *novo Grande Medo*.[4]As esquadrilhas da *Luftwaffe* arrasavam os refugiados, sem distinguir soldados de civis, com o objetivo de forçar o governo francês à rendição.

No Museu da Resistência e da Deportação do Cher,[5]podem-se ouvir testemunhos de habitantes da região, crianças em 1940, que presenciaram o cortejo da população em fuga. As narrativas dão conta do impacto que os acontecimentos de junho tiveram em suas vidas.

Tempestade em junho (*Tempête en juin*) é o título do primeiro volume do romance *Suíte Francesa,* de Irène Némirovsky. Nele, a escritora de origem ucraniana, judia, radicada na França, narrou o êxodo. Morta em Auschwitz dois anos depois de viver a experiência, sua filha mais velha, de 11 anos, em 1940, salvou os manuscritos levando-os na própria fuga. A premiada obra só foi publicada em 2004:

Déportation. Lyon: Fage; CHRD, 2012.

4   *"La Fin d'un monde",* Julien Green, *apud* Pierre Laborie (Julien Green. *La fin d'un monde.* Paris: Seuil, 1992); *"cette nouvelle 'Grande Peur'",* segundo Laborie. Pierre Laborie. *Les Français sous Vichy et l'Occupation.* Toulouse: Éditions Milan, 2003, p. 10. *Grande medo,* referência ao movimento de medo coletivo entre julho e agosto de 1789, desencadeado no contexto da Revolução Francesa.

5   A partir daqui, me refiro a ele apenas como Museu de Bourges. Não sendo catálogo do Museu, o livro de Alain Rafesthain, *Le Cher sous Vichy. 1940-1944. La vie quotidienne.* Paris: Royer, 2006, tem importante documentação dele. Para o departamento do Cher, ver também Jacques Gimard. *Trompe-la-mort.* Les carnets secrets de Pierre Paoli, agent français de la Gestapo. Reims: Éditions Qui lit vit, 2011.

Agradeço a Xavier Laurent, pesquisador do Museu de Bourges, o apoio e a assistência essenciais dispensados na visita ao Museu.

pela estrada de Paris, fluía um caudal lento e interminável de carros, camiões[6], carroças, bicicletas, aos quais se misturavam as atrelagens dos camponeses que abandonavam as suas quintas, rumo ao sul, arrastando atrás de si crianças e rebanhos. À meia-noite não havia quarto ou cama disponível em Orleães. As pessoas dormiam deitadas no chão, nas salas dos cafés, nas ruas, nas estações, cabeça apoiada em uma mala. O engarrafamento era tal que se tornava impossível sair da cidade. Alguns diziam que tinham erguido uma barragem para deixar a estrada livre para o exército.[7]

Em Paris, fieis e integrantes do governo laico do primeiro ministro Paul Reynaud, muitos deles maçons, apinharam-se na Catedral de Notre Dame, rezando por um milagre, que, raro desde os tempos de Clóvis, como ironizou Marc Olivier Baruch, não aconteceu.[8] As forças armadas franceses continuavam a ser esmagadas em todas as frentes. O governo britânico, que enviara seus contingentes para lutar ao lado dos aliados, deu ordem de retirada. O drama. O salve-se-quem-puder. A grande retirada de Dunkerque. Embarcações britânicas de todos os tipos – de navios a botes -, mobilizadas no socorro, priorizavam a retirada de seus homens que esperavam, como podiam, o momento de partir sob o impiedoso ataque.

Hesitando em relação à assinatura do armistício que cessaria o massacre e o avanço inimigo sobre o território francês, Paul Reynaud demitiu-se, passando ao Marechal Philippe Pétain a direção do governo.

Herói nacional da Grande Guerra, Pétain era celebrado como o *vencedor de Verdun*, considerada como a batalha crucial da Grande Guerra para os franceses. Mais do que qualquer outra batalha do conflito, ela simbolizou o nacionalismo francês, outrora glorioso.[9] Em Verdun, Nordeste da França, no departamento do

---

6   "Carrinho baixo, sem motor, ger. de três rodas, em que se transportam cargas não muito grandes a pequenas distâncias (p.ex., bagagens e caixotes em portos, armazéns, estações de trem)". *Dicionário Houaiss online*.

7   Irène Némirovsky. *Suíte francesa*. Lisboa: Dom Quixote, 2005, p. 98 e 99. Ver também o testemunho da filha mais velha, Denise Epstein. *Survivre et vivre*. La fille d'Irène Némirovsky témoigne. Entretiens avec Clémence Boulouque. Paris: Denöel, 2008.

8   Cf Marc Olivier Baruch. "Sociedades e regimes autoritários". In: Denise Rollemberg e Samantha Viz Quadrat (orgs.), *op. cit.*, 2010, p. 49.

9   Cf. Marc Ferro. *A Grande Guerra*. 1914-1918. Lisboa: Edições 70, 2002.

Meuse, em 1916, nasceu o mito do marechal que estancou a mortandade inútil dos jovens soldados e deteve as forças do império alemão, sem qualquer ajuda dos países aliados. Uma vitória da Nação. Pétain ganhou, então, o epíteto de *vencedor de Verdun*, como uma medalha no peito. Amado e venerado, sua imagem fundiu-se com a própria Nação.

O herói da guerra passada, mais uma vez, vinha salvar os franceses. Em 17 de junho de 1940, Pétain dirigiu-se por meio de transmissão radiofônica à população anunciando a assinatura iminente do armistício. Tratava-se de uma solução menos desonrosa do que a rendição pura e simples, na visão do governo francês, embora significasse derrota e pedido de trégua. Em um emocionante discurso, comprometeu-se publicamente com os franceses a defender seus interesses junto ao vencedor. Era o herói que falava a seu povo, oferecendo-se em sacrifício, como o Messias, por amor ao povo e à Nação. Nenhuma prova do que dizia lhe foi pedida. Ele já a dera em 1916. Todos podiam confiar nas palavras amigas e conhecidas de outros infortúnios. O *vencedor de Verdun* os protegeria. De novo. Como um grande chefe, um grande soldado, um bom pai. O homem providencial do mito:[10]

> ...certo do apoio dos ex-combatentes que tive o orgulho de comandar, certo da confiança de todo o povo, ofereço a minha pessoa à França para atenuar sua infelicidade.
>
> [...] É com o coração apertado que vos digo hoje que é preciso cessar o combate. Eu me dirigi esta noite ao adversário para perguntar-lhe se está pronto para buscar conosco, entre soldados, depois da luta e honradamente os meios de terminar as hostilidades. Que todos os franceses juntem-se em torno do governo que presido durante essas duras provações e façam calar sua angústia para escutar apenas sua fé no destino da pátria.[11]

---

10 Segundo Raoul Girardet, quatro ideias compuseram os mitos através dos séculos e continentes: o complô, o Salvador, a idade de ouro e a unidade. Cf. Raoul Girardet. *Mitos e mitologias políticas*. São Paulo: Companhia das Letras, 1987.

11 Para a íntegra do discurso e sua alocução radiofônica, cf www.charles-de-gaulle.org/pages/l-homme/dossiers-thematiques/1940-1944-la-seconde-guerre-mondiale/l-appel-du-18-juin/documents/discours-du-17-juin-1940-du-marechal-petain.php (acesso em 9 de outubro de 2013).

Os franceses agarraram-se como náufragos às palavras do velho Marechal para enfrentar as tormentas do presente e as que certamente ainda estavam por vir.

A França também homenageia com museus e memoriais seus mortos na Grande Guerra, em todo o país, sobretudo, no Norte.[12] Entretanto, quanto à Segunda Guerra Mundial, a maior parte destes lugares de memória dedica-se a um fenômeno específico da Guerra, a Resistência. Como se verá adiante, por sua vez, eles associam a esse recorte temático um outro, a Deportação.

Ao longo da Guerra, milhões de pessoas[13] foram deslocadas de seus lugares de origem e enviadas para campos de trânsito, concentração e extermínio, segundo motivações políticas (comunistas, socialistas, liberais, antifascistas), étnicas ou raciais, como se dizia na época, (judeus, ciganos), religiosas (testemunhas de Jeová), sexuais (homossexuais do sexo masculino) e sociais (criminosos de direito comum, pedintes, prostitutas, bêbados contumazes, sem-tetos, insanos etc.[14]).

Assim, a Segunda Guerra é percebida – e lembrada – nesses museus e memoriais, sobretudo, através da Resistência e da Deportação. Vale observar que se trata de uma perspectiva europeia. Nos EUA, por exemplo, a Resistência não é o foco nem poderia. Outra especificidade desses museus e memoriais na França, observada por Olivier Vallade, é o fato de que foram erguidos nos lugares onde se desenrolaram os fatos, enquanto os da Grande Guerra distribuem-se de maneira mais regular pelo país, podendo-se encontrar monumentos aos mortos em cada municipalidade.[15]Julien Joly, arquiteto e muséografo, responsável pelo projeto do espaço museográfico, criado em 2010, do Monte Valérien-Memorial da França Combatente, principal lugar de fuzilamento da região parisiense e da zona ocupada desde o verão de 1941, inaugurado em 1960, viu um outro aspecto específico deste memorial que pode ser estendido aos demais memoriais da Segunda Guerra da França: "...não se trata aqui [no Monte Valérien], de comemorar a lembrança de

---

12   Para um mapeamento detalhado desses memoriais, ver, entre outros, o site http://www.cheminsdememoire-nordpasdecalais.fr

13   O balanço do número de deportados é estimado apenas para os judeus.

14   Para os chamados marginais sociais ou *social outsiders*, cf. Robert Gellately. "Os marginais sociais e a consolidação da ditadura."In: Denise Rollemberg e Samantha Viz Quadrat (orgs.). *A construção social dos regimes autoritários*. Legitimidade, consenso e consentimento no século XX. v. 1. Europa. Rio de Janeiro: Civilização Brasileira, 2010.

15   Olivier Vallade, *Des combats au souvenir*. Lieux de Résistance et de mémoire. Isère et Vercors. Grenoble: Presses Universitaires de Grenoble, 1997, p. 13.

soldados mortos ou desaparecidos de uma exército constituído, mas de constituir *a posteriori* os mortos da guerra como um grupo cuja coerência seria comparável a de um exército."[16]

Os museus e memoriais da Resistência - e da Deportação - também são encontrados em outros países europeus atingidos pela expansão alemã, muitos, por exemplo na Itália. Nada comparável à França, contudo. Na Itália, são cerca de 15 museus. Na França, aproximadamente, 60. Essa particularidade é resultado da maneira como a Alemanha lidou com o país após derrotá-lo, não ocupando, integralmente, o conjunto do território. O armistício assinado, por fim, em 22 de junho estabeleceu a fragmentação física da França em várias zonas, além da anexação da Alsacia e da Lorena à Alemanha, perdidas na Primeira Guerra Mundial. A revanche era evidente até mesmo na exigência dos alemães do local onde o documento foi firmado: o vagão de trem no qual fora assinado o armistício de 11 de novembro de 1918, que pôs fim às agressões da Primeira Guerra Mundial. A humilhação, uma amostra de tantas outras que estavam por vir.

Quanto à divisão do território, o armistício criou achamada zona ocupada, ao Norte e ao longo da costa atlântica, controlada pelas tropas alemães sediadas em Paris (ver o mapa adiante). Ao Sul, a *zona não ocupada*. A partir de 11 de novembro de 1942, o exército alemão estendeu a ocupação a esta zona, que passou a ser denominada *zona sul* e a antiga zona ocupada, zona norte. O armistício determinava ainda que, na zona não ocupada, o Estado francês fosse reorganizado. Nascia, assim, o chamado regime de Vichy. A estância termal, na região de Auvergne, no departamento de Allier, deu-lhe o nome. Vichy acabou entrando para a história como sinônimo de colaboração com o nazismo. Morria a Terceira República(1870-1940). Conforme explicitado no texto do armistício, o país deixou de se chamar *República Francesa* para denominar-se oficialmente*Estado Francês*.[17]Não se tratava de um resquício do Estado anterior nem tampouco

---

16 Julien Joy. "Intervenir dans un lieu de mémoire: architecture et temporalité."In: Claire Cameron (dir.) *Le Mont-Valérien*. Résistance, repression et mémoire. Montreuil: Éditions Gourcuff Gradenigo, Ministère de la Défense, 2008. Refere-se, no Monte Valérien, mais exatamente, ao projeto de 1960 de Félix Brunau, que criou a esplanada, a cripta e o clareira dos fuzilados.

17 Grafarei *Estado Francês* em itálico e o adjetivo em letra maiúscula quando me referir ao Estado redefinido no armistício de 1940, ou seja, o Regime de Vichy para não confundi-lo com Estado nacional.

de um Estado fantoche do vencedor. É justamente nesta arquitetura, que preservava aos franceses um Estado próprio, que se abria a ferida que sangrou a alma francesa nas décadas seguintes à Libertação (1944) e ao fim da Guerra (1945). Na zona não ocupada, no *Estado Francês,* estava a França.

A reorganização do Estado deu-se em oposição frontal às práticas e referências da Terceira República, herdeira dos valores da Revolução Francesa. O Marechal Pétain, à frente do novo regime, acreditou poder preservar os interesses da população. Em contrapartida, Vichy e a população francesa, independentemente da zona na qual se encontrava, deviam *colaborar* com o vencedor. Entretanto, o Estado era constituído e governado por franceses, preservando as forças coercitivas do exército, da polícia e, em seguida, criando a Milícia. A classe política tradicional, católica, anticomunista, xenófoba, antissemita, atuante desde o século XIX, fortemente empenhada na oposição ao Front Popular, enfim, ascendeu ao poder. A própria Assembleia Nacional fora convocada para instalar-se em Vichy, devendo se pronunciar sobre a revisão constitucional que, sob a iniciativa de Pierre Laval, levou adiante a obra da Revolução Nacional. Em 10 de julho de 1940, entre os 569 deputados e senadores eleitos na Terceira República, apenas 80 foram contra a aprovação de plenos poderes para o Marechal, além de 20 abstenções.

Para os resistentes de primeira hora, inclusive o General de Gaulle, a verdadeira França, porém, estava em Londres e, depois, no Norte da África, onde se organizou a chamada Resistência externa. A *França Livre.* Recusavam ver na colaboração com o nacional socialismo e na extrema-direita no poder a França. No entanto, na própria França, a população chamou de *zona livre* a zona não ocupada. Para alcançá-la, muitos moviam mundos e fundos, arriscando a vida na travessia da linha de demarcação, que estabelecia os limites entre as duas principais zonas (ocupada e não ocupada) fortemente patrulhada. A *França Livre* do General era uma abstração. A França de Vichy era concreta, despertava alguma esperança de liberdade.

Ao fim da Segunda Guerra, a memória ratificou a percepção da Resistência, que negava a legitimidade de Vichy. Somente em 1995, o então presidente da República, Jacques Chirac, reconheceu publicamente que Vichy era de fato a França, o Estado Francês, formado e governado por franceses. Embora a historiografia já tivesse antecipado este juízo havia duas décadas, o reconhecimento oficial foi um importante posicionamento político e histórico. A vitória da história sobre a memória. Entre muitos significados, estava em jogo o reconhecimento da participação do Estado francês, dos seus governantes, funcionários, forças de coerção nas perseguições, na deportação e no extermínio perpetrados pelo nazismo.

Fica ainda a questão se a colaboração da população com Vichy e os ocupantes alemães, ou seja, a colaboração fora da esfera oficial, também exerceu papel semelhante.

Assim, à fratura territorial somou-se a moral, extremando e requalificando a crise de identidade nacional que vinha dos anos 1930. As querelas inerentes à democracia liberal deram lugar à intolerância a adversidades de todo tipo, acirrando as tensões que não se limitavam àquelas entre franceses e alemães. Traduziam igualmente o que se chamou de guerra franco-francesa uma vez que opunha colaboradores e colaboracionistas[18], a começar pelo Estado francês, com os que se opunham ou resistiam à situação.

Vale ainda observar que, com o colapso do nacionalismo celebrado na Revolução de 1789 e ampliado na gloriosa era napoleônica, outras versões de nacionalismo entraram em cena, evidenciado, por exemplo, no maciço apoio da população ao Marechal Pétain. Por ironia da história, justamente ele que encarnava o nacionalismo em crise, aquele dos tempos da Grande Guerra.

Durante a Segunda Guerra Mundial, e mesmo na Europa do entre-guerras, outra versão do nacionalismo traduzia-se na Revolução Nacional da elite política liderada pelo Marechal. Como Janus, Philippe Pétain encarnou o nacionalismo glorioso que a França deixava para trás e, ao mesmo tempo, o nacionalismo autoritário e excludente dos novos tempos. Ou ainda, aquele que se voltava para as raízes, reais ou míticas da França, para reconstruí-la. "Deixem-nos em paz", o cartaz exposto em vários museus, reforçava esse sentido: o homem de pé defende o país do ataque de lobos vindos do exterior: o *franco-maçom*, o *judeu* e *De Gaulle*, além de uma

---

18   A historiografia diferencia "colaboradores" de "colaboracionistas." O primeiro termo refere-se aos que apoiaram a colaboração com o ocupante e o regime de Vichy como forma de acomodação face à realidade da derrota. Do ponto de vista dos governantes e políticos de Vichy, a colaboração levaria à renegociação dos termos draconianos do armistício. Considerando os governos à frente do Estado Francês, denominação presente no armistício em substituição à República Francesa, Pierre Laval, em seu segundo governo (18/4/1942 – 19/8/1944), o último de Vichy, evoluiu da posição de colaborador (no seu primeiro governo, 12/7/1940 – 13/12/1940) para colaboracionista. O segundo termo – colaboracionista -, por sua vez, é atribuído aos que se identificaram ideologicamente com o nacional socialismo, defendendo uma nova ordem na Europa e a aliança com a Alemanha; os colaboracionistas dividiram-se em várias organizações rivais oriundas das extremas-direitas. Cf. Pierre Laborie. *Les mots* de 39-45. Toulouse: Presses Universitaires du Mirail, 2006. Cf. também Henry Rousso. *Le Régime de Vichy*. 2a ed. Paris, PUF, 2012.

hidra estilizada e um tanto tosca de três cabeças, *a mentira*. Atrás dele, deste novo homem, a mulher abaixada planta raízes no solo francês; ao fundo, o Sol radiante de 1941 anuncia um outro dia.

Para além do nacionalismo da Revolução Nacional, o nacionalismo de inspiração fascista também encontrou adeptos entre os franceses, fazendo-se representar em várias organizações, que, com objetivos comuns, guardavam suas especificidades. A *Légion des voluntaires français*, LVF, formada por partidos colaboracionistas, levou ao extremo essa identificação. Em uniforme alemão, seus soldados partiram para o front Leste, integrando-se ao exército alemão. Se as fotos de 1914 mostram soldados franceses embarcando alegremente nos trens para combater os alemães, em 1941, na sequência da invasão da URSS pela *Wehrmacht*, os membros da LVF seguiam com igual entusiasmo para somar-se às forças do outrora inimigo alemão, no combate ao bolchevismo.

"O fascismo na França antes de Pétain", denominação de uma das seções do Museu de Besançon, é tema tratado também em vários museus, mostrando que os partidos criados ou estruturados nesta linha não foram invenção de Vichy, mas datavam do período entre-guerras: o *Francisme* ou *Parti Franciste* ou *Mouvement Fanciste* (1933-1944), de Marcel Bucard, o *Parti Populaire Français* (1936-1945), de Jacques Doriot e o *Rassemblement National Populaire* (1941-1944), de Marcel Déat.[19] A identidade do fascismo francês com o ocupante alemão explica o colaboracionismo, diferenciando-se da colaboração que, sem resistir à situação, buscava *adaptar-se* à realidade.

A história que fraturou o país em várias zonas deixou seu legado. Libertado em 1944, derrotada a Alemanha em 1945, restou a lembrança dos que resistiram, colaboraram, dos comportamentos ambivalentes do que o historiador Pierre Laborie, inspirado em Primo Levi, chamou de *zona cinzenta,* uma zona incerta de comportamentos variados, individuais ou coletivos, entre o conformismo e a insatisfação, entre a eventual colaboração com o ocupante e a solidariedade com as vítimas da ocupação; restou a lembrança de Vichy, o Estado colaborador e colaboracionista, agravada por sua participaçãona *Shoah*.[20]*O passado que não passa*, repetida fórmula que sintetiza o passado-presente, insistente, renovando dia a dia o dilaceramento de outrora.

---

19   Cf. Philippe Burrin. *La dérive fasciste. Doriot, Déat, Bergery 1933-1944*. Paris: Le Seuil, 1986.

20   *Shoah* tem sido nome usado na França para designar Holocausto, termo, por sua vez, mais recorrente em países anglófonos. A palavra Holocausto tem origem grega e designa "queima-

Por meio da memória, os franceses procuraram lidar com a história, reconstruindo-a. É ela, a memória, que permite lembrar esquecendo, lembrar silenciando e, ao mesmo tempo, redimensionar o que se quer, de fato, lembrar. Da construção de memória, comportando a lembrança, o esquecimento, o silêncio, surgem interpretações do passado que pouco correspondem à história. Formuladas no presente, sem compromisso com o conhecimento, distorcem a história, criam mitos. O mito da Resistência. Nele, conta-se que a grande maioria da população opôs-se à ocupação, desde o início até a Libertação. A colaboração teria se restringido a *um punhado de miseráveis*[21], segundo a expressão do General Charles de Gaulle.

Daí, a multiplicidade de museus e memoriais da Resistência. Homenageando-a, lembrando-a, transformam misérias em glória. A *França deitada* - rendida, humilhada, submissa, servil – deu lugar à *França de pé* - erguida, recomposta, orgulhosa, soberana, resistente. Derrotada militarmente, não se curvara diante do invasor e seus colaboradores. Os museus e memoriais, como lugares de memória,[22] contribuíram na fixação da Resistência na memória coletiva[23], no presente, no futuro; divulgaram feitos heroicos, celebraram-na como experiência de todos. Foi apenas em 1988 que surgiu o primeiro manual escolar de história a relativizar a importância da Resistência francesa na liberação do país.[24]A Resistência como identidade, patrimônio da Nação, a reedificação da Nação. A *honra inven-*

---

do inteiramente", referindo-se a rituais politeístas antigos. No judaísmo, religião monoteísta, significa um sacrifício religioso. Daí as críticas em relação ao uso do termo Holocausto para referir-se a um massacre que nada teve de sacrifício religioso, inclusive, perpetrado por um regime político motivado por questões raciais que se quis alheio a religiões. *Shoah*, por sua vez, tem origem hebraica, designando catástrofe, sem qualquer conotação de sacrifício religioso. Os que criticam seu uso, entretanto, alegam que a palavra não tem qualquer significado de massacre, aludindo exclusivamente a catástrofes naturais. Cf. Pierre Laborie. *Les mots de 39-45*. Toulouse: Presses Universitaires du Mirail, 2006, verbete *Shoah*, p. 106-108.

21　No original, *une poignée de misérables*.

22　Pierre Nora. "Entre memória e história: a problemática dos lugares." *Projeto História*. São Paulo, n. 10, p. 7-28, dez. 1993; _____*Les Lieux de mémoire* (dir.), Paris: Gallimard. 3 tomos: t. 1 La République (1 v., 1984), t. 2 La Nation (3 v., 1987), t. 3 Les France (3 v., 1992).

23　Maurice Halbwachs. La mémoire colletive. Paris: Albin Michel, 1997 ; _____. Les cadres sociaux de la mémoire. Haia: Mouton, 1976.

24　Cf. Jean Baptiste Pattier. *Vérités officieles*. Comment s'écrit l'histoire de la Seconde Guerre Mondiale. Paris: Vendémiaire, 2012, p. 88.

tada.[25] Pensados já ao fim do conflito, os museus e memoriais concretizaram-se, segundo políticas governamentais que variaram ao longo das décadas seguintes, em um processo contínuo de reinvenção.[26]

Hoje, entretanto, os museus e memoriais não são mais simplesmente a celebração de um mito. Procuram rever antigas interpretações, posicionando-se diante de revisões presentes na historiografia e no debate público.

A necessidade de reconstrução moral, além de política, militar, econômica, no pós-Guerra, não foi exclusiva da França, mas de toda Europa. Nessa direção, formularam-se igualmente outras versões e interpretações compartilhadas por contemporâneos e gerações que se seguiram à SegundaGuerra: a identificação das forças coercitivas como elemento essencial dos regimes totalitários[27] e da submissão dos países invadidos e/ou ocupados; a percepção da propaganda como fundamentalmente manipuladora das sociedades; o argumento de que se desconhecia a barbárie que foi praticada. *Nós*

---

25   *Honra inventada* é como os historiadores se referem ao mito da Resistência, no caso da França. Entre outros, ver Pierre Laborie. *L'opinion française sous Vichy*. Les Français et la crise d' identité nationale. 1936-1944. Paris: Seuil, 2001; _____. *Les Français des années troubles*. De la guerre d' Espagne à la Liberation. Paris: Seuil, 2003.

26   Para os percursos das políticas públicas da memória da Segunda Guerra e, em particular, da Resistência, ver Olivier Wieviorka. *La mémoire désunie*. Le souvenir politique des années sombres, de la Libération à nos jours. Paris: Seuil, 2010.

27   O conceito de totalitarismo foi amplamente discutido pela historiografia. Nesse movimento, houve uma tendência entre os historiadores de rejeitá-lo uma vez que profundamente associado aos embates da Guerra Fria, contaminando-o, portanto, como instrumental de análise. Já há algum tempo, o conceito vem sendo recuperado pelos historiadores para diferenciar determinadas experiências históricas, como o fascismo, o nazismo e o stalinismo, de outras realidades autoritárias. Acredita-se que, embora o fascismo, o nazismo e o stalinismo jamais tenham conseguido dominar todos os aspectos públicos e privados da sociedade e, assim, a sociedade civil nunca desapareceu de todo, essa intervenção era objetivo central desses regimes. Nos regimes autoritários, mas não totalitários, a intervenção no campo privado não era finalidade. Outras diferenças que justificariam o uso do conceito de totalitarismo também são destacadas. Para o conceito de totalitarismo, ver Denis Peschanski. "Le concept du totalitarisme". In:_____; Michael Pollak; Henry Rousso (orgs.). *Histoire Politique et Sciences Sociales*. Questions au XXè siècle. Paris, Bruxelas: IHTP, Paris, Editions Complexes, 1991; Guy Hermet, Pierre Hassner e Jacques Rupnik (orgs.), *Totalitarismes*. Paris: Economica, 1999 (1a ed. 1984); Enzo Traverso (éd.) *Le totalitarisme*. Le XXe siècle en débat. Paris: Seuil, 2001.

não sabíamos, o jargão síntese.[28] Sobre essa questão de "quem sabia o que e quando", que sempre vem à tona nos debates, vale a pena retomar a reflexão de Pierre Laborie:

> há uma certa ingenuidade em querer ligar o nível do saber ao da tomada de consciência e, mais ainda, à decisão de passar à ação. Sabe-se que uma e outra não resultam, longe disso, dos efeitos mecânicos do primeiro: o saber não traz em si a consciência do que se sabe. Ele não basta tampouco para tirar daí as consequências e agir sobre os comportamentos.[29]

Foi a partir da década de 1970 que muitos países, cada um segundo sua dinâmica, enfrentaram os mitos nascidos da memória, o da Resistência, particularmente, na França. Os museus e memoriais acompanharam, de uma forma ou de outra, os debates que mobilizaram a sociedade, a historiografia, reinventando-se, refazendo-se.

Busco refletir sobre museus e memoriais da Resistência na França, hoje, através de temas recorrentes na história, na historiografia e na memória do período; entender como eles abordam essas temáticas; identificar especificidades de cada um e o que é recorrente a todos ou à maior parte deles. Selecionei os que me pareceram significativos, segundo certos critérios: a) a sua localização nas várias zonas nas quais a França foi dividida; b) a relevância de cidades e regiões na Resistência e na Ocupação; c) a simbologia que os lugares evocam; d) as edificações que os abrigam; e) os recursos materiais de que dispõem, sejam os mais tradicionais sejam os mais modernos; f) a grandiosidade, mas também a simplicidade dos museus; g) os lugares onde estão instalados, tendo o presente como referência. Além dos museus e memoriais diretamente identificados à Resistência (e à Deportação), considerei os que se dedicam especificamente a personagens da Resistência. A existência de *museus biográficos* por si já justifica o papel que tiveram e têm na história e na memória da Resistência. Por fim, incluí os que abordam a Segunda Guerra, que constam nas listas online de museus e memoriais da Resistência, procurando pensar o lugar dado ao assunto no contexto mais amplo da Guerra e o olhar específico a ele atribuído.

---

28 Cf., entre outros autores, Peter Longerich. *"Nous ne savions pas".* Les allemands et la Solution finale. 1933-1945. Paris: Éditions Héloïse d'Ormesson, 2008.

29 Pierre Laborie. "La Résistance et le sort des juifs." In: _____. Op cit, 2003, p. 184.

Procurei visitar museus e memoriais localizados em diferentes *zonas*, segundo a reconfiguração do território francês definida pelo armistício. Algunsdisponibilizam visitas virtuais em seus sites, algumas excelentes, outras nem tanto. Da mesma forma, catálogos mais ou menos detalhados e outros tipos de publicação são encontrados na maior parte dos museus. Ao fazer a primeira referência a cada museu, cito essas publicações, em nota de pé de página, disponíveis nos próprios museus. Entretanto, nada como conhecê-los pessoalmente para se ter noção do que são e dos seus múltiplos significados. São eles:

Nome	Localização	Localização no tempo da Segunda Guerra Mundial
Museu da Resistência e da Deportação de Besançon. La Citadelle	Besançon; departamento do Doubs, na região Franche-Comté.	*Zona interdita*, antigos limites do Império sacro-romano germânico, onde agricultores alemães iriam se instalar.
Museu da Resistência de Bondues, Forte Lobau	Bondues (próximo a Lille); departamento Norte, na região Norte-Pas-de-Calais	*Zona ocupada*, ligada ao governo militar alemão de Bruxelas
Museu da Resistência e da Deportação do Cher	Bourges; departamento do Cher, na região Centro.	*Zona ocupada*, ligada ao governo militar alemão de Paris.

---

30 O Museu da Resistência Nacional em Champigny-sur-Marne integra-se à rede denominada *Musée de la Résistance Nationale* formada por outros seis museus na França (Chateaubriant, Bourges, Varennes-Vauzelles, Montluçon, Givors e Nice).

Museu da Resistência, do Internamento e da Deportação de Chamalières	Chamalières (Clermont Ferrand); departamento Puy-de--Dôme, na região do Auvergne.	*Zona não ocupada*, ligada ao governo de Vichy que, a partir de 11 de novembro de 1942, com a extensão da ocupação alemã ao Sul, passou a chamar-se *zona Sul*.
Museu da Resistência Nacional em Champigny-sur-Marne[30]	Champigny-sur--Marne; departamento do Vale do Marne, na região Île de France.	*Zona ocupada*, ligada ao governo militar alemão de Paris.
Memorial da Resistência no Vercors	Col de la Chau; departamento do Drôme, na região Rhône-Alpes.	*Zona não ocupada*, ligada ao governo de Vichy que, a partir de 11 de novembro de 1942, tornou-se *zona de ocupação italiana* e, em julho de 1944, *zona de ocupação* alemã
Museu Departamental da Resistência de Vassieux-en-Vercors	Vassieux-en-Vercors; departamento do Drôme, na região Rhône-Alpes.	*Zona não ocupada*, ligada ao governo de Vichy que, a partir de 11 de novembro de 1942, tornou-se *zona de ocupação italiana* e, em julho de 1944, *zona de ocupação* alemã
Museu da Resistência e da Deportação do Isère	Grenoble; departamento do Isère, na região Rhône-Alpes	*Zona não ocupada*, ligada ao governo de Vichy que, a partir de 11 de novembro de 1942, tornou-se *zona de ocupação italiana* e, em julho de 1944, *zona de ocupação* alemã

Centro de História da Resistência e da Deportação	Lyon; departamento do Rhône, na região Rhône-Alpes.	*Zona não ocupada*, ligada ao governo de Vichy que, a partir de 11 de novembro de 1942, com a extensão da ocupação alemã ao Sul, passou a chamar-se *zona Sul*.
Memorial do Marechal Leclerc de Hautecloque e da Libertação de Paris.	Paris; departamento de Paris, na região de Île de France	*Zona ocupada*, ligada ao governo militar alemão de Paris.
Museu Jean Moulin	Paris; departamento de Paris, na região de Île de France	*Zona ocupada*, ligada ao governo militar alemão de Paris.
Museu das Duas Guerras Mundiais, Museu do Exército, *Hôtel National des Invalides*	Paris; departamento de Paris, na região de Île de France	*Zona ocupada*, ligada ao governo militar alemão de Paris.
Historial Charles de Gaule, *Hôtel National des Invalides*	Paris; departamento de Paris, na região de Île de France	*Zona ocupada*, ligada ao governo militar alemão de Paris.
Centro de História da Guerra e dos Foguetes *La Coupole*	Saint-Omer; departamento Norte, na região Norte-Pas-de-Calais.	*Zona ocupada* ligada ao governo militar alemão de Bruxelas.
Monte Valérien-Memorial da França Combatente	Suresnes; departamento de Paris, na região de Île de France.	*Zona ocupada*, ligada ao governo militar alemão de Paris.

Museu Departamental da Resistência e da Deportação	Toulouse; departamento Haute Garrone, na região Midi-Pyrénées.	*Zona não ocupada*, ligada ao governo de Vichy quem a partir de 11 de novembro, com a extensão da ocupação alemã ao Sul, passou a chamar-se *zona Sul*.

LUGARES DE MEMÓRIA, LUGARES DE HISTÓRIA

Os museus e memoriais são percebidos aqui como *documento/monumento*, conceito formulado por Jacques Le Goff, fruto da revolução historiográfica da Escola dos *Annales*.[31] Constatando que os objetos neles encontrados não são o conjunto do que existiu no passado, Le Goff sustentou que eles são escolhas dos que se ocupam da memória coletiva, assim como dos historiadores.

Nesse sentido, documentos – do ponto de vista da historiografia tradicional - e monumentos são sempre documentos. Com esse alargamento da definição, o monumento deixa de ser exclusivamente "herança do passado" já que sofre a intervenção do presente. Da mesma forma, o documento – ainda na percepção restrita - torna-se monumento porque "resulta do esforço das sociedades históricas para impor ao futuro – voluntária ou involuntariamente – determinada imagem de si própria.[32] Como qualquer documento, o documento/monumento deve submeter-se à crítica que, se não uma necessidade no "campo da memória", segundo Le Goff, é essencial no campo da "ciência histórica."

Se trabalharmos os museus e memoriais históricos nessa perspectiva, logo teremos que enfrentar a questão da crítica interna do documento, uma vez que eles têm a particularidade de funcionar, ou poder funcionar, segundo o registro da história ou o da memória. Ou, como formulou Laurent Gervereau, tem duas funções essenciais: a *informativa* e a *comemorativa*.[33] Aquela é a primeira ativida-

---

31 Jacques Le Goff. Documento/Monumento. R. Romano. *Enciclopédia Einaudi*: Memória/História. Lisboa: Imprensa Nacional/ Casa da Moeda, 1982.

32 *Ibidem*, p. 103, para essa e a citação seguinte.

33 Laurent Gervereau é historiador, presidente da Associação internacional dos museus de História e diretor do Museu de História Contemporânea (BDIC). Cf. Fabrice d'Almeida. "Musée d'histoire, histoire dans les musées."*Vingtième Siècle*. Revue d'histoire, Paris, n. 37, jan-mar de 1993, p. 148. Ver também Laurent Gervereau. "Le musée, source ou moteur de recherche?"*Vingtième Siècle*. Revue d'histoire. Paris, Presses de Sciences Po, n. 72, 2001/4.

RESISTÊNCIA: MEMÓRIA DA OCUPAÇÃO NAZISTA NA FRANÇA E NA ITÁLIA

de a que se dedicam os museus. Observa Gervereau, contudo, que uma parte dos museus históricos assume sobretudo a segunda atividade, passando para um plano secundário a preocupação com o conhecimento histórico. Em geral, trata-se de museus dedicados à Resistência, à Deportação e às guerras mundiais. Nestes, "a emoção deve prevalecer. É preciso tocar o espírito dos visitantes para que conservem a lembrança desses eventos e rendam homenagem às vítimas."[34]Essa é também a perspectiva de Julien Joly, arquiteto e museógrafo responsável pela última intervenção no Monte Valérien-Memorial da França Combatente, em 2010: sendo "concebido para transmitir à posteridade a lembrança de uma pessoa ou de um acontecimento", "o monumento deve simplesmente suscitar no visitante experiências memoráveis. Mais precisamente, o monumento deve permitir associar os elementos que comemora a uma experiência sensível que fixará nele a lembrança."[35] Os museus históricos, portanto, vivem a seguinte contradição: como documento/monumento, tratado no campo da "ciência histórica", a crítica lhe é necessária, mas no "campo da memória", a crítica encontra limites, que, por sua vez, dificultam a sua percepção como documento/monumento capaz de produzir conhecimento histórico.

Em direção semelhante a de Laurent Gervereau, Fabrice d'Almeida nota que os conselhos administrativos dos museus comemorativos "são mais exageradamente minuciosos quanto ao conteúdo das exposições e limitam as iniciativas de natureza desmistificadora dos eventos fundadores."[36] Aqueles que atuam nos museus de história de tipo informativo, por outro lado, parecem a D'Almeida mais abertos. Aí está o grande desafio dos *conservadores* de museus de história de tipo comemorativo: trabalhar em uma via entre o despertar da emoção e o rigor da *informação* factual.[37]

Esse duplo desafio, produzir conhecimento e provocar a emoção, explicita-se no Museu da Resistência e da Deportação do Cher, departamento no centro do

---

34 Fabrice d'Almeida, *ibidem*, p. 148.

35 Julien Joly. "Intervenir dans un lieu de mémoire: architecture et temporalité."In: Claire Cameron (dir.) *Le Mont-Valérien*. Résistance, repression et mémoire. Montreuil: Éditions Gourcuff Gradenigo, Ministère de la Défense, 2008, p. 266. Para o projeto de Joly no Monte Valérien, ver adiante.

36 *Ibidem*, p. 149.

37 *Ibidem*, p. 149.

país, localizado na cidade de Bourges, na zona ocupada. O projeto que o originou também incluiu o prédio do Arquivo do Departamento, em um conjunto arquitetônico que colocou lado a lado, fisicamente, museu e arquivo, buscando integrar memória e história. Outros museus procuram integrar também arquivos e centros de documentação, como o Museu de Lyon, o Museu da Resistência e da Deportação de Besançon-La Citadelle[38], o Museu da Resistência de Bondues-Forte Lobau[39], cidade próxima a Lille, Museu da Resistência Nacional em Champigny-sur-Marne,[40] cidade nas proximidades de Paris.

No Museu, a informação traz a proposta:

> A presença inédita do museu ao lado dos arquivos departamentais dá um lugar particular à apresentação dos documentos. O percurso tem por ambição dar conta dos progressos do conhecimento histórico sem se ater a um discurso desencarnado: a luta pela liberdade e pela democracia travada por Resistentes tem ainda pleno sentido e recoloca a cada um a questão do seu engajamento individual.[41]

Sem desconsiderar o objetivo de envolver emocionalmente os visitantes desses museus, penso que se trata antes da construção e da preservação de uma certa memória da guerra e da atitude dos franceses em face da ocupação alemã. É esse movimento que impõe deformações na história à luz da realidade do presente. Em todo caso, por que lidar com o passado, sem deformá-lo, destituiria o museu da capacidade de emocionar o visitante? A história, sem os compromissos da memória,

---

38   A partir aqui, me refiro a ele como Museu de Besançon.

39   A partir aqui, me refiro a ele como Museu de Bondues. Cf. Musée de la Résistance de Bondues. Association "Souvenir de la Résistance et des Fusillés du Fort Bondues". *Ils étaient 68... Les fusillés du Fort Lobau de Bondues*. Bondues: Éds. Musée de la Résistance de Bondues, s/data. Cf. Francis Nazé. *Du Fort à la cour sacrée*. Souvenir de la Résistance et des fusillés du Fort Bondues. 1987. Cf. Musée de la Résistance. Fort Lobau. Bondues. Guide de visite, s/d.
Para as cartas de despedidas escritas pelos resistentes e reféns fuzilados, neste e em outros lugares, ver o capítulo 3.

40   A partir daqui, me refiro a ele como Museu de Champigny.

41   Informação na exposição permanente do Museu de Bourges. A partir daqui, me limito a indicar o nome dos museus onde as informações citadas e referidas integrando-se às exposições permanentes.

percebida portanto em suas contradições e ambivalências, não seria suscetível de emocionar? O resistente humanizado, *imperfeito*, a Resistência real, não são mais "emocionante" do que o resistente sacralizado, irreal?

A percepção crítica, essencial no campo da historia, mesmo nos museus vocacionados a determinada identidade cultural, tem sido defendida por Ulpiano Bezerra de Meneses.[42]Sem essa postura, "facilmente os museus se deixariam embarcar em uma rede ideológica." Refere-se Bezerra de Meneses a museus que se fecham em torno da afirmação identitária, excluindo diferenças e tensões. É no contraste, justamente, com o diferente, o outro, que a própria identidade cultural se define. Mais do que isso, "a identidade forçosamente não apenas deriva das diferenças, mas precisa explicitá-las e exacerbá-las." Evidentemente, o autor compreende por que a identidade busca contorná-las e mesmo negá-las. "O semelhante é inofensivo, inócuo. É o diferente que encerra risco, perturbação."[43]

O binômio museu histórico informativo/museu histórico comemorativo pode ser melhor situado em analogia com a relação história e memória, embora a história não se esgote na informação, realizando-se na produção do conhecimento.[44] Aí está sua origem. Usarei aqui museu histórico informativo na contraposição sugerida por aqueles autores, apesar da insuficiência do termo.

Ainda que a memória tenha exercido papel importante na recuperação de vivências e narrativas sem a qual se perderiam, memória e história são de naturezas diferentes e funcionam em registros distintos. Sendo aquela objeto da análise do historiador, não pode se *confundir* (Rousso) com a história.

Todorov, Rousso e Laborie destacam que a memória não se ocupa do conhecimento do passado. É em função das necessidades do presente, respondendo

---

42 Ulpiano Bezerra de Meneses. "A problemática da identidade cultural nos museus: de objetivo (de ação) a objeto (de conhecimento)."*Anais do Museu Paulista*. São Paulo: Universidade de São Paulo. Nova Série, São Paulo, n. 1, 1993, p. 207-222. As citações que se segucm estão nas p. 209, 213 e 214.

43 Note-se que essa afirmação vai na contramão da tese de S. Freud, que viu o estranho justamente no familiar. Albert Camus seguiu nessa direção também. Cf. S. Freud. *O estranho.* 1919; A. Camus. *O estrangeiro.* 5ª ed. Rio de Janeiro: Record, s/d.

44 Entre outras publicações, cf. Henry Rousso. *La hantise du passé*. Entretien avec Philippe Petit. Paris: Les Éditions Textuel, 1998; Tzvetan Todorov. _____. *Les abus de la Mémoire*. Paris: Arléa, 2004; Pierre Laborie. *Les Français sous Vichy et l'Occupation*. Toulouse: Éditions Milan, 2003; _____. "Historiens sous e surveillance." *Esprit*. Paris, n. 198, jan, 1994.

às necessidades de construção e afirmação de identidades, que a memória volta-se para o passado, reconstruindo-o em um registro militante. Não se trata, portanto, de um esforço objetivo e racional, mas de atribuir ao passado uma função.[45] Nesse movimento, formam-se mitos, temas tabus, que dificultam o conhecimento do passado; e a memória transforma-se em valor, em moral, em uma *religião laica*. A *sacralização* da memória (Todorov). A memória, para Rousso, é, assim, a representação mental do passado que tem apenas uma relação parcial com ele; constrói identidade e não o conhecimento; afirma-se pelo afeto; reconstrói um *passado ideal* ou *diabolizado*; comprime ou dilata o tempo. A memória cumpre a necessidade de preservar continuidades, permitir ao indivíduo ou ao grupo absorver rupturas, integrá-las em uma permanência; ao fazê-lo, promove defasagens entre os eventos reais e sua interpretações. Por outro lado, a História é a reconstrução erudita do passado, transmitida por meio de uma narrativa organizada. Ou, como viu Jacques Le Goff, a história é a *forma científica* da memória.[46] O que motiva o historiador é o conhecimento, a vontade de saber.

No que diz respeito à história do tempo presente, mais especificamente, às experiências da Europa na Segunda Guerra Mundial, Todorov, Rousso e Laborie defendem que tem havido uma sobreposição da memória em relação à história. *Os abusos da memória* (Todorov), *os excessos do passado* (Rousso), que se igualam, segundo eles, à negação da História. Os estudos sobre a Resistência são particularmente afetados por esse fenômeno uma vez que foi, pelo viés da memória, como vimos, que a Resistência se forjou como mito, quando as narrativas da Resistência no campo da memória assumiram o estatuto de história.

Nos lugares de memória estão selecionados, organizados e preservados tanto objetos materiais como abstratos, simbólicos, funcionais nos quais se consolida a memória nacional. O conceito pressupõe que não há memória espontânea, sendo preciso, portanto, criar *lugares* materiais e imateriais para transmiti-la, em um movimento que envolve formação de identidade e sentimento de pertencimento.[47] A

---

45 Henry Rousso, *idem ibidem*, 1998.

46 Jacques Le Goff, *op. cit.*, 1982, p. 104.

47 Em uma história das coleções (colecionismo), desde as sociedades primitivas até o século XVII, K. Pomian, historiador polonês contemporâneo a Nora, igualmente percebeu que "os objetos têm um lado visível e um lado oculto". Essa característica esteve presente ao longo do tempo: "Todas as coleções estudadas cumprem uma mesma função: a de permitir aos objetos que as compõem desempenhar o papel de intermediários entre os espectadores -

honra inventada, no contexto estudado, é o eixo reestruturador da memória nacional de países que viveram a experiência fascista.

Na mesma linha argumentativa de Todorov, Rousso e Laborie, Pierre Nora enfatizou as diferenças entre memória e história. Embora longa, vale a citação:

> longe de serem sinônimos, tomamos consciência que tudo opõe uma a outra. A memória é a vida, sempre carregada por grupos vivos e, nesse sentido, ela está em permanente evolução, aberta à dialética da lembrança e do esquecimento, inconsciente de suas deformações sucessivas, vulnerável a todos os usos e manipulações, susceptível de longas latências e de repentinas revitalizações. A história é a reconstrução sempre problemática e incompleta do que não existe mais. A memória é um fenômeno sempre atual, um elo vivido no eterno presente; a história, uma representação do passado. Porque é afetiva e mágica, a memória não se acomoda a detalhes que a confrontam; ela se alimenta de lembranças vagas, telescópicas, globais ou flutuantes, particulares ou simbólicas, sensível a todas as transferências, cenas, censura ou projeções. A história, porque operação intelectual e laicizante, demanda análise e discurso crítico. A memória instala a lembrança no sagrado, a história a liberta e a torna sempre prosaica. A memória emerge de um grupo que ela une, o que quer dizer, como Halbwachs o fez, que há tantas memórias quantos grupos existem; que ela é, por natureza, múltipla e desacelerada, coletiva, plural e individualista. A história, ao contrário, pertence a todos e a ninguém, o que lhe dá uma vocação para o universal. A memória se enraíza no concreto, no espaço, no gesto, na imagem, no objeto. A história só se liga às comunidades temporais, às evoluções e às relações das coisas. A memória é um absoluto e a história só conhece o relativo.[48]

quaisquer que eles sejam - e os habitantes de um mundo aos quais aqueles são exteriores". K. Pomian. Colecção. R. Romano. *Enciclopédia Einaudi*: Memória/História. Lisboa: Imprensa Nacional/ Casa da Moeda, 1982. v. 1; p. 51-85, *apud* Eduardo Ismael Murguia. O colecionismo bibliográfico: uma abordagem do livro para além da informação. Encontros Bibli [en línea]. Universidade Federal de Santa Catarina, Florianópolis, 2009.

48 Pierre Nora. "Entre memória e história: a problemática dos lugares." *Projeto História*. São Paulo, n. 10, p. 7-28, dez. 1993, p. 6.

O conceito de memória em Nora, entretanto, contextualiza-se em um tempo anterior ao dos autores citados. Nele, os rituais e o sagrado estruturavam as sociedades através da maneira pela qual os grupos sociais relacionavam-se com a memória. Essa percepção da memória e do seu papel em um determinado tempo parece a mesma da de Walter Benjamin.[49] Para o filósofo alemão, a modernidade surge no momento em que a *transmissão da experiência* por meio da memória - o *grande tesouro* herdado pelas sucessivas gerações – não existe mais.[50] Essa transmissão transcende a vida e a morte particulares, pois concerne não apenas à existência individual, mas também aos descendentes; é a "possibilidade de uma tradição compartilhada por uma comunidade humana, tradição retomada e transformada, em cada geração, na continuidade de uma palavra transmitida de pai para filho." Aí estão "o simbólico" e o "sagrado". Essa *palavra* é a memória em Benjamin. E a modernidade, essa perda, esse rompimento. [51]

Voltando a Nora, os lugares de memórias surgiram, então, em sociedades sem rituais, dessacralizadas, dando a "ilusão de eternidade". Dessacralizadas, as sociedades *sacralizam* a memória, como diriam Todorov, Rousso e Laborie. É nesse contexto que os lugares de memória *precisam* ser criados, exatamente porque a relação natural entre sociedade e memória não existe mais. Em Nora, "há locais de memória porque não há mais meios de memória" (ou ainda: "fala-se tanto de memória porque ela não existe mais").[52] Esses *meios* são, em Benjamin, as "formas tradicionais de narrativa, de narração, que têm sua fonte nessa comunidade e nessa transmissibilidade."[53]

A memória, portanto, fora o meio pelo qual se transmitia a experiência. Na modernidade, essa memória desaparece (Nora) ou a sua transmissão desaparece

---

49 Walter Benjamin. "Experiência." In: *La metafisica de la juventud*. Barcelona: Ediciones Paidós, 1993; _____. "Experiência e pobreza." In: Magia e técnica, arte e política. *Obras escolhidas I*. São Paulo: Brasiliense, 1994. Ver também Jeanne Marie Gagnebin. *Lembrar escrever esquecer*. São Paulo: Ed. 34, 2006.

50 Walter Benjamin refere-se à fábula narrada por Esopo sobre o pai no leito de morte que deixa sua riqueza para os filhos: a experiência.

51 Jeanne Marie Gagnebin. "Memória, história, tetemunho". In:*Lembrar escrever esquecer*. São Paulo: Ed. 34, 2006, p. 50.

52 Pierre Nora, *op. cit.*, 1993, p. 5.

53 Jeanne Marie Gagnebin, *op. cit.*, 2006, p. 50.

(Benjamin). A partir de então, é a própria memória – desnaturalizada – que é o sagrado (Nora, Todorov, Rousso, Laborie).

Como fica evidente em Pierre Nora, o conceito de lugares de memória comporta uma amplitude de possibilidades materiais e imateriais.

Sendo os museus históricos - informativos ou comemorativos - lugares de memória, são por natureza do campo da memória, não da história. Em outras palavras, nasceram reféns da memória. A crítica, já existente em muitos museus da Resistência, encontra aí seus limites. Ela se realiza plenamente quando faz dos museus objeto da história.

Se não basta transformar o museu comemorativo em museu informativo para concebê-lo em uma abordagem crítica, histórica, deve-se, então, repensar o que é homenagear. A homenagem precisa incorporar a complexidade, as contradições, as ambivalências da realidade. A produção do conhecimento, resultado da incorporação das múltiplas dimensões dos acontecimentos e dos homens e mulheres neles envolvidos, submetidas à interpretação crítica, é a melhor homenagem que se possa fazer. A sacralização da memória afasta o *herói* de todos nós, condena-o ao desconhecimento, mesmo que inúmeros museus e memoriais sejam erguidos em seu nome.

A tensão presente entre os museus informativo e comemorativo se mantém entre o museu e o memorial uma vez que esse identifica-se mais diretamente com a celebração. Entretanto, também não é fácil, ou mesmo possível, diferenciá-los com clareza. Independentemente da natureza informativa ou comemorativa, notam-se superposições de funções. No dicionário *Concepts clés de museologie*[54], sequer consta o verbete *memorial*, tampouco o de *historial*, conceito que aparece, por exemplo, no *Historial General Charles de Gaulle*,[55] o que talvez expresse a tentativa – e a dificuldade – de integrar museu e memorial.

Em geral, o memorial é construído para homenagear alguém ou um evento sem necessariamente abrigar acervo documental, incluindo objetos. Pode ser desde uma placa evocativa, um marco, uma estátua ou obra arquitetônica em espaço exte-

---

54 André Desvallées e François Mairesse (orgs.). *Concepts clés de museologie*. Com o apoio do Musée Royal de Mariemont e do Comité international de l'ICOM (International Council of Museums) pour la museologie. Paris: Armand Colin, 2010. Musée de l'Armée. Invalides. Paris

55 Historial General Charles de Gaulle, no Museu do Exército (*de l'Armée*), *Hôtel Nationale les Invalides*, Paris. Cf. *Espoir*. L'Historial Charles de Gaulle. Hôtel National des Invalides, Musée de l'Armée. Revue de la Fondation Charles de Gaulle. Numéro hors série, mars 2008. Cf também *Revue de la société des amis du Musée de l'Armée*. De Gaulle aux Invalides, Paris, n. 139, 2010.

rior e público. Por exemplo, o memorial com uma escultura estilizada, inaugurado em setembro de 1969, na estrada para Avignon, no lugar aproximado onde Jean Moulin saltou de paraquedas ao retornar de Londres com a missão de unificar a Resistência interior. Ou o conjunto arquitetônico integrado à perspectiva de meados do século XVIII, com o jardim se alongando entre as duas vias, em Toulouse, na qual, por sua vez, já havia sido erguido arco celebrando os mortos da Grande Guerra, acrescentando-se memoriais à Resistência, à *Shoah* e aos Justos.[56] Em uma extremidade, vê-se um grande arco lembrando os mortos da Grande Guerra, filhos da cidade, com seus nomes e os das batalhas gravados; ao centro, colunas estreitas em metal, em círculo, com inscrições em hebraico, lembrando a *Shoah*, mesmo que o fenômeno tenha atingido judeus integrados da Europa havia gerações nas culturas nacionais; na outra extremidade, uma espécie de *bunker* que conjuga a construção subterrânea a uma meia esfera emborcada que pode ser vista do exterior; no interior, espaços e corredores, talvez em alusão à Resistência, onde são projetadas imagens nas paredes, constituindo, assim, um acervo virtual. Integrando ainda o conjunto, a Aleia dos Justos no *Jardin de Plantes* que margeia a avenida. Bulevares, ruas e rotunda em torno tiveram os nomes mudados depois de 1945, homenageando a Resistência e resistentes locais: Aleia Forain-François Verdier, Rua des Frères Lion, Esplanada do 19 de agosto de 1944 (data da Libertação de

---

56 Tirado da literatura talmúdica, o conceito de Justo, que ao longo do tempo serviu para designar o não-judeu que tenha uma relação positiva e amiga em relação aos judeus, foi retomado depois da Segunda Guerra. Em 1º de fevereiro de 1963, ocorreu a primeira reunião da Comissão dos Justos entre as Nações do Memorial Yad Vashem, também conhecido Museu da *Shoah*, criado em 1953, em Jerusalém. O Estado de Israel, por meio da Comissão, concebe o título e a medalha a não-judeus que, sem interesse de qualquer ordem – financeiro, econômico, sexual etc. – tenha salvado a vida de judeu, não importa quantos, das perseguições antissemitas no contexto da Segunda Guerra. Para os Justos da França, ver Denise Rollemberg. "Aos grandes homens a Pátria reconhecida. Os Justos no Panthéon."In: Angela de Castro Gomes (org.). *Direitos e Cidadania*. Memória, política e cultura. v. 2. Rio de Janeiro: Ed. FGV, 2007.

É comum o acréscimo de placas referentes à Segunda Guerra a memoriais da Grande Guerra, como se vê também na Praça de Villard-de-Lans, próxima ao Memorial da Resistência de Vassieux-en-Vercors. Nessa mesma praça, perto deste memorial, há por sua vez uma referência à Guerra da Argélia, lembrando a data do cessar fogo em 19 de março de 1962. Assim, os memoriais sofrem acréscimos em função de acontecimentos posteriores ao que motivou sua construção.

Toulouse), Rotunda dos Français Libres. Manteve em uma das avenidas o nome do poeta provençal do século XIX defensor da cultura e da língua octanas, Frédéric Mistral. O Museu da Resistência e da Deportação, sem se integrar ao conjunto, localiza-se em rua próxima ao memorial. Ali, a memória da Segunda Guerra, mais precisamente da Resistência e da Deportação, mais precisamente judaica, foi inscrita junto à da Grande Guerra. Como nas linhas e páginas de um livro, o conjunto narra uma história.

O museu implica um espaço físico que lembra um evento ou um personagem histórico, contendo acervo documental. Muitas vezes o museu comemorativo, como se viu, tem a função de homenagear tal evento ou indivíduo, incorporando, portanto, a motivação do memorial. Pode ser instalado em um prédio de significado histórico no contexto da Guerra. A antiga sede da Gestapo, em Lyon, por exemplo, foi transformada no Centro de História da Resistência e da Deportação.[57] No lugar secreto onde a Alemanha fabricava e posicionava foguetes mirando a Inglaterra, surgiu o Centro de História e de Memória do Nord-Pas-de-Calais La Coupole, nas proximidades de Saint Omer.[58] Ou o museu pode ter seu prédio construído para exercer a função, como o Museu de Bourges, cuja localização é próxima à linha de demarcação; sendo nova a edificação, foi erguida em lugar de significado histórico. Pode se localizar em lugares centrais de Paris, como o Museu Jean Moulin e o Memorial do Marechal Leclerc de Hauteclocque e da Libertação de Paris, ambos em edifícios novos, integrados e integrando-se ao conjunto arquitetônico *Jardin Atlantique*, em Montparnasse.

---

57 Por sua vez, a sede da Gestapo, de Lyon, sob a direção de Klaus Barbie, fora instalada na Escola superior de medicina de guerra, criada para formar médicos para atender aos feridos da Grande Guerra. Centre d'Histoire de la Résistance et de la Déportation (Lyon): inauguração em 15 de outubro de 1992. Antiga École du service de santé militaire, antiga sede da Gestapo, de Lyon, entre 1943 e 1944; destruída parcialmente em maio de 1944 por um bombardeio dos Aliados. Renovação da exposição permanente: 16 de novembro de 2012. Cf a coletânea de artigos: Isabelle Doré-Rivé (dir.) *Une ville dans la guerre*. Lyon 1939-1945. Les collections du Centre d'Histoire de la Résistance et de la Déportation. Lyon: Fage; CHRD, 2012.

58 A partir daqui, me refiro a ele como Museu La Coupole ou apenas La Coupole. Cf. Yves Le Maner. La Coupole. Centre d'Histoire et de Mémoire du Nord-Pas-de-Calais. Saint Omer, La Coupole Éditions, 2011. Aí, todas as informações e textos estão em francês, alemão e flamengo, devido à proximidade com a Bélgica, no que diz respeito a esta última língua.

Ou ainda ser alojado em uma área residencial, como o Museu da Resistência e da Deportação de Chamalières[59], município junto a Clermont Ferrand, no térreo de um dos edifícios de um conjunto de pequenos prédios iguais, como um BNH de classe média.

Outro museu cuja localização merece menção é o Museu de Besançon: a *Citadelle*, fortaleza do século XVII, do arquiteto militar Vauban, Patrimônio Mundial da Unesco, circundada por muralhas, no alto de uma colina, de onde se tem uma vista deslumbrante do Rio Doubs, que quase circunda a cidade medieval, do vale, das montanhas. Aí, cem resistentes foram fuzilados nos anos de guerra. Ainda na fortaleza, há um museu etnográfico da região e, surpreendentemente, um zoológico, no qual os animais ficam em amplos espaços, como se soltos estivessem. Há ainda o aquário, o insectário e um noctário. As crianças visitam o zoo com as escolas, em uma alegria que contrasta com as imagens das salas do Museu dedicadas à Deportação. E, por fim, é inevitável a associação entre as pessoas presas nos campos de concentração e extermínio e os bichos bem tratados, mas também presos, longe de seus habitats naturais.

Nem sempre, porém, as delimitações entre museu e memorial são evidentes, como disse. O Monte Valérien-Memorial da França Combatente, em Suresnes, por exemplo, antigo lugar de peregrinação cristã, transformado em fortaleza no século XIX, principal lugar de fuzilamento de resistentes e reféns da região parisiense e da zona ocupada, desde o verão de 1941, tornou-se após a Guerra, em 1960, um importante memorial[60] Neste momento, sofreu uma primeira intervenção arquite-

---

59 A partir daqui, me refiro a ele como Museu de Chamalières.

60 A partir daqui, me refiro a ele como Monte Valérien. Cf. Claire Cameron (dir.) *Le Mont-Valérien. Résistance, repression et mémoire*. Montreuil: Éditions Gourcuff Gradenigo, Ministère de la Défense, 2008. O Monte Valérien é um dos *haut lieu de la mémoire nationale*: "Entre os muitos lugares que testemunham a história da França, alguns vinculam-se diretamente ao Estado. Instrumentos da implementação da política de memória do Estado, os altos lugares de memória do Ministério da Defesa nasceram da vontade política do general de Gaulle no início dos anos 1960 que via neles o ponto de ancoragem dos eventos da memória da Nação. Os altos lugares de memória combinam duas características essenciais: incarnam a memória nacional e são, portanto, lugares de cerimônias e alguns acolhem uma jornada nacional; são lugares de visita e museugráficos e suportes de ações pedagógicas". São eles: o Struthof: Centro europeu do resistente deportado (CERD), situado no lugar do antigo campo de concentração de Natzweiler, em Struthof, Baixo Reno; o MonteValérien-Memorial da França combatente, em Suresnes, Alto Sena; o Memorial dos mártires da Deportação, na Ile de la Cité, em Paris; o Monte Faron-Memorial do Desembarque Aliado de Provence,

tônica e, em 2003, outra que, entre outras alterações, incorporou um acervo documental, como as cartas de despedidas dos executados dirigidas a familiares.

Outro exemplo que demonstra a fragilidade da diferenciação é o Memorial do Marechal Leclerc de Hauteclocque e da Libertação de Paris, que em nada, quanto a esse aspecto, se diferencia do Museu Jean Moulin, instalado exatamente ao lado, compondo o mesmo conjunto.[61] Com entradas independentes, o segundo andar é comum a ambos, com um salão com projeções permanentes em $180°$ de imagens de época. No La Coupole, ao fim dos percursos propostos, mas ainda na sequência da visita, inaugurou-se, em 9 de maio de 2010, o "Memorial dos fuzilados e deportados do Nord-Pas-de-Calais", uma espécie de banco de dados interativo para a consulta do visitante (lista completa dos deportados e fuzilados; lista por cidade; fuzilados; resistentes abatidos ou mortos sob tortura; deportados da repressão, deportados da perseguição). Em homenagem a todos, um enorme painel com as fotos, dando rosto ao fenômeno histórico. Assim, transforma a sua última seção em memorial.

Já no Museu de Bondues, instalado no Forte Lobau, ocupado pelos alemães, usado como lugar de fuzilamento de resistentes e reféns, um memorial em forma de obelisco com os nomes dos sessenta e oito executados, de um lado, e a escultura de um homem acorrentado com a cabeça caída, encontra-se junto à entrada localizada na estrada nacional que recebeu o nome de Avenida Charles de Gaulle, no cinquentenário do chamado do 18 de junho de 1940. Compondo ainda o conjunto memorial-museu, instalou-se outro memorial na parte externa do Museu. Uma escultura em pedra de uma figura masculina abaixada com as mãos no rosto ocupa o lugar onde ocorreram os fuzilamentos. Placas afixadas nos muros registram os nomes, datas de nascimento e idades dos mortos, a maior parte jovens, compõem

---

em Toulon, no Var; o Memorial da antiga prisão de Montluc, em Lyon, no Rhône; Fréjus-Memorial das Guerras da Indochina, no Var. guerres en Indochine (Var); Memorial da Guerre da Argélia e dos combates do Marrocos e da Tunísia do Quais Branly, em Paris; a placa-memorial do campo de internamento de Gurs (Pireneus-Atlânticos). Cf. www.defense. gouv.fr/site-memoire-et-patrimoine/memoire/hauts-lieux-de-memoire

Para as cartas de despedidas escritas pelos resistentes e reféns fuzilados, expostas neste e em outros lugares, ver o capítulo 3.

61   Cf. *Mémorial du Maréchal Leclerc de Hauteclocque et de la Libération de Paris. Musée Jean Moulin*. Guide général. Paris, Éditions des musées de la Ville de Paris, 1997. Cf. *Mémorial du Maréchal Leclerc de Hauteclocque et de la Libération de Paris. Musée Jean Moulin. L'outre-mer français dans la Guerre 39-45*. Petit jornal de l'exposition. Paris Musées, 2011.

o lugar de memória. Assim, no Forte Lobau, transformado em lugar de memória, veem-se um memorial do exterior, junto à estrada-avenida ela mesma denominada Charles de Gaulle, um museu, no seu interior, e ainda outro memorial, exterior ao museu, mas dentro do Forte. No segundo andar da edificação reservada ao museu, há, além disso, um centro de documentação imbuído do trabalho de recuperação e preservação de documentação de fundos privados.

Também nesse sentido, no Museu de Lyon, na última sala dedicada à Deportação, projeta-se sem interrupção a lista nominal dos judeus – somente judeus - deportados. Esse *eterno retorno* dos nomes lembra, acredito, o dever de memória, o esforço para jamais se esquecer dos mortos do genocídio nazista. A lista é resultado do trabalho da Associação dos filhos e filhas dos deportados judeus da França, presidida pelo advogado e historiador Serge Klarsfeld[62].

As placas comemorativas aos mortos e deportados junto à entrada do Museu de Lyon, a escultura também perto da entrada do Museu de Besançon, o memorial aos franceses combatentes na Guerra Civil espanhola que estavam na França, entre 1940 e 1944, nos jardins do Museu de Champigny, mais uma vez, evidenciam a vocação comemorativa do museu, aproximando-se da memória, confundindo-se com ela e com o memorial.

No Vercors, maciço montanhoso dos Alpes Ocidentais franceses, fortaleza natural que abrigou vários maquis[63], coexistem vários tipos de lugares de memória: memoriais, monumentos, placas espalhados pelas montanhas marcam lugares onde ocorreram os combates e massacres, culminando no *Museu Departamental da Resistência de Vassieux-en-Vercors* e no *Memorial da Resistência no Vercors.*[64]

---

62 Serge Klarsfeld e sua esposa, Beate Klarsfeld, atuaram de maneira decisiva no encaminhamento do chefe da Gestapo de Lyon, Klaus Barbie à Justiça francesa. O julgamento do carrasco alemão, ocorrido na cidade em 1987, teve um papel importante na reestruturação--fundação e na concepção do Museu de Lyon, como se verá adiante.

63 *Maquis* é o nome dado ao lugar onde os resistentes se organizavam e se instalavam, em geral em bosques, florestas, montanhas. Ver adiante a foto da maquete dos maquis do Vercors, que se encontra no Museu da Resistência e da Deportação do Isère, em Grenoble.

64 As grafias em itálico, aqui, indicam os nomes oficiais desses dois lugares de memória. Diante das dificuldades de acesso ao Memorial e ao Museu, cheguei apenas a Villard-de-Lans, um dos vilarejos do Vercors. Para os diversos memoriais, o Memorial e o Museu, recorri também a: Gilles Vergnon. *Résistance dans le Vercors*. Histoire et lieux de mémoire. Grenoble, Glénat,

Não é a intenção aqui traçar limites rígidos entre museu e memorial. Apenas, identificar o que parece característico de um e outro, notando, ao mesmo tempo, as superposições de funções. Parece-me relevante, por exemplo, perceber que o museu pode chamar a atenção, de diferentes maneiras, de quem por ele passa, mas se revela em sua plenitude apenas àqueles que se dispõem a visitá-lo uma vez que está disposto em espaço fechado. No caso do memorial, embora se possa visitá-lo expressamente, é planejado para ser visto por quem passa pela rua, sem tê-lo como destino. Ainda assim, pode ter espaços internos, como o *bunker* que compõe o conjunto ao qual me referi acima, em Toulouse, provavelmente, em referência aos subterrâneos da clandestinidade da Resistência. "Pedestre, lembra-te!", frase inscrita em muitos memoriais, explicita esse sentido.[65] Contrariando essa percepção, como se verá adiante, os arquitetos do Historial Charles de Gaulle, inteiramente construído no subsolo do grande pátio do *Hôtel National des Invalides*, referem-se a ele como "o monumento invisível".[66]

O *público* do memorial, ainda assim, é mais amplo (diferentes faixas etárias, camadas sociais etc.) alcançando pessoas que não optaram por conhecê-lo, ao contrário do visitante do museu, mais segmentado (mesmo que o museu busque ampliá-lo), mas que se desloca até ele movido por interesse já despertado. Em outras palavras, o memorial tem uma natureza pública mais evidente do que a do museu.

Os museus históricos, sejam eles *informativos, comemorativos,* temáticos, biográficos, apresentam uma narrativa coerente, estruturada a partir da seleção da documentação. Esta, por sua vez, pode ou não ter passado pelo crivo da crítica interna, mesmo com limites. Como documento/monumento, o museu pode ser *lido* como se lê uma tese, um livro. A memória, mais presente no museu *comemorativo,* mas também no *informativo,* como se viu, é, ela mesma, objeto da análise do historiador.

Atualmente, parece evidente em vários museus da Resistência a concepção formulada por Bezerra de Meneses para os museus históricos em geral. Ou seja, procuram incorporar as renovações críticas da historiografia sobre o tema, ocor-

---

Parc Naturel Régional du Vercors, 2012; Olivier Vallade, *op. cit.*, 1997; http://memorial-vercors.fr/fr_FR/index.php

65 No original, "Passants, souviens-toi!". Esse, aliás, título de livro sobre os lugares de memória da Segunda Guerra Mundial: Serge Barcellini e Annette Wieviorka. *Passant, souviens-toi! Lieux du souvenir de la Seconde Guerre mondiale.* Paris: Plon, 1995.

66 Alain Moatti e Henri Rivière. "Le monument invisible."*Espoir, op. cit.*, 2008, p. 18 e 19.

rida nas últimas décadas, e até mesmo assumindo o papel de produção (crítica) de conhecimento. Entretanto, da mesma forma, parecem claros os limites dessa perspectiva. Havendo tantos museus da Resistência, não há qualquer museu da Colaboração. Se o objetivo é também a produção de conhecimento, por que não um museu da Colaboração? Banida da memória, não pode sê-la da história. "A Colaboração", como observou Pieter Lagrou, "não foi integrada às epopeias nacionais do pós-guerra e não contribuiu na constituição de ideologias depois da Liberação. Ao contrário, essas ideologias e identidades foram, em grande medida, construídas por oposição à colaboração adotando a resistência e a perseguição como experiências formadoras de uma nova ordem do pós-guerra."[67]

Assim, embora se considere a incorporação de temáticas constrangedoras e inglórias para a construção da Nação, os trabalhos desenvolvidos pelos museus permanecem, fundamentalmente, tributários daquelas que resgatam aspectos positivos ou homenageiam atingidos por perseguições e genocídios, como é o caso dos museus da deportação. As seções do Museu de Bondues, "a recusa", "a coragem", "o engajamento", "o sacrifício", dão o tom da narrativa memorialista, quase épica. Não à toa as definições de museu e memorial por vezes se misturam, como se viu, pois é o trabalho de memória, que tão bem se afina com a homenagem, característica do memorial, mas que o museu também assume para si. Museu e memorial *confundem-se*, voltando ao termo usado por Henry Rousso, tanto quanto história e memória

O museu, em comparação com o memorial, como se verá a seguir, pretende mais explicitamente narrar uma história, mas como ele, visa também à construção de memória, daí o recurso à homenagem. Ainda assim, memoriais também podem aspirar à função de narrativa histórica (ou seria memorialística?), como imagens de batalhas invariavelmente vitoriosas, diga-se de passagem, em arcos, obeliscos, afrescos. Para o que interessa aqui, com o objetivo de narrar os anos em que a França esteve sob a ocupação e o regime de Vichy, os museus da Resistência acabam, por sua natureza, tributários da memória-homenagem, com um pé na história e outro na memória. A Colaboração até algum tempo ausente ou pouco explicitada nos museus, agora está presente, em uns mais, em outros menos. Destaca-se no Museu de Champigny a documentação sobre a vida política antes da derrota, mostrando as divergências e disputas acirradas no país; os setores políticos afinados com a política alemã, a extrema direita combatendo fortemente a democracia, a pluralidade de par-

---

67   Pieter Lagrou, *apud*. Olivier Wieviorka, *op. cit.*, 2010, p. 280.

RESISTÊNCIA: MEMÓRIA DA OCUPAÇÃO NAZISTA NA FRANÇA E NA ITÁLIA

tidos, defendendo a Revolução Nacional. No Museu da Resistência e da Colaboração de Isère,[68] em Grenoble, também se explicita a presença da extrema-direita antes da derrota de 1940, o que Pierre Laborie chamou de *Vichy antes de Vichy*[69]: "Os partidos de extrema direita de antes da guerra encontraram na derrota o evento que os fez aceder aos postos do poder em 1940. Achando a colaboração de Pétain tímida demais, militaram pela instauração na França de um regime irmão do nazismo. Fala-se para designá-los partidos 'colaboracionistas', isto é, partidários de uma colaboração máxima."[70]Mas sempre, a colaboração e o colaboracionismo aparecem nesses e em outros museus, como subtema, ao lado de outros, partes necessárias para melhor entender a Resistência. Os museus continuam, porém, dedicados ao tema da Resistência. Um museu da Colaboração, produtor de conhecimento é inimaginável, mesmo que já exista uma produção historiográfica significativa sobre o assunto, pois a celebração permanece como a alma, a vocação do museu. Hoje, esse limite não é dado tanto pela dificuldade de se falar no assunto. Pretendendo ser histórico, é antes lugar da memória, mesmo considerando as notáveis e inquestionáveis atualizações, realidade de muitos dos museus aqui estudados. A recomendação aos visitantes, antes do início do percurso em La Coupole jamais caberia em um centro de história, mas se adequa perfeitamente à memória sacralizada: "La Coupole foi um lugar de sofrimento. Hoje é um lugar de memória. Europeus de hoje, que vivem em um continente em paz, respeitem, ao longo de toda a sua visita, o SILÊNCIO."(grifo no original).

No espírito da sacralização da memória, mais de acordo com sua qualidade de memorial, no Monte Valérien, é vetado ir até o lugar onde se fuzilavam os prisioneiros. Apenas os parentes têm acesso a ele. O visitante só pode vê-lo a certa distância. Ao entrar no Memorial, lê-se a orientação para que se faça a visitação "no mais profundo respeito." Na Grotte (gruta) de la Luire, no maciço do Vercors, usada como hospital militar durante as ofensivas alemãs contra os maquis, hoje lugar de memória, a recomendação: "Este lugar é sagrado. Caminhante (*passants*), recolha-

---

68 A partir daqui, Museu de Grenoble. Cf. Gil Emprin e Philippe Barrière. *Musée de la Résistance et de la Déportation de l'Isère*. Le guide. Grenoble, Musée, s/data.

69 Cf. Pierre Laborie. *L'opinion française sous Vichy*. Les Français et la crise d' identité nationale. 1936-1944. Paris: Seuil, 2001, p. 83 e 84.

70 Gil Emprin e Philippe Barrière, *op. cit.*, s/data, p. 72.

-te ao silêncio".[71] Em julho de 1944, os nazistas chegaram à gruta, matando ou deportando os feridos, o médico, as enfermeiras e o padre que assistiam os feridos.

O PASSADO NARRADO NO PRESENTE

Os museus utilizam-se, nas narrativas, de recursos e veículos variados, dos mais tradicionais aos mais sofisticados. A própria arquitetura dos prédios que abriga esses lugares de memória faz parte da narrativa, incluído os espaços internos e as disposições das exposições. Uns contam com mais recursos materiais e apoios institucionais do que outros, determinando diretamente as possibilidades de explorar as formas da narrativa.

O Historial General Charles de Gaulle é um dos maiores exemplos, tanto devido à sofisticação do projeto arquitetônico, envolvendo investimentos grandiosos nos subterrâneos do coração de um prédio público da importância do *Hôtel National des Invalides*, como dos equipamentos utilizados.

Ainda do ponto de vista da arquitetura e dos recursos tecnológicos, outros merecem destaque, como se verá a seguir. O Centro de História da Guerra e dos Foguetes *La Coupole,* em Saint Omer, pelo significado histórico do lugar, a fábrica subterrânea ultrassecreta, com seus labirintos de túneis e galerias, sob o domo de concreto, que originou o nome, é, nesse sentido, excepcional. Aí a Alemanha produziu, com trabalho de presos de guerra, os foguetes V2, que eram instalados na região, junto à extremidade noroeste da França, tendo como alvo a Inglaterra. Quinhentos prisioneiros soviéticos trabalharam na sua construção, entre 1943 e 1944, sendo deportados, em julho de 1944, para a Alemanha. Os recursos midiáticos utilizados no La Coupole são notáveis.

A memória do sofrimento passado na Grande Guerra voltou a assombrar os franceses diante da perspectiva de reedição no presente. Se essa era a realidade de toda Nação, era ainda mais entre os habitantes do Norte, palco da guerra de 1914-1918, devastado na época como se viu. As lembranças da ocupação alemã na região Nord-Pas-de-Calais, 1.500 dias, sobrepõem-se à da ocupação após a derrota de 1940 nitidamente relatada no La Coupole e no Museu de Bondues. A proximidade com a Inglaterra exigia a presença maciça de tropas alemãs e, consequentemente,

---

71 Olivier Vallade. Op cit, 1997, p. 87.

a pilhagem sistemática da economia e as requisições junto à população por parte do exército e dos serviços nazistas, tornando a ocupação ainda mais penosa.

Essa proximidade com a Bélgica e as experiências compartilhadas com os belgas explicam as legendas em língua flamenga, além do inglês e do alemão, no La Coupole.

A população também já conhecia a deportação. Em 1916, 300 reféns civis, homens e mulheres, foram deportados para o campo de Holzminden, na Alemanha. Posteriormente, mais 600 tiveram destino semelhante. Tratou-se de uma represália às prisões também de civis em campos na França e na Argélia, quando o exército francês chegou à Alsácia, então, território do Império Alemão, deportação esta omitida na informação sobre aquela. A região tinha até seus heróis deportados da Grande Guerra, como Louise de Bettignies, que trabalhando para os serviços secretos britânicos, foi presa e deportada, em setembro de 1915, morrendo três anos depois em Colônia: "No entre-guerras, sua memória permaneceu muito viva entre uma população nortista traumatizada pelos rigores da Ocupação", conforme está descrito no Museu.

Da mesma maneira, a região já conhecera as execuções, anunciadas em cartazes afixados em lugares públicos, como represálias, terror com o qual a população voltou a conviver na Segunda Guerra. Por ter ajudado um piloto britânico a escapar dos alemães, quatro resistentes de Lille foram condenados à morte em setembro de 1915: "O monumento erguido em sua memória logo após à Grande Guerra foi vandalizado pelo exército alemão nos primeiros dias da segunda ocupação, a de 1940-1944."

Os alemães de 1914-1918 fuzilaram os quatro homens, os de 1940-1944 arrancaram as cabeças de suas estátuas.

A dupla memória da ocupação é uma das especificidades da região observada no Museu.

Os bombardeios maciços dos Aliados, a partir do final de 1943, drama que se sobrepôs ao da Ocupação (ou reocupação), estão registrados: "como em 1918, o Nord-Pas-de-Calais se colocou no 1º ranque das regiões [da França] devastadas". Nos dois casos, a população sentiu o amargo da vitória.[72] Cidades destruídas, civis mortos.

A Catedral de Saint Omer, pequena cidade próxima ao Museu La Coupole, destruída nos bombardeios do segundo conflito, assim permanece até hoje, lembrando o passado diariamente a seus habitantes. A opção de não reconstruí-la torna-a por si mesma um memorial.

---

72   Museu La Coupole.

A greve de trabalhadores da mineração, atividade característica da região, contra as pesadas condições de trabalho impostas pelos alemães, é lembrada no Museu. Em decorrência do movimento dos mineiros, daí saiu o primeiro trem de deportados, em julho de 1941, com 244 operários, em direção ao campo de concentração de Sachsenhausen, nas cercanias de Berlim.

A arquitetura do Museu da Resistência, em Bondues, no departamento Norte, também faz parte da narrativa proposta. Está instalado no antigo Forte Lobau, ocupado pelos alemães entre 1914 e 1918, voltando a sê-lo na Segunda Guerra. No momento em que os alemães partiram em retirada, bombardearam-no, destruindo parte significativa do forte. Hoje, o conhecemos reconstruído, de tal maneira que justapõe a edificação antiga à nova, deixando visível a memória do passado.

No Forte Lobau, também há registro da greve de mineiros citada acima. No Forte, 68 resistentes da região foram executados entre 1943 e 1944.

A experiência da Grande Guerra no Norte do país, quando foi criada a rede *Dame Blanche* para passar informações militares aos britânicos, foi usada para reagrupar antigos integrantes, formando, então, a rede *Clarence* para exercer a mesma atividade. Ambas atuaram em territórios belga e francês. Walthère Dewé, fundador desta rede e participante daquela, não escapou das perseguições que a atingiram, sendo fuzilado pelos alemães em 1944 e suas filhas deportadas. O fundador do *Dame Blanche*, Dieudonné Lambrecht, por sua vez, já havia sido fuzilado em 1916. O Museu de Bondues articula assim a memória da Primeira Guerra Mundial à da Segunda, seguindo uma característica dos museus e memoriais da região Nord-Pas-de-Calais.

No 18 de junho de 1946, o General Charles de Gaulle protagonizou um grande evento com numerosa audiência no Monte Valérien. Por sua iniciativa, desde então, a cerimônia no principal lugar de fuzilamento da região parisiense e da zona ocupada, em lembrança ao apelo à resistência que fizera em 1940, integrou o calendário das comemorações. Em 1960, quando era o presidente da República, a antiga fortaleza transformou-se no Memorial da França Combatente[73]:

> É preciso que a cerimônia do Monte Valérien se renove todos os anos, que todos os anos o túmulo do desconhecido e a terra dos fuzilados sejam unidos em uma mesma cerimônia simbólica, a fim de que os franceses se habituem a considerar como um todo

---

73 Juntamente com o Memorial, manteve-se a zona militar interditada ao público.

esta guerra de Trinta Anos, onde houve altos e baixos, é verdade, mas que de qualquer forma acabou na vitória.[74]

O General de Gaulle foi puramente retórico ao comparar o papel da França na Guerra dos Trinta Anos e nas guerras mundiais do século XX. Antes de tudo porque sugeriu que as guerras do século XX eram apenas uma, de 1914 a 1944, mesma duração da guerra travada no século XVII - 1618 a 1648. Mas, de fato, no século XVII, a França só interveio diretamente no conflito europeu a partir de 1635 e o fez ao lado dos principados alemães luteranos, e seus aliados protestantes, contra o império romano-germânico da dinastia Habsburgo. A rigor, os franceses lutaram em aliança com os futuros alemães para desafiar a hegemonia continental da dinastia austríaca. O General construía, portanto, uma autêntica mitologia política, distorcendo o passado para celebrar o presente e projetar a glória futura da França: foi ao fim da Guerra dos Trina Anos que o país despontou como potência continental. Como outrora, os franceses seriam recompensados pelos sofrimentos da Segunda Guerra. Com qual personagem ele se identificava, em meio a tais elucubrações? Com o todo-poderoso Richelieu, ministro de Luís XIII, que pôs a França na Guerra dos Trinta Anos? Ou com Luís XIV, herdeiro da vitória francesa no século XVII? Caso típico de manipulação da história para reconstruir a memória nacional. De todo modo, o comandante da França livre parecia admirar o passado absolutista da Nação.

Como foi comum a outros museus e memoriais, o projeto arquitetônico inicial, assinado por Félix Brunau, sofreu posteriormente intervenções em função das disputas de memória das épocas seguintes. Brunau concebeu junto à entrada da fortaleza uma espécie de teatro monumental a céu aberto: uma praça gigantesca, a *Esplanada da França Combatente*, ladeada por arquibancadas edificadas. Anualmente, no 18 de junho, nela é realizada cerimônia oficial em homenagem aos resistentes e, em particular, aos 1.039 resistentes e/ou reféns homens aí fuzilados. Na verdade, esse número só foi precisado nos anos 1970, em função das pesquisas

---

74 General Charles de Gaulle citado por Claire Cameron e Frank Segrétain (direção da memória, do patrimônio e dos arquivos, Ministério da Defesa). "Le discours du general de Gaulle, le 11 novembre 1945 à l'Arc de Triomphe."In: Claire Cameron (dir.) *Le Mont-Valérien*. Résistance, repression et mémoire. Montreuil Éditions Gourcuff Gradenigo, Ministère de la Défense, 2008, p. 19.

de Serge Klarsfeld, historiador e advogado[75], e Léon Tsevery, resistente, morto em 2009. Na clareira, permanece a placa comemorativa de 1959 que indica 4.500 o total de executados, lembrando assim as etapas da construção da memória do lugar. A edificação gaullista impõe-se pela solidez, grandiosidade e perenidade.

O evento-espetáculo anual realiza-se na presença do presidente da República, do chanceler da Ordem da Libertação, dos *Compagnons de la Libération*, das famílias dos fuzilados. O público dele participa assistindo-o das arquibancadas. Como interpreta Julien Joly, arquiteto e museógrafo responsável pela última intervenção no Memorial, a comemoração é "uma espécie de convenção de fidelidade renovada a cada ano entre o Presidente da República e os representantes da Resistência. O Memorial, se ele não age como um fetiche, impõe, entretanto, sua autoridade. Os presidentes passam, o memorial fica."[76]

A muralha da fortaleza serve de fundo do *palco,* onde uma grandiosa cruz Lorraine está disposta ao centro, acompanhada por dezesseis altos-relevos concebidos por diferentes artistas, alegorias da Resistência. Brunau recorreu, assim, à configuração do teatro das moralidades característico da Idade Média: um espaço retangular diante de um fachada de uma edificação que funciona como fundo do palco, com o espectador em desnível. Vale lembrar que, por meio de alegorias, o teatro das moralidades tinha uma função pedagógica. [77]

A cada ano, a pira próxima à cruz é reacesa *reanimando a flama da lembran-ça.* Duas pequenas portas douradas dão acesso à cripta. Nela, quinze cenotáfios, caixões honorários, nos quais os despojos do mortos estão ausentes, de resistentes de variadas origens políticas e ideológicas, nenhum deles morto ali, simbolizam o combate contra o inimigo, *a França resistente.* Um 16º esquife aguarda o último

---

75 Serge Klarsfeld criou, em 1979, a associação Filhos e filhas dos deportados judeus da França (Fils et filles de déportés juifs de France, FFDJF), que presidiu. Esteve à frente dos processos contra Klaus Barbie, René Bousquet, Jean Leguay, Maurice Papon e Paul Touvier. É autor do livro *Les 1007 fusillés du Mont-Valérien parmi lesquels 174 Juifs.* Paris: Ed. FFDJF, 20010. Léon Tsevery foi vice-presidente da FFDJF.

76 Julien Joly. "Intervenir dans un lieu de mémoire: architecture et temporalité."In: Claire Cameron (dir.) *Le Mont-Valérien.* Résistance, repression et mémoire. Montreuil: Éditions Gourcuff Gradenigo, Ministère de la Défense, 2008, p. 258.

77 O consagrado diretor de teatro austríaco, Max Reinhardt, no Festival de Teatro de Salzburgo, de 1920, havia retomado a configuração das moralidades e dos cortejos do Teatro da Idade Média. Agradeço à arquiteta e cenógrafa Doris Rollemberg a informação.

companheiro da Libertação. Cinzas recolhidas em diversos campos de concentração estão reunidas em uma urna, igualmente depositada na cripta.

Se a homenagem ao *soldado desconhecido*, ideia nascida na Grande Guerra encarnando "uma memória relativamente unitária", Julien Joly nota a mudança na simbologia dos desaparecidos na Segunda Guerra Mundial:

> o apagamento parcial da identidade dos combatentes da Libertação é apenas um acessório retórico para constituir uma identidade coletiva: a França combatente. De forma semelhante, as cinzas originárias dos campos de concentração tomam igualmente uma significação singular. Elas representam, certamente, os desaparecidos dos campos, mas de maneira não especificada, como um coletivo no seio do mosaico de grupos tendo formado a 'França combatente.' A identidade dos diferentes grupos que constituiu os desaparecidos dos campos, judeus, ciganos, resistentes etc. É deixada à sombra.[78]

Em outras palavras, o indivíduo não é lembrado como tal, mesmo no anonimato da sua morte, mas representativo de entidades coletivas, de uma França reunida, *combatente*. Nessa perspectiva, Joly reflete sobre as alegorias afixadas na muralha da esplanada:

> em um total de dezesseis, como os cenotáfios, seu ordenamento é tão regular quanto o seu conteúdo é heterogêneo. Mais frequentemente trata-se de façanhas militares. Mas alguns descrevem entidades mais genéricas como 'a ação', 'os fuzilados', 'os maquis' ou 'a deportação'. O acento não é colocado no heroísmo individual, mas na comunidade de destino desses coletivos.

Por meio de uma escadaria no interior da cripta, o visitante tem acesso, enfim, ao forte propriamente dito. A escuridão do mausoléu contrasta com a luminosidade do exterior. Do bosque no alto da colina pode-se ver a Torre Eiffel pequena e distante. Em meio à beleza do lugar, inicia-se o *Percurso da lembrança*: Brunau nos faz experimentar o caminho percorrido pelo condenado até a clareira onde

---

78 Julien Joly. "Intervenir dans un lieu de mémoire: architecture et temporalité." In: Claire Cameron (dir.) *Le Mont-Valérien*. Résistance, repression et mémoire. Montreuil: Éditions Gourcuff Gradenigo, Ministère de la Défense, 2008, p. 256.

será abatido. Antes de se atingir essa espécie de ápice da visita, assim como os executados, fica-se algum tempo na antiga capela, onde aguardavam o momento final. Nas paredes da capela que, na época, já era dessacralizada, veem-se alguns grafites, registros de nomes, despedidas, saudações à liberdade, a partidos políticos. Aí também estão os paus onde eram amarados à frente do pelotão de fuzilamento e caixões nos quais os corpos eram levados dali para cemitérios na região parisiense. Em uma vitrine, está exposta a caderneta do padre alemão, Franz Stock, capelão na fortaleza que assistia espiritualmente aos condenados. Através das anotações que fez em sigilo, muitos dos fuzilados foram identificados. Seus nomes estão gravados no *Monumento dos fuzilados*, um sino de bronze disposto junto à capela, obra do arquiteto e artista Pascal Convert, inaugurado na cerimônia de 18 de junho de 2003. Como ainda não se conhecem todos os nomes, um espaço foi deixado no Monumento à espera de uma possível futura identificação ou lembrando aqueles cujos nomes jamais serão conhecidos.

É interessante notar que, por concepção, até então, não havia no Memorial qualquer registro nominal dos que foram aí fuzilados, corroborando com a interpretação de Julien Joly. Na própria cripta, como se viu, os homenageados foram escolhidos como representantes de grupos de resistentes, nenhum deles, aliás, morto no Monte Valérien. O *Monumento dos fuzilados* – o sino com os nomes - veio atender aqueles que defendiam a celebração individual dos resistentes e reféns executados na fortaleza. Entre a estela da clareira de 1959, que mencionava a cifra de fuzilados, sem qualquer outro detalhe, e o sino com os nomes, Joly viu "todo um processo de individualização da memória das vítimas."[79] Assim, pode-se ver concepções diversas de memória convivendo no mesmo lugar de memória.

Através do *Percurso da lembrança*, Brunau, nos faz seguir os passos do condenado, como disse Joly: "esta escolha cenográfica alonga o percurso e dramatiza a vista da clareira."[80] Em outras palavras, o visitante integra-se dia a dia ao espetáculo encenado anualmente na esplanada; vivencia um percurso cuja tensão é crescente, sabendo, como aqueles homens aonde ele vai dar; experimenta como ator da cena a angústia do caminho em direção à morte.[81]*Sacralizada*, a clareira só pode ser vista,

79 Julien Joly, *idem ibidem*, 2008, p. 261.

80 Julien Joly, *idem ibidem*, 2008, p. 260.

81 A visita só pode ser feita na presença de um funcionário do Memorial e ocorre em horários fixos, diariamente (menos às 2as feiras), durante cerca de 1hora e 30 minutos.

como já disse, a certa distância, acessível apenas a familiares e autoridades. O ápice da visita é a morte. Como já se notou, no *Percurso da lembrança*, revive-se a *via crucis*. Curiosamente, o Monte Valérien outrora foi lugar de culto e peregrinação até 1830[82], onde cristãos também reviviam a via sacra, fazendo das diversas capelas que existiam ao longo da subida da colina, as etapas do calvário. Restou uma única capela que lembra, por meio das estacas, dos caixões, das mensagem grafadas nas paredes e das anotações do capelão Stock, cujo processo de beatificação está em curso, o *martírio da França combatente*. No Monte Valérien, o Memorial da França Combatente é teatro, espetáculo, encenação e vivência. Neste que é um dos nove *Hauts lieux de la mémoire nationale*, diretamente sob a gestão do Ministério da Defesa do Estado francês laico, a liturgia religiosa é elemento essencial da concepção.

A última intervenção arquitetônica e museográfica no Monte Valérien-Memorial da França Combatente, assinada por Julien Joly, foi inaugurada em 2010.[83] Próximo à Esplanada, construiu-se um centro de acolhimento e informação. Nele, o visitante tem acesso a equipamentos multimídia interativos com banco de dados sobre os fuzilados da região parisiense, telas com projeções de vídeos e fotos da época. No bosque, foram instaladas estelas *quase invisíveis*, como se refere Joly, evocando ações e lugares de resistência e da repressão.[84] O antigo estábulo perto do sino e da capela transformou-se em um espaço de exposição permanente na qual o visitante encontra, dispostas nas paredes da edificação, informações mais detalhadas das breves notícias que lera nas placas no caminho do bosque. No centro do espaço, vinte cartas de fuzilados no Monte Valérien, destinadas às suas famílias, com notas biográficas e fotos. Das cartas, emergem os indivíduos da trágica história. A dor, a angústia, as preocupações com o destino do país, mas, sobretudo, com a família, com destaque para os filhos, as esposas e as mães. As cartas são uma espécie de testamento, no qual os condenados despedem-se, afirmando posições políticas e ideológicas, mas principalmente, declarando amor aos entes queridos, desculpando-se de eventuais faltas e ofensas cometidas, lamentando o sofrimento que a leitura da carta lhes causaria.

---

82   Le Mont-Valérien. Haut-lieu de la mémoire nationale. Livre pédagogique. (Livreto disponível no Monte Valérien para os professores prepararem a visita dos seus alunos).

83   Cf. Ministère de la Défense. Délégation à l'information et à la communication de la Défense. Communique de presse. Paris, le vendredi 30 avril 2010. www.defense.gouv.fr/.../file/le_dossier_de_presse (acesso 22/11/2013).

84   Julien Joly, *op. cit.*, 2008.

Alguns se referem a Deus e a uma vida melhor após a morte, onde os encontraria. Por fim, as preocupações com as dificuldades materiais e financeiras que a família enfrentará. A poesia de Louis Aragon completa o espaço reservado à história desses homens. Sob o pseudônimo François la Colère, poemas do escritor e poeta membro do PCF, inspirados em cartas dos fuzilados, foram publicados em brochura pelo *Libération*, organização-movimento da Resistência, em 1943.[85]

"As cartas são apresentadas à parte para testemunhar o valor do engajamento individual dos resistentes", propôs Joly.[86]A tristeza e a aflição transbordam dos painéis e, a partir dali, quando o visitante retoma o *Percurso da lembrança* em direção à clareira, passando antes pela capela, o Monte Valérien parece povoado pelos desaparecidos há sete décadas. A intenção de Joly é que "quando o visitante sai da exposição e retoma o caminho em direção à clareira, todo comentário desaparece; esta ausência deliberada permite o recolhimento e a meditação."[87]

Embora Julien Joly defenda que sua intervenção não altere a concepção original de Brunau, exigência do Ministério da Defesa, seu projeto trouxe para o Memorial da França Combatente o indivíduo, que não é mais somente o resistente--refém definido por sua filiação política e partidária no quadro de uma luta contra o ocupante. Ao fim da visita, são as imagens e palavras desses pais, maridos, filhos que nos acompanham, mais do que a dos militantes políticos.

O Centro de História da Resistência e da Deportação, em Lyon, denominada a capital da Resistência pelo General Charles de Gaulle, um dos mais importantes museus da Resistência e da deportação. O julgamento de Klaus Barbie, em 1987, evento que mobilizou não apenas a França, mas o mundo, impulsionou o revigoramento e mesmo a refundação do Museu da Resistência e da Deportação. Criado em 1965 e inaugurado em 8 de maio de 1967, ele encontrava-se até então limitado a uma única sala cedida pelo Museu de História Natural da cidade. Vale notar que "as coleções desse primeiro museu refletem o percurso daqueles que as reuniram, ex-resistente e deportados políticos, pouco informando sobre a deportação dos judeus."[88] Em 15 de outubro de 1992, o museu transformou-se em Centro de História da Resistência e

---

85 Cf. Guy Krivopissko. "Présentation." In: _____(org.). *La vie à en mourir* [A vida para a morte]. Lettres de fusillés (1941-1944). 2a ed. Paris: Talladier, 2006 [1a ed em 2003], p. 33.

86 Julien Joly, *op. cit.*, 2008, p. 266.

87 Julien Joly, *op. cit.*, 2008, p. 284.

88 Isabelle Doré-Rivé, *op. cit.*, 2012, p. 13-15.

da Deportação, passando a ocupar o histórico prédio da antiga Escola do Serviço de Saúde Militar, que funcionara entre 1894 e 1942, formando médicos e farmacêuticos para atender aos feridos e doentes de guerra.[89] Com a ocupação da parte Sul do país, no final de 1942, o prédio tornou-se sede da Gestapo, de Lyon, entre 1943 e 1944.

No novo espaço, o tema da deportação, em particular, dos judeus, ganhou grande dimensão. Em 16 de novembro de 2012, o Museu conheceu outra renovação importante da exposição permanente.

Os bombardeios dos Aliados, destruíram-no parcialmente em maio de 1944. A reconstrução do edifício, diferentemente do que ocorreu no Fort Lobau, apagou as marcas da destruição. Ainda assim, segue, por meio das exposições permanente e temporária, testemunha das guerras passadas, do século XIX e as duas guerras mundiais.

Na sede da Gestapo, muitos resistentes foram interrogados, antes de encaminhados para a prisão de Montluc, um dos *hauts lieux de la mémoire nationale*.[90] O vidro no chão, através do qual se pode ver o subterrâneo, sugere o lugar onde se torturaram os prisioneiros, nunca precisado exatamente, criando com iluminação e frases um memorial dentro do museu: "nesses calabouços, onde a pedra nos seus corpos feridos foi mais leve do que a mão dos carrascos, suas vozes ressoam para sempre."

Esse foi o percurso de Jean Moulin, por exemplo, depois da sua queda com outros militantes em uma casa nos arredores da cidade, hoje também transformada em memorial, Memorial de Caluire-Jean Moulin, Casa do Dr. Dugoujon.[91]

O revigoramento na década de 1980 da memória dos anos de Guerra e, em particular, do *carrasco de Lyon*, com o impacto da captura e do julgamento de Barbie, é uma especificidade do Museu. Outra particularidade local abordada no Museu é a grande quantidade de evadidos da zona ocupada que buscou refúgio na região.

O lugar para a construção do prédio que abriga o Museu de Bourges, da mesma forma, integra-se à narrativa. Ele está situado muito próximo à antiga linha de demarcação que dividia as duas principais zonas, afastado do centro da pequena cidade do departamento do Cher, em uma via que leva a outro município.[92] A interdição ao livre trânsito que a fronteira interna impunha foi vivida intensa e dolorosa-

---

89 *École du service de santé militaire.*

90 Cf nota 60.

91 O nome do memorial faz alusão ao município, Caluire, e à residência-consultório do médico que acolhia a reunião.

92 Cf. Alain Rafesthain. *Le Cher sous Vichy*. 1940-1944. La vie quotidienne. Paris: Royer, 2006.

mente pelos franceses. Até 11 de novembro de 1942, atravessá-la foi um desafio. O próprio nome *zona livre* para se referir à parte ao Sul, que, aliás, não constava no documento do armistício, como se viu, dava a ilusão de que, alcançando-a se estava a salvo. Sob o trauma da rápida derrota e nos anos seguintes, os franceses chamaram de *zona livre* o território onde se reestruturou o regime de Vichy. Concretamente, ali lhes pareceu estar a França livre e não na França livre do General de Gaulle, como já foi visto, que não passava de uma ideia.

É em função da particularidade da linha de demarcação que se construiu a narrativa do Museu de Bourges. A começar pelo percurso proposto ao visitante que deve seguir a faixa traçada no chão e em algumas paredes, lembrando a referência que, como um personagem, habitou o cotidiano dos franceses e, em particular, das populações vizinhas a ela, como foi o caso de Bourges.

As histórias de vida narradas nos depoimentos, entre os quais muitos anônimos, dão conta dessa realidade. Os esforços das famílias vindas do Norte para chegar ao outro lado, como ato de salvação. O caso da senhora, uma menina então, cuja casa situava-se exatamente em cima da linha de demarcação. Requisitados os cômodos do lado ocupado, a família estabeleceu-se nos que ficavam no lado oposto, passando a habitá-la com estranhos e inimigos. O *Café du Centre*, em Vierzon, cuja entrada dava para o posto de controle alemão; como se fosse para tomar um vinho no balcão, descia-se até o subsolo de onde se acedia à zona não ocupada, na ruela adjacente ao café; notando o expediente, os alemães instalaram uma barreira de forma que o acesso ao café tornou-se possível apenas pela zona não ocupada.

O Museu reconstrói o empenho de indivíduos e grupos de resistentes para ajudar pessoas, militantes da Resistência ou não, a atravessar o limite, passando por bosques, campos e rios, de madrugada, escapando da vigilância dos postos e patrulhas alemães. Na margem esquerda do Cher, a zona não ocupada, na direita, a ocupada. Um bote de madeira usado para atravessar o rio está exposto no Museu. A enfermeira voluntária da Grande Guerra e assistente social do Comitê municipal de higiene de Vierzon, que criou um centro de acolhimento na zona não ocupada para ajudar os refugiados do êxodo de junho de 1940. Devido a suas funções, a enfermeira circulava facilmente entre as duas zonas, organizando um setor de passagem que permitiu a muitos prisioneiros fugidos, pilotos aliados, judeus vítimas das perseguições, atravessar a fronteira. O procedimento consistia em disfarçá-los maquiando-os como falsos feridos ou doentes, transportados em macas ou ambulância com certificados médicos igualmente falsos. Os *passeurs*, ou *passadores*, homenageados com suas fotos, nomes e pequenas grandes façanhas. Alguns entre eles recebiam pagamento, outros não. As histórias dos que conseguiram e dos que não tiveram a mesma sorte. A linha de demarcação como uma espada sobre a cabeça; uma fratura, em 1940, uma cicatriz, nos anos seguintes; como o inimigo despersonalizado, presente.

A região de Toulouse, Haute Garonne, antes de 1940, havia recebido uma grande quantidade de espanhóis e catalães refugiados da Guerra Civil espanhola, sobretudo, na sequência da queda de Barcelona, no início de 1939. Se os franceses conheceram a libertação do país do ocupante nazista e seus colaboradores, os espanhóis e catalães jamais tiveram sorte semelhante em relação à classe política que assumiu o país com a implantação da ditadura liderada pelo General Francisco Franco. Seu exílio foi sem fim. Na foto do desfile da Libertação, em Montréjeu, vê-se a bandeira da República espanhola à frente.

Toulouse tornou-se um importante lugar de exílio dos já resistentes ao golpe contra a República espanhola, inclusive de integrantes das Brigadas Internacionais. A presença deles marcou a vida da cidade nos anos de Guerra e é uma das especificidades regionais documentadas no Museu de Toulouse. Hoje, ainda é possível receber no centro de turismo um folder com informações e o mapa propondo um circuito pela cidade em função dessa presença.

A necessidade de atravessar a fronteira espanhola para se chegar à França gerou, assim como na região de Bourges, a organização de redes de pessoas responsáveis pela viabilização das passagens. Os combatentes da Guerra Civil espanhola, entre eles, os integrantes das Brigadas Internacionais, foram internados em *campos para estrangeiros indesejados*, no Sul da França, em condições penosas. Aqueles que conseguiram deles fugir, engrossaram as fileiras da Resistência francesa. Como se viu, também na entrada do Museu de Champigny, na região parisiense, há uma "homenagem aos 9.000 voluntários antifascistas franceses que partiram de 1936 a 1939 para a Espanha para lutarem pela Resistência e pela Democracia contra o golpe de Estado do general Franco apoiado por Hitler e Mussolini".

No entre-guerras, a Haute Garrone já vinha recebendo muitos estrangeiros que não apenas espanhóis e catalães, imigrados políticos e econômicos, como italianos, alemães, austríacos.

Mendel Langer, chamado de Marcel Langer, "é na região de Toulouse o símbolo da participação dos estrangeiros na Resistência francesa". Judeu polonês, ex-integrante das Brigadas Internacionais, foi condenado à morte pelo Estado Francês em 1943, depois de ser preso com explosivos. Guilhotinaram-no em seguida.

Langer lançara em Toulouse a tática de guerrilha urbana e, com sua unidade, fez vários atentados e sabotagens. As ações continuaram após sua prisão, mobilizando muitos estrangeiros, entre os quais, os espanhóis.

Personagens da região reconhecidos mundialmente, integrantes da Resistência, também são celebrados no Museu, como Jean Cassou, escritor e crítico de arte, e Jean-Pierre Vernant, professor do Lycée de Toulouse, então, que se consagrou depois da Guerra como antropólogo e historiador, professor honorário do Collège de France. Com o codinome Berthier, Vernant foi o chefe dos *Corps Francs de la Libération* (CFL) na Haute Garonne, depois o chefe departamental das Forças Francesas do Interior (FFI) e, em seguida, chefe departamental do Exército Secreto.

A tradição republicana de Toulouse não impediu sua população de apoiar Pétain. Em visita à cidade, o Marechal foi ovacionado na Praça do Capitol, coração do centro histórico. Nas eleições de 1936, dos seis deputados da região eleitos, cinco eram socialistas e um do Partido Radical Socialista. Em 1940, dentre eles, apenas um - Vicent Auriol - votou contra a atribuição de plenos poderes a Pétain, juntamente com a transferência da Assembleia Legislativa para Vichy, a nova capital do Estado francês, que desmontou a Terceira República e empenhou-se na Revolução Nacional.

A região da Haute Garonne abrigou diversos maquis, sobretudo, depois das requisições de envio de franceses para trabalharem nos esforços de guerra na Alemanha, o Serviço de Trabalho Obrigatório (STO). Em contrapartida, conheceu a repressão sem limites levada a cabo por organizações franceses colaboracionistas como a Legião dos Voluntários Franceses contra o Bolchevismo; o *Service d'Ordre Légionnaire* (SOL), criado em Nice, por Joseph Darmand, unidades paramilitares que se instalaram por toda a zona sul; a Milícia Francesa, originária do SOL, também chefiada por Darmand. A repressão atingiu, além dos resistentes, as pessoas que, articuladas ou não, ajudavam na sua sobrevivência. Após o desembarque dos Aliados, os alemães e a Milícia impuseram à população duras represálias.

As montanhas do lado ocidental dos Alpes franceses, no maciço do Vercors, que se estende pelos departamentos do Isère e do Drôme, na região do Rhône-Alpes, exploradas pelas atividades do turismo antes e depois da Guerra, serviram de fortaleza natural para muitos maquis. No Museu da Resistência e da Deportação do Isère, em Grenoble, assim como no Museu Departamental da Resistência de Vassieux-en-Vercors, no Memorial da Resistência no Vercors e nos inúmeros memoriais espalhados pelas montanhas, encontra-se a narrativa de uma tragédia.

Em novembro de 1942, a região, que até então estivera localizada na zona não ocupada, tornou-se zona de ocupação italiana. A Alemanha, em seguida, passou a ocupá-la, antes mesmo da rendição da Itália, em 8 de setembro de 1943. Com a colaboração da Milícia, força de repressão de Vichy, constituída exclusivamente de franceses, o exército alemão deu início a uma brutal repressão. Em Grenoble, o confronto entre resistentes e milicianos ganhou ares de guerra civil, entre novembro e dezembro, com pesadas perdas entre os resistentes. Na época, Grenoble e as demais cidades da região não eram tão populosas. Os habitantes muitas vezes se conheciam, tendo frequentado as mesmas escolas, o que agravava a clandestinidade dos membros da Resistência e facilitava a repressão que, justamente, se apoiou nas informações dos delatores locais. O massacre ficou conhecido como *o São Bartolomeu grenobloise.*[93] Nas ruas de Grenoble e de vilarejos próximos, podiam-se encontrar os corpos mutilados. Neste momento, o exército alemão chegava também ao Vercors. Os acessos foram controlados e o massacre continuou nas montanhas, atingindo os maquis e *maquisards.* A *fortaleza inexpugnável* transformou-se em *armadilha mortal.* Vilarejos foram destruídos e o povoado de Valchevrière incendiado, represálias aos habitantes que apoiaram os resistentes.

Da mesma forma que a Catedral de Saint Omer, as ruínas do povoado foram assim mantidas, restando de pé apenas a capela. Incontáveis placas, estelas, cemitérios, ruínas, monumentos espalhados pelo maciço marcam os lugares dos combates, enfrentamentos e fuzilamentos transformados em lugares de memória. O Museu da Resistência e o Memorial da Resistência, nos pontos mais altos do percurso, que ganhou o nome de "caminhos da Liberdade", integram o conjunto, fazendo parte, inclusive, das atividades propostas pela indústria do turismo na região. As magníficas montanhas do Vercors tornaram-se, elas mesmas, *o* memorial.

No vilarejo Villard-de-Lans, no Vercors, esteve refugiado nos anos de guerra, Georges Perec. O escritor nascido na França de pais judeus poloneses radicados no país, tinha oito anos em 1944. Havia perdido o pai no front, em 1940 e, em seguida, a mãe, deportada para campo de concentração. Nos anos 1970, Perec narrou

---

93   Para essas e demais informações sobre a repressão no Isère, ver Gil Emprin e Philippe Barrière. *Musée de la Résistance et de la Déportation de l'Isère. Le guide.* Grenoble: Musée, s/ data, p. 76 e ss.

entre autobiografia e ficção suas memórias dos anos em que viveu no Vercors, no livro *W ou Souvenir d'enfance*. [94]

O Memorial do Marechal Leclerc de Hauteclocque e da Libertação de Paris e o Museu Jean Moulin estão localizados, como se viu, no conjunto arquitetônico-urbanista do *Jardin Atlantique*, em Montparnasse, onde se situava o posto de comando do então General Leclerc. Foi inaugurado em agosto de 1994, nas comemorações do cinquentenário da Libertação da capital. A edificação justapõe dois prédios idênticos rebatidos e independentes no andar térreo, onde cada personagem, o Marechal Leclerc e Jean Moulin, ganhou espaço próprio, interligados no andar acima, por meio de uma grande sala de projeção em 180° de imagens, fotos e filmes, da época. Apesar da modernidade do edifício, as exposições permanentes dos dois térreos são tradicionais. Nos painéis, vitrines e telas juntos às paredes, procura-se retratar a época e, nos espaços centrais, as trajetórias dos dois resistentes. Além da documentação impressa, estão expostos objetos pessoais como uniformes, vestuários, valises etc.

Apesar do nome, Memorial do Marechal Leclerc de Hauteclocque e da Libertação de Paris, que mais parece um museu do que um memorial, a exposição de seu acervo não se limita à libertação da cidade, na qual o então General Leclerc comandou a 2ª Divisão Blindada. A unidade militar por ele criada na Segunda Guerra dá nome à aleia que leva aos dois museus. O Memorial dedica-se, igualmente, ao tema da Resistência externa francesa originária da África e do Magrebe, campanhas sob seu comando, e dos combates no Extremo-Oriente, onde foi chefe do corpo expedicionário francês. Além do Marechal, patente recebida pós-morte, em 1947, o herói do além-mar francês homenageado é Félix Éboué, governador do Tchad, em 1940, e, em seguida, da República Equatorial Francesa, engajado na França Livre do General de Gaulle.

Originário da nobreza, monarquista, católico praticante, o Marechal Leclerc esteve ligado à Ação Francesa e a seu antissemitismo até 1940. No Memorial, não há referências à identificação do herói libertador dos territórios de além-mar e de Paris com a organização de extrema-direita, partidária da colaboração e do colaboracionismo.

Em todos os museus, é possível ver textos em painéis e vitrines ou em projeções virtuais, documentos de época (jornais da grande imprensa e da imprensa

---

94 Cf. Gilles Vergnon. *Résistance dans le Vercors*. Histoire et lieux de mémoire. Grenoble, Glénat, Parc Naturel Régional du Vercors, 2012, p. 26 e 17. Cf. *W ou a memória da infância*. São Paulo: Companhia das Letras, 1995.

clandestina, carnês de racionamento de alimentos, carteiras de identidades, *certifi-cados de não-pertencimento à raça judia*, expedidos pelo Comissariado geral para questões judaicas[95] etc.), objetos, armas, vestuário; fotos, filmes e extratos de filmes de época, cartazes de propaganda, cartazes avisando sobre sentenças, fuzilamentos, deportação de reféns ou prisioneiros ou de ameaças; mapas, organogramas etc. Invariavelmente, veem-se certos objetos.

O antigo rádio, meio de comunicação comum na época, usado pelo General de Gaulle para falar aos franceses. O primeiro de uma série de discursos transmitidos de Londres pela BBC aconteceu em 18 de junho de 1940. Nesta data, o General contrapunha-se ao discurso do Marechal Pétain, igualmente transmitido por rádio no dia anterior, informando a intenção de assinar o armistício. *O apelo (appel) de 18 de junho*, como ficou conhecido, que conclamava os franceses a resistir, tornou-se uma espécie de marco inicial da Resistência. Além do aparelho de rádio, o microfone costuma estar exposto. Em alguns museus, chega-se a reproduzir o estúdio radiofônico típico dos anos 1940. O discurso do Marechal Pétain, quando anunciou a derrota, o armistício iminente, apelando à colaboração, pode ser ouvido. O visitante tem ainda a possibilidade de ouvir o *apelo de 18 de junho*, como ficou conhecido, em áudio original na voz do General de Gaulle, no dia seguinte. Lado a lado os dois extremos de uma França partida é apresentada. O *herói* e o *traidor*, este herói, então...

Outro objeto muito frequente é a bicicleta, meio de transporte já frequente na época, cujo uso intensificou-se com o racionamento de combustível, sempre muito associada às atividades do dia a dia da Resistência. Bandeiras e estandartes nazistas com a suástica que estiveram hasteados em prédios públicos ou requisitados, tomados como troféus de guerra pelos soldados. As placas de trânsito em alemão afixadas nas ruas da zona ocupada. Os paraquedas estão em todos os museus, usados por agentes, e espiões aliados, sobretudo, britânicos, e resistentes vindos do exterior para entrar na zona sul. Os cilindros de metal lançados de paraquedas com armamentos, mapas e instruções militares invariavelmente estão expostos. As madeiras cravejadas de tiros que serviam para amarrar os fuzilados. Portas de prisões. Grafites e escritos de prisioneiros, retirados de paredes de celas. Os uniformes listrados de azul e branco dos campos de concentração. No Museu de Bondues, sem recursos audiovisuais modernos, caso típico de museu simplório, manequins elegantes de lojas vestem-nos, causando certa estranheza.

---

95 No original, *Commissariat général aux questions juives*, órgão administrativo responsável pela execução da política de Vichy em relação aos judeus da França.

Além desses acervos materiais, muitos museus incorporaram modernos recursos eletrônicos, sonoros e de iluminação nas suas narrativas. Projeções ininterruptas ou acessadas por iniciativa do visitante por meio de escolhas temáticas que lhe são oferecidas. Depoimentos de diferentes pessoas que viveram a época são oferecidas à escolha do visitante segundo um menu de temáticas e perfis dos depoentes: resistentes, Justos, sobreviventes das perseguições e/ou deportação; jamais de pessoas que estiveram no campo da colaboração, nem mesmo que pudessem ser identificadas com o que se chamou zona cinzenta, ou seja, a variedade de comportamentos ambivalentes entre a colaboração e a resistência.[96] Poucos são os testemunhos como o do sobrevivente de campo de trabalho, André Laroche, que fala das diferenças, disputas, tensões dentro do campo entre os internados. Se pelo conteúdo a narrativa não ganha qualquer destaque na exposição, ao visitante atento, é capaz de sobressair-se por si mesma. Igualmente na contracorrente, Laroche lembra que, vindo da deportação, não conseguia sentir a alegria e a felicidade que davam o tom das comemorações do fim da Guerra entre os que não a conheceram.

Vale citar a enorme maquete da cadeia de montanhas do Vercors, do Museu de Grenoble. Apertando os botões, luzes se acendem, assinalando os maquis, suas localizações, dimensões, ações.

Outras maquetes mais simplificadas são apresentadas, como a do campo de Drancy, próximo a Paris, no Museu de Champigny. Lá estiveram mais de 100.000 pessoas, das quais 67.693 seguiram para campos de extermínio, de onde 66.175 não voltaram. *Antecâmara de Auschwitz*, como Drancy é lembrado.[97]

Quanto ao uso de recursos digitais, destaca-se, como se viu, o Historial General Charles de Gaulle. O museu-memorial é uma inigualável homenagem ao maior símbolo da Resistência, a começar pelo lugar em que foi construído: o Museu do Exército, no *Hôtel National des Invalides*, em Paris. Lugar de memória consagrado à glória do Exército francês, que saúda militares combatentes pela/da Nação, ao longo de séculos, onde Napoleão está sepultado sob a cúpula dourada. Nele, a celebrada biografia do General não se restringe, evidentemente, aos anos da Resistência, mas sem dúvida foi nesse combate que se consagrou herói nacional.

---

96 Cf. Pierre Laborie. *Les Français des années troubles*. De la guerre d' Espagne à la Liberation. Paris: Seuil, 2003.

97 Sobre os campos de internamento na França, ver Denis Peschanski. *La France des camps:* l'internement, 1938-1946. Paris: Gallimard, 2002.

Nesse sentido, Olivier Wieviorka cita uma sondagem publicada no *Le Monde*, em 1995, segundo a qual 2/3 dos franceses identificavam-no ao resistente e não ao fundador da V República. Conclui, portanto, que as homenagem a ele dirigidas são ao "homem do 18 de junho mais do que ao chefe de Estado."[98]

O *Historial* foi criado no quadro do programa de modernização do Museu do Exército, "apoiando-se em três figuras nacionais emblemáticas dos três grandes períodos da história de um exército que se intitulou sucessivamente real, imperial e da República: Luís XIV, Napoleão I e Charles de Gaulle. O museu e o lugar - Invalides - apoiam sua herança histórica e patrimonial nessas grandes figuras emblemáticas."[99] O *Historial* abarca toda a sua vida, do nascimento à morte. Nele, não há acervo material. Tudo é imagem. Ou, "uma imersão na imagem."[100]

Localizado no subsolo, o contraste entre o prédio do século XVII e o espaço futurista, totalmente construído e organizado por meio de recursos digitais. Alain Moatti e Henri Rivière, arquitetos e cenógrafos autores do projeto, viram o *Historial* como *o monumento invisível: uma arquitetura audiovisual* – ou arquitetura numérica ou digital, como a ele também se referem - "onde a matéria é revelada pela luz das imagens. Esta arquitetura cenográfica é feita de saberes e emoção."[101]*A cúpula invertida*, talvez em alusão à cúpula dourada sob o túmulo de Napoleão. Percorre-se um círculo, de onde saem diversas portas que dão acesso às salas que cobrem os períodos históricos entre o nascimento e a morte do General. A profusão de projeções de fatos históricos e depoimentos de personagens é notável, com poucas referências à vida privada. É a história contemporânea diante do visitante, narrada a partir do lugar de De Gaulle nos grandes acontecimentos do século XX. Os equipamentos são interativos com o visitante, oferecendo-lhe escolhas, tornando-o de certa forma também responsável pelo que verá.

Entre tantos, destaco o dispositivo "Questões de história": diante do computador, pode-se acessar seis renomados historiadores que respondem a três questões de cada subtema pertinentes ao tema da seção. O conjunto de temas e subtemas

---

98 Olivier Wieviorka. *La mémoire désunie*. Le souvenir politique des années sombres, de la Libération à nos jours. Paris: Seuil, 2010, p. 286.

99 General Robert Bresse. "Passer d'un musée d'objets à un musée d'histoire". *Espoir, op cit, 2008*, p. 15. O programa chamou-se athena e foi implementado entre 2003-2009.

100 *Espoir, op cit,* 2008, p. 24.

101 Alain Moatti e Henri Rivière. "Le monument invisible."*Espoir, op. cit.*, 2008, p 18.

tratados por historiadores especialistas de alto nível trazem a história, segundo sua abordagem erudita e crítica, para dentro do museu-memorial, o espaço da memória por excelência. Em um espaço cujos recursos digitais os mais modernos seduzem e envolvem, é na *aula professoral*, ainda que acessada pelo computador, que estão as interpretações mais sofisticadas. Ao menos para o visitante-historiador.

Alguns museus usam recursos cenográficos no sentido tradicional do termo (ou seja, diferente da concepção atual afinada com a dos arquitetos-cenógrafos do Historial), para reproduzir ambientes e cenas que remetem não somente à época, mas às circunstâncias da época. Como uma tentativa de materialização da memória. As cenográficas ruas sombrias de Lyon procuram reproduzir "as lembranças dos anos negros" evocadas no testemunho da resistente Denyse Barbet, dado em 1994, ao Centro HRD Lyon, quando "lhe veio a imagem de uma cidade mergulhada na obscuridade: 'A vida em Lyon, a lembrança que tenho é a obscuridade, as noites negras ocasionadas pelo toque de recolher".

Os trabalhos de iluminação e som, como no teatro, compõem os cenários e as cenas. O tipógrafo usado na produção da imprensa clandestina, que frequentemente aparece nos museus, em alguns, como no Museu de Grenoble, foi colocado em uma sala que reproduz uma gráfica, com móveis típicos, instrumentos, tipos de letras; as janelas fechadas e a pouca luz dão o clima; ouvem-se o barulho repetitivo da máquina e os sussurros de quem trabalha em segredo.

Uma sala reproduz, no Museu de Lyon, o que seria a copa-cozinha de uma família francesa mediana: a mesa posta para a refeição, o fogão, o guarda comida, o rádio. Na parede, o retrato do Marechal.

Para alcançá-la, deixa-se a última sala referente à Deportação e percorre-se um espaço escuro, tenso, reproduzindo a rua. Os cartazes de propaganda de Vichy pichados: *Viva De Gaulle! França Libre!*Em uma espécie de parapeito, avista-se a cidade lá embaixo, pequena, afastada, sombria reconstruída em maquete. Ao sair da copa cozinha, o visitante desce dois andares em clima semelhante, com grafites nos muros incitando a resistência, denunciando os ocupantes e a colaboração.

Um corte de trilho de estrada de ferro em tamanho real surpreende no Museu de Grenoble, remetendo às lembranças da Deportação. O trem não aparece, mas está presente no som de locomotiva que envolve a sala. Na tela ao fundo, mapas dos campos e imagens pavorosas das viagens ao inferno.

As barricadas com sacos de areia empilhados junto às enormes fotos de época que cobrem as paredes da sala no Museu das duas Guerras Mundiais, no Museu do Exército, no *Hôtel National des Invalides*[102].

Por fim, mais um cenário que, como os demais, ganha ares de alegoria: a sala da residência de Marie Reynoard, em Grenoble, onde ocorreu a reunião na qual surgiu o movimento *Combat*, em novembro de 1941. A professora de liceu, que assumiu a frente da seção da organização do Isère, foi presa em maio de 1943 e deportada para o campo de Ravensbrück, onde morreu em fevereiro de 1945. No centro, a mesa e as cadeiras com os nomes e fotografias dos que participaram do encontro. O vazio da cena preenchido pela memória.

As narrativas dos museus da Resistência (e da Deportação) e as seções dedicadas aos temas dos demais museus estudados (os da Segunda Guerra Mundial e os biográficos) constroem-se em função da cronologia. Os acontecimentos, processos e temáticas são praticamente os mesmos em todos eles. Uns desenvolvem mais ou menos certos pontos porém, substantivamente, as semelhanças prevalecem sobre as diferenças. Da mesma forma, as abordagens são próximas. Como se viu, é a perspectiva regional que dá as especificidades de cada museu. As vivências diferenciadas da Guerra, segundo as zonas criadas no armistício e as culturas, tradições e história locais enriquecem as comparações das narrativas e análises sugeridas.

O ponto de partida das exposições permanentes é, quase sempre, a ascensão fascista na Itália e do nacional socialismo na Alemanha, no período do entre-guerras, contextualizada na crise da democracia liberal e do capitalismo de livre mercado. Alguns, para melhor explicar o contexto da chegada ao poder de Mussolini, em 1922, e de Hitler, em 1933, recuam até a Grande Guerra. Isso é muito nítido, por exemplo, no La Coupole, em Nord-Pas-de-Calais, pelas razões vistas acima.

A Alemanha nacional socialista é sempre mais trabalhada pelos museus do que a Itália fascista, coerentemente com o destaque que os museus dão à Deportação, como se viu. Embora tenha havido deportação de judeus italianos, o antissemitismo foi, sem dúvida, muito mais definidor do nazismo do que do fascismo italiano. De 1933 a 1939, o regime nazista é apresentado com as imagens das aparições públicas do *Führer* diante de plateias apinhadas e eufóricas.

---

102 A partir daqui, refiro-me a ele como Museu das duas Guerras Mundiais. Cf. *Musée de l'Armée. Département contemporain. 1871/1945*. Paris: Éditions Artlys, 2013.

Seguindo uma historiografia mais tradicional, o apoio ao nazismo e ao fascismo está associado diretamente à crise econômica do pós-Grande Guerra, para a qual a política liberal não conseguiu dar respostas. Da mesma maneira, o impacto da propaganda do totalitarismo junta-se aos efeitos penosos do entre-guerras.[103] A partir daí, a preparação da Alemanha em direção à expansão. A anexação da Áustria. A Conferência de Munique, os embates entre parlamentares e opinião pública a favor ou contra as concessões a Hitler. No ano seguinte, o início da Guerra com a invasão da Polônia. A declaração de guerra da Grã-Bretanha e da França, a *drôle de guerre*. A política defensiva francesa e a inútil linha Maginot, alimentada pelas lembranças da Grande Guerra e a superioridade bélica alemã. Os desgastes dos valores liberais na Europa. A extrema direita e o fascismo francês, seus partidos e organizações. A rápida expansão a Norte e Oeste. O ataque à França. As batalhas, Dunkerque. A derrota rápida e acachapante. Os prisioneiros de guerra. As tropas coloniais. O armistício. O chamado radiofônico do General Charles de Gaulle. A França Livre. O trauma, o medo. O êxodo. O papel do Marechal Pétain. A fratura física do país. A linha de demarcação. As zonas ocupada e não ocupada. O fim da Terceira República, da República Francesa, a rejeição aos princípios da Revolução Francesa. O nascimento do regime de Vichy, do *Estado Francês*, a Revolução Nacional. O culto ao Marechal, o *marechalismo*.

Os prisioneiros-reféns. Os fuzilamentos. A colaboração do Estado. O encontro de Montoire e o célebre aperto de mão de Pétain e Hitler. Os governos Laval, Darlan e Laval. Os primeiros resistentes e atos de resistência, ainda sem organização, indivíduos e grupos que rejeitaram o armistício e a colaboração. A propaganda vichysta.

As perseguições aos judeus. A legislação antissemita. A xenofobia e o antissemitismo. O anticomunismo. As perseguições às esquerdas. O ódio ao Front Popular e a Léon Blum, a descrença no valor da democracia liberal. Os espanhóis e catalães refugiados da derrota na Guerra Civil espanhola. Os campos de internamento na França. Drancy, *a antecâmara de Auschwitz*.

Os *judeus da França* e os *judeus franceses*. A deportação dos judeus. A razia de Vel'd'Hiv. As iniciativas individuais e organizadas para salvação de judeus. Os Justos. As Igrejas católica e protestante. O cotidiano sob a Ocupação e Vichy. A

---

103 Totalitarismo aqui se refere àquele identificado ao nazismo e ao fascismo, não ao totalitarismo do modelo soviético.

Resistência interna. Os vários movimentos, tendências, organizações. A imprensa clandestina. A falsificação de documentos. Os estrangeiros na Resistência. Os espanhóis e catalães antifranquistas: resistentes para a Resistência, *indesejáveis* para Vichy. O Serviço de Trabalho Obrigatório (STO).

O Exército Secreto e o General Charles Delestaint. A Resistência externa: em Londres e no Norte da África. A unificação do movimento interno e externo. Jean Moulin, *o unificador*. O Estado policial. A Milícia. Em paralelo, o quadro geral da Guerra: o isolamento e a resistência da Grã-Bretanha, a entrada dos EUA e da URSS no conflito. O Japão no Extremo Oriente. Os territórios de além-mar. Os bombardeios dos Aliados. A ocupação da zona não ocupada, então, zona sul. As cidades e populações atingidas. O acirramento das represálias alemãs. As cidades e vilarejos mártires. Os fuzilamentos de reféns e resistentes.

O desembarque na Normandia. O desembarque no Sul. A Libertação em etapas. A Libertação de Paris. A Festa. O desfile de Charles de Gaulle nos Champs Elysées e o seu discurso imortalizado, na memória, nas citações e reproduções constantes, na placa no chão da avenida, compondo o memorial, com o General no alto pedestal. A sensação de movimento da estátua, como se ele ainda descesse a avenida, renova dia a dia o evento. Na rua transversal, a estátua de Churchill. Sem pedestal. Na paralela, o conjunto de esculturas em homenagem a Jean Moulin.

A Depuração. As mulheres humilhadas, as cabeças raspadas. Os fuzilamentos, os *justiçamentos*, os acertos de contas nas ruas. No Museu de Toulouse, a foto da mulher sentada com a cabeça raspada recebendo a bênção do padre.

A volta dos sobreviventes de campos de concentração e de extermínio. A Deportação, tema que também define e nomeia os museus, em seus inúmeros aspectos: o sistema ferroviário mobilizado, os campos, as experiências supostamente científicas, os atingidos, os símbolos identificadores da tipologia dos prisioneiros, objetos feitos pelos presos, como terços, jogos, desenhos. Em Besançon, como disse, um museu de arte no Museu, com obras feitas na prisão. A fome, as doenças, a desestruturação, os suicídios, a desesperança, a morte.

Em alguns museus, pode-se ver fotos de prisioneiros dos campos fazendo o trabalho sujo que os mantinha em funcionamento e cumpria o objetivo da desestruturação, do extermínio. As legendas e os textos, contudo, não explicitam a questão nem muito menos a problematizam. A imagem de homens de *pijamas listrados* servindo a comida aos demais talvez passe desapercebida, mas a do preso colocando o cadáver no forno, dificilmente. Ainda assim, nenhum comentário.

Os testemunhos. Os horrores abordados nessas salas suscitam a temática do testemunho associada ao *dever de memória*. Em muitos museus, ele aparece já no início da exposição, justificando a própria existência do museu. "Não testemunhar seria trair"[104], "Aqueles que não lembram o passado estão condenados a revivê-los"[105] "Se o eco de suas vozes enfraquece, nós pereceremos", Paul Éluard. "A memória é a raiz da libertação (délivrance) como o esquecimento é a do exílio," I. Baal Shem Tov.[106] "Quem responderia nesse mundo à terrível obstinação do crime se não for a obstinação do testemunho", Albert Camus.[107] Máximas nas paredes dos museus.

Se é esse o sentido mais destacado do testemunho nos museus, no Museu de Bondues, o testemunho visa também à produção de fonte primária. Através do Centro de Pesquisa e Documentação, que funciona no próprio Museu, faz-se uma campanha para a doação e a preservação dos documentos que se encontram em arquivos privados:

> Os testemunhos recolhidos depois da guerra compensam frequentemente a raridade dos documentos escritos. Eles são insubstituíveis para compreende as razões do engajamento, a diversidade dos percursos individuais, a profundidade das experiências vividas pelos resistentes e deportados.[108]

A narrativa dos museus, na sua maior parte, não termina aí. Como lição do passado, apresenta-se a Declaração Universal dos Direitos do Homem, proclamada pela Assembleia Geral das Nações Unidas, em 1948. A (re)valorização da democracia, da tolerância diante da alteridade, a esperança na paz, como o capítulo final dessa história, prometendo melhores dias depois da tragédia. Em alguns, ainda aparece o Tribunal de Nuremberg e os julgamentos dos principais colaboradores locais, assim como, os ocorridos mais tarde de nazistas e colaboradores do Estado francês (Barbie, Papon, Bousquet, Touvier). No Museu de

---

104 Museu de Besançon.

105 Museus de Besançon e Lyon, respectivamente.

106 Para as duas últimas citações, ver Museu de Lyon.

107 Museu de Besançon.

108 Museu de Bondues.

Toulouse, fotos publicadas no jornal *Paris-Presse* dos mortos, em cumprimento das sentenças de Nuremberg.

A maneira pela qual os museus encerram as narrativas naturaliza a questão da relação entre história e justiça, sem explicitá-la. Cabe, entretanto, à história julgar a si mesma? Não é o julgamento atribuição da memória? Ao naturalizar essa relação, não estariam os museus, que se querem históricos, situando-se no campo da memória?

Os museus assumem invariavelmente um papel pedagógico, daí concluir as exposições – a narrativa – com a Declaração Universal dos Direitos do Homem e os julgamentos. A Declaração, no registro da educação; os julgamentos, no da punição. A função pedagógica igualmente identifica-se às atribuições da memória, não da história.

O reconhecimento a René Cassin, jurista francês de renome internacional, que desde junho de 1940 juntou-se a Charles de Gaulle, em Londres. Defensor dos direitos do homem, foi um dos principais redatores da Declaração Universal dos Direitos do Homem.[109]

As visitas de turmas de escolares, crianças e adolescentes, mais do que estimuladas, fazem parte da vocação dos museus. Os visitantes-alunos são acompanhados por funcionários preparados para a função ou pelos professores instruídos previamente através de material que lhes é disponibilizado, como, por exemplo, o impresso do Monte Valérien.[110] O sentido pedagógico é trabalhado de forma a mostrar consequências concretas das ideias racistas e excludentes: os sofrimentos, destruições, mortes, genocídios.[111] No Museu de Grenoble, toda a exposição conta com uma espécie de glossário que explica o significado de certas palavras visando aos públicos infantil e juvenil em losangos amarelos iluminados afixados à altura das crianças: *os colaboradores, o comunismo, os resistentes, campo de internamento, imprensa clandestina*, são alguns dos verbetes. Assim, "Os resistentes são os militantes que não obedeciam ao regime de Vichy; "O comunismo é a organização de um país ou das terras, das fábricas e todas as riquezas do país pertencendo ao Estado. O Partido Comunista é o partido daqueles que pensam que é preciso dividir as rique-

---

109 Museu de Besançon.

110 Le Mont-Valérien. Haut lieu de la mémoire nationale. *Dossier de présentation.*

111 Para a evolução do ensino na Segunda Guerra Mundial na França, ver Jean Baptiste Pattier. *Vérités officieles. Comment s'écrit l'histoire de la Seconde Guerre Mondiale.* Paris: Vendémiaire, 2012.

zas igualmente entre todos. Desde 1939, os comunistas, proibidos, eram perseguidos". O público infantil também recebe atenção particular no Museu de Bondues,
onde é possível ver definições (*Resistência,resistir* etc.) acessíveis à leitura das crianças na parte de baixo das notícias, junto ao selo *Visita crianças*. Coincidentemente,
os Museus de Lyon e Grenoble estão localizados em frente a escolas públicas.

O que se pretende como trabalho pedagógico ganha contornos particulares no Museu de Grenoble. No último espaço da exposição, o visitante depara-se
com painéis verticais estendidos em uma das paredes da sala vazia. Diante deles,
assiste-se às projeções que se iniciam com o depoimento recente do filho de um
resistente, muito real, como um holograma. A cada lado dele, estão outras pessoas.
Avança alguns passos, aproximando-se do visitante e, olho no olho, pergunta-lhe
diretamente se ele considera a memória do passado que acabou de ver estritamente
ligada ao passado ou se tem a ver também com o presente. Convida-o, então, a responder a questão. Um cronômetro surge na tela para avisar o tempo que o visitante
dispõe para tal, devendo colocar-se em um dos lados onde as respostas afirmativa
e negativa estão afixadas. Em seguida, aparecem duas colunas com a estatística das
respostas já dadas. O *personagem* central então recua e o visitante usa um mouse
para escolher outro *personagem* que virá para a frente também dar seu depoimento.
Só então o visitante responderá à questão inicial, afirmativa ou negativamente.

Os *cidadãos reais* ali representados levantam temas do presente: uma pequena comerciante que não consegue manter o pequeno negócio diante da concorrên-
cia dos grandes estabelecimentos; um estudante de liceu; um jovem universitário;
uma jovem mulher desempregada; um idoso. Nessa espécie de teatralização da vida
real, os depoimentos são pesados, sombrios, ressentidos, quase raivosos. As pessoas
vitimadas, oprimidas por um sistema sobre o qual não têm qualquer controle. Em
resumo, a proposta é exemplificar através de tipos familiares o que o primeiro personagem dissera, ou seja, que os combates – a resistência – se renovam no tempo,
permanecem atuais.

Por fim, ainda se lê um derradeiro texto:

> E hoje? "A Alemanha nazista foi derrotada em 1944. Mas as
> ideias nazistas que levaram à morte milhões de pessoas não
> desapareceram. Elas ameaçam ainda nos quatro cantos do
> mundo a liberdade dos homens. O mesmo é válido em países
> onde o poder político, não suportando qualquer oposição, exer-
> ce a tirania do totalitarismo. Também o caso nos países onde

uma mesma religião imposta a todos fecha seus habitantes no integrismo.

Fique vigilante, pronto para dizer não e a lutar, tal é a atitude dos resistentes. E concluí:

'Para rezar como nos agrada, se somos religiosos. Para escrever o que nos agrada, se somos poetas' (Antoine de Saint-Éxupéry, *Écrits de guerre*, 1939).[112]

Por meio desse dispositivo, o museu abre mão da vocação histórica e assume a vocação da memória. Além da construção de memória em favor de certos valores éticos e políticos, esse e os demais recursos pedagógicos vistos aqui são também discursos moralizantes, segundo certa concepção de história que lhe atribui a função de, através do conhecimento do passado, evitar erros futuros.

O Memorial da Resistência do Vercors refere-se também ao que chama de *resistências contemporâneas*: "O Memorial sublinha o valor universal do testemunho do Vercors e apela à reflexão sobre as formas de resistências contemporâneas."[113]

Os museus constroem seus personagens como heróis-resistentes e vilões--colaboracionistas, quer na escala nacional quer na escala regional.

Em meio a tantos nomes, desde a maior autoridade até o mais modesto desconhecido, destacam-se os de expressão nacional: Charles de Gaulle, Jean Moulin e Philippe Pétain. Os dois primeiros, os heróis maiores; o último, o *traidor* maior. Dois militares e um civil. Em quatro anos, o vencedor de Verdun, o abnegado velho marechal que se oferecera em sacrifício para aliviar os filhos da França, seus filhos, das provações a que estariam sujeitos nas mãos dos alemães, mereceu a condenação à morte, transformada em prisão perpétua. Isolado de tudo e de todos, faleceu sozinho na prisão. O isolamento e a eliminação de Pétain nas circunstâncias da derrota da Alemanha, absorvendo as responsabilidades da França e dos franceses, em novo sacrifício, absolvendo a Nação (re)unificada. Desaparecendo Pétain, desaparecia a lembrança do apoio maciço que recebera dos franceses quatro anos antes.

A colaboração, o colaboracionismo, os colaboradores e os colaboracionistas são temas, como se vê, já integrados aos museus.

---

112 Museu de Grenoble.

113 www.memorial-vercors.fr, acessado em 17/9/2013.

No Museu de Bourges, lê-se:

> Vichy, ator e cúmplice dos nazistas. O governo do marechal Pétain acusou os comunistas, os franco-maçons e, sobretudo, os judeus de serem 'a anti-França'. Quanto aos ciganos, também indesejáveis, são duramente vigiados e proibidos de se deslocarem. A colaboração entre Vichy e os serviços alemães ampliou as perseguições e conduziu aos piores horrores.[114]

Nesta direção, o Museu de Lyon detalha a administração do Estado francês afinada com o nacional-socialismo alemão:

> As polícias francesas foram um instrumento essencial da política de repressão do regime de Vichy. O dispositivo articulou-se em três grandes direções, regionalmente sob a autoridade dos prefeitos[115] [prefets]: Polícia Judiciária, Informações Gerais e Segurança Pública. Ele [o dispositivo] foi reforçado em 1941 por forças supletivas, os Grupos Móveis de Reserva (GMR), assim como por polícias paralelas, destinadas à perseguição de comunistas, sociedades secretas e judeus. A *gendarmerie*, responsável pela segurança pública, pela manutenção da ordem e do cumprimento das leis, estava diretamente ligada, em junho de 1942, ao chefe do governo e participou, de fato, da repressão.[116]

A ênfase recai sobre a colaboração do Estado e dos homens políticos responsáveis por ele: Pétain e Laval, principalmente, e o imenso apoio popular recebido pelo Marechal diante do pavor dos franceses com a derrota e ocupação do país.

As fotos e os nomes dos colaboradores mais conhecidos da região estampados em cinco grandes painéis encontram-se em uma sala do Museu de Grenoble, com breves notícias sobre suas atividades.

Entre eles, Francis André, o *cara torta*[117], que também aparece com destaque em Lyon. Na legenda dirigida ao público infantil, lê-se: "Os colaboradores: os fran-

---

114 Museu de Bourges.

115 *Prefet*, na França, é cargo da administração do Estado, não correspondendo a prefeito no Brasil, cuja tradução é *maire*.

116 Museu de Lyon.

117 *Gueule tordue*, em francês.

ceses e francesas cúmplices dos alemães nazistas a partir de 1943. Vejam os retratos à direita: no Isère também, homens, mulheres, civis e militares colaboraram com os nazistas, a Gestapo e a Milícia".

Embora sejam colaboradores que não estão na esfera da colaboração do Estado, à exceção do *cara torta*, membro da Milícia, a exposição de suas identidades sugere comportamentos individuais.

A dona da fábrica de biscoito, cuja foto está exposta, é a "figura local emblemática" da "colaboração econômica":

> Todas as grandes empresas, umas mais outras menos, aproveitaram-se das encomendas alemãs, e ainda é difícil distinguir entre o comércio mais ou menos forçado e comportamentos que iam intencionalmente ao encontro das dessas demandas [alemães]. Alguns chefes de empresas declararam claramente sua escolha, como a Senhora Darré-Touche,...[118]

A "colaboração ideológica", entretanto, segundo a narrativa deste Museu, foi "a forma mais engajada de colaboração com a Alemanha nazista", levando a França à guerra civil.

Assim, cada museu narra a história de seus *colaboradores locais*, franceses que, destacados da população, dividem as responsabilidades da colaboração com os altos funcionários de Vichy.

O colaborador principal em Bourges é Pierre-Mary Paoli:

> originário de Aubigny-sur-Nère, [...] tinha 21 anos quando entrou para o serviço da Gestapo de Bourges na qualidade de intérprete. Ambicioso sem escrúpulos e de uma crueldade sem igual, foi rapidamente promovido a *scharführer* (suboficial da SS) e, em 1943 e 1944, o artesão mais zeloso do terror policial nazista no Cher. Sua participação no massacre dos poços de Guerry, em julho de 1944, foi uma das últimas atrocidades antes da sua fuga.[119]

---

118 Gil Emprin e Philippe Barrière. *Musée de la Résistance et de la Déportation de l'Isère*. Le guide. Grenoble, Musée, s/data, p. 72.

119 Cf. Alain Rafesthain. *Le Cher sous Vichy*. 1940-1944. La vie quotidienne. Paris: Royer, 2006, p. 39.

Tzvetan Todorov narrou como *uma tragédia francesa* o episódio do qual Paoli participou, quando 37 judeus, homens e mulheres, foram jogados vivos em poços em uma fazenda abandonada nas proximidades de Bourges. Somente um sobreviveu.[120] Paoli foi capturado em maio de 1945 e condenado à morte pela Corte de Justiça do Cher, sendo fuzilado em junho de 1946.

Os carrascos franceses, em Lyon, são Francis André, o mesmo de Grenoble, e Paul Touvier:

> Francis André, conhecido como 'cara torta', foi membro ativo do Partido Popular Francês (PPF), partido colaboracionista e antissemita criado em 1936 por Jacques Doriot. Engajado na Legião dos Voluntários Franceses (LVF), Francis André partiu para o front russo onde esteve até abril de 1942. Nos últimos meses de 1943, integrou com seus homens a Sipo-SD. Participou nas ações contra os resistentes, mas seus cúmplices trabalharam igualmente por conta própria, extorquindo judeus, entregando-os, em seguida, aos alemães. Criou com milicianos, membros do PPF, e alemães o Movimento Nacional Anti-Terrorista (MNAT), sob a proteção do qual conduziu uma série de execuções contra personalidades. Último sinal desta colaboração, suas equipes integraram os locais da Gestapo no verão de 1944 e fugiram para a Alemanha em setembro. Quando do seu processo em janeiro de 1946, o procurador Thomas descreveu Francis André como 'um verdadeiro monstro, um animal sedento de sangue, a mais sinistra figura da Gestapo lionesa.' Se lhe atribui mais de 120 assassinatos. Condenado à morte em 19 de janeiro de 1946, foi fuzilado em 9 de março, no forte de la Duchère.

Já a condenação de Paul Touvier à prisão perpétua por crimes contra a humanidade só ocorreu em 1994. Católico de extrema-direita, anticomunista, antirrepublicano e antissemita, integrou-se à Legião Francesa dos Combatentes, ao *Service d'Ordre Légionnaire*(SOL)e à Milícia. Da série de atrocidades cometidas, o julga-

---

120 Tzvetan Todorov. Uma tragédia francesa. Rio de Janeiro: Record, 1997. Cf também Alain Rafesthain. *Le Cher sous Vichy*. 1940-1944. La vie quotidienne. Paris: Royer, 2006; Jacques Gimard. *Trompe-la-mort*. Les carnets secrets de Pierre Paoli, agent francais de la Gestapo. Brimont: Éditions Qui lit vit, 2011.

mento restringiu-se ao atentado contra a Grande Sinagoga de Lyon (dezembro de 1943), aos assassinatos de Victor Basch, presidente da Liga dos Direitos do Homem e sua esposa (janeiro de 1944), e à execução de sete reféns judeus (29 de junho de 1944). Touvier morreu na prisão, em 1996.

Na entrada do Museu de Lyon, há algumas placas comemorativas. Uma delas esteve outrora no muro de cemitério de Rillieux-la-Pape, diante do qual encontraram os corpos dos sete judeus fuzilados pela Milícia. A placa apareceu quebrada menos de um mês após a condenação do responsável pelo massacre, Touvier. Afixada na entrada do Museu, mantiveram-na assim, acrescentando, porém, a explicação.

O ato de vandalismo por si lembra as fraturas do passado, 50 anos depois, presentes.

Quanto ao herói da região Haute Garrone, que aparece no grande retrato afixado no alto da sala principal do Museu de Toulouse, ao lado esquerdo do retrato do General de Gaulle, que tem, por sua vez, na sua direita o retrato de Jean Moulin, é François Verdier, nome da perspectiva do memorial da cidade, como se viu acima. Conhecido pelo pseudônimo Forain, foi o unificador da Resistência em Toulouse. Como Moulin, foi preso e torturado. O corpo decapitado apareceu na Floresta de Bouconne.

Em outro sentido do conceito de Resistência, a chamada "Resistência espiritual" também é celebrada com o arcebispo de Toulouse, Monsenhor Saliège, que, em agosto de 1942, ordenou a leitura nas igrejas da sua diocese da carta pastoral de denúncia das deportações de judeus. O mesmo Monsenhor Saliège que, em meio ao pânico da população em 1940, publicamente atribuíra a derrota ao castigo divino. Os franceses recebiam a punição pelos pecados cometidos, associando os sofrimentos do momento à expiação religiosa. As palavras do Monsenhor foram publicadas no *La Croix*, jornal de extrema direita, em 28 de junho de 1940:

> Por ter expulsado Deus da escola, dos tribunais da nação, por ter apoiado uma literatura malsã, a escravidão dos brancos, pela promiscuidade degradante das oficinas [ateliers], dos escritórios, das fábricas. Senhor, nós vos pedimos perdão. [...] Que uso que fizemos da vitória de 1918? Que uso teríamos feito de uma vitória fácil em 1940?

Somando-se à *degradação* dos valores morais, a extrema direita responsabilizava o sistema liberal, que incorporou as esquerdas no jogo institucional, explicando, assim, a devastadora crise pela qual a França passava. As críticas ferozes recaíam em particular no Front Nacional, coalizão de partidos de esquerda, que fizera seu primeiro ministro em 1936, o socialista Léon Blum, da Seção francesa da Internacional operária (SFIO). Francês de origem judaica, sua liderança parecia confirmar, ao mesmo tempo, as ameaças do socialismo e do judaísmo, reforçando os ressentimentos do antissemitismo e anticomunismo do país.

Por sua vez, Toulouse também teve seu algoz colaboracionista: Pierre Marty, intendente da polícia, condenado à morte por inúmeras atrocidades pela Corte de Justiça de Toulouse e executado em 1949.

A documentação do Museu de Champigny igualmente destaca a presença e a atuação da extrema-direita antes de 1940. Homens políticos, seus livros, organizações e atuações, homens que ascenderam ao poder com o desmanche da República Francesa e a fundação do novo Estado, ou seja, do Estado Francês, assim nomeado a partir de 1940. Em contraponto, o Museu registra as tentativas de se fazer frente a essa realidade, em um esforço antifascista.

Entre outros exemplos, o livro *France Allemagne*, 1918-1934, de Fernand de Brisson, publicado em 1934 que, para usar o conceito de Peter Reichel, mostra o *fascínio* do autor por Hitler ao entrevista-lo em novembro de 1933.[121] Ou as ideias de André Tardieu, político, várias vezes ministro e primeiro ministro três vezes no final dos anos 1920 e início dos 1930, expressas no livro de sugestivo título *L'heure de la décision*, publicado pela Flammarion, em 1934. Tardieu nele propôs a reforma do Estado com o aumento do poder do executivo e a limitação dos poderes da câmara eleita, livro que encontrou grande receptividade entre as direitas.

Entre as organizações, a *Jeunesses Patriotes*, de extrema-direita, com seu duplo símbolo: o gaulês, símbolo do nacionalismo francês, e o gládio, espada das legiões romanas, símbolo da violência. Ou a *Croix de Feu*, organização rebelde de extrema--direita formada por ex-combatentes da Grande Guerra. O desenho no cartaz assinado por Paul Iribe[122], *O golpe final*[123], publicado no jornal *Parlons français*, em 1934, dá o tom: a enorme mão cerrada dá um soco na acanhada câmara dos deputados que desmorona. A dispensável legenda explica: "Não há 10 soluções, só uma dissolução".

---

121 Peter Reichel. *La fascination du nazisme*. Paris: Éditions Odile Jacob, 1993.

122 Paul Iribe (Paul Iribarnegaray), 1883-1935, nascido na França de origem basca, ilustrador, caricaturista, designer, considerado o precursor do*art déco*.

123 *Le poing final*, em francês.

A *Action Française*, de Charles Maurras, com seu *retrato* de Léon Blum, no periódico homônimo da organização, em 9 de abri de 1935:

> Este judeu alemão naturalizado ou filho de naturalizado, que dizia aos franceses, em plena Câmara, que os odiava não é um traidor comum. É um monstro da República democrática. E é um hircocervo [animal lendário metade bode, metade cervo] da dialética heimatlos [sem nacionalidade, apátrida]. Detrito humano a ser tratado como tal...
>
> A hora é trágica o suficiente para comportar a reunião de uma Corte marcial que não poderia ceder. O senhor Reibel pede a pena de morte contra os espiões. É ela imerecida aos traidores? Vocês me dirão que um traidor deve ser de nosso país: o senhor Blum o é? Basta que ele tenha usurpado nossa nacionalidade para decompô-la e desmembrá-la. Este ato de vontade, pior do que um ato de nacionalidade, agrava seu caso. É um homem a ser fuzilado, mas pelas costas.

Léon Blum, assim como seus pais, nasceu na França.

Através da documentação da grande imprensa, pode-se acompanhar no Museu de Champigny os debates da opinião pública acerca da Conferência de Munique, de setembro de 1938, que dividiu o país entre *munichois* e *antimunichois*, estes contrários às concessões a Hitler, aqueles, favoráveis.

Como se viu, o departamento do Marne, a nordeste da França, onde se localiza o Museu, foi duramente afetado pela Grande Guerra, verdadeiro campo de batalhas em território francês. A presença de numerosos cemitérios militares e as longas listas nominais dos monumentos aos mortos mantiveram a memória da tragédia viva.[124] A destruição foi tamanha que às vésperas da Segunda Guerra, a economia do departamento ainda não havia recuperado o nível de 1914. Tendo em vista esse passado próximo, a população, majoritariamente adepta do centrismo advo-

---

124 Para essas informações e as seguintes sobre o departamento do Marne e as duas Guerras Mundiais, cf. Jean-Pierre Husson. *La Marne et les Marnais à l'épreuve de la Seconde Guerre mondiale*, 2 tomes. Reims, Presses universitaires de Reims, 1995; Jocelyne Husson. *La Déportation des Juifs de la Marne* 1942-1944. Reims, Presses universitaires de Reims, 1999; cf, também o cdroom *Résistance dans la Marne*. Histoire en mémoire 1939-1945, de Jocelyne et Jean-Pierre Husson, Reims, Centre régional de documentation pédagogique (CDRP) de Champagne-Ardenne, 2013.

gado pelo Partido Radical, apegou-se ao *pacifismo*, como se denominava na época a posição dos contrários à guerra, rejeitando a entrada da França no novo conflito que se avizinhava. Seus membros integravam, portanto, o campo dos *munichois*.

Começada a Segunda Guerra Mundial, mas antes da derrota de 1940, a região viu-se atravessada por civis belgas, holandeses, luxemburgueses, ardenenses, fugindo das zonas de combate. Com a invasão do Vale do Marne, os habitantes iniciaram, por sua vez, o êxodo em direção ao Sul.

Enfim, no Museu de Champigny e nos demais, pode-se ver a atuação de franceses na repressão do Estado aos resistentes e outros perseguidos pelo regime de Vichy, culminando com a participação na deportação e eliminação deles.

A diferença mais marcante em relação à abordagem das temáticas envolvendo a colaboração pode ser observada no Museu das duas Guerras Mundiais, Museu do Exército, *Hôtel National des Invalides*. Não por acaso. Mais do que qualquer outro, nele, a colaboração é a colaboração de Pétain e do regime por ele formado. Não se explicita, como nos demais, que se tratou de um Estado francês, que aliás tinha oficialmente esta denominação, com administração, polícia, milícia próprias. O apoio dos deputados nacionais que se transferiram para Vichy é outra ausência no registro museográfico, bem como a colaboração de indivíduos ou segmentos da sociedade. Tampouco nesse Museu aparece a Depuração no contexto da Libertação do país. Quanto ao sistema concentracionista, há fotos e mapa dos campos de internamento na França, nas zonas ocupada e Sul, embora o destaque sejam os campos de concentração e extermínio nazistas, tratados em uma espécie de espaço físico mais reservado. O objetivo para tal provavelmente seja preservar o público de crianças do impacto das imagens.

Como se viu, desde o momento da Libertação iniciou-se a construção do mito da Resistência. Muitos resistentes de primeira hora e suas organizações não encontraram maiores ressonância nos dois primeiros anos após a derrota. Somente a partir de 1942, 1943 a Resistência tornou-se um movimento social importante. A colaboração apareceu como comportamento exclusivo de *um punhado de miseráveis*, como o General de Gaulle a sintetizou. Trata-se, assim, de uma construção de memória em prejuízo da história, uma abstração sem fundamento factual, empírico. A historiografia das últimas décadas demonstra que foi somente no desdobramento de dois eventos que a Resistência tornou-se mais expressiva. O aprisionamento em massa de judeus, ocorrido em 16 e 17 de junho de 1942, no velódromo de inverno de Paris, que ficou conhecido como razia de Vel'd'Hiv, causando impacto na opinião pública; dali, eles foram transferidos para Drancy, ao Norte da cidade e, em seguida, para Auschwitz. A implantação e, em seguida, a ampliação do Serviço de Trabalho Obrigatório, STO, que consistiu, como se viu, na requisição do ocupante, entre junho de 1942 a julho de 1944, de trabalhadores franceses para atuarem nos esforços de guerra, na Alemanha, em fábricas, na agricultura, em estradas de ferro etc. Embora o STO fosse obrigatório, como o nome diz, regido, inclusive, por lei, a propaganda de Vichy atuou tentando conquistar os franceses para a causa. Nos museus, podem-se ver os cartazes de propaganda, associando a atividade compulsória na Alemanha como uma oportunidade, um horizonte aberto àqueles que desejavam ganhar a vida honestamente. Em todo caso, a recusa de partir impunha aos jovens convocados a ilegalidade e muitos buscaram então refúgio nos maquis ao Sul do país. Como aparece na narrativa do Museu Jean Moulin, de Paris, foi somente no final de 1943, com a incorporação dos refratários ao STO, que fenômeno do maquis ganhou amplitude.

Mais do que o deslocamento temporal, o mito transformou a opção de resistir ao ocupante e aos colaboradores em experiência de toda a Nação. Nesse processo, reconstruiu a identidade nacional.

Segundo Pierre Laborie, entretanto, a compreensão da Resistência pode se enriquecer caso supere a ideia de que os franceses primeiro colaboraram - ou se mantiveram indiferentes ou ainda esperaram a sequência dos acontecimentos para se posicionaram, o que se chamou de *attentisme*[125] - e, depois, então, resistiram. Para o historiador, o que melhor caracterizou o comportamento e a opinião dos franceses é a simultaneidade dos dois comportamentos, ou melhor, a sua ambivalência.[126] Ou ainda, a multiplicidade de comportamento e opinião entre os dois polos bem delimitados, a colaboração e a resistência, a zona cinzenta a que Primo Levi se referira. Sem ver nisso contradição, Laborie formulou o conceito de *pensar duplo*. Embora longa, vale a citação que tão bem define a abordagem:

---

125 *Attentisme* e *attentistes*, do verbo *attendre*, esperar, não tem uma tradução precisa para o português; no contexto tratado pelo autor, refere-se aos franceses que não assumiram uma posição explícita quando da derrota da França para a Alemanha nazista, da Ocupação e do estabelecimento do Regime de Vichy, esperando os desdobramentos de um mundo em guerra para se posicionarem a respeito da nova realidade

126 O filme *La mer à l'aube*, do cineasta alemão Volker Schlöndorff, de 2011, sobre o episódio do fuzilamento de Guy Môquet, de 17 anos, e outros resistentes e reféns, ocorrido em outubro de 1941, aborda os comportamentos de personagens ligados ao episódio e à época na perspectiva da ambivalência. O filme foi exibido no Brasil com o título *O mar ao amanhecer*, em 2013.

o lugar preponderante tomado pela ambivalência é um traço majoritário das atitudes dos franceses sob Vichy. [...]. As alternativas simples entre *pétainisme* e *gaullisme*, resistência e *vichysme*, ou resistência e colaboracionismo fornecem apenas imagens redutoras da experiência dos contemporâneos [...]. Sem procurar diminuir a importância do julgamento moral na apreciação dos comportamentos,.... a ideia de ambivalência é de uma outra natureza. Ela abre outras portas para o historiador e alarga suas possibilidades de análise. Ela permite não mais pensar apenas as contradições em termos antagônicos - resistentes *oupétainistes, gaullistes ou attentistes*... - mas de ultrapassá-los, interrogando-se sobre o que procuravam dizer, para além das pseudo-evidências do sentido aparente. [...]. Os franceses, na maioria, não foram primeiramente *vichystes* depois resistentes, *pétainistes* depois *gaullistes,* mas eles puderam ser, simultaneamente, durante um tempo mais ou menos longo, e segundo o caso, um pouco os dois ao mesmo tempo. Em uma recente entrevista, Simone Veil lembrava as dificuldades para dominar agora a complexidade do período, e indicava, a propósito dos franceses, 'alguns se comportaram bem, outros mal, muitos os dois ao mesmo tempo. [...] isto não era tão simples como se apresenta hoje.'[127]

Laborie propõe ainda a ideia do *homem duplo*: "aquele que é um e outro ao mesmo tempo, mais pelo peso de uma necessidade exterior do que por cálculo cínico ou por interesse." [128]

Sem dúvida, os museus dedicados à Resistência e à Deportação romperam, em maior ou menor grau, com o mito da Resistência "desde sempre". A presença do fascismo francês, antes da derrota, a colaboração, a indiferença, o apoio maciço a Pétain e o colaboracionismo, a existênciado Estado Francês – administração, polícia, milícia -, seus campos de concentração e responsabilidade nas deportações, fazem parte dos registros, não raramente com destaque. Entretanto, essencialmente, ao contrário da interpretação defendida por Laborie, prevalece a tese segundo a qual a resistência

---

127 Pierre Laborie. "1940-1944. Os franceses do pensar-duplo."In: Denise Rollemberg e Samantha Viz Quadrat (orgs.). *A construção social dos regimes autoritários*. Legitimidade, consenso e consentimento no Século XX. v. 1: Europa. Rio de Janeiro: Civilização Brasileira, 2010, p. 39.

128 Pierre Laborie, *op. cit.*, p. A expressão *homem duplo* é deÉmile Vandervelde, 1937, a partir de um personagem de Aragon.

começou na sequência imediata da derrota de 1940, embora circunscrita a atos de poucos indivíduos, grupos pouco articulados, uma minoria que impactada como todos procurou de uma forma ou de outra enfrentar a dura realidade.

Assim, no Museu de Besançon, vê-se a multidão na manifestação organizada para a visita do presidente da *Légion Française des Combattants*, François Valentin, em 31 de maio de 1942, em Saint-Claude, no Jura, na zona interditada reservada à futura migração alemã. A LFC, criada pelo regime de Vichy, em agosto de 1940, por iniciativa de Pétain, pretendeu reunir todas as associações de ex-combatentes da Grande Guerra, em apoio a "regeneração da Nação". O exemplo do sacrifício passado devia ser renovado no presente. "Os resistentes: uma minoria", síntese que aparece no Museu de Besançon: "Nessa época, a Resistência contava com cerca de 200 militantes em todo departamento."

Entre a multidão que assistiu ao juramento de fidelidade de Valentin a Pétain, certamente, não estavam os franceses de origem judaica, que, nas trincheiras de 1914-1918, defenderam a Nação que agora os perseguiam.

A "opção pela recusa" - recusa à derrota, à submissão, ao desmantelamento do território nacional, aos regimes de opressão instalados pelo ocupante e por Vichy – foi a "de uma minoria de mulheres e homens originários de todas as camadas da sociedade, pertencentes a todas a famílias de pensamento políticos, religiosos e filosóficos", assim regista o Memorial do Monte Valérien.

A indiferença, comportamento de tantos, que pode ser localizada na *zona cinzenta* das ambivalências e incertezas, aparece nas palavras de Henri Frenay, liderança do *Combat*: "Outono de 1941. O estado de espírito dos franceses visto por um resistente: 'Para 90% dos franceses, essa guerra não era sua guerra… O que conta é comer, vestir-se, aquecer-se.' H. Frenay. *La nuit finira.*"[129]

Prevalece nas narrativas, enfim, a interpretação segundo a qual, a partir de 1942, os comportamentos, opiniões e os atos de resistência deixam de ser isolados. O próprio Valentin, católico patriota, à frente da *Légion*, aderiu à Resistência, nesse ano.

No Museu Jean Moulin, de Paris, assim como nos demais, fica evidente que o crescimento dos maquis apenas ocorreu com o acirramento das requisições do STO, em 1943. Até então, sem entrarem em ação, tratava-se exclusivamente de fugir das imposições de Vichy ou do ocupante: "É a aventura coletiva de destinos individuais em situação irregular, frequentemente sem meios. Os movimentos ini-

---

129 Museu de Besançon.

cialmente reticentes [dos maquis] os assumem [os meios para o enfrentamento] no final de 1943."

Rompe-se, definitivamente, com a memória de quatro anos de resistência incondicional.

Desloca-se essa perspectiva, entretanto, embora sem a uniformidade de outrora, para os dois últimos anos da Ocupação e de Vichy, até a Libertação, renovando, de certa forma, o mito agora situado nos dois anos seguintes.

A zona cinzenta, o pensar duplo, o homem duplo, a ambivalência - "os franceses entre a Resistência e a Colaboração" - sem explicitar, aparecem no Museu de Besançon na comparação entre as multidões que receberam, em 1944, o Marechal (26 de abril) e o General (25 de agosto), em Paris. Na comparação, comprovou-se que a quantidade de pessoas que prestigiou Pétain, já em 1944, foi maior do que a que acolheu De Gaulle.

Se é possível, entretanto, ver neste processo a ambivalência à qual se referiu Laborie, a conclusão é que o maciço apoio a Pétain não significou o mesmo em relação à Revolução Nacional nem à colaboração, mas ao *vencedor de Verdun*. Em abril de 1944, porém, as ilusões acerca do papel que o Marechal atribuiu a si mesmo de protetor dos franceses face ao Estado nazista já haviam caído por terra. A Guerra já evoluíra, afastando a possibilidade de vitória alemã em que muitos apostavam em 1940. Em geral, a zona cinzenta, o pensar duplo, o homem duplo, a ambivalência não fazem parte das grandes linhas das narrativas dos museus. Além do exemplo acima presente no Museu de Besançon, essa abordagem aparece nas intervenções de historiadores, como no Historial Charles de Gaulle, e em alguns testemunhos. Talvez os visitantes mais velhos compreenderão que o que se pensou realidade desde 1940 somente ocorreu dois anos depois. Os mais novos, como os colegiais que visitam regularmente os museus, já conhecerão essa interpretação, de certa maneira, ainda no registro do mito.

Os museus apresentam as diferentes famílias políticas[130] que compuseram a Resistência e as tensões entre elas. A memória gaullista da Resistência, tão pre-

---

130 Para o conceito de família política e cultura política, cf. Serge Berstein. "Cultura política."In: Jean Pierre Rioux e J. F. Sirinelli (dir.). *Para uma história cultural*. Lisboa: Estampa, 1998; Serge Berstein. "L'historien et la culture politique". *Vingtième siècle. Revue d'histoire*, Paris, n. 35, 1992, p. 67-77; _____. "Culturas políticas e historiografia." In: Cecília Azevedo; Denise Rollemberg; Paulo Knauss; Maria Fernanda Bicalho; Samantha Viz Quadrat (orgs.). *Cultura política, Memória e historiografia*. Rio de Janeiro: Ed. FGV, 2009.

sente nos anos seguintes à Guerra e questionada na historiografia há três décadas, permanece, entretanto, em grande medida dando o tom dos registros. O esforço de Jean Moulin para unificar a Resistência interna, dando um único norte a grupos e movimentos dispersos e com identidades próprias, e colocando as divergências e projetos políticos autônomos em segundo plano, é celebrado. O trabalho do ex--prefeito[131] de Chartres foi realizado sob orientação do General de Gaulle, que, refugiado em Londres, procurou articular a Resistência externa, por ele liderada, à Resistência interna, então, comandada por Moulin. As trajetórias dos dois maiores personagens, em meio a circunstâncias dificílimas, confundem-se nas narrativas dos museus com a Nação. Em outras palavras, a abnegação dos dois *heróis* resgata a própria ideia Nação. A morte de Jean Moulin, *o unificador*, nas mãos do algoz potencializa ainda mais essa memória.

Independentemente se a Resistência foi ou não essencial para a Libertação do país, é a memória desse *exército de abnegados*, do General de Gaulle ao anônimo *passeur*, que *liberta* o país da derrota, da colaboração, das misérias das humilhações. Hoje, a história da Resistência é narrada, nos museus, menos como outrora fora a história da *honra inventada* e mais como a celebração do livre arbítrio, possível mesmo diante de conjunturas as mais adversas. A Resistência como valor moral, antes de tudo. A vocação pedagógica dos museus incorpora esse sentido, buscando assim atuar na formação das novas gerações para os desafios de uma Europa que jamais se livrou das tendências organizadas ou não da extrema-direita.

Se a partir da década de 1970, os historiadores tiveram um papel importante nos debates que levaram à desconstrução do mito da Resistência, foi na década seguinte que propuseram o debate sobre a definição de resistência.[132] Não que os

---

131 Cf nota acima, *Prefet*, na França, é cargo da administração do Estado, não correspondendo a prefeito no Brasil, cuja tradução é *maire*. Jean Moulin foi prefeito de Chartres entre fevereiro e outubro de 1939.

132 Entre outros, cf. Jean-Pierre Azéma e François Bédarida. "Historisation de la Résistance". *Esprit*. Paris, n. 198, jan. 1994; François Bédarida. "L'histoire de la Résistance: lectures d'hier, chantiers de demain."*Vingtième Siècle,*Paris, n. 11, jul-set, 1986; Pierre Laborie. "*L'idée de Résistance,* entre définition et sens: retour sur un questionnement." In: _____. *Les Français des années troubles*. De la guerre d' Espagne à la Liberation. Paris: Seuil, 2003; François Marcot. "Résistance et autres comportements des Français sous l'Occupation." In: François Marcot e Didier Musiedlak (dirs.). *La Résistance et les Français:* lutte armée et maquis. Besançon, Annales de l'Université de Franche-Comté, 1996; Denis Peschanski. "Résistance, résilience et opinion dans la France des années noires. *Psychiatrie française.*" v.

autores que primeiramente trataram do tema não a tivessem definido, mas o fizeram sem considerar a complexidade que o fenômeno merecia.[133] Provavelmente, os debates dos anos anteriores evidenciaram a urgência – e as dificuldades - de definição. No capítulo anterior, busquei mostrar o esforço dos autores desde então nessa direção, motivados pela necessidade de desnaturalizar o que se tornara conceito. Não pretendo, portanto, retomar a discussão, mas identificar o que os museus consideram como *resistir* à luz de critérios nela sugeridos.

Embora a ênfase esteja em organizações, ações, maquis ligados ao enfrentamento clandestino e armado contra o ocupante e seus colaboradores, os museus incorporam diferentes e variados comportamentos e atividades como resistência, como se verá a seguir.

Mais uma vez, a diferença mais nítida está no Museu das duas Guerras Mundiais, em Paris. Aí, resistir é ação concreta, militar ou não, incorporar menos ideias, opiniões e comportamentos que não se desdobram nela. Poucas são as exceções, como o ato promovido por estudantes, em 11 de novembro de 1940. Na Paris ocupada havia cinco meses, junto ao túmulo do soldado desconhecido no Arco do Triunfo, esses jovens comemoraram o aniversário da vitória de 1918. As tropas alemães reprimiram a manifestação, que, segundo a interpretação veiculada no Museu, ia além de uma simples comemoração, situando-a como um ato de Resistência.

Resistir define-se, sobretudo, nas participações de civis e militares nas redes de informação e ajuda a evasões, distribuição de panfletos, imprensa clandestina, sabotagens, maquis. Integrado ao Museu do Exército, o foco do Museu das duas Guerras Mundiais está no engajamento de militares nas Resistências interna e externa, destacando-se os célebres oficiais de alta patente, como os generais Charles de Gaulle, Philippe-Marie Leclerc de Hauteclocque, Jean de Lattre de Tassigny, Alphonse Juin, Pierre Koenig, sobreviventes à Guerra, homenageados ao fim da exposição. O grande ausente neste panteão, embora presente na narrativa do Museu, é o general Charles Delestaint, primeiro chefe do Exército Secreto, capturado e morto em abril de 1945, em Dachau.

XXXVI, 2/05, fev. 2006, p. 194-210; Jacques Sémelin. "Qu'est-ce que 'résistir'?". *Esprit*. Paris, n. 198, jan. 1994.

133 Henri Michel. *Les courants de pensée de la Résistance*. Paris: Presses Universitaires de France, 1962.

Seguindo a avaliação já presente no célebre discurso do General de Gaulle, pronunciado no calor do acontecimento, no Museu das duas Guerras Mundiais, a libertação de Paris foi "fruto da ação conjugada das Resistências interior e exterior." Já, no que diz respeito à libertação da região Nord-Pas-de-Calais, segundo a análise presente no Museu La Coupole, apesar "das atividades múltiplas [da Resistência] (informação, difusão de panfletos, ajuda aos aviadores, recepção de armas jogadas por paraquedas), [...] "a liberdade virá da ação militar dos Aliados."

Se a Resistência não foi capaz de livrar o país do ocupante, nem por isso deve ser desconsiderada. A sua força é antes de tudo moral, como indica a narrativa do Museu La Coupole: no Nord-Pas-de-Calais, durante toda a Guerra ocupado pelo inimigo, os túmulos de soldados e aviadores britânicos mortos nos primeiros combates da invasão alemã recebiam homenagens da população local, neles depositando flores e mensagens. O reconhecimento aos britânicos, como ocorrera na Grande Guerra, repetia-se então. Tanto no La Coupoule como no Museu de Bondues, essas manifestações são compreendidas como atos de resistência.

Da mesma forma, é considerado ato de resistência o comparecimento de uma multidão, contrariando a interdição das autoridades alemãs, aos funerais das 86 vítimas do massacre de Ascq, cidade próxima a Lille, ocorrido em abril de 1944. Tratou-se de uma represália a uma sabotagem da Resistência na estrada de ferro, que não deixara vítimas. O cemitério de Saint-Claude, em Besançon, igualmente, testemunhou a homenagem da população aos jovens executados na Citadelle, em outubro de 1943, depositando flores durante três semanas nos túmulos, ato interpretado no Museu de Besançon, como resistência. Na cerimônia ocorrida em 1941, no 14 de julho, maior feriado nacional, no cemitério do Crétinier, em Wattrelos, cidade próxima à fronteira belga, manifestantes também depositaram flores nos túmulos dos militares ingleses abatidos em maio de 1940. Em Bondues, as homenagens aos soldados ingleses continuaram, como a coleta de dinheiro na comuna, em novembro de 1942, "para oferecer a cada 'Tommy' uma placa de mármore branco com uma palma em ouro e a bandeira tricolor, sobre a qual se gravou 'homenagem dos habitantes de Bondues a....', assim como um buquê de flores feito de dálias, particularmente audacioso, pois cada buquê tinha a forma de uma cruz Lorraine."

Outros comportamentos também são apresentados como atos de resistência. Ajudar na fuga de aviadores britânicos abatidos em 1940 (Museu La Coupole).

A recusa a tirar o chapéu no momento da passagem das bandeiras de movimentos colaboracionistas, ocorrido em Paris julho de 1943 (Museu de Besançon).

Os grafites escritos nos muros das cidades e as etiquetas improvisadas neles coladas com palavras de ordem estão em vários museus. Entre outros exemplos, "morte aos homens de Vichy!" ou "não à colaboração com os assassinos de nossas mulheres e crianças!". Tais manifestações e hostilidades são apresentadas, no La Coupole, como "um dos principais meios de expressão da cólera da população contra o ocupante e Vichy" e "produzidas aos milhares."

Os *passeurs*, pessoas da população local que ajudavam pessoas a atravessar a linha de demarcação entre as zonas ocupada e não ocupada, particularmente presentes nos territórios próximos à linha (Museu de Bourges).

A rede de informação que habitantes do departamento Norte montaram para passar informações militares aos britânicos. Tratava-se da articulação de antigos integrantes da *Dame Blanche*, rede que, na Grande Guerra, fora criada para a mesma função (Museu de Bondues).

O *atentado* ao retrato de Hitler encontrado rasgado pelos alunos de artes e ofícios do Instituto Diderot, em Lille, em dezembro de 1940 (Museu de Bondues).

A súplica a De Gaulle, recopiada à mão no outono de 1940 (Museu de Bondues).

A manifestação em 11 de maio de 1941, na festa de Joana D'Arc, heroína nacional, diante de sua estátua em Lille (Museu de Bondues).

A greve de mineiros, ocorrida entre 27 de maio e 10 de junho de 1941, na região Nord-Pas-de-Calais, contra as condições de trabalho impostas pelo ocupante, resultando na deportação de muitos trabalhadores (Museus de Bondues e La Coupole).

No Monte Valérien aparece a ideia da Resistência como uma construção daqueles que, "escolhendo a recusa", isolados, sem meios de enfrentar os inimigos, tiveram que tudo inventar, o que acabou por gerar a Resistência. Daí, "as formas de ação" – repare que se refere à ação – "serão diversas: grafite, panfletos, jornais, informação, manifestações, sabotagens, luta armada. Este combate clandestino" – repare que se refere à clandestinidade – "acontece em todos as frentes: militar, política, intelectual, econômica e social."

A resistência espiritual do monsenhor Saliège, de Toulouse, conforme se viu acima, que se manifestou contrariamente à perseguição dos judeus, apesar do silêncio do Papa Pio XII, também é destacada como importante ato de resistência nos museus.

A recusa do comissário de polícia de Toulouse, a seguir as ordens superiores para perseguir os judeus, demitindo-se. Morto na deportação, tornou-se um Justo.

Na espécie de glossário voltada para o público infantil-juvenil do Museu de Grenoble, aparece a definição de resistentes, não de Resistência ou do ato de resistir: "franceses, homens e mulheres, que não aceitaram a derrota e o nazismo. Civis e militares, os resistentes lutaram contra os nazistas e os franceses que colaboraram com a Alemanha." E, em um segundo verbete, quando se veem militares que aderiram ao Exército Secreto ou desviavam material, armamentos e munições para a Resistência: "resistentes são também esses militares que não obedeceram ao regime de Vichy."

O Museu de Bondues, que tem a mesma preocupação com as crianças, apresenta uma definição de Resistência - "conjunto de pessoas, movimentos, ações que se opuseram à ocupação" - e de resistir – "é também incomodar, atrapalhar os alemães, sabotando lugares de que eles têm necessidade: estações ferroviárias, fábricas... Para fazê-lo, os resistentes às vezes precisam dos ingleses. Eles lhes forneceram, então, informações sobre esses lugares. Ajudar esses aliados a voltar para casa depois de sua *parachutage*, é ainda um exemplo desses atos de resistência. Para "atrapalhar ainda os ocupantes alemães, alguns recusaram as requisições de partir para o STO (Serviço de Trabalho Obrigatório)", interpreta o Museu, comportamento resistente, segundo este e demais museus. O STO havia sido estabelecido para resolver o problema da falta de mão-de-obra na Alemanha. Atingia os homens jovens de 20 a 22 anos. Eles se escondiam para não ter que partir para lá." E no memorial aos fuzilados, no Museu de Bondues: "resistente: pessoa que se opõe a uma força inimiga. No presente contexto, os alemães."

A máxima do *Combat*, destacado no Museu de Besançon, impressa no primeiro número do periódico homônimo, verdadeiro manifesto da organização, prevê em dezembro de 1941 o difícil percurso a ser enfrentado pela Resistência diante do impacto de 1940: "Queremos que à derrota das armas suceda a vitória dos espíritos.... Combateremos pela palavra e pelo exemplo, aguardando poder retomar as armas. Lutaremos contra a anestesia do povo francês."[134]

Em suma, os museus incorporam a definição ampliada de Resistência, conforme a tendência atual da historiografia. Sem explicitar, vivem, como a historiografia, o dilema tão bem sintetizado por Jacques Sémelin: "ou bem mergulha [a definição de Resistência] nas profundezas do social, mas sua especificidade tende a

---

134 *Combat*, n. 1, dezembro de 1941.

se diluir; ou bem se define exclusivamente através de suas estruturas e suas ações e se reduz à sua dimensão organizada."[135]

A historiografia, que desde o início dos anos 1970 descontruiu o mito da Resistência, ao ampliar a percepção do que foi resistir, acaba reatualizando-o. Ao menos, no que diz respeito à precocidade e à ampliação dos atos de resistência, embora não quanto à avaliação da colaboração como o comportamento de *um punhado de miseráveis*. A zona cinzenta, o pensar duplo, o homem duplo, segundo a perspectiva de Pierre Laborie que considera comportamentos ambivalentes nuançados entre resistir e colaborar, por outro lado, talvez seja a solução para o impasse levantado por Sémelin.

Sob a batuta de Jean Moulin e do General Charles de Gaulle, a unificação de partidos, organizações, grupos da Resistência de culturas e famílias políticas diferenciadas e, por vezes, conflitantes foi possível diante do inimigo comum. As referências políticas e ideológicas de cada um, entretanto, não desapareceram. Ao contrário, sugeriam projetos variados após a Libertação. Vencido o ocupante e seus colaboradores, esses projetos, por sua vez, perderam o combate seguinte contra o gaullismo fortalecido pelo prestígio do General nos anos que se seguiram à Guerra. Combate político, do ponto de vista mais amplo, e combate da memória, do ponto de vista mais restrito. Os projetos alternativos ao do General de Gaulle, apresentados ou esboçados ainda na luta, esvaziaram-se. As dificuldades do pós-Guerra, enormes como se viu, inclusive morais, e o início da Guerra Fria, favoreceram a memória gaullista que se afirmou à custa das demais identidades atuantes na Resistência.

Poucos são os museus que abordam mais profundidade essa história que se diluiu na memória. As inúmeras tendências da Resistência enfraquecem-se na celebração da unificação e de seus unificadores-maiores, De Gaulle e Moulin.

O projeto político outro que não o gaullista, que se impôs no momento da Libertação e nas décadas seguintes, não apenas como hegemônico, mas até mesmo único está indicado no Museu das duas Guerras Mundiais e no Museu de Toulouse:

> *Para além do combate militar contra Vichy e o ocupante, os Resistentes amadureceram um projeto político e social na clandestinidade. De fato, as aspirações de mudança reivindicadas pela população, cada qual segundo seus desejos de uma 'nova socieda-*

---

135 Jacques Sémelin. "Qu'est-ce que 'résistir'?". *Esprit*. Paris, n. 198, janeiro 1994, p. 60. Cf discussão do capítulo 1.

> *de'. Assinados desde 13 de setembro, os 'Acordos de Toulouse' pre-*
> *figuram a futura organização da produção nas fábricas. O élan*
> *e a vontade de mudança são então as melhores armas de uma*
> *região que saiu mortificada da tormenta.*[136]

Os Acordos de Toulouse foram insuficientes nas disputas do passado e do presente que se abriam diante da França, da Europa. Os resistentes não gaullistas, tendência política que nascia, perderam essa batalha. Seus projetos alternativos foram ultrapassados diante da necessidade de reerguer a Nação, reunificá-la. Uma nova reunificação. Pelo menos o seu silêncio ou o seu esquecimento foi assim explicado e justificado. Ou talvez os projetos alternativos ao projeto gaullista não tenham encontrado adesão suficiente em uma sociedade mais identificada às concepções do General de Gaulle. Para além do enorme prestígio que alcançava então, o General era de direita, ele mesmo avesso à democracia liberal, descrente da viabilidade dos diálogos e confrontos plurais no campo político. Ao fim da Guerra, ele mantinha esta posição, comum no entre-guerras, como se viu, que responsabilizara as esquerdas pela crise. A situação que a França vivera entre 1940 e 1944 talvez a reforçasse mais do que exigisse revisão.

Em todo caso, todos os resistentes, independentemente das famílias políticas às quais pertenciam - indivíduos, não ideias – entraram nos panteões dos heróis da Resistência, espalhados nos quatro cantos do país, do centro de Paris às montanhas do Vercors.

A integração da Deportação na Resistência: outro mito?

Os museus e memoriais da Resistência na França são nominalmente, em sua maioria, da Resistência *e* da Deportação, com poucas exceções, como o Museu de Bondues, embora incorpore o tema na exposição. Ou seja, a Deportação, que atingiu também outros grupos que não exclusivamente resistentes (étnicos, religiosos, políticos, sociais, sexuais), neles não aparece como subtema, como consequência ou desdobramento possível da luta pela libertação, ganhando a mesma dimensão dada à Resistência. A temática da deportação assume, na verdade, um peso que não raramente sugere dois museus justapostos e, por vezes, quase independentes entre si. Ou ainda, que o *primeiro museu* (da Resistência) é meio, preâmbulo para a existência do *segundo* (da Deportação). Esse parece o caso dos museus de Besançon

---

136 Museu de Toulouse.

e até mesmo o de Lyon. Talvez essa abordagem tenha a ver com a função pedagógica dos museus da Resistência, como se viu acima. Assim, a Deportação, com todos os desdobramentos dramáticos exaustivamente presentes nos museus, talvez seja a consequência mais evidente da intolerância dos regimes contra os quais a Resistência lutava. Ao abordar a Deportação, por sua vez, a ênfase em todos os museus invariavelmente recai na deportação dos judeus, mesmo havendo referência aos demais tipos atingidos. Os deportados resistentes, embora tratados, se diluem entre os deportados judeus, mesmo no Museu de Lyon, cidade denominada por De Gaulle como a capital da Resistência.

O visitante do Museu de Besançon encontra, antes mesmo de entrar no prédio, o aviso: "Visita desaconselhada às crianças de menos de 10 anos". Aí se encontra um dos museus em que o tema da Deportação está mais representado, com grande detalhamento de informações e documentação, e um acervo de imagens das mais marcantes. Sua criação, em 1971, partiu da mobilização de Denise Lorach, sobrevivente de origem judaica do campo de concentração de Bergen-Belsen, na Alemanha. O Museu dedica duas salas à arte realizada no cárcere, na maior parte delas obras do abade membro da Resistência Jean Daligault, quando esteve na prisão de Trèves (Trier), na Alemanha. Outra maneira de destacar a Deportação pode ser percebida no La Coupole. Já na primeira sala, o primeiro contato do visitante é com o depoimento em vídeo de uma senhora judia, única sobrevivente de sua família, narrando a tragédia. Em seguida, tem-se acesso a uma grande sala sobre as perseguições antissemitas e a *Shoah*. Sendo um museu francês da Segunda Guerra Mundial, cuja particularidade é funcionar onde a Alemanha produzia secretamente foguetes V2, ali apontados para a Inglaterra, por que começar a exposição por esse tema? O visitante chega mesmo a se perguntar se, por engano, não teria entrado em algum museu dedicado à Deportação. A construção de memória, nas últimas décadas, tornou a *Shoah* o grande tema da Segunda Guerra Mundial. Mais uma vez, o museu parece adequar-se mais à memória do que à história.

A Deportação também é o ponto de partida no Museu de Lyon. No hall, antes do início da exposição propriamente dita, pode-se assistir ao extrato de filme de 45 minutos do julgamento de Klaus Barbie, ocorrido na cidade, em 1987. O temido oficial da SS e chefe da Gestapo em Lyon que conseguira fugir da Europa com a derrota alemã, foi localizado na Bolívia, em 1971, graças aos esforços de Serge Klarsfeld e sua esposa Beate Klarsfeld. O advogado e historiador, criança na época da Guerra, foi o único sobrevivente de sua família, judeus da Romênia migrados para a França, dedicando sua vida à procura de oficiais nazistas refugiados. Barbie, responsável por um sem número de crimes, entre eles o assassinato de Jean Moulin e a deportação de 42 crianças judias acolhidas em uma colônia em Izieu, nas proximidades de Lyon, foi deportado para a França em 1983.[137] Julgado em 1987, foi condenado à prisão perpétua pelos cometidos, morrendo na cadeia quatro anos depois. O filme exibe depoimentos das testemunhas de acusação, a maior parte ligados às perseguições e deportações de judeus. Aliás, segundo as informações afixadas no início do percurso, foi o processo Barbie que impulsionou a criação do museu. O tema é o ponto de partida e o de chegada do Museu de Lyon, uma vez que o assunto é tratado nas últimas salas.

É nesse mesmo museu, entretanto, que um sobrevivente não judeu de campo de trabalho, André Laroche, de 16 anos na época, resistente ligado ao movimento *Combat*, conta que ele e outros que voltavam dos campos não testemunharam naquele momento. Não queriam "chamar a atenção para si", diz, e tampouco as pessoas estavam interessadas em ouvi-los. Nessa mesma direção, Denise Domenach-Lallich, cujo depoimento também está disponível no Museu de Lyon, atuante no acolhimento dos que retornavam ao país, lembra como nem ela nem ninguém queria escutar os relatos dos deportados. Depois de anos de Guerra, rejeitavam, segundo ela, desgraças que iam em sentido contrário à felicidade causada pelo fim da conflito.[138]

Isto vale mesmo para judeus deportados, a exemplo de Simone Veil, magistrada, ex-ministra do governo de Giscard d'Estaing, nos anos 1970, e presidente do Parlamento europeu entre 1979 e 1982. Francesa de origem judaica, chamava-se então Simone Jacob e tinha 17 anos quando sua família foi deportada de Nice para vários campos alemães, em 1944. Não atuou na Resistência como a irmã Denise, enviada para o campo de Ravensbrück. Simone Veil sobreviveu a Auschwitz, ao contrário do pai, da mãe e do irmão. O seu testemunho confirma a indiferença dos fran-

---

137 A colônia que abrigou crianças judias cujos pais haviam sido deportados tornou-se um lugar de memória: *Maison d'Izieu, Mémorial des enfants juifs exterminés*. Além das crianças, sete educadores da instituição foram deportados.

138 Os testemunhos estão disponíveis no site do Museu de Lyon: http://www.chrd.lyon.fr/chrd/sections/fr/ressources_historiqu/temoignages/liste_des_temoignage/liste_temoignages/

ceses, em geral, face ao que poderiam dizer os sobreviventes da deportação sobre a experiência nos campos nazistas.[139]

O "longo período de silêncio até 1979" em relação à razia de judeus na cidade de Lens, no departamento de Pas-de-Calais, ocorrida em setembro de 1942, está registrado no La Coupole, foi interrompido então, quando uma rua ganhou o nome de "Rua dos 528 deportados judeus."[140]

Segundo Olivier Wieviorka, no momento da Libertação, "a dor dos deportados judeus encontrou a indiferença dos franceses que estimavam que eles também haviam sofrido".[141] Embora o fenômeno não tenha atingido exclusivamente os judeus, como se viu acima na narrativa de André Laroche, foi mais marcante entre eles. A própria Simone Veil lembra que, em contraposição à apatia em ouvi-la, havia interesse no depoimento de sua irmã, Denise Jacob, depois Denise Vernay, integrante ativa da Resistência, presa e deportada para Ravensbrück, em seguida, para Mauthausen. Não pelo que tinha a testemunhar sobre a deportação, mas pelo que tinha a testemunhar sobre a Resistência.

Da mesma forma que a leitura da Segunda Guerra sob o registro da memória parece tê-la tomado por sinônimo da *Shoah*, a da Resistência naturalizou a sua associação com Deportação, não somente, mas sobretudo, dos judeus.

Em um sentido ainda mais explícito das armadilhas da memória, na aleia que vai dar no Museu de Chamalières, há uma placa comemorativa aos Justos e adiante um pouco, a Praça dos Justos.

Henry Rousso, um dos mais expressivos historiadores da França dos anos 1940, em abordagem semelhante, chega a afirmar que é impossível falar de Vichy sem falar na Deportação. Entretanto, como ele mesmo destaca, a Deportação, ao fim da Guerra e nos anos que a seguiram, nem de longe tinha a visibilidade e o impacto na opinião pública que viria a ter nos anos 1990. A multiplicidade de museus e memoriais no mundo, o espaço na mídia e na indústria cinematográfica, os registros orais e impressos dos testemunhos, tudo isso, surgiu tardiamente em relação

---

139 Simone Veil *apud* Pierre Laborie.

140 Cf La Coupole.

141 Olivier Wieviorka, *op. cit.*, 2010, p. 282. Talvez seja pertinente notar que entre os judeus aos quais se refere Wieviorka, muitos eram franceses. A diferença entre "judeus franceses" e "judeus da França", aqueles, cidadãos franceses, estes estrangeiros, foi usada pelo regime de Vichy.

ao fim do fenômeno da deportação, como uma clara construção de memória. A *associação inevitável* é estranha à época.

Em recente entrevista, Daniel Cordier, ativo resistente, secretário de Jean Moulin, principal liderança da Resistência interna, conta um fato significativo para problematizar essa naturalização: presenciando uma reunião entre resistentes, na qual se discutiu uma grande razia de judeus ocorrida então em Paris, não entendeu por que os companheiros se ocupavam com o assunto, uma vez que, naquela altura, ele não via qualquer relação entre a questão judaica e a Resistência contra a ocupação alemã, e retirou-se para tratar de suas tarefas.[142] O mesmo Daniel Cordier constata que em um importante e detalhado relatório de Jean Moulin, enviado para o General de Gaulle, em Londres, não havia qualquer referência à perseguição aos judeus, embora a legislação antissemita e as prisões e deportações já fossem realidade naquele momento.[143] Claude Lévy, na mesma direção, constatou: "evidente é a constatação do lugar modesto e raramente prioritário acordado pelo conjunto da imprensa da Resistência à perseguição dos judeus...".[144]

Ao tratar dos campos franceses, o Museu de Besançon registra que eles foram criados ainda na Terceira República, não deixando dúvidas de que eram anteriores, portanto, ao regime de Vichy, assim como o eram o antissemitismo e a xenofobia, na França. No que diz respeito aos comunistas, especificamente, o internamento nos campos fora permitido pelo decreto-lei Daladier, de 26 de setembro de 1939, na sequência do pacto de não-agressão assinado entre a URSS e a Alemanha.

Foi justamente devido à xenofobia, ao antissemitismo e ao anticomunismo presentes na sociedade francesa que a enorme propaganda alemã em torno dos resistentes liderados por Missak Manouchian, armênio de origem, migrado ainda criança para a França e dirigente da seção armênia do PCF, foi possível. O cartaz afixado aos milhares apresentava a Resistência como *exército do crime*, formado por

---

142 Cf a entrevista com Daniel Cordier publicada na revista *Télérama*, de 25 a 31 de maio de 2013, p. 6-10. Trata-se de publicação semanal com a programação de televisão vendida no jornaleiro. A entrevista foi concedida por ocasião do lançamento da série composta de alguns episódios baseada no livro autobiográfico de Cordier, *Alias Caracalla*. Na capa, a foto de Jean Moulin.

143 Daniel Cordier citado por Pierre Laborie. "La Résistance et le sort des juifs". In: _____. *Les Français des années troubles*. De la guerre d' Espagne à la Liberation. Paris: Seuil, 2003, (publicado originalmente por Desclée de Brouwer, 2001), p. 185.

144 Claude Lévy, *apud* Pierre Laborie, *idem ibidem* 2003, p. 184.

estrangeiros, comunistas e judeus, todos criminosos.[145] O *affiche rouge*, como ficou conhecido, está em todos os museus. Condenados à morte, em fevereiro de 1944, esses homens foram executados no Monte Valérien. Seus nomes aparecem gravados no sino. Acredita-se que a série de três fotos, as únicas dos fuzilamentos coletivos aí ocorridos são dos integrantes do grupo, tiradas secretamente por um suboficial do exército alemão.

O antissemitismo francês, no quadro da xenofobia, já havia sido explorado pela propaganda nazista, como fora também explorado pela propaganda de Vichy, diga-se de passagem, na exposição ocorrida em Paris, entre setembro de 1941 e janeiro de 1942, "O judeu e a França." Através do uso de imagens, o Instituto de Estudos da questões judaicas pretendia demonstrar, e provar, ao público francês o papel nefasto das personalidades de origem judaica na história do país, inclusive, no passado recente. O cartaz da exposição para ver a exposição fazem parte dos acervos de diversos museus. As filas para vê-la, retratadas nas fotos, sugerem a grande repercussão da exposição.

Como narrativa de memória, os museus naturalizam a relação Resistência e Deportação, alheios à problematização que a narrativa histórica impõe.

---

145 Com o título de *L'affiche rouge*, a história do grupo foi filmada por Frank Cassenti, em uma produção francesa de 1976.

Capítulo 2 - Caderno de Imagens

Imagem 1. Museu da Resistência e da Deportação do Cher. Êxodo da população do Norte da França, em direção ao Sul. Foto da foto da Autora.

Imagem 2. Museu da Resistência e da Deportação de Besançon. La Citadelle. Foto da foto da Autora.

A França após o armistício de 22 de junho de 1940.

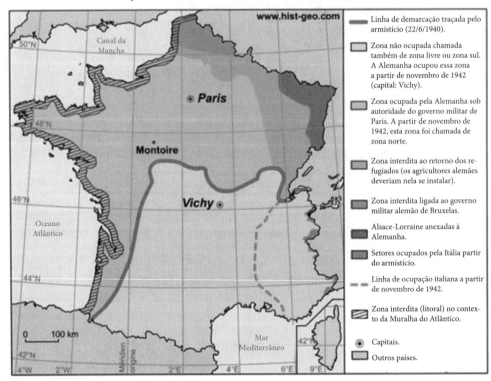

Imagem 3. Mapa. Fonte: www.hist-geo.com

Imagem 4. Monte Valérien; exterior. Foto da Autora.

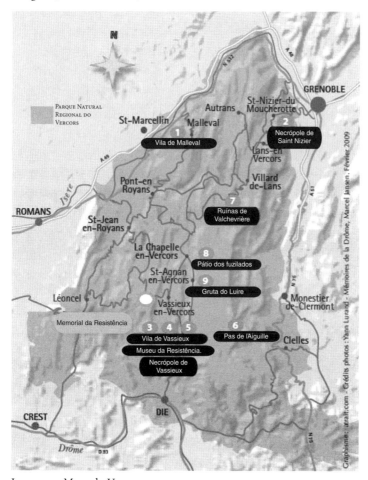

Imagem 5. Mapa do Vercors
Fonte: http://www.memorial-vercors.fr/uploaded/pages/2890/images/Capture_decran_2012-06-20_a_09.25.29.jpg

Imagem 6. Memorial da Resistência, de Toulouse, vista interior.
Foto da Autora.

Imagem 7. Centro de História da Guerra e dos Foguetes La Coupole. O domo.
Fonte: http://www.lacoupole-france.com/fileadmin/user_upload/in_gallery/galerie1/Le-dôme-de-La-Coupole-vue-d.jpg

Imagem 8. Centro de História da Guerra e dos Foguetes La Coupole.
Foto da foto da Autora

Imagem 9. Catedral de Saint Omer, em Saint Omer.
Fonte: https://upload.wikimedia.org/wikipedia/commons/thumb/2/2a/St-Omer%2C_France.jpg/800px-St-Omer%2C_France.jpg

Imagem 10. Museu da Resistência de Bondues, Forte Lobau.
Foto da Autora.

Imagem 11. Capela do Monte Valérien, com estacas para os fuzilamentos e os caixões.
Foto da Autora

Imagem 12. Pintura sobre um muro de Suresnes, representando o Monte Valérien. Parisette, trabalho pessoal, CC BY-SA 3.0
Fonte: https://upload.wikimedia.org/wikipedia/commons/thumb/6/6f/Montvalerienpeinture.JPG/800px-Montvalerienpeinture.JPG

Imagem 13. Museu da Resistência e da Deportação do Cher. Linha da demarcação reproduzida no chão. Foto da Autora

Imagem 14. Museu Jean Moulin, Paris. Certificado de não-judeu.
Foto da foto da Autora

Imagem 15. Centro de História da Guerra e dos Foguetes La Coupole. Paraquedas.
Foto da Autora

Imagem 16. Historial Charles de Gaule, Hôtel National des Invalides. A cúpula invertida. In: Alain Moatti e Henri Rivière. Le monument invisible. Espoir. L'Historial Charles de Gaulle. Hôtel National des Invalides, Musée de l'Armée. Revue de la Fondation Charles de Gaulle. Numéro hors série, mars 2008

Imagem 17. Centro de História da Resistência e da Deportação, Lyon. Foto da Autora.

Imagem 18. Museu da Resistência e da Deportação de Besançon. La Citadelle/ Foto da Autora.

Imagem 19. Museu da Resistência e da Deportação de Besançon. La Citadelle/ Foto da Autora.

Imagem 20. Avenue des Champs Élysées, Paris. Escultura do general Charles de Gaulle. Foto da Autora.

Imagem 21. Avenue Winston Churchill, Paris. Escultura do primeiro ministro britânico Winston Churchill. Foto da Autora.

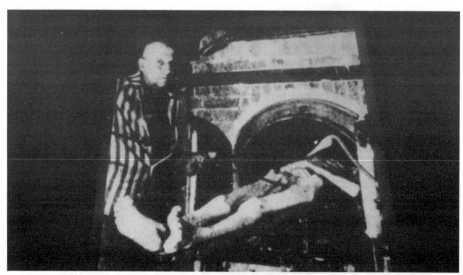

Imagem 22. Museu da Resistência e da Deportação do Isère, Grenoble. Foto da foto da Autora.

Imagem 23. Museu da Resistência e da Deportação do Isère, Grenoble. Retratos de colaboradores. Foto das fotos da Autora.

Imagem 24. Mapa dos campos na França
Fonte: http://ardecol.inforoutes.fr/archives07/img/deportes/deporte3.jpg

Imagem 25. "Os dias ruins terminaram! Papai ganha dinheiro na Alemanha!". Cartaz de propaganda presente em vários museus.

Imagem 26. Museu da Resistência e da Deportação de Besançon. La Citadelle. Acima: visita do marechal Pétain a Besançon. Abaixo, visita do general de Gaulle a Besançon Foto da foto da Autora.

Imagem 27. Museu da Resistência e da Deportação de Besançon. La Citadelle. (Foto da Autora). Francês de origem judaica ex-combatente da Grande Guerra e seus filhos.

Imagem 28. *Affiche rouge*. Cartaz de propaganda contra a Resistência. Presente em vários museus.

CAPÍTULO 3

Em algumas horas, vou morrer...[1]
As cartas de despedida dos resistentes
e reféns fuzilados

Resistentes e reféns executados na França durante a ocupação e o regime de Vichy deixaram documentos valiosos para o estudo da consciência e dos sentimentos individuais dos condenados à morte naqueles anos. Tais documentos possuem, é claro, uma dimensão geral, macro-histórica, uma vez que compõem um corpus documental dos atingidos pela ocupação alemã, apoiada pelo Estado francês reconstruído pelo armistício.[2] Mas o que mais importa, nesse caso, é a experiência

---

1   No original, *Dans quelques heures, je vais mourir...*, frase retirada da carta de Léopold Réchossière à esposa e à família, escrita no Campo de Royallieu, Compiègne (Oise), 7 de março de 1942. In Guy Krivopissko (org.). *La vie à en mourir* [A vida para a morte]. Lettres de fusillés (1941-1944). 2a ed. Paris: Talladier, 2006 [1a ed em 2003], p. 120. Esta obra, com prefácio de François Marcot, reúne 130 cartas, entre as quase 500 escritas por 350 de fuzilados, depositadas no Museu da Resistência Nacional de Champigny-sur-Marne, no CHRD (Centre d'histoire de la Résistance et de a Déportation, em Lyon, em outros arquivos, museus e bibliotecas franceses e em acervos privados das famílias. Ver também outras publicações das cartas de fuzilados da Segunda Guerra Mundial (há também publicações das cartas de fuzilados da Grande Guerra, 1914-1918): Lucien Scheler. *Lettres de fusillés*. Paris: Editions France D'Abord, 1946; Etienne Fajon. *Ils aimaient la vie*. Lettres des fusillés. Paris: Ed. Messidor, 2001; Guy Krivopissko. À vous e à la vie. Lettres des fusillés du Mont-Valérien, 1940-1944. Paris: Talladier, 2010; Delphine Lelièvre. *La dernière lettre*. Paroles de résistants fusillés en France. Paris: Ed. Magnard, 2011.
    As informações biográficas dos signatários das cartas, salvo indicação, estão em Guy Krivopissko (orgs.), *op. cit.*, 2006.

2   A partir daqui, usarei *Estado Francês*, em itálico, para me referir ao Estado nascido do armistício assinado entre a França e a Alemanha, em 22 de junho de 1940, na sequência da derrota francesa. Nesse documento, a França deixou de se chamar, formalmente, República Francesa,

individual. Não a vivência da luta, que mal aparece, senão a do desfecho dela. O fuzilamento, por vezes a decapitação, a morte. Trata-se aqui de microanálise genuína, na qual cada indivíduo tem relevância máxima. Sentimentos escritos em papéis rotos, mensagens para os parentes próximos, últimos suspiros.

Condenados à morte, seja por enfrentar os inimigos seja na condição de reféns, cerca de 4.020 homens foram fuzilados no país. A maior parte deles executada pelas forças repressivas alemães, mas também pelas do *Estado Francês*. Haviam sido presos sobretudo pela ação direta da polícia francesa ou com a indispensável ajuda de Vichy. As penas capitais foram atribuídas pelo *Tribunal de Estado* e pelas *Seções especiais*,[3] jurisdições do novo regime francês, e por tribunais militares alemães e italianos, nas zonas ocupadas.

Os condenados: perfil, execuções, memória

Eram franceses e estrangeiros acusados de terrorismo, atentados, sabotagens, espionagem. Em outras palavras, por *resistir*, por integrarem a Resistência[4]. Foram também condenados à morte aqueles acusados de manterem armas de fogo, contra-

---

tornando-se Estado Francês. Para maior informações a respeito, bem como para os termos regime de Vichy, França de Vichy, ver o capítulo 2.

Para os números referentes aos resistentes e reféns condenados à morte, ver Claire Cameron (dir.) *Le Mont-Valérien*. Résistance, repression et mémoire. Montreuil: Éditions Gourcuff Gradenigo, Ministère de la Défense, 2008, p. 178.

3   As *Sections spéciales* foram criadas em agosto e o *Tribunal d'État* em setembro de 1941.

4   Para o definição de resistir e de Resistência, ver, entre outros, Jean-Pierre Azéma e François Bédarida. "Historisation de la Résistance." *Esprit*, Paris, n. 198, jan. 1994; François Bédarida. "L'histoire de la Résistance: lectures d'hier, chantiers de demain." *Vingtième Siècle*, Paris, n. 11, jul.-set., 1986; _____. "La mémoire contre l'Histoire." *Esprit*, Paris, jul. 1993; Pierre Laborie. *Les mots de 39-45*. Toulouse: Presses Universitaires du Mirail, 2006; _____. "L'idée de Résistance, entre définition et sens: retour sur un questionnement". In _____. *Les Français des années troubles*. De la guerre d' Espagne à la Liberation. Paris: Seuil, 2003; _____; Jean-Marie Guillon (dir.). *Mémoire et Histoire*: la Résistance. Toulouse: Eds. Privat, 1995; François Marcot (dir.). *Dictionnaire Historique de la Résistance*. Paris: Robert Laffont, 2006; _____ (dir.). *La Résistance et les Français*: lutte armée et maquis. Besançon: Annales de l'Université de Franche-Comté, 1996; _____ e Didier Musiedlak (orgs.). *Les Résistances, miroir des regimes d'oppression*. Allemagne, France, Italie. Actes du Colloque International de Besançon, 24 a 26 set. 2003, Musée de la Résistance et de la Déportation de Besançon, Université de Franche-Comté e Université de Paris X. Besançon: Presses Universitaires de Franche-Comté, 2006; Denis Peschanski. "Résistance, résilience et opinion dans la France des années noires."

riando a ordem emitida pelo ocupante em julho de 1940 de que os civis franceses entregassem armas e munições, inclusive fuzis de caça, que porventura tivessem. Outros, embora condenados à prisão, entraram nas listas de fuzilados em represália às ações realizadas pela Resistência. Entre os fuzilados também havia estrangeiros de várias procedências, comunistas e judeus que se encontravam confinados em campos de internamento na França.[5] Dos campos foram retirados para compor as listas de reféns.

Entre os judeus, havia franceses de famílias assimiladas havia gerações, judeus de outras nacionalidades que migraram para a França em busca de trabalho ou fugindo de pogroms anteriores à Guerra e, ainda, os que se refugiaram no país no contexto da expansão fascista dos anos 1930 e da invasão de países do Leste europeu. Sobre esses campos, vale lembrar que sua criação é anterior à derrota de 1940 para a Alemanha. Ainda no período da *drôle de guerre,*[6] o governo francês, por meio do decreto-lei de 18 de novembro de 1939, permitiu o internamento "de indivíduos perigosos para a defesa nacional ou para a segurança pública" em *centros*. Em 3 de setembro de 1940, portanto após o armistício, o *Estado francês* suprimiu as precauções do decreto-lei que, em todo caso, ainda visavam a impedir prisões arbitrárias.[7]

A queda da República espanhola na Guerra Civil (1936-1939) também fez com que espanhóis, catalães e estrangeiros integrantes das Brigadas Internacionais atravessassem os Pirineus, em busca de refúgio no país vizinho. Em 1940, era a República Francesa que caía. Com a ocupação inimiga, os derrotados da Espanha continuaram o combate, integrando-se, então, à futura Resistência francesa. Entre eles, não havia dúvidas de que este enfrentamento era apátrida, logo internacional por princípio.

Explorando a xenofobia e o antissemitismo presentes na sociedade francesa, que não raramente se confundiam, as propagandas nazista e vichista buscaram associar a Resistência ao estrangeiro, ao judeu e ao comunismo sem pátria, desqua-

---

Psychiatrie française. v. XXXVI, 2/05, fev. 2006, p. 194-210; Jacques Sémelin. "Qu'est-ce que 'résistir'?" *Esprit*, Paris, n. 198, jan. 1994.

5 Sobre os campos de internamento na França, ver, entre outros, Denis Peschanski. *La France des camps:* l'internement, 1938-1946. Paris: Gallimard, 2002. Ver também o capítulo 2.

6 Para a *drôle de guerre*, ver o capítulo 2.

7 Para esta e as demais forças repressivas de Vichy, ver Guy Krivopissko (org.), *op. cit.*, 2006, p. 318.

lificando-os - eles e a Resistência - de múltiplas formas. Como se viu no capítulo anterior, o *affiche rouge*, como ficou conhecido o cartaz exposto aos milhares em Paris e outras grandes cidades francesas, reuniu todos esses elementos quando do julgamento e da condenação do grupo liderado pelo armênio radicado na França desde 1925, Missak Manouchian.[8] Os dez militantes do FTP-MOI[9], que aparecem no cartaz, foram fuzilados no Monte Valérien, em Suresnes, na região parisiense, em fevereiro de 1944.

Todos os fuzilados (alguns guilhotinados[10]) eram homens. As mulheres condenadas à morte foram enviadas à Alemanha, onde a execução ocorria por meio da decapitação.[11]

---

8   Ver o cartaz vermelho (*affiche rouge*) no capítulo 2.

9   *Francs-tireurs et partisans-Main-d'Oeuvre Immigrée, Francos-atiradores e militantes-Mão de obra imigrada*. A organização sindical MOI, ligada ao PCF, agrupava trabalhadores imigrados da CGTU, Confederação do Trabalho Unitário, nos anos 1920. Originalmente, chamava-se MOE, *Main-d'oeuvre étrangère* e ligava-se à organização ISR, *Internationale Syndicale Rouge*. Justamente em decorrência da crescente xenofobia na década de 1930, o PCF mudou o nome para MOI. No início da II Guerra, a MOI criou um grupo armado, o *Francs-Tireurs et partisans* (FTP-MOI). A rede Manouchian, por sua vez, como ficou conhecida devido à liderança de Missak Manouchian, articulou entre seus membros, de fins de 1942 e fevereiro de 1943, 23 militantes, 20 dentre eles estrangeiros. A rede foi responsável por uma série de atentados e sabotagens contra o ocupante nazista. No *affiche rouge*, aparecem as fotos e nomes de 5 poloneses judeus, 2 húngaros judeus, 1 italiano, 1 espanhol e 1 armênio (Manouchian). Todos os 23 membros da rede foram condenados à morte e executados, 22 fuzilados no Monte Valérien, e a única mulher do grupo, Olga Bancic, nascida no Império Russo, foi decapitada na Alemanha. Sobre a história do *affiche rouge* ver *L'Histoire par l'imagem*, site do Ministério da Cultura e da Comunicação, da Biblioteca Nacional, do Arquivo Nacional e diversos museus e arquivos nacionais e regionais franceses: http://www.histoire-image.org/site/oeuvre/analyse.php?i=1259 (acesso em 27 de novembro de 2013). Ver também, entre outros, Philippe Ganier-Raymond. *L'Affiche rouge*. Paris: Fayard, 1975.
     Para a fortaleza do Monte Valérien, principal lugar de fuzilamento da região parisiense e da zona ocupada desde o verão de 1941, ver o capítulo 2.

10   Fuzilados pelos alemães e guilhotinados pelos franceses, embora haja exceções nos dois sentidos. Guy Krivopissko (org.), *op. cit.*, 2006, p. 29.

11   No livro de Guy Krivopissko, encontra-se a carta de France Bloch-Sérazin, membro do PCB, militante da Resistência. Presa em 16 de maio de 1942 pela polícia francesa, foi condenada à morte por um tribunal militar alemão em setembro de 1942, deportada para a Alemanha, e decapitada na prisão de Hamburgo, em 12 de fevereiro de 1943. A carta datada de 12 de feve-

Curiosamente, os condenados não usaram nas cartas as palavras *resistentes, resistência, Resistência, resistir,12* para se referirem a si mesmos e suas ações, embora os termos já apareçam em outros documentos deste o início da ocupação, como no próprio apelo do General Charles de Gaulle, em 18 de junho de 1940.[13]

Uma vez capturados, os resistentes, fossem presos em flagrante, denunciados por alguém ou simples suspeitos, eram levados a centros de repressão e submetidos a interrogatórios sob tortura, após o quê seguiam para as prisões.

Os condenados, em geral, pouco falaram nas cartas das prisões onde estavam. Não era o assunto prioritário para eles, além do que convinha evitar que fossem confiscadas, no caso de queixas ou críticas. Em todo caso, as condições das prisões, que variaram conforme o prisioneiro e o próprio lugar, por vezes foram sugeridas ou mesmo detalhadas nas cartas: tortura, chicotadas, isolamento, algemas prendendo as mãos por trás, correntes nos tornozelos, fome, frio, "refinamentos da 'civilização europeia'", ironizou Maurice Lacazette, da cela onde estava atado a um companheiro.[14] Não sendo as visitas um direito, os prisioneiros podiam ou não ser visitados, segundo as circunstâncias e as autoridades.[15] As visitas, fotos e pacotes recebidos atenuavam, de passagem, o flagelo do cárcere, e eram motivo de enorme alegria:[16]

> Quarta-feira, contra todas expectativas, nós tivemos direito aos pacotes sem restrições, alimentos e cigarros foram literalmente varridos da cela, foi uma alegria para todos que até mesmo esquecemos a sorte que nos aguardava. E agora esperamos ainda viver até quarta-feira para aproveitar ainda mais uma vez. Há muito tempo não víamos todas essas riquezas, imagine nossa alegria.[17]

---

reiro de 1943, escrita na Prisão de Hamburgo, foi endereçada ao casal Touchet, que escondia e criava o filho de France Bloch-Sérazin. Guy Krivopisso (org.), *idem ibidem*, 2006, p. 168.

12 A historiografia reserva o termo Resistência com letra maiúscula para se referir a posições e ações resistentes ligadas a organizações, partidos e movimentos.

13 Sobre o apelo do General de Gaulle, ver o capítulo 2.

14 Cf. Guy Krivopisso (org.), *op. cit.*, 2006, p. 181.

15 Cf. Guy Krivopisso (org.), *idem ibidem*, 2006, p. 319.

16 Sobre as condições da prisão, destaca-se a carta de Pierre Grelot à sua mãe. P. 163-4.

17 Cf. Guy Krivopisso (org.), *idem ibidem*, 2006, p. 182.

Os condenados à morte por ações armadas, depois de um julgamento, em geral sumário, eram transportados para os lugares de execução. Alguns presídios serviram ao mesmo tempo para detenção e fuzilamento. Diante do pelotão, amarravam-nos de olhos vendados, cada um a uma estaca, sempre em grupos. Alguns recusavam as vendas. Os reféns, não submetidos à tortura, deixavam os campos de internamento para se juntarem aos demais já nos lugares de execução. Os resistentes e reféns católicos recebiam a visita de um padre e, se quisessem, podiam se confessar e comungar. Às vezes, assistiram à missa. Confortavam-se e confortavam as famílias ao morrerem *como católicos* ou *como cristão*, expressões recorrentes nas cartas.

Os corpos eram levados em caixões para cemitérios locais e enterrados em fossas identificadas por numeração, não pelos nomes dos fuzilados. Com as cartas de despedida, as famílias recebiam as coordenadas para localizar os corpos: o nome do cemitério e os números da seção, da aleia e do túmulo. Era interditado aos parentes transferir os despojos, assim como colocar os nomes dos mortos na tumba.[18]

Entre os executados, havia diferentes níveis de engajamento: desde os militantes de base até dirigentes de organizações e partidos políticos; dos que foram pegos distribuindo panfletos de propaganda até integrantes de grupos ligados à ação direta (sabotagens, atentados, fabricação de bombas e explosivos etc.), passando pelos que se ocuparam de redes de informação (espionagem) e de evasão, produção, impressão e divulgação de panfletos e jornais clandestinos. Os resistentes da luta armada, quando capturados, não escapavam da pena capital. Os demais podiam ser condenados à morte ou à prisão. Mas, caso entrassem nas listas de reféns, eram executados. Tornavam-se, assim, resistentes *e* reféns, a um só tempo.

Havia, no entanto, muitos reféns que não tinham qualquer envolvimento com a Resistência, como os judeus internados nos campos na sequência das perseguições antissemitas.[19] A composição das listas de reféns era, em todo caso, guiada por critérios ecléticos. Além dos judeus, comunistas, socialistas, liberais, estrangeiros, também podiam ser incluídos nomes da vida política e da administração local,

---

18 Cf. Guy Krivopissko (org.), *idem ibidem*, 2006, p. 320.

19 Entre outubro de 1940 e setembro de 1941, Vichy editou 57 textos de leis, decretos e portarias visando à segregação. Cf. Denise Rollemberg. "Aos grandes homens a Pátria reconhecida. Os Justos no Panthéon". In Angela de Castro Gomes (org.). *Direitos e Cidadania*. Memória, política e cultura. v. 2. Rio de Janeiro: Ed. FGV, 2007.

regional ou nacional.[20] Nos casos dos reféns, não havia julgamento. Já os encarcerados que cumpriam pena por diversas razões, uma vez inseridos nas listas, passavam, arbitrariamente, do regime prisional para o pátio de execuções, conforme a conveniência do momento.

Vários desses lugares de prisão e execução tornaram-se lugares de memória, como o Monte Valérien, em Suresnes, nos arredores de Paris, a prisão de Montluc, em Lyon, ambos, *Hauts lieux de la mémoire nationale*. Também a antiga sede da Gestapo de Lyon, a Citadelle de Besançon, o Forte Lobau, em Bondues, perto de Lille, a fazenda, nas cercanias de Châteaubriant, funcionaram deste modo e depois foram integrados à memória da Resistência.[21]

Cartazes afixados nos muros das cidades, às vezes bilíngues (francês e alemão), anunciavam as condenações e as execuções, aterrorizando a população, sobretudo para aqueles que já haviam se engajado na Resistência, além de intimidar os que cogitavam nela se integrar.

Morfologia da despedida: últimas palavras

Na maior parte das vezes, os resistentes e reféns recebiam a notícia do fuzilamento a poucas horas ou na véspera da execução. Era-lhes permitido, então, escrever cartas, no máximo três, para as famílias. Depois de censuradas, os originais ou cópias (manuscritas ou datilografadas) eram ou não enviadas ao destinatário. No processo de censura, palavras ou trechos podiam ser suprimidos. Os parentes as recebiam dias, semanas, depois do fato consumado, quando já haviam sido informados da execução pelos cartazes afixados ou pela imprensa.[22] Às famílias proibia-se a divulgação das cartas, o que não as impediu de fazê-las circular entre familiares

---

20 Refiro-me aos reféns que ficaram na França ocupada ou na França de Vichy (para a fragmentação do território francês com o armistício de 22 de junho de 1940, ver o capítulo 2). No confronto militar e na rendição, os alemães fizeram enorme número de prisioneiros entre as tropas franceses, que foram levados como reféns para a Alemanha.

21 Cf capítulo 2. Trata-se fazenda na qual 27 resistentes-reféns foram fuzilados, entre eles Guy Môquet, preso com 16 anos de idade e executado aos 17. De família comunista, era militante da *Jeunesses Communistes*. O lugar foi transformado no Museu da Resistência de Châteaubriant-Voves-Rouillé, no Loire-Atlantique. Guy Môquet tornou-se um símbolo da Resistência; falo da sua carta de despedida adiante. Para demais lugares de fuzilamento e prisão citados, ver também o capítulo 2.

22 Guy Krivopissko (org.), *op. cit.*, 2006, p. 320.

e amigos, que as transcreviam à máquina ou à mão, multiplicando, assim, o acesso à mensagem. Algumas foram publicadas na imprensa clandestina da Resistência, outras lidas nas emissões da BBC ou rádios livres.[23]

Mas nem todos os presos obtiveram autorização para dirigir as últimas palavras à família. Houve também casos em que escreveram às escondidas, para burlar a censura. Algumas cartas chegaram a nós porque atiradas dos veículos que conduziam os condenados ao lugar do fuzilamento, com a solicitação a quem as encontrasse para enviá-las ao destinatário, expediente também usado na tentativa passar informações sigilosas. Outras cartas foram confiadas a companheiros de cela, capelães da prisão ou carcereiros. Ou ainda, passadas dissimuladamente ao visitante durante a visita.[24]

Outras foram ocultadas pelo prisioneiro entre seus pertences e encontradas pelas famílias que os recebiam após a execução. Muitas cartas provavelmente se perderam, privando as famílias e os condenados do último abraço, e o historiador do documento. Houve também cartas que, embora encontradas, jamais chegaram ao destinatário, porque este não foi localizado.[25]

É digno de nota que regimes como o nacional-socialismo e o de Vichy tenham permitido ao condenado essa última manifestação, mesmo que censurada e negada a certos presos, encaminhando-a aos destinatários.

Antes mesmo da Libertação (1944), organizações da Resistência empenharam-se em coletar as cartas com fins de denúncia e propaganda contra o ocupante e os colaboradores. Redes de solidariedade às famílias de presos e fuzilados que, com a Libertação deram origem à *Associação nacional das famílias de fuzilados*, continuaram o esforço de reuni-las, em conjunto com outras associações de memória dos mortos na guerra. O *Comitê de História da Segunda Guerra Mundial*[26], criado em 1951 e dirigido pelo historiador Henri Michel, e os museus da Resistência e da deportação, desde os anos 1960, incentivaram, e continuam incentivando, as diversas associações e famílias a depositarem-nas em arquivos públicos. Atualmente, cerca

---

23 Guy Krivopissko (org.), *idem ibidem*, 2006, p. 320.

24 Guy Krivopissko (org.), *idem ibidem*, 2006, p. 31.

25 Para essa última possibilidade, ver, por exemplo, carta de um anônimo escrita da prisão de Fresnes, em 19 de setembro de 1943, à esposa. A carta foi entregue ao Museu da Resistência Nacional após a 1a edição da coletânea de Krivopissko, de 2003, p. 188-9.

26 Sobre o Comitê de História da Segunda Guerra Mundial, ver o capítulo 2.

RESISTÊNCIA: MEMÓRIA DA OCUPAÇÃO NAZISTA NA FRANÇA E NA ITÁLIA

de 500 cartas de 350 fuzilados encontram-se em treze museus e arquivos e, ainda, em mãos de particulares.[27]

As reflexões aqui propostas baseiam-se nas 130 cartas publicadas na coletânea organizada por Guy Krivopissko e em quatro dentre as 20 expostas no Monte Valérien.[28] Portanto, são ao mesmo tempo uma parte do total disponível – 500 - e uma seleção feita pelos responsáveis pelas duas edições.[29] Os critérios usados por Krivopissko na escolha pretendeu propor "aos leitores uma escuta polifônica da Resistência e dos resistentes."[30] O conjunto compreende, portanto, cartas de resistentes, reféns e resistentes-reféns[31] de diferentes famílias políticas da Resistência, em grande parte, embora não exclusivamente, de homens provenientes das camadas sociais baixa e média, jovens ou homens jovens. Foram escritas de prisões ou de campos de internamento do ocupante ou do *Estado francês*.

Importa aqui verticalizar a análise das motivações, sentimentos, da subjetividade, enfim, dos condenados. Em meio ao mosaico político da Resistência, priorizei os conteúdos e as formas das cartas, suas semelhanças e diferenças. Em seguida, relacionei-os à identidade dos autores. Todas foram escritas para as famílias (mães, pais, esposas, mulheres, companheiras,[32] filhos e filhas) e, em menor quantidade, para amigos; uma para o professor e uma para o advogado.

---

27 Estas informações estão na "Apresentação" de Guy Krivopissko do livro que organizou: Guy Krivopissko (org.), *op. cit.*, 2006, p. 29-37.

28 Guy Krivopissko (org.), *idem ibidem*, 2006. Trata-se de edição aumentada em relação à 1ª, de 2003, razão pela qual trabalhei com a última edição. As 20 cartas expostas no Monte Valérien (ver capítulo 2) estão publicadas: Claire Cameron (dir.) *Le Mont-Valérien. Résistance, repression et mémoire*. Montreuil Éditions Gourcuff Gradenigo, Ministère de la Défense, 2008. Dentre elas, apenas as quatro cartas aqui trabalhadas não haviam aparecido no livro de Krivopissko.

29 Segundo Krivopissko, até o momento, não foram encontradas cartas de executados entre o verão de 1940 e o verão de 1941, e entre o verão de 1944 e 9 de maio de 1945, data da rendição dos últimos bolsões alemães na França. Cf. Guy Krivopissko (org.), *op. cit.*, 2006, p. 30.

30 Guy Krivopissko (org.), *idem ibidem*, 2006, p. 34.

31 Uso a denominação resistentes-reféns, inexistente na historiografia, para referir-me a resistentes que, embora não condenados à morte nas instâncias judiciais do ocupante ou de Vichy, foram fuzilados porque incluídos nas listas de execuções em represália a ações da Resistência.

32 Mantive as nomeações que os condenados deram aos cônjuges: esposas (*épouses*), noivas (*fiancées*), mulheres (*femmes*), companheiras (*compagnes*).

Diria que as cartas dos condenados à morte por fuzilamento também foram, não raramente, escritas para si mesmos. Para quem quer que as leia, é evidente que o que prevaleceu, nas circunstâncias, em que se encontravam, é a condição humana. Esta é a primeira e mais notável semelhança entre as cartas. Daí a opção por esse caminho metodológico, que atenua fronteiras e esmaece contornos de todo tipo. Diante da escrita pungente, procurei trazê-la ao leitor ao abordar os temas que afligiam e confortavam os autores das cartas.

François Marcot[33] levantou a questão incontornável sobre essa documentação: "com que direito podemos ler, publicar ou comentar essas últimas mensagens de condenados, quando elas são destinadas aos parentes, às esposas, aos próximos que eles amavam?" O estreito limite entre a privacidade dos indivíduos e o interesse histórico, tema sempre polêmico e delicado na história contemporânea e, sobretudo, na história do tempo presente, ganha aqui uma dimensão extraordinária. É o próprio Marcot quem responde:

> com o direito e o dever de fraternidade humana: essas últimas cartas dirigem-se a nós. Porque elas falam da vida desses homens e mulheres, o que conta, então, face à morte, palavras de homens sobre a vida de homem. E também porque os condenados explicitamente quiseram que o sentido de seu engajamento, de sua vida, de sua morte nos seja conhecido.[34]

Paradoxalmente, o direito de ler *cartas alheias*, pois, numa primeira abordagem, é disso que se trata, reside no fato de que *a vida dos outros* é parte da vida de todos, diz respeito à realidade de uma sociedade em dado momento. A intimidade-privacidade do indivíduo, sobretudo aqui, é um documento histórico valioso para a compreensão do mundo em que viveram. Passados os anos, as décadas, os nomes dos remetentes (e dos destinatários), a maioria desconhecidos na época e no presente, vão se apagando. Mas suas inquietações, ideias, perspectivas, eternizam-se na história. O que escreveram deve ser conhecido, não porque esses homens sejam *heróis, mitos*, mas justamente pelo inverso, pela oportunidade de vê-los como seres

---

33 François Marcot é professor da Universidade de Franche-Comté; concebeu, com Denise Lorach, sobrevivente da Shoah, o Museu da Resistência e da Deportação de Besançon; tem diversas obras sobre a Resistência, inclusive um dicionário. Cf nota 4.

34 François Marcot. "Voix d'outre-tombe." In: Guy Krivopissko (org.), *op. cit.*, 2006, p. 11.

humanos em sua complexidade.[35] Respeitá-los não é guardar cartas na gaveta até se apagarem. Respeitá-los é preservá-las em arquivos públicos, disponibilizando-as aos contemporâneos e às gerações seguintes.

As cartas valem pelo humanismo que contêm, pelo que são em si mesmas. Esse valor primeiro soma-se ao valor de documento histórico. Nesse sentido, têm dimensão semelhante à dos diários dos *poilus*, em francês, os soldados da Grande Guerra, em cujos uniformes foram encontradas as anotações feitas nas trincheiras, enquanto esperavam a morte. Estes, ainda no combate; aqueles, já prisioneiros.[36]

Também as cartas podem ser lidas segundo a perspectiva da escrita de si.[37] Em curto espaço de tempo e em poucas linhas ou páginas, os fuzilados esboçaram um autorretrato. Breve e intenso. A letra trêmula, atribuída ao pedaço de lápis disponível ou ao frio ou às algemas, traça sem subterfúgios nem retoques o que é substantivo. Neles e nas suas vidas. Eles sabiam que não haveria outra oportunidade para lembrar o que se esqueceu, explicar mal-entendidos, desculpar-se, desculpar alguém, agradecer, revelar-se, declarar-se, instruir providências a serem tomadas. As cartas são, ao mesmo tempo, testemunho e testamento. O registro de si, da vida e da morte. Elas documentam a rara ocasião que esses homem tiveram de, enfim, ultrapassar a angústia do momento da morte que tanto assombra os vivos. As cartas são o registro, igualmente incomum, dessa experiência, deste tempo que não pertence à vida nem à morte. O retrato em vida de quem já morreu. *Já pertencemos a uma outra vida,* afirmou Jean Nicoli.[38] O registro desse trânsito de um mundo a outro, ou ao nada. Nesse tempo irreal, surge um ponto de observação *sui generis*.

As cartas são ainda escalas diferentes da mesma história da França ocupada e de indivíduos condenados por resistirem à ocupação. Retratos íntimos da derrota, da ocupação, da colaboração, que impõem ausências eternas, privam jovens do fu-

---

35 Sobre o debate acerca da mitificação da Resistência e das relações entre história e memória, ver o capítulo 2.

36 Para a Grande Guerra, além dos diários do soldados mortos em combate, reunidos em diversas publicações, também há cartas de despedidas por que foram fuzilados. Cf. Laurence van Ypersele e Emmanuel Debruyne. *Je serai fusillé demain*. Les dernières lettres des patriotes belges et français fusillés pour l'occupant: 1914-1918. Bruxelas, Racine Eds., 2011.

37 Cf. Angela de Castro Gomes (orgs.). *Escrita de si, escrita da história*. Rio de Janeiro, Ed. FGV, 2004.

38 Carta de Jean Nicoli, 28 de agosto de 1943. In: Guy Krivopissko (org.), *op. cit.*, 2006, p. 185.

turo, filhos dos pais, pais e mães dos filhos, separam para sempre casais e amantes. Retratos da França fraturada, vidas interrompidas.

ARS MORIENDI DOS CONDENADOS

Ars moriendi é expressão latina que alude a textos medievais do século XV ou mesmo anteriores. O tema: "a arte de bem morrer". Parece ter sido esta a inspiração das cartas dos resistentes e reféns executados na França ocupada e de Vichy. Nelas, está o que resta ao fim de tudo. Um balanço da vida diante da morte. Sob o impacto da situação-limite nasceu uma escrita-limite. Uma espécie de auto-necrológio. Uma epistolografia sobre a morte anunciada e iminente.

Todos os condenados que escreveram cartas, resistentes e reféns, são antes de tudo maridos, pais, filhos, irmãos. Por isso, identificamo-nos com eles, com suas angústias e esperanças, independentemente de suas posições políticas e ideológicas. Como eles, somos pais, mães, filhos, filhas, maridos, esposas, irmãos, irmãs. Nas palavras de François Marcot,

> no momento de morrer, o herói é um filho ou uma filha, um marido ou uma esposa, um pai ou uma mãe. A história, que é a história dos homens e das mulheres, deve reconhecer e repetir esta realidade primeira. Nossa emoção ao escutá-los não se deve também ao fato de que partilhamos com eles esses amores fundamentais?[39]

Também morreremos. Mas eles sabiam o dia, a hora da morte, próxima, conhecimento aterrador. Jean Nicoli, a seis horas da execução, refletiu sobre a relação dos vivos e dos condenados com o tempo, num discurso imaginário do relógio:

> 'Escutem o tempo, somos nós. Nós advertimos vocês todos os dias, mas o barulho/ruídos do mundo impede vocês de nos escutar. Como você nos compreende hoje! Para você, nós estamos só, você percebe. Nós sabemos que somente hoje você nos compreende e nota como somos solenes. E imagina que somos sempre tão graves, tão solenes, tão regulares. Mas ninguém com-

---

39 François Marcot. "Voix d'outre-tombe". In: Guy Krivopissko (org.), *idem ibidem*, 2006, p. 21.

preende. Se compreendessem nossa linguagem nas cidades e nos vilarejos, os homens seriam melhores."[40]

As reflexões de Nicoli sobre a morte são particularmente notáveis. Embora longa, vale outra citação:

> Amanhã de manhã, às 4 horas, serei fuzilado[41] [...]. Antes de tudo, chamo a atenção que, quem pensa nos condenados à morte como eu pensava, tem uma ideia completamente diferente da realidade. Imaginam que as últimas horas do condenado devem ser terríveis. Bem, não! O homem nasceu para sobreviver e sua natureza adapta-se a todas as situações. Tem-se como uma sensação de vazio em torno de si. Sente-se que não mais se pertence à terra. A voz humana, os ruídos, a vida, não produzem em nós os mesmos efeitos. A impressão nítida é que se foi cortado, que tudo o que te ligava à vida está superado; com todos os fios de comunicação cortados, é claro que não se sente mais nada; se está no vazio, o vazio em torno de você e os ruídos parecem vindos de um outro mundo. Ouço a música que encanta tudo; dirão que são fantasmas. Deve-se ter a mesma impressão se, estando perto da porta de um túmulo, escutasse os mortos a cantar. Já pertencemos a uma outra vida, eu diria, e esta vida nos dá apenas a impressão de ruídos incoerentes. [...]
>
> Posso dar aos homens um conselho: não tenham medo da morte. Ela dá medo a vocês porque não a conhecem, mas creiam-me, ela não é de maneira alguma má, ela não tem nada de terrível, e desde o momento em que se aproxima do grande portal negro, ela tem a aparência acolhedora e sorridente. Não chorem demais os seres que partem. Vocês têm muito mais do que nós do que se queixar. Nós chegamos, e vemos vocês abaixo da própria morte, resistindo para se juntar a nós: pobres de vocês! Sobem e têm medo de chegar ao alto para descansar. Não tenham medo do cume, estou a alguns metros dele. Sinto que, daqui a pouco, vou repousar sobre a doçura suave do cume. Vocês

---

40 Guy Krivopissko (org.), *idem ibidem*, 2006, p. 184.

41 Na realidade, foi decapitado.

dizem, como deve ser terrível saber que se vai ser fuzilado em 4 horas, e, não, vocês bem verão.

30 de agosto às 2 horas da manhã; me fuzilarão às 4 horas.[42]

Nascido na Córsega, em 1899, Nicoli escreveu da Prisão de Bastia, entre 28 e 30 de agosto de 1943. Condenado à morte por um tribunal militar italiano, foi decapitado na prisão, em 30 de agosto de 1943, uma semana antes da insurreição da Córsega, um mês antes da libertação da ilha.[43] Endereçou a carta aos camaradas[44] e aos filhos. Nicoli era professor de escola, membro da SFIO, Seção francesa da Internacional operária, o partido socialista francês.[45] Mobilizado em setembro de 1939, já estava em julho de 1940 de volta à vida civil. Recusando a derrota e a ocupação, aproximou-se dos comunistas e, no final de 1942, aderiu ao PCF e à Frente nacional de luta pela liberdade e pela independência da França,[46] tornando-se uma das principais lideranças da Resistência na Córsega.[47]

Outros fuzilados também experimentaram a sensação de morte no curto, em geral, e intenso tempo entre a notícia da condenação e a execução: "Já estou tão engajado no caminho da morte que o retorno à vida me parece em todo caso difícil demais, senão impossível", escreveu Boris Vildé à esposa.[48] Nascido em São Petersburgo, em 1908, numa família estoniana de origem alemã, Vildé naturalizou-se francês. Era etnólogo, formado em alemão e japonês, fazia parte da equipe

---

42 Guy Krivopissko (org.), *op. cit.*, 2006, p. 185-6.

43 A insurreição iniciou-se em 9 de setembro de 1943 e a completa libertação da Córsega, primeiro departamento da metrópole a conquistá-la, deu-se em 5 de outubro de 1943.

44 Mantive também as denominações originais: camaradas (*camarades*), amigos (*amis*).

45 *Section française de l'Internationale ouvrière*. Para as inúmeras organizações e tendências políticas integrantes da Resistência, ver François Marcot (dir.). *Dictionnaire Historique de la Résistance*. Paris: Robert Laffont, 2006. Ver também o Anexo I (*Léxico das organizações e dos movimentos*) do livro organizado por Guy Krivopissko, *op. cit.*, 2006, p. 309-316.

46 *Front national de lutte pour la liberté et l'indépendance de la France,* também chamado de *Front National,* Frente Nacional, movimento iniciado em maio de 1941, ligado ao PCF, que pretendeu reunir as diversas famílias políticas no combate à ocupação e à colaboração.

47 Ver a carta e as informações sobre Jean Nicoli, in Guy Krivopissko (org.), *op. cit.*, 2006, p. 184-187.

48 Guy Krivopissko (org.), *idem ibidem*, 2006, p. 113.

científica do Museu do Homem, onde organizou com Anatole Lewitsky o primeiro movimento da Resistência, conhecido depois da guerra como "rede do Museu do Homem". Com seis outros membros do grupo, foi fuzilado no Monte Valérien em 23 de fevereiro de 1942, depois de 11 meses de prisão.

Ou ainda, "todas as coisas parecem já ter me deixado"[49], escreveu Peter Snauko à companheira.[50]

Outra carta notável, pela singularidade, é a de Félix Cadras. A forma e o conteúdo, únicos entre as cartas, expressam a perturbação e a fragmentação do pensamento e dos sentimentos do momento. Cadras a escreveu em um lenço de tecido, escondendo-a no forro do sobretudo, onde foi encontrada pela família. Segundo Krivopissko, ele não recebera autorização para escrever a última carta.[51] Ou talvez fosse uma tentativa de fazê-la escapar da censura. Não porque ali houvesse informações sigilosas sobre a luta ou a cadeia para os que estavam do lado de fora. A carta de Cadras é perturbadora em si mesma.

Originário de Calais, na região Norte de país, órfão da Grande Guerra, como tantos combatentes da Segunda Guerra, Cadras tornou-se trabalhador na indústria da região. Resistente, secretário geral do PCF na clandestinidade, foi preso em fevereiro de 1942 por uma brigada especial da polícia francesa e entregue à Gestapo, sendo torturado por ambas. Morreu fuzilado, aos 36 anos, no Monte Valérien, em 30 maio de 1942. Como ele, suas filhas seriam criadas apenas pela mãe.

A carta de Cadras, escrita na prisão de Fresnes, é composta de anotações fragmentadas, algumas dirigidas a alguém em particular, outras exprimindo uma espécie de autorreflexão, não seguem, portanto, o padrão das demais. Está escrita em direções e sentidos opostos e inversos, provavelmente porque dobrou o lenço em quatro para escondê-la enquanto escrevia. O aspecto de garrancho deve ter a ver com as algemas que prendiam as mãos por trás do corpo, para não mencionar a tortura que sofrera. Para além dessa explicação, reflete a perturbação em que se

---

49   No original, *avoir prendre congé de moi*; in Guy Krivopissko (org.), *idem ibidem*, 2006, p. 19.

50   Guy Krivopissko (org.), *idem ibidem*, 2006, p. 199.

51   Cf. Guy Krivopissko (orgs.), *idem ibidem*, 2006. O lenço encontra-se no *Archives municipales d'Ivry-sur-Seine*, fundos Maurice Thorez, Jeannette Thorez-Vermeersch, doação dos herdeiros. Está disponível na web: www.fonds-thorez.ivry94.fr/thorez_cin/cadeaux-1549-maurice-thorez-derniere-lettre-ecrite-par-felix-cadras-sur-un-mouchoir-avant-son-execution--en-1942-le-mouchoir-est-encadre-sous-verre.html (acesso em 1/12/13). Para a transcrição do conteúdo, ver Guy Krivopissko (org.), *idem ibidem*, 2006, p. 131-132.

encontrava. Como se tivesse escrito as mensagens aos poucos, aos soluços, em fragmentos, enquanto aguardava a execução.

A escrita caótica ganha certo ordenamento cronológico com algumas datas que Cadras indicou. Alguns nomes, frases, palavras soltas, como *minha mãe*; *Mary, a filha mais velha*, em um dia; *Mary tem 7 anos*, em outro. *Muita esperança*, em um dia; *grande esperança*, em outro, palavras que destoam da desesperança gritada pela forma. *Viva o PCF e seu chefe, Viva! JC*[52] *e Stalin*. Cadras registrou o isolamento ao qual estava submetido, sem cigarro, sem leitura, confinado na cela. Ao centro do lenço: *sempre só, sempre só*, referência à prisão solitária, quem sabe, aludindo à condição do homem diante da morte. As algemas, a fome (*sempre muita fome*), o "*interrogatório*" (*muito duro*), entre aspas no original, provavelmente para indicar as torturas; a *consciência tranquila*, a *cabeça erguida*. Cadras pede que não se isolem, referindo-se certamente às filhas e à esposa, que *se amem muito*, que as filhas *devem participar de todas as alegrias de amanhã*. Que se orgulhem dele, pois *não falhou* a seu *ideal*, a sua *causa*. Em outras palavras, mesmo torturado, Cadras não forneceu informações aos inimigos nem entregou *camaradas* de luta. "Eu amo vocês de todo o meu coração. E, se devo morrer, até o fim, vocês estarão perto de mim, minhas queridas, minhas (5) queridas."[53] Dirigia-se às filhas, esposa e mãe, sublinhando os trechos indicados. "Ainda espero ser salvo pelo nosso Povo francês. Desde agora, tenho certeza de que minha cara cidade e minha província natal se manterão francesas e a França eterna vai de novo empunhar a tocha da Liberdade pelo mundo."

Mary Cadras tornou-se jornalista, especializando-se em problemas da infância e da adolescência. Em 1995, publicou o livro *Les enfants de la tourmente* (Os filhos/as crianças da tormenta) com as entrevistas que fez com filhos de fuzilados e deportados. Mary dedicou o trabalho à irmã Patricia, que o pai não chegou a conhecer.[54]

Face à morte iminente e a consciência da dor que a carta causaria às famílias, os condenados falaram também sobre a vida que jamais teriam.

---

52 Acredito que deva ser JL, e não JC, como está na transcrição do livro de Krivopissko, Jean Laffitte, secretário geral do PCF na zona ocupada, na sequência da prisão de Félix Cadras, entre fevereiro e maio de 1942. Laffitte, preso em 14 de maio de 1942, foi deportado para campos de concentração na Alemanha e libertado em maio de 1945.

53 Sublinhados no original.

54 Mary Cadras. *Les enfants de la tourmente*. Paris: Editions Graphein; Fondation pour la mémoire de la déportation, 1995.

Muitos referem-se à família, aos filhos que gostariam de ter tido um dia:

> ...começava a provar o desejo de criar, eu mesmo, um lar e, quando pensava nisso, imaginava o prazer que teria envelhecendo (que ironia escrever este verbo: envelhecer) ver crescer meus filhos, e eu me prometia criá-los como vocês me criaram, isto é, honestos e direitos, corajosos também,

escreveu Jacques Grinbaum ao pai e à mãe.[55] Nascido em Paris, de origem judaica, aos 21 anos de idade foi preso no campo de internamento de Drancy[56], suspeito de ser simpatizante dos comunistas, morreu como refém, no Monte Valérien, na sequência de um atentado contra um oficial alemão.

Fernand Zalkinow, aos 19 anos, lamentava também o filho que jamais teria. À irmã Rachel, pediu que colocasse o seu nome na criança que viesse a ter.[57] Foi fuzilado no mesmo dia em que escreveu a carta, em 9 de março de 1942, no Monte Valérien. Em agosto do mesmo ano, o pai foi igualmente executado na fortaleza como refém. A mãe e as duas irmãs, entre ela Rachel, o tio e a tia, a prima e seu marido e os dois filhos do casal, todos foram deportados para Auschwitz, de onde não voltaram. Fernand Zalkinow militava na *Jeunesses communistes*,[58] integrando os *Bataillons de la jeunesse*[59] e participou de inúmeras ações de sabotagem e atentados.

Originário da então Tchecoslováquia, Peter Snauko combatera nas Brigadas Internacionais, na Espanha. Refugiado na França, onde se integrou à Resistência, foi condenado à morte e fuzilado no Monte Valérien, em 6 de outubro de 1943. Em 1º de outubro, despedia-se da companheira, na expectativa de ainda vê-la uma última vez: "a visita será autorizada", disse-lhe. Ansiava saber antes de morrer se a suspeita de gravidez se confirmara: "...seria tão bonito viver! Ter uma família, num mundo libertado do pesadelo da tirania."[60]

---

55 Guy Krivopissko (org.), *op. cit.*, 2006, p. 100-1.

56 Sobre o campo de internamento de Drancy, nas proximidades de Paris, ver o capítulo 2.

57 Guy Krivopissko (org.), *idem ibidem*, 2006, p. 128.

58 *Jeunesses communistes, Juventudes comunistas*, organização de juventude do PCF.

59 *Bataillons de la jeunesse, Batalhões da juventude*, grupos da Juventudes Comunistas que realizam manifestações públicas a partir do outono de 1940, passando à luta armada em agosto de 1941. Cf. Guy Krivopissko (org.), *op. cit.*, 2006, p. 309.

60 Guy Krivopissko (org.), *idem ibidem*, 2006, p. 199.

Entre diferentes origens sociais, níveis de escolarização, idades, engajamentos políticos, ideologias etc., é possível notar certa homogeneidade nas cartas quanto às temáticas abordadas e ao tom usado. Mesmo se referidas às posições políticas, ideológicas, reflexões sobre os destinos da França e do continente no contexto da Guerra, não há dúvida, como disse acima, de que a dimensão íntima prevalece. O amor e o afeto pela família (filhos, esposas, mães, pais, irmãos) e pelos amigos são as características essenciais da escrita. Os sentimentos pessoais. A tradição.

FAMÍLIA, RELIGIÃO, TRADIÇÃO

Nas cartas sobressai, muito fortemente, a figura da mãe, bem mais do que a do pai. Ambos sofrerão, é certo, mas eles sabem que o golpe será mais dilacerante para a mãe. Ao pai, cabia apoiá-la. Ele teria a força para impedi-la de sucumbir. A imagem cristã do filho-mártir nos braços da mãe-piedosa é recorrente, explicitada ou não: a *pietá*. "Agora, vou morrer como o Cristo", escreveu Michel Dabat de Lignières, da prisão de Lafayette, em Nantes, em 22 de outubro de 1941, à mãe. Dabat de Lignières era resistente e, ao fim do cumprimento da pena prisional, integrou a lista de reféns fuzilados em represália à execução de um oficial alemão, em Nantes.

Ainda de acordo com tal simbolismo, Robert Busillet, de 19 anos, misturou a imagem da própria família com a da Sagrada Família:

> Se você soubesse com estou calmo, mamãe querida. Deus está comigo. Oh! Que prologue sua existência, você que tanto sofreu; um calvário horrível ainda a atravessar. Mas, coragem, virei em breve te buscar, e do alto, todos os três, nós seremos felizes.[61]

Busillet entendeu sua morte no campo do religioso, parecendo associá-la aos mistérios dolorosos do rosário: agonia, flagelo, coragem, paciência, perdão. Curiosamente, como se viu no capítulo 2, o Monte Valérien, onde Busillet foi fuzilado em 10 de dezembro de 1941, fora lugar de culto e peregrinação até 1830, onde cristãos reviviam a via sacra, fazendo das diversas capelas que existiam ao longo da subida da colina, as etapas do calvário.

---

61 Guy Krivopissko (org.), *idem ibidem*, 2006, p. 95.

"Sejam corajosos", escreveu Roger Fleury aos pais, "não se deixem abater, protegerei vocês de lá do alto e nós três nos ajudaremos uns aos outros"[62] Fleury era, aos 24 anos, tenente das *Forces françaises de l'Interieur* (FFI)[63], no Marne. Acusado de franco-atirador, foi julgado e condenado à morte pelo tribunal militar de Châlons, no departamento do Marne, região de Champagne-Ardennes. Foi fuzilado em 6 de maio de 1944, no *Terrain de la Folie*[64], atualmente *Butte des Fusillés* (Colina dos fuzilados).[65]

A caracterização das execuções perpetradas pelos ocupantes e colaboradores como martírio mantém-se ainda hoje na memória coletiva, sendo ritualizada nos museus e memoriais, para não mencionar as associações de memória. O problema é que a perspectiva ancorada na tradição cristã potencializa a ideia de vitimização ou o sentimento de sacrifício individual, deixando em segundo plano as posições políticas dos resistentes, quando as havia. Os embates ideológicos, que tanto marcaram o contexto do entre-guerras e da Segunda Guerra, moldaram as variadas identidades da Resistência: antifascista, liberal, comunista, socialista, patriota-nacionalista, todas parecem eclipsadas pela ideia do martírio e da vitimização.

Além disso, a valorização do martírio é estranha ao judaísmo, mesmo que muitos judeus fossem assimilados à cultura europeia. Em todo caso, é interessante notar que em nenhuma das cartas aqui trabalhadas dos judeus condenados, sejam resistentes, reféns ou ainda resistentes-reféns, há referência ao judaísmo, quer como identidade religiosa - sequer evocam Deus! - quer cultural. Em outras palavras, não era essa a identidade na qual se reconheciam, mesmo no momento da morte, mesmo no âmbito familiar, para não falar do momento da radicalização do antissemitismo na Europa. Entretanto, como se viu, a *questão judaica* aparece nas construções de memória dos museus da Resistência (e da deportação) como elemento essencial. Bernard Grinbaum, por exemplo, nascido em Paris, em 1921, de pais de origem russa e polonesa, judeu, militante comunista, morto como resistente-refém, em 30 de abril de 1942, acreditava que a morte era a última provação, a última via-

---

62 Guy Krivopissko (org.), *idem ibidem*, 2006, p. 277.

63 *Forças Francesas do Interior*, denominação dada a partir de 1 de fevereiro de 1944 às formações militares da Resistência interior, autorizadas pelo General de Gaulle. Guy Krivopissko (org.), *idem ibidem*, 2006, p. 311.

64 Nome do lugar, que poderia ser traduzido como *Terra da loucura, Terra da insanidade*.

65 Guy Krivopissko (org.), *op. cit.*, 2006, p. 278.

gem. Depois disso, é o nada, o fim...., escreveu aos irmãos e ao pai.[66] Dois meses depois, o pai e a mãe foram presos tentando ultrapassar a linha de demarcação[67] e, em seguida, deportados. O irmão a quem também endereçava a carta, engajou-se na Resistência. Preso em Lyon, foi libertado na insurreição de Villeurbanne, em agosto de 1944.[68]

A ausência de religiosidade, até mesmo de Deus, nas cartas dos judeus reforça a dimensão de sua laicização, muito mais do que os franceses, muito mais do que os comunistas e socialistas franceses de origem cristã, sobretudo católica. Por outro lado, exatamente, porque eram homens de origem judaica, não viam valor algum no martírio. "A lei do Sinai", disse um antigo rabino, "foi dada para se viver por ela, não para se morrer por ela." Os judeus fuzilados estavam mais perto do *Deus escondido* de Lucien Goldmann do que do *Deus morto* de Nietzsche.[69]

O mesmo estranhamento quanto à metáfora do martírio poderia ser observado quanto aos comunistas e socialistas, embora entre estes as referências cristãs e marxistas sejam mescladas ou sobrepostas, como a historiografia especializada já demonstrou e, como, aliás, pode-se ver em muitas de suas cartas aqui analisadas. Em todo caso, referir-se aos que morreram lutando contra o nacional-socialismo e seus colaboradores (fuzilados ou não) como mártires é algo que deforma trajetórias, enfraquecendo os condenados como agentes históricos, mesmo que alguns, de fato, se percebam como mártires, como se pode ver na reflexão de Louis Sabatié, abaixo. O mesmo vale para a percepção – e auto-percepção - dos resistentes mortos como vítimas, mesmo que ausente a metáfora religiosa: "Eu sou meu ideal. A Grande Revolução Cristã tem seus Mártires. A Grande Revolução atual vai ter os seus. O que é a vida de um homem em comparação à felicidade da Humanidade?", imaginou Sabatié, a meia hora da execução, dirigindo-se ao pai, ex-combatente da Grande Guerra, à mãe e à irmã.[70] Aos 20 anos de idade, integrante do *Francs-Tireurs*

---

66   Guy Krivopissko (org.), *idem ibidem*, 2006, p. 139.

67   Sobre a linha de demarcação, ver o capítulo 2.

68   Movimento visando à libertação da cidade de Villeurbanne da ocupação, ocorrido entre 24 e 26 de agosto de 1944.

69   Lucien Goldmann, *Le dieu caché. Étude sur la vision tragique dans les Pensées de Pascal et dans le théâtre de Racine*. Paris: Gallimard, 1955. Nietzsche. *Assim falou Zaratustra*. São Paulo: Companhia das Letras, 2011.

70   Guy Krivopissko (org.), *op. cit.*, 2006, p. 245.

et Partisans Français (FTPF)[71], de Tarn-et-Garonne, e dos FFI, foi preso pela polícia francesa em Montauban, em 3 de fevereiro de 1944. Responsável pela morte de um policial francês, foi entregue à Gestapo. Condenado à morte pela corte marcial de Toulouse, foi fuzilado pela *Milice française*[72], em 17 de fevereiro de 1944.

Assim como os resistentes de origem judaica (nascidos ou não na França), os estrangeiros não-judeus engajados na Resistência francesa, em grande parte militantes de organizações revolucionárias, não apelaram à religião e a Deus no momento da morte. Estes, por opção (política ou ideológica); os judeus, por vocação.

Outros resistentes – independentemente das origens religiosas e culturais - recusam a vitimização - inspirada ou não na religião cristã - e fazem questão de afirmar sua identidade política. "Sei por que vivi e morri", resumiu Henri Bajtsztok, aos 20 anos, a seu professor.[73] Nascido na França, em uma família de trabalhadores judeus imigrantes, integrou o FTPF, participando de diversas sabotagens e outras ações resistentes.

No mesmo sentido, um dos companheiros de luta e de morte de Manouchian, cuja foto também está no *cartaz vermelho*, Celestino Alfonso escreveu para a família: "peço a vocês muita coragem como eu mesmo tenho: minha mão não treme, sei por que morro e estou muito orgulhoso disso." E adiante: "não lamento meu passado, se pudesse viver de novo, seria de novo o primeiro."[74] Nascido em 1916, em Ituero de Azaba, na província de Salamanca, na Espanha, Alfonso migrou com a família para a França quando era jovem, tornando-se operário marceneiro. Militante da *Jeunesses Communistes*, desde 1934, partiu para a Espanha em 1936, nas Brigadas Internacionais. Retornou à França, em fevereiro de 1939, quando foi internado, no campo de Saint-Cyprien, nos Pirineus-Orientais, como tantos espanhóis, catalães e brigadistas, após a derrota para os franquistas, campo de onde fugiu. Na Resistência, Alfonso tornou-se chefe de um grupo no FTP-MOI. Integrante

---

71   Francos-Atiradores e Militantes Franceses, grupo de combate de militantes franceses do *Francs-Tireurs et Partisans Français*, que unificaram, desde o início de 1942, os diferentes grupos de ação do PCF. Cf. Guy Krivopissko (org.), *idem ibidem*, 2006, p. 311.

72   Milícia francesa, organização política criada pelo governo de Vichy, em 30 de janeiro de 1943; em fins de 1943, assumiu a função de polícia suplementar.

73   Guy Krivopissko (org.), *op. cit.*, 2006, p. 203.

74   Guy Krivopissko (org.), *idem ibidem*, 2006, p. 253.

do grupo de Missak Manouchien, participou de várias ações, nas regiões de Paris e Orléans.

Como *corpus* documental, entretanto, as cartas precisam passar pela crítica do historiador. Se é compreensível que as associações de familiares, desde o pós-guerra, elaborem a memória desses homens como mártires, comprometidas que estão com o dever de memória, é bom refletir sobre o papel que os museus, mais até do que os memoriais, desempenham nessa tensão entre história e memória, sobretudo entre aqueles que se propõem produtores do conhecimento.[75]

As referências a Deus, Cristo, Maria, Sacra Família, ao Céu como paraíso em oposição ao mundo terreno como vale de lágrimas explicitam a religiosidade católica. É comum a percepção do mundo como um *vale de lágrimas*, imagem bíblica que integrava uma tradição cristã, principalmente, católica, desde os primórdios do Cristianismo, difundida na Baixa Idade Média (séculos XI-XV).[76]

"Em breve, terei terminado de sofrer", disse Robert Busillet à irmã, "... estarei com Cristo. Fui colocado na terra para sofrer e sofri verdadeiramente, mas Deus é bom e me ajuda."[77]

Jean Braillon: "Terei deixado esta terra maldita para juntar-me a Nosso Senhor, pois morrerei como cristão e vítima do dever", despedia-se da mulher.[78] Nascido numa família de operários do departamento Nord, o jovem (não se tem o ano de nascimento) seguiu para a Alemanha, requisitado pelo Serviço de Trabalho Obrigatório (STO).[79] Em Brandemburgo, atuou na organização de evasão de prisioneiros de guerra e na sabotagem da fábrica onde trabalhava. Pego em flagrante, foi condenado à morte e executado, em outubro de 1944.

---

75 Para essa discussão, ver o capítulo 2.

76 Cf. Jean Delumeau. *Le péché et la peur*. La culpabilisation en Occident. (XIIIe- XVIIIe siècles). Paris: Fayard, 1983. Segundo Delumeu, o Cardeal Lotário Singe, futuro papa Inocencio III, escreveu, no século XII: "L' homme est né pour le travail, pour la douleur, pour la peur et - ce qui est pire - pour la mort" ["O homem nasceu para o trabalho, para a dor, para o medo e – o que é pior – para a morte"]. Mais adiante, Delumeu resume esta visão pessimista: "La terre est une vallée de larmes, un désert, un exil..." ["A terra é um vale de lágrimas, um deserto, um exílio..."]. P. 21

77 Guy Krivopissko (org.), *op. cit.*, 2006, p.96.

78 Guy Krivopissko (org.), *idem ibidem*, 2006, p. 243.

79 Para o STO, ver o capítulo 2.

"O dia em que ele [Deus][80] nos reunirá em seu seio, como seremos felizes, então, livres de todas as preocupações e infelicidades terrestres", esperava Charles Boizard, de 22 anos, ao escrever para os pais, da Prisão Saint Michel, em Toulouse, em 18 de abril de 1944.[81] Tendo entrado na *Chantiers de la jeunesse*,[82] organização de jovens criada pelo regime de Vichy, em novembro de 1942, recusou-se, porém, a partir para a Alemanha, ao ser intimado em 28 de maio de 1943, pelo STO. Depois de esconder-se em vários lugares do departamento do Lot, entrou no *maquis*[83] no Exército secreto[84], depois no FTP, tornando-se, por fim, chefe do maquis *de France*. Em 10 de abril de 1944, foi feito prisioneiro pelos alemães. Fuzilaram-no em 18 de abril de 1944, um dia após a condenação.

Para a maior parte desses homens, as tragédias pessoais vinham de longe, embora culminassem com a prisão, tortura, condenação e execução. Muitos dentre os jovens perderam os pais na Grande Guerra e, nos anos 1920, foram criados pelas viúvas em meio às graves dificuldades que atingiram o cotidiano dos europeus no entre-guerras, mesmo nos países vencedores. Não raramente, os mais velhos conheceram as misérias das trincheiras da Grande Guerra, além das do pós-guerra. Os judeus vindos do Leste tinham sofrido toda sorte de humilhações e ameaças em seus países já ocupados. Os espanhóis e catalães viveram o drama de um país dilacerado por uma longa guerra civil. O próprio Missak Manouchian bem exemplifica as penúrias que acompanharam suas vidas: nascido no Império Otomano, em 1906, de nacionalidade armênia, perdeu o pai no genocídio de 1915 promovido pelos turcos contra os armênios e a mãe na fome que se seguiu ao massacre. Acolhido, ele e o irmão, por uma família curda, foram ambos encaminhados a um orfanato no Líbano, então protetorado francês, onde aprenderam francês e marcenaria e Missak iniciado nas letras armênias por um professor da escola. Tornou-se marceneiro, escritor, poeta e tradutor. Em 1925, os dois irmãos chegaram à França, por Marselha, e, em seguida, a Paris, onde o irmão adoeceu e

---

80 No original, *ele* está em minúscula.

81 Guy Krivopissko (org.), *op. cit.*, 2006, p. 272.

82 *Canteiros da juventude*, organização de juventude criada em 30 de julho de 1940 por Vichy, visando à formação ideológica.

83 Sobre os *maquis*, ver o capítulo 2.

84 *Armée secrète* (AS), estrutura de combate criada em 1942, reagrupando outras três organizações (*Combat, Libération-Sud* e *Franc-Tireur*).

morreu dois anos depois. Na capital, trabalhou como operário de fábrica, sendo demitido no contexto da grande crise de 1929.

Muitos se referem à vida após da morte. "Não morro, te aguardo no Céu", escreveu Paul Meyer à esposa, da Prisão de Montluc, em Lyon. Aos 39 anos, nascido na Alsácia, era militar de carreira e, em novembro de 1942, engajou-se na Resistência com outros de seu regimento, integrando o Exército secreto, em Saône-et-Loire, na região da Bourgogne. Meyer tornou-se chefe dos *maquis* do ES no departamento.[85] Foi preso na sequência do ataque alemão, em novembro de 1943, a um dos *maquis* que ele criara. Condenado pelo tribunal militar alemão, com outros treze *maquisards*, foi fuzilado em 1º de fevereiro de 1944, no campo militar La Doua, em Villeurbanne, próximo de Lyon.

"A morte é apenas uma separação momentânea e nós nos reencontraremos depois; não tenho apenas a fé, mas a certeza", escreveu Robert Pelletier.[86] Nascido em 1889, jornalista, escrevia para o filho mais novo, Bobby, da Prisão de Fresnes, em 8 de agosto de 1941, véspera do fuzilamento. No ano seguinte, com 12 anos, Bobby foi preso por um oficial francês quando distribuía panfletos de propaganda gaullista e internado em um refúgio de menores delinquentes. A família refugiou-se em Lyon. A esposa, Marthe, também foi presa; ela e Bobby, atuantes na organização *Combat*, tiveram as prisões relaxadas. O filho mais velho, Étienne, de 22 anos, membro da rede *Alliance*, da região lionesa, depois de algumas prisões, foi enviado para o campo de concentração de Struthof, na região da Alsácia, departamento do Baixo Reno e, em seguida para a Fortaleza de Rastatt, na Alemanha (Baden), onde foi morto, em 24 de novembro de 1944.[87]

Ao fim do *vale de lágrimas*, um mundo melhor os aguardava. Lá, reencontrariam os parentes já falecidos e, mais tarde, aqueles dos quais se despediam.

"Felizmente, tenho a fé que me salva para sempre, para a vida eterna que vislumbro desde que vocês me deram a religião católica e Deus, para sempre, entrou em mim há pouco e não me deixará mais, eu o espero para levar minha alma".[88] Com 20 anos, Pierre Martinet, dirigia-se aos pais. Era chefe de uma seção de regimento da FTPF. Foi fuzilado em Jouet-sur-Aubois, no Cher, em 20 de maio de 1944.

---

85 Guy Krivopissko (org.), *op. cit.*, 2006, p. 230-232.

86 Guy Krivopissko (org.), *idem ibidem*, 2006, p. 39.

87 Guy Krivopissko (org.), *idem ibidem*, 2006, p. 43.

88 Guy Krivopissko (org.), *idem ibidem*, 2006, p. 280.

"Nos reveremos lá em cima, pois nós não fomos felizes na terra e nós não nascemos com uma boa estrela", escreveu Jean Auffret, de 19 anos, à mãe. Juntou-se ao FTP, no *maquis* de Nivot-en-Lopérec, sendo fuzilado em 6 de maio de 1944. A mãe, por sua vez, foi morta pelos alemães quando se retiravam de Brest, em 7 de agosto de 1944.[89]

As cartas funcionam como um ato de contrição, não em relação ao engajamento na Resistência, mas a questões familiares, na busca da absolvição no momento da morte. Ainda na perspectiva da religiosidade, pedem perdão por faltas cometidas e, quase sempre, dirigindo-se às mães. Vital Deray, de 19 anos, lamentou inúmeras vezes não ter obedecido à mãe, insistindo junto aos irmãos para que fossem obedientes e gentis com os pais. Em letras trêmulas, pedindo coragem à família, talvez a si mesmo, terminava a carta. Deray e mais quatro amigos da mesma idade formaram um pequeno grupo sem qualquer ligação com organizações, o que era incomum, fazendo numerosas sabotagens, no departamento do Doubs. Três foram fuzilados, entre eles Deray, na Citadelle de Besançon[90], em 19 de janeiro de 1944, e os outros dois deportados para campo de concentração, onde morreram em 1945.

"Cara mãe, vou te causar uma terrível tristeza e te peço perdão por tudo o que você fez por mim, desde minha juventude, perdão por todas as preocupações, chateações e misérias que te causei." Assim, Jean Braillon despedia-se. "Para mim, a vida acabou".[91] A carta destinada aos pais e irmãos foi escrita no mesmo dia da execução e enviada de Brandemburgo, na Alemanha.

Muitos lamentaram não terem expressado como deviam o amor pelas mães e pelos pais e o fazem na derradeira oportunidade. "Lamento não ter dado mais alegria a meus pais", escreveu Jacques Grinbaum, judeu e comunista, como se viu acima–sinalizando que o apego à família era comum aos condenados, independentemente de ideologias ou devoções religiosas.[92] Prevaleciam o sentimento de culpa pessoal e a expectativa do perdão em relação aos seus.

Aos 16 anos, Henri Fertet despedia-se dos pais. Desculpando-se de faltas cometidas, declarou seu amor: "...antes, amava vocês mais por rotina, mas agora,

---

89   Guy Krivopissko (org.), *idem ibidem*, 2006, p. 278-9.

90   Sobre a Citadelle de Besançon, ver o capítulo 2.

91   Guy Krivopissko (org.), *op. cit.*, 2006, p. 243.

92   Guy Krivopissko (org.), *idem ibidem*, 2006, p. 102.

compreendo tudo o que vocês fizeram por mim. Creio ter chegado ao amor filial verdadeiro, ao verdadeiro amor filial."[93]

Desculpam-se até por pequenas faltas na infância. E pelo sofrimento que ainda lhes causariam com o desfecho de suas vidas. "Perdão por tudo: pela dor que lhes causei, que lhes causo, que lhes causarei. Perdão a todos por tudo de mal que fiz, por todo o bem que não fiz", escreveu Roger Pironneau.[94]

"Agora, minha pobre querida, te peço muito perdão pelas pequenas penas que pude te fazer durante nossos vinte anos de casamento", escreveu Marcel Petyt, fuzilado com outros reféns: "nós pagaremos por um crime cometido em 21 do corrente [abril] em Lille."[95] Entre as cartas lidas, essa passagem é a única que parece crítica em relação a esse tipo de ação da Resistência, inclusive denominando-a como crime, que fatalmente provocava consequências para os reféns.

Diversos condenados, inclusive comunistas, relataram a visita de um padre, quando confessaram, comungaram e, por vezes, até assistiram à missa. Buscavam assim, tranquilizar a família e a si mesmos:

> Pedi a um padre para os últimos momentos, não partirei, então, como um cão, pois terei os sacramentos da Igreja. Espero que, na sua infelicidade, você ficará contente, minha Mamãezinha, de saber que um padre me ajudou a passar pelo capítulo final da vida aos vinte e um anos.

Assim escreveu Henri Gautherot, do hospital de la Pitié-Salpêtrière, em 19 de agosto de 1941[96], onde estava, pois fora ferido no momento da prisão. Operário metalúrgico, era católico praticante e, ao mesmo tempo, responsável em Gentilly, próximo a Paris, pela *Jeunesses Communistes*.

Também comunista, René Laforge afirmou na carta para os amigos: "Vou morrer como católico, como meus pais assim também morreram. A confissão me permitiu, aliás, resumir uma vida e revivê-la um pouco."[97]

---

93 Guy Krivopissko (org.), *idem ibidem*, 2006, p. 196.

94 Guy Krivopissko (org.), *idem ibidem*, 2006, p. 147.

95 Guy Krivopissko (org.), *idem ibidem*, 2006, p. 135.

96 Guy Krivopissko (org.), *idem ibidem*, 2006, p. 46.

97 Guy Krivopissko (org.), *idem ibidem*, 2006, p. 122.

RESISTÊNCIA: MEMÓRIA DA OCUPAÇÃO NAZISTA NA FRANÇA E NA ITÁLIA

"Amanhã, me confessarei e comungarei antes da morte", dizia Charles Boizard, dirigindo-se aos pais: "será uma grande consolação e uma grande alegria." Pedia à mãe – "é tudo o que peço"- que mandasse rezar missas "para o repouso de minha alma [...] Que papai se converta também, é o que peço a ele. Que ele não se esqueça que acima de nós há uma vontade que domina e dirige nossos destinos."[98]

"Acabo de assistir à Santa Missa e comunguei. Reencontrei o caminho de Deus e morro com confiança", escreveu Émile Bertrand à mãe e à noiva.[99] Aos 23 anos, Bertrand, guilhotinado na prisão de Saint Paul, Lyon, em 25 de outubro de 1943, também era militante da *Jeunesses Communistes*, integrante do grupo Guy Môquet, formado por jovens em homenagem ao adolescente fuzilado, um dos heróis mais celebrados pela memória da Resistência. De março a setembro de 1943, o grupo foi responsável por uma série de sabotagens e atentados.

Roger Pironneau anunciava aos pais que seu *testamento* era curto: "suplico a vocês a retornarem à fé." E continua: "sobretudo, nenhum ódio contra aqueles que me fuzilam. 'Amai-vos uns aos outros', disse Jesus, e a religião à qual retornei, à qual vocês devem retornar, pois meus irmãos e irmãs queridas, vocês tinham se afastado dela, é uma religião de amor."[100] Nascido em Paris, aos 22 anos, foi fuzilado no Monte Valérien, em 29 de julho de 1942. Em 1941, Pironneau, estudante de história, passou a integrar um dos primeiros movimentos da Resistência, *Saint Jacques*, ligado à rede de informação. Preso em 8 de agosto de 1941, deportaram-no para a Alemanha.

"Nós [ele e o companheiro de cela] teremos a consolação de um padre católico alemão, que vai nos confessar e nos fazer comungar, é sobretudo isso que eu pedia nesses últimos dias à Santa Teresa, que me atendeu", escreveu André Wannin aos pais, irmã e esposa.[101] Wannin, bombeiro hidráulico antes da guerra, combateu na batalha de Dunkerque, evadindo-se para a Inglaterra, de onde voltou para retomar o combate. Ocupando-se, então, da transmissão de informações militares aos aliados. Em 1943, engajou-se no FTPF, participando de inúmeras ações de sabotagem e integrando-se, em seguida, a um maquis. Preso pela Gestapo de Saint Quentin, na região da Picardia, em 4 de fevereiro de 1944, foi condenado com ou-

---

98 Guy Krivopissko (org.), *idem ibidem*, 2006, p. 273.

99 Guy Krivopissko (org.), *idem ibidem*, 2006, p. 208-9.

100 Guy Krivopissko (org.), *idem ibidem*, 2006, p. 147.

101 Guy Krivopissko (org.), *idem ibidem*, 2006, p. 265-8.

tros companheiros à morte, em 6 de fevereiro de 1944, pelo tribunal militar alemão de Laon, e fuzilado, aos 30 anos, no campo de tiro de La Sentine.

"O padre acabou de passar por nós. Embora nunca tenha sido praticante, vou me confessar", escreveu Georges Geoffroy, de 19 anos, à família.[102] Com outros jovens do Liceu Le Braz, em Saint-Brieuc, na Bretagne, onde estudava, atuava pichando cartazes de propaganda nazista nos muros da cidade, distribuindo panfletos e jornais clandestinos nas caixas de correio etc. Em outubro de 1943, numa dessas operações, os rapazes abateram um soldado. Denunciados, conduzidos à Gestapo, alguns foram deportados e outros transferidos para a prisão de Fresnes, entre eles, Geoffroy. Julgados, foram condenados à morte e fuzilados no Monte Valérien, pouco antes da execução de Missak Manouchian e seus companheiros.[103]

Outros condenados passaram por esse momento sem o apoio da religião, mantendo, contudo, a tranquilidade: "vocês sabem que eu esperava há dois meses o que aconteceu esta manhã [a notícia do fuzilamento], assim, tive tempo de me preparar, mas como não tenho religião, não me perdi na meditação da morte; me considero um pouco como uma folha que cai da árvore para adubar a terra," explicou Jacques Decour, buscando sentido para a morte, como tantos o fizeram por meio da religião.[104]

Foram raros, no entanto, os que buscaram um sentido político para o sacrifício que lhes aguardava, como Decour, para quem a fé não é a da religião, mas a da ideologia. O paraíso para estes não estaria no pós-morte, mas no futuro, no mundo reservado aos descendentes. Pierre Rebière é, nesse sentido, ainda mais enfático:

> Repito que se quero manter todas as minhas faculdades sem excitação mórbida nem abatimento, devo minha confiança, minha certeza, ao Partido Comunista, ao marxismo desenvolvido pela ação de Lenin e de Stalin, e penso com compaixão em todos aqueles que caíram/tombaram sem ideal ou sem ter tido confiança absoluta nisso. Eles devem ter sofrido muito.... Para nós, é tão mais fácil...[105]

---

102 Guy Krivopissko (org.), *idem ibidem*, 2006, p. 248.

103 Guy Krivopissko (org.), *idem ibidem*, 2006, p. 249.

104 Guy Krivopissko (org.), *idem ibidem*, 2006, p. 143.

105 Guy Krivopissko (org.), *idem ibidem*, 2006, p. 148-9.

RESISTÊNCIA: MEMÓRIA DA OCUPAÇÃO NAZISTA NA FRANÇA E NA ITÁLIA

A carta à família, devido ao marcante foco ideológico, destoa completamente da maioria. Nascido em 1909, em Villac, na Dordogne, entrou para o PCF em 1934, sendo, em seguida, demitido da fábrica Renault, onde trabalhava. Combateu nas Brigadas Internacionais, na Guerra Civil espanhola, onde foi ferido, retomando à França. Integrante da Resistência, Rebière um oficial de estado maior alemão. Preso, em 15 de dezembro de 1941, torturado, foi condenado à morte por tribunal militar alemão e fuzilado, em Paris, em 5 de outubro de 1942, em um campo de tiro.

Se procurasse, nas cartas, um lema que sintetizasse o espírito dos condenados, bem podia ser *família, religião, tradição*. Vichy teve, como se sabe, um lema oficial: *trabalho, família, pátria*. A intercessão entre os "dois lemas" é o conceito de família. Para os que aguardavam o fuzilamento, na *hora da grande passagem*, como diria Vovelle,[106] parece ter sido ele o traço de união entre o público e o privado: a história da França na Segunda Guerra e a história de homens e mulheres vivendo – e morrendo – nas circunstâncias do conflito.

A tradição é, portanto, o valor inspirador de condenados e vichistas: *família*, referência maior compartilhada por todos; *religião*, essencial para os cristãos das duas facções, inclusive para os comunistas franceses, exceto os de origem judaica; *pátria*, entendida no viés do nacionalismo patriota, para certas famílias políticas entre os condenados, inclusive, mais uma vez, entre muitos comunistas franceses, por princípio, internacionalistas; para os vichistas, a pátria se insere no conceito da *Revolução Nacional*. Já entre os estrangeiros (fossem os radicados na França havia muito tempo, fossem os recentemente chegados), bem como entre os nascidos de pais estrangeiros (primeira geração), nas duas situações, sendo ou não judeus, a ideia de pátria desaparece diante do internacionalismo socialista.

O conceito de trabalho que, sob o ponto de vista dos vichistas, implicava o esforço pelo bem comum e pela superação do liberalismo e da luta de classes, está ausente nas cartas dos condenados, inclusive entre os resistentes comunistas. Presumidamente, contudo, pode-se pensar que trabalho fosse, para eles, o *locus* de desigualdades históricas e a chave para superá-las por meio da luta de classes.

O valor da liberdade, dentre os valores da Revolução Francesa, é o mais lembrado pelos condenados, embora esteja em segundo plano, diante do lugar que a família (tradição) ganha nas cartas. Na construção da memória da Resistência e dos resistentes, contudo, *Liberdade, Igualdade* são as referências desses combatentes

---

106 Michel Vovelle. *L'Heure du grand passage*. Paris: Gallimard, 1993.

no enfrentamento da Revolução Nacional (vichysta), como se fossem herdeiros da Revolução Francesa. A *liberdade,* para eles, significava livrar o país do ocupante alemão e da colaboração francesa; significava também o fim do fascismo e do nazismo, na Europa, no mundo. A *fraternidade* aparece, nas cartas, menos do que a *liberdade,* de modo vago, quando muito, identificada a uma esperança de paz universal. No entanto, a ideia de fraternidade poderia ser vislumbrada na participação de tantos estrangeiros na luta, homens e mulheres comprometidos com a resistência antifascista e, no caso dos comunistas, com a revolução socialista. A *igualdade,* presente na memória da Resistência, como herdeira da Revolução Francesa, não consta destes documentos de maneira alguma.

Em todo caso, se colocarmos os "dois lemas" em perspectiva, podemos pensar na *força da tradição* a inspirar os condenados, mesmo os comunistas de origem francesa (família e religião, sobretudo). Entre os estrangeiros e franceses de origem estrangeira, incluindo os judeus nas duas categorias, a família é o elemento essencial da tradição.

É claro que não se pretende, aqui, minimizar ou negar o ânimo combativo dos resistentes, assimilando-os ao *ethos* político daqueles contra os quais lutaram. Considerado o seu combate frontal ao ocupante e aos colaboradores franceses, mesmo que tal combate tenha sido mitificado ou questionado no pós-guerra, pode-se dizer que os resistentes foram típicos herdeiros do jacobinismo. Dos jacobinos que lideraram a fase do chamado *Terror* na Revolução Francesa. Mas também dos que se engajaram na *Conspiração dos Iguais,* de Babeuf, na Comuna de Paris ou, porque não dizer, na experiência do *Front Populaire,107* nos anos 1930. Capítulos diferentes de um longo processo revolucionário, quando menos de um *espírito jacobino,* que combinava nacionalismo popular com luta social. Defesa das classes oprimidas, combate aos privilégios, anticlericalismo, descristianização. Tudo praticado e vivenciado, nesta longa duração, segundo a cartilha do jacobinismo. O próprio Robespierre, no apogeu do jacobinismo revolucionário, sustentava a legitimidade da *violência* e do *arbítrio* na luta pela liberdade: *despotismo da liberdade,* fórmula que usava para tanto.

---

107 Frente Popular, coalizão de partidos de esquerda que governou a França entre 1936 e 1938, reunindo os três principais (a Seção francesa da Internacional operária ou Partido Socialista, o Partido radical socialista e o PCF) e outros movimentos.

As elites francesas, tradicionais ou burguesas, sempre detestaram tudo isto. As do século XVIII chamaram a fase radical da revolução de *Terror*, por suas medidas arbitrárias, embora os próprios dirigentes revolucionários tenham usado a mesma palavra para assustar os adversos. Guardando as devidas proporções, no tempo da ocupação alemã, ocupantes e colaboracionistas chamavam os resistentes de *terroristas*, enquanto estes diziam que o regime de Vichy, este sim, era o agente do *terror nazista* em solo francês.

Segundo certa corrente historiográfica, por sua vez, o legado jacobino foi além do *Terror* dos tempos de Robespierre, chegando aos revolucionários russos bolcheviques partidários de Lenin, em 1917. A herança leninista ganhou, assim, o mundo através do que veio a se chamar leninismo.[108]

Mas, na hora da morte, tais embates entre culturas políticas rivais perdiam a razão de ser. Desapareciam como por encanto, ou melhor, por desencanto. Os resistentes queriam mesmo saber é do bem estar dos entes queridos, de consolá-los pela perda e, certamente, de *passar à outra vida, ao outro mundo*. Queriam simplesmente desaparecer, em paz ou não com Deus. Queira-se ou não, os condenados externaram, nas derradeiras cartas, sentimentos e ideias mais próximas das oficialmente professadas em Vichy do que podiam imaginar ou admitir. Embebidas de tradição, esquecidas da revolução.

ADEUS À ESPOSA

"Minha bem-amada", escreveu Joseph Epstein à esposa, "não se deixe abater, você será a partir das 15 horas o papai e a mamãe do nosso pequeno querido."[109] Epstein nasceu na Polônia, em 1911, numa família rica de origem judia. Membro do Partido Comunista polonês desde muito jovem, lutou contra o governo autoritário de Pildsusk,[110] exilando-se, por isso, na França, em 1932. Entre 1936 e 1939, combateu na Espanha, nas Brigadas Internacionais. Ao voltar para a França, engajou-se no Exército francês, participando da campanha de 1940, quando foi feito prisioneiro de guerra dos alemães. Epstein conseguiu fugir e juntou-se à luta resistente clandes-

---

108 Cf. Hannah Arendt. *Da Revolução*. São Paulo: Ática, 1988; e François Furet. *Pensando a Revolução Francesa*. Rio de Janeiro: Paz e Terra, 1989.

109 Guy Krivopissko (org.), *op. cit.*, 2006, p. 269.

110 Ditadura polonesa instaurada por Jósef Pildsusk (1867-1935), na sequência do golpe de Estado de maio de 1926.

tina, atuando intensamente nos grupos de sabotagens, tornando-se, por fim, chefe militar das FTPF da região parisiense. Preso em 16 de novembro de 1943, no que seria um encontro com Missak Manouchien, foi fuzilado no Monte Valérien, em 11 de abril de 1944, com outros resistentes. Epstein deixou escrito na primeira página da bíblia do Abade Franz Stock, o capelão alemão que assistiu muitos condenados na fortaleza, uma breve declaração na qual reconhecia a paternidade do filho, só registrado, então, com o nome da mãe.[111] Através das anotações do abade, tornou possível a identificação de muitos dos fuzilados no Monte Valérien.[112]

Nas cartas dirigidas às esposas, chama a atenção a recorrência dos apelos para que elas, encontrando outro amor ou um *homem bom e digno*, reconstruíssem suas vidas afetivas.

"Não fique de luto eternamente", escreveu Maurice Ténine à esposa, "a vida ainda é longa diante de você. Case-se de novo, se você encontrar um dia um companheiro digno de você e que a lembrança de mim permaneça doce na sua vida, você que eu amei." E adiante: "Viva; é preciso que você viva. Sempre te vi corajosa. É preciso que você o seja."[113] Maurice Ténine, nasceu em 1907, em Alexandria, no Egito. A família russa de origem judia migrou para a França quando ele tinha 2 anos de idade. Em 1926, naturalizara-se francês, tornando-se médico e militante do PCF. A esposa, também do Partido, foi presa em outubro de 1943, internada em Drancy e deportada para Auschwitz, onde morreu. À filha, ainda criança, Ténine escrevera que lhe deixava "um nome sem mancha que poderá carregar mais tarde com orgulho."[114] Naquele instante, talvez, carregasse no peito a estrela amarela.

Os condenados enfatizam o desejo de que as esposas superem o luto, não sucumbam, não percam a esperança nem a vontade de viver. "Faço uma última recomendação: deixem-me morrer só; não morram de tristeza; esta seria a pena mais cruel que eu teria", escreveu Jean Baillet, em 27 de agosto de 1941, à esposa, aos filhos, pais, irmãos e amigos.[115]

---

111 In: Claire Cameron (dir.), *op. cit.*, 2008, p. 172.

112 Sobre o Abade Stock, ver o capítulo 2.

113 Guy Krivopissko (org.), *op. cit.*, 2006, p. 86-7.

114 Guy Krivopissko (org.), *idem ibidem*, 2006, p. 86.

115 Guy Krivopissko (org.), *idem ibidem*, 2006, p. 49.

Ou ainda, "é preciso que você viva e que você seja feliz. Eu quero isso", enfatizou Félicien Joly à noiva, em 15 de novembro de 1941.[116] "Minha maior alegria", escreveu, em 15 de dezembro de 1941, François Carcedo à esposa, "seria que você pense em mim o menos possível e que, o mais rapidamente refaça sua vida na qual desejo que seja tão feliz quanto merece."[117]

Casado havia seis meses, Jacques Jorissen, depois de cumprir pena por imprimir e difundir panfletos de propaganda contra o ocupante, entrou na lista de reféns fuzilados em represália ao atentado contra um oficial alemão. Escreveu em 23 de abril de 1942: "minha adorada, te suplico, tenha coragem, pois esta [a triste notícia] será dura, mas você tem toda a vida diante de você e eu te suplico, quando todos esses acontecimentos terminarem, refaça a tua vida, pois você é jovem, minha adorada. Até meu último suspiro, pensarei em você, meu amor, e te peço para pensar em nosso amor de tempos em tempos."[118]

Aos 42 anos de idade e 20 de casamento, Marcel Petyt escrevia: "arranje tua vida o melhor possível e sobretudo não te desencoraje, nós nos reencontraremos no paraíso, de acordo com nossas crenças. Conserve a fé, minha querida. Se você julga poder refazer ou amenizar tua vida por uma outra união feliz, não hesite, se for para fazer o bem. Não ligue para preconceitos. Deixo você inteiramente livre de todo laço. Desejo que assim seja. Suponho que minha última vontade será respeitada", dando ênfase ao que queria através do sublinhando.[119] "Peço-lhe, como uma prece suprema, para amar a vida", suplicou Jehan Launay, em 27 de outubro de 1942.[120] Olivier Boissard escreveu, em 13 de fevereiro de 1943:

> Adeus, adeus, minha boa querida, a morte me leva, mas a vida ainda é para você cheia de coisas pelas quais vale a pena esperar. Então, deixe a vida ainda te encantar quando isto for possível. Não me esqueça jamais, mas que minha lembrança não seja um empecilho para a tua felicidade, pois você ainda pode encontrá-

---

116 Guy Krivopissko (org.), *idem ibidem*, 2006, p. 89.

117 Guy Krivopissko (org.), *idem ibidem*, 2006, p. 104.

118 Guy Krivopissko (org.), *idem ibidem*, 2006, p. 111.

119 Guy Krivopissko (org.), *idem ibidem*, 2006, p. 134.

120 Não há informações biográfica sobre Jehan de Launay. Guy Krivopissko (org.), *idem ibidem*, 2006, p. 152-3.

-la. Se morro acorrentado e infeliz é para que você e os outros sejam livres e felizes no mundo que vou deixar.[121]

Pode-se ver, nas cartas, a tensão entre a dor e o alívio que a lembrança pode motivar. "Eu amo tanto vocês", escreveu Roger Speybroeck à família, "que quero ser esquecido em suas lembranças se, pensando em mim, vocês poderiam ficar infelizes. Nem mesmo repitam meu nome e deixem seu amor secar com a minha vida... ...".[122] Marcel Langer, por sua vez, escreveu à esposa, em 13 de março de 1943, da prisão Saint Michel, em Toulouse[123]:

> Espero que, ao lado de outro homem, você tenha mais sorte. Espero que seja um homem honesto e bom para a minha Rosita [a filha do casal]. É preciso se render à evidência, você é jovem e bela, você deve e pode encontrar um companheiro. Isto me parece normal e justo. Não imagino que você vai continuar vivendo com o passado; tudo o que te peço é dar uma boa educação à Rosita.

Nascido na Polônia, em 1903, numa família de operários do *Bund*, Partido Socialista judeu, Mendel Langer, seu nome verdadeiro, teve uma experiência vastíssima, representativa da militância comunista internacional contra o fascismo em meio às perseguições antissemitas dos anos 1930 e 1940. Sua trajetória culminou na liderança de um grupo da luta armada, responsável por inúmeras ações.[124] Rosita nasceu do casamento com a espanhola que conhecera nos combates da Guerra Civil, quando se integrou às Brigadas Internacionais. Foi guilhotinado na prisão, em 23 de julho de 1943.

Maurice Lacazette assim se despediu da companheira, em 21 de agosto de 1943:

> Adeus,..., seja feliz e, mais tarde, quando estiver curada de tua pena, desejo que encontre um bom *prolo*[125] digno de você. É

---

121 Guy Krivopissko (org.), *idem ibidem*, 2006, p. 171.

122 Guy Krivopissko (org.), *idem ibidem*, 2006, p. 226.

123 Guy Krivopissko (org.), *idem ibidem*, 2006, p. 173.

124 Trata-se da 35ª Brigada do FTP-MOI. Para a trajetória de Marcel Langer, ver p. 174-5.

125 Corruptela de proletário.

duro dizer isso, porque sou ciumento, mesmo diante da morte, mas você merece tanto ser feliz que desejo isso para você de todo o coração.[126]

Em 27 de agosto de 1941, Jean Baillet escreveu: "Thérère, minha mulher querida, você vai ficar só com trinta e quatro anos. Não te peço para ficar para sempre sozinha. Quando se vive, é preciso viver verdadeiramente, se for possível".[127]

Lamentando não ter dado à esposa o filho que ela tanto desejava, Missak Manouchien pediu-lhe, na carta escrita em 21 de fevereiro de 1944, na prisão de Fresnes:

> Tenho um remorso profundo de não tê-la feito feliz, queria muito ter um filho de você, como você sempre queria. Te suplico, então, que se case depois da guerra, sem falta, e tenha um filho em minha honra, e para realizar minha última vontade, case-se com alguém que possa te fazer feliz.[128]

Léonce Laval, professor de Letras em Royan, fichado como simpatizante comunista por ter apoiado a República espanhola, acabou fuzilado, aos 37 anos, no Monte Valérien, como refém. Tratava-se de uma represália ao atentado em Paris responsável pela morte ou ferimentos em 58 oficiais alemães. Cento e quinze outros reféns foram então fuzilados. Léonce Laval sabia do legado que, como fuzilado, deixava para a esposa e o filho:[129]

> minha sucessão moral será pesada para carregar. Se você puder confiá-la a alguém, minha Josette, seja bendita. Se você crê poder confiá-la a alguém, pela criança e mesmo por você que mantém todos os direitos às pobres alegrias desse mundo, seja bendita e que a paz esteja com todos vocês.[130]

Os exemplos nesse sentido não têm fim.

---

126 Guy Krivopissko (org.), *op. cit.*, 2006, p. 182.

127 Guy Krivopissko (org.), *idem ibidem*, 2006, p. 49.

128 Guy Krivopissko (org.), *idem ibidem*, 2006, p. 250.

129 Sobre o assunto, ver, por exemplo, o livro de Mary Cadras, *op. cit.*, 1995.

130 In Claire Cameron (dir.) *Le Mont-Valérien*. Résistance, repression et mémoire. Montreuil: Éditions Gourcuff Gradenigo, Ministère de la Défense, 2008, p. 229

Para além do *preconceito*, como se referiu Marcel Petyt, fruto dos costumes e tradição, os condenados sabiam das dificuldades que as esposas, sem recursos e com filhos pequenos, encontrariam para se casarem e lamentavam deixá-las tão jovens.

Ao mesmo tempo em que esses homens podem ser vistos sob o prisma da tradição (família, religião), como propus acima, quanto às relações homem-mulher, no âmbito familiar, social e do indivíduo, eles rompem fundamentalmente com ela. Contrariam um costume, camponês e católico, segundo o qual as viúvas deviam evitar novos casamentos. Das formulações de teólogos, como Santo Agostinho e sua celebração da *excelência do estado de viuvez*, aos costumes dos mais remotos vilarejos, e seu vasto adagiário ridicularizando viúvas que casam, prevalecia essa percepção, superada pelos condenados. Nesse assunto, ao mesmo tempo de foro íntimo e social, os condenados deixaram, nas cartas, um legado revolucionário.

Alguns fuzilados pedem o mesmo aos pais: "…. aproveitem seus últimos dias, que eles não sejam tristes demais. Guardem-me nos seus corações o mais longamente possível, mantenham-se dignos, apesar de tudo, a vida voltará a ser bela, depois da chuva, o tempo bom", da prisão de Montluc, em Lyon, recomendava Marcel Renard aos pais.[131] Aos 22 anos, ele integrava o *maquis* do Exército secreto em Beaubery, desbaratado pelos alemães, em novembro de 1943. Condenado à morte pelo tribunal militar alemão de Lyon, Renard foi fuzilado em fevereiro de 1944.

Na condição de pais, os condenados deixaram para as esposas orientações para a educação dos filhos, baseando-se em virtudes como honestidade, bondade, honradez. "Tenho confiança em você", dirigia-se Jean Baillet à esposa, "para que faça de nossos pequenos bravos homens, trabalhadores e corajosos."[132] Querendo participar da vida da filha mesmo depois da morte (talvez uma negação da morte), Pierre Rigaud, detalhou as recomendações a tal ponto que chegou a ironizar: "me dou conta de que faço um tratado de educação…".[133]

"Sejam sempre muito muito obedientes e corajosas com a pobre mamãe", enfatizou Paul Meyer às duas filhas, "que faz apenas o bem para vocês e vive por vocês.

---

131 Guy Krivopissko (org.), *op. cit.*, 2006, p. 233.

132 Guy Krivopissko (org.), *idem ibidem*, 2006, p. 49.

133 Guy Krivopissko (org.), *idem ibidem*, 2006, p. 118.

Sejam sempre gentis com tua pobre mamãe. Trabalhem bastante na escola, tornem-se grandes moças e rezem sempre que o bom Deus protege vocês."[134]

Eles apelam às esposas para manterem entre os filhos a lembrança do pai desaparecido, explicando-lhes, *no momento oportuno,* as razões das prisões, condenações e execuções. Os filhos deviam lembrá-los como homens honrados e honestos. Deviam ter orgulho deles, pois morreram no cumprimento do dever, recusando-se a curvar-se diante do inimigo, *sacrificando,* outra noção religiosa frequente, a vida pela liberdade.

Quanto aos valores ideológicos, é o da liberdade, repito, que prevalece em meio aos assuntos privados, não sendo completamente obscurecida por eles. Não a igualdade nem a fraternidade, mas a liberdade, como se viu acima, a primeira das palavras revolucionárias de 1789.

Já às vésperas da Libertação do Norte do país, Henri Gallois escreveu da Prisão de Loos-lès-Lilli, à mulher, em 7 de junho de 1944: "fizemos tantos projetos para a chegada dos ingleses e, entretanto, eles estão à nossa porta e certamente seremos os últimos a serem fuzilados".[135] Gallois nasceu, em Ascq, no departamento Nord, em 1914. Ferroviário, tornou-se subtenente no FFI. Foi acusado com outros resistentes pelo descarrilamento de um trem militar alemão em sua cidade natal. Em represália, uma unidade 12a Divisão de Blindados da SS, de nome *Hitlerjugend* (Juventude Hitlerista), massacrou 86 habitantes da cidade. Ascq tornou-se uma das cidades-mártir francesa.[136] Gallois pedia: "minha pequena Marguerite-Marie, mais tarde, deve saber de tudo."

Joseph Epstein escreveu, com o mesmo ânimo:

> Defenda nosso pequeno Micróbio querido. Crie-o como homem bom e corajoso. E, te suplico, não lhe dê outro papai. Fale a ele frequentemente de mim, de seu papai-car[137] que tanto o ama, que tanto ama vocês. Meus últimos instantes quero consagrá-los a vocês. [...]. Sejam felizes os dois e não se esqueçam do seu 'papai-car'.[138]

---

134 Guy Krivopissko (org.), *idem ibidem,* 2006, p. 231.

135 Guy Krivopissko (org.), *idem ibidem,* 2006, p. 284.

136 Sobre as chamadas cidades mártires, ver o capítulo 4.

137 *Papa-car,* no original.

138 Guy Krivopissko (org.), *op. cit.,* 2006, p. 268.

Alguns condenados pediam às esposas para manterem viva, nos filhos, a lembrança do pai, esclarecendo-os de que não eram terroristas nem bandidos. Olivier Boissard escreveu à companheira, em 13 de fevereiro de 1943:[139]

> Sobretudo, querida, queria que a lembrança de mim fosse preservada nessa jovem cabeça, que ele saiba que o papai dele era honesto e direito e, se ele tombou, é para que todas as criancinhas da França tornem-se homens livres e orgulhosos do país, para que a Fraternidade humana habite os corações e desapareçam para sempre a barbárie como o egoísmo que a perpetua.

"Queria que falasse frequentemente de mim para ele quando crescer", escreveu, sublinhando, René Laforge, membro do PCF.[140] Recomendou ainda que a notícia da execução não fosse dada aos dois irmãos, mantidos prisioneiros de guerra na Alemanha.

No mesmo sentido, mas se dirigindo aos pais, Jean Dorval escreveu: "não pensem que sou um criminoso ou um bandido, porém as leis da guerra são terríveis". Com 37 anos, Dorval era inspetor de polícia de Lyon e tornou-se membro do movimento *Libération*[141], responsável por uma rede de sabotagem nas cercanias da cidade. Como René Laforge, o irmão de Dorval era prisioneiro de guerra, levado para a Alemanha como refém no momento da derrota. Ele esperava que a volta dele para casa amenizasse a dor da sua mãe.

Aos filhos, diretamente, os condenados recomendaram que fossem bons e honestos, corajosos e felizes.

Robert Busillet, jovem de 19 anos, delegou à irmã o desejo de deixar sua marca no mundo: "Se ela tiver um filho, que ela o chame de Robert, em lembrança do irmão que tanto a amava."[142] Aqui, o desejo interrompido de ser pai e de fazer-se perene no mundo. A descendência como superação da morte.

---

139 Guy Krivopissko (org.), *idem ibidem*, 2006, p. 170-1.

140 Guy Krivopissko (org.), *idem ibidem*, 2006, p. 121.

141 Guy Krivopissko (org.), *idem ibidem*, 2006, p. 225.

142 Guy Krivopissko (org.), *idem ibidem*, 2006, p. 96.

O inimigo e a guerra

Em geral, os condenados não demonstram ódios nem ressentimentos e pedem para as famílias não guardarem raiva dos algozes. "Que ninguém pense em me vingar. Desejo apenas a paz na grandeza reencontrada pela França", escreveu o conde Honoré d'Estienne d'Orves à irmã.[143] Aristocrático e católico, deixou ainda uma carta para o abade alemão, Franz Stock, que assistiu *in extremis* os condenados do Monte Valérien. Nela, agradecia o apoio espiritual recebido, mas também reconhecia o seu valor humano. Na bela relação entre os dois, a esperança de que os seus países encontrassem a paz.[144]

Da Prisão de Fresnes, Missak Manouchien escreveu no dia em que foi fuzilado. "Tudo está confuso em mim e muito claro ao mesmo tempo". E adiante: "... não tenho qualquer ódio contra o povo alemão nem contra quem quer que seja, cada um terá o que merecerá como castigo e como recompensa. O povo alemão e todos os outros povos viverão em paz e fraternidade depois da guerra que não durará muito mais tempo. Felicidades! A todos!" E, por fim: "perdoo todos os que me fizeram mal ou que quiseram me fazer mal, salvo aquele que nos traiu para salvar a própria pele e aqueles que nos venderam."[145]

"Perdoo meus juízes. Eles apenas obedeceram, eles não julgaram", escreveu Jean Catelas ao advogado. Sobrevivente do *inferno de Verdun*, como ficou conhecida a batalha da Grande Guerra, símbolo do nacionalismo francês, foi guilhotinado na Prisão de *La Santé*, em Paris, em 24 de setembro de 1941. Catelas foi um dos primeiros condenados pelo tribunal de Vichy,[146] aparelho judiciário do *Estado Francês* durante a ocupação alemã.

Ou ainda, Félicien Joly: "não tenho ódio no meu coração. Vi lágrimas nos olhos dos soldados alemães que nos vigiavam. Sei hoje que eles odeiam a guerra. Sei que podemos contar com a Alemanha." Referia-se "aos filhos de Goethe, aos irmãos de Werther, aos operários das cidades e dos campos."[147]

---

143 Prisão de Fresnes, 28 de agosto de 1941. P. 55.

144 Cf carta, em Guy Krivopissko (org.), *op. cit.*, 2006, p. 54.

145 Guy Krivopissko (org.), *idem ibidem*, 2006, p. 250-1.

146 O nome oficial era *Tribunal de Estado*. Sobre a Batalha de Verdun (1916) da Grande Guerra, ver o capítulo 2.

147 Guy Krivopissko (org.), *op. cit.*, 2006, p. 90.

Boris Vildé pediu à esposa: "não é preciso que minha morte seja um pretexto para um ódio contra a Alemanha. Agi pela França, mas não contra os alemães. Eles fazem seu dever como nós fizemos o nosso."[148]

Chama a atenção, nessas e em outras cartas, o argumento do cumprimento do dever como explicação e justificativa para o arbítrio, o crime, a tragédia.

"Peço que nenhum pensamento de vingança contra quem quer que seja se eleve, mesmo em seus corações", dirigiu-se o abade René Bonpain aos pais.[149] Bonpain atuou em uma rede de informações militares na região Norte e foi fuzilado no Forte Bondues[150], em 30 de março de 1943. Aos 35 anos de idade, nascido em Dunkerque, era filho de um *grande inválido*[151] da Primeira Guerra.

À esposa, Jean Santopietro, de 23 anos, preso na queda do *maquis* do Exército Secreto de Beaubery, em novembro de 1943, dizia: "parto sem lamentar nada do que fiz, acredito ter feito o meu dever, os alemães creem fazer o dele. Parto sem ódio, te devolvendo a palavra que você me tinha dado, você viverá para um outro esposo."[152] Foi fuzilado em 1º de fevereiro de 1944.

De um lado, entre os condenados, pulsa um tipo de nacionalismo contra o inimigo que lembra a República Francesa, valorizando o sacrifício da vida pela pátria. De outro, a razão herdeira das Luzes. Às vezes, podem-se ver as duas lógicas na mesma carta.

Notáveis ainda nas cartas são a recusa ao ódio ao inimigo; a compreensão de que o inimigo o é por circunstâncias; a ideia de que alemão não é mau por ser alemão, apenas cumpre o seu dever. Os condenados rompem aqui com outra tradição: a do alemão como *inimigo hereditário*, tão forte ainda na Grande Guerra. Os discursos oficiais das duas guerras mundiais pregavam ódio aos inimigos. Por que eles - homens que lutaram, às vezes, nos dois conflitos, muitos filhos ou órfãos da Primeira Guerra - perdoam os algozes (alemães ou franceses colaboradores), enquanto aguardavam para serem fuzilados por eles? Talvez a resposta esteja justamente na força do sentimento cristão, prevalecendo o perdão: oferecer a outra face.

---

148 Guy Krivopissko (org.), *idem ibidem*, 2006, p. 113.

149 Guy Krivopissko (org.), *idem ibidem*, 2006, p. 175.

150 Sobre o Forte Bondues, ver o capítulo 2.

151 *Grande inválido de guerra* é uma categoria criada na Grande Guerra (1914-1918) que assegura determinados direitos por parte do Estado.

152 Guy Krivopissko (org.), *op. cit.*, 2006, p. 235.

RESISTÊNCIA: MEMÓRIA DA OCUPAÇÃO NAZISTA NA FRANÇA E NA ITÁLIA

Mas há algo de novo nessas declarações: a superação do ultranacionalismo belicista, que motivara as duas guerras. Talvez o foco na condição humana, essencial das cartas, como se viu, tenha permitido essa ruptura. As palavras quase proféticas citadas acima de Missak Manouchian: "o povo alemão e todos os outros povos viverão em paz e fraternidade". Ou de Félicien Joly: "sei que podemos contar com a Alemanha."

Também nesse sentido religioso, ou quase, Robert Busillet pedia à mãe: "a guerra nos terá matado, papai e eu, mas te suplico, *mamiou* querida, é teu filho que vai morrer que te pede, não te revoltes contra Deus, submeta-se, nós nos veremos de novo em breve em um mundo melhor."[153] Busillet, aos 19 anos, foi fuzilado no Monte Valérien, em 10 de dezembro de 1941, condenado como franco-atirador e espião.

Na direção oposta, houve exceções, como as citadas abaixo, as duas primeiras enviadas secretamente e, portanto, escapando da censura:

> é preciso que você conheça os responsáveis pela minha morte, são os policiais franceses que, após nos maltratar, espancar, nos entregaram aos alemães. Não esqueça jamais todos esses covardes, é preciso também que meus filhos saibam disso. Não perdoe jamais àqueles que me prenderam e acorrentaram diante de você, eles são cúmplices por sua inconsciência e sua covardia.

Assim escreveu um resistente anônimo, despedindo-se da esposa e dos filhos, pouco antes do seu fuzilamento. A carta, datada de 19 de setembro de 1943, saiu clandestinamente, escapando, portanto da censura, da Prisão de Fresnes e jamais chegou ao destino.[154]

Ou ainda, Bernard Maitre: "punam os atos odiosos que eles cometeram na nossa terra querida", escreveu na carta que conseguiu atirar do caminhão, enquanto o levavam ao lugar do fuzilamento, em fevereiro de 1944.

Na mesma linha denunciadora e revoltada e, ainda em carta autorizada, coisa surpreendente, considerando a censura, Simon Fryd, de 21 anos, dizia adeus às irmãs: "morro pela causa pela qual combati, não me esqueçam. Vinguem-me".[155]

---

153 Guy Krivopissko (org.), *idem ibidem*, 2006, p. 95.

154 Carta de um anônimo escrita da prisão de Fresnes, em 19 de setembro de 1943, à esposa A carta foi entregue ao Museu da Resistência Nacional após a 1a edição da coletânea de Krivopissko, de 2003, p. 188-9.

155 Guy Krivopissko (org.), *op. cit.*, 2006, p. 212.

Fryd era judeu polonês, cuja família se instalou em Paris, fugindo do antissemitismo. O pai morreu logo no início da guerra; a mãe, presa na *raffle do Vel'd'Hiv'*,[156] foi levada para o campo de Drancy e, depois para Auschwitz, de onde não voltou. As duas irmãs fugiram para Lyon, engajando-se na Resistência. O jovem atuou na *Union de la Jeunesse Juive*,[157] depois no FTP-MOI[158], tornando-se exímio fabricante de bombas e granadas. Foi guilhotinado na Prisão *Saint Paul*, em Lyon, em 4 de dezembro de 1943.

Os condenados que trataram da guerra nas cartas jamais cogitavam a vitória alemã, mesmo nas mensagens anteriores ao final de 1942, início de 1943, quando o inimigo começou a perder batalhas decisivas. A certeza de que travavam o *bom combate*; a fé na luta, na Pátria, na vitória, para uns; a fé no comunismo, na ideologia e no Partido, para outros. "O único reconforto a todos esses suplícios [...] é a certeza da vitória [...] e o heroísmo dos camaradas que partem para a morte cantando"[159], escreveu Pierre Grenot à mãe, em 8 de fevereiro de 1943, ao detalhar as condições da prisão de Fresnes. Grenot sabia da rendição além em Stalingrado, dias antes da sua execução?

As referências a questões e opções políticas e ideológicas não estão de todo ausentes, embora, como já disse, não sejam o foco das cartas. Além das referências à Pátria, à França, à Libertação, à liberdade, ao comunismo, ao PCF, alguns condenados saudaram lideranças do movimento comunista internacional e o *mundo melhor* que viria, certamente. Enfatizaram que não *traíram* à causa, ao ideal, aos amigos. Ou seja, não passaram informações para os inimigos durante a tortura, prejudicando a luta e os *camaradas*. Designavam, assim, como traição, o ato daqueles que não resistiram ao *interrogatório*, chamados de traidores sem qualquer atenuante.

---

156 A razia do Velódromo de Inverno (raffle do Vel'd'Hiv') ocorrida em 16 e 17 de julho de 1942, quando, na capital e na região parisiense, cerca de dez mil homens, mulheres e crianças judeus foram presos no estádio de corridas de bicicleta. Aí, esperaram dias, até serem enviados a campos de trânsito, abertos pelo governo de Vichy e, em seguida, juntos a outros judeus aprisionados, posteriormente, em Paris e no interior, conduzidos em setenta e quatro trens em direção a Auschwitz.

157 *União da Juventude Judaica*, criada em 1943, como organização da MOI, próxima ao PCF.

158 Para o FTP-MOI, ver nota 10.

159 Guy Krivopissko (org.), *op. cit.*, 2006, p. 164.

Mortos cuidam de vivos

Se o impacto emocional da morte por fuzilamento flagelava a consciência dos condenados, atormentava-os também a sobrevivência material da família, mesmo que os assuntos materiais apareçam nas cartas num segundo plano.

Preocupava-os o fato de que as esposas e as mães não contavam mais com eles no sustento das crianças – irmãos e filhos. Tampouco os pais, nas necessidades da velhice. Eles sabiam, muitos até pela experiência de órfãos da Grande Guerra, que a batalha das esposas-mães para criar sozinhas os filhos seria dura. Os mais velhos também se inquietavam em deixá-las num mundo em guerra.

"Espero que a Pátria, que tanto amei, te ajude a criar materialmente nossos filhos", escreveu Jehan de Launay à esposa.[160]

"Meu único remorço é o de te abandonar nas condições difíceis em que você se encontra. […]. Sei que você está bem amparada, o que me tranquiliza nesse momento supremo", escreveu Léon Jost à esposa, da prisão Lafayette, em Nantes, em 22 de outubro de 1941. Jost era veterano que perdera a perna na Batalha do Somme, em 1915, tornando-se, no período entre-guerras, ativo militante de associações de ex-combatentes mobilizados para ajudar as vítimas da Primeira Guerra. Com a derrota de 1940, na Segunda Guerra, e, consequente ocupação, Jost atuou nas associações de ajuda aos prisioneiros franceses e britânicos, em Nantes. Engajou-se também no encaminhamento de correspondência clandestina e nos canais de fuga para a Inglaterra. Preso, condenado a três anos de prisão pelo tribunal militar de guerra alemão, Jost entrou na lista de reféns fuzilados em represália ao atentado a um oficial alemão.[161]

Alguns apelaram aos pais e mães para ajudar as esposas no sustento dos filhos. Apesar das preocupações com a sobrevivência material dos próprios filhos e dos irmãos pequenos, os condenados viam neles a esperança de que as mulheres – mães e esposas – superassem a perda, mesmo que a motivação para tal fosse a responsabilidade que então cabia a elas de prover as crianças. Nota-se nas cartas a permanência do padrão rural na sociedade francesa de casais com filhos de idades diferenciadas.

---

160 Guy Krivopissko (org.), *idem ibidem*, 2006, p. 152-3.

161 Guy Krivopissko (org.), *idem ibidem*, 2006, p. 74 e ss.

Meu pequeno Bébert [Robert] querido", escreveu Henri Gautherot, em 19 de agosto de 1941, ao irmão mais novo, na carta dirigida aos pais, "lembre-se, frequentemente, de teu irmão mais velho e seja muito corajoso. Ajude Mamãe a suportar sua dor, seja sua ajuda, seu apoio, substitua-me junto a ela. Não traia a confiança que deposito em você. Você é agora um homenzinho, seja um grande Francês.[162]

Veem-se nas cartas a indicação de algum dinheiro aqui ou ali, contas a pagar, objetos a devolver ou a resgatar. Como nos antigos inventários e testamentos de gente humilde, vários condenados listaram seus pertences, por vezes miúdos, detalhando o que fazer com eles, a quem dá-los. A escassez generalizada de um tempo de guerra decerto também contribuiu para tais cuidados.

Muitos informavam os pertences que as famílias deviam retirar das prisões onde estiveram encarcerados: casacos, suéteres, calças, relógios, alianças etc. "Te envio minha mala, espero que a polícia te entregue meus documentos e 2.500 francos que estavam na carteira", escreveu Paul Meyer à esposa.[163]

Ou ainda: "reivindique para você meu terço, meu crucifixo, com que tanto rezei, e meu livro de orações, assim como minha aliança", dizia Jehan de Launay à esposa.[164]

Lucien Michard lembrou à esposa, ao final da carta: "não se esqueça dos meus sapatos no sapateiro da estação, onde havia deixado para consertar. Dê ele ao Maurice."[165]

"Minha cara mulher", dizia Celestino Alfonso, venda minhas roupas para fazer um pouco de dinheiro para você. No meu pacote, você encontrará 450 francos que depositei em Fresnes."[166] Escrevia da prisão, de onde saiu para a execução.

Como em um testamento, alguns distribuíram para parentes e amigos objetos pessoais, livros, instrumentos de trabalho etc. "Volumes da *Pléiade*, as Fábulas de La Fontaine, *Tristan*, as *Quadro Estações*, *Os pintinhos*, as aquarelas de Vernon e Issoire, *La carte des Quatre pavés du Roy*", listou o escritor Jacques Decour, pseudô-

---

162 Guy Krivopissko (org.), *idem ibidem*, 2006, p. 45.

163 Guy Krivopissko (org.), *idem ibidem*, 2006, p. 231.

164 Guy Krivopissko (org.), *idem ibidem*, 2006, p. 153.

165 Guy Krivopissko (org.), *idem ibidem*, 2006, p. 98.

166 Guy Krivopissko (org.), *idem ibidem*, 2006, p. 253.

nimo de Daniel Decourdemanche, aos pais.[167] Membro do PCF, era também professor de alemão, participou da tradução do *Teatro completo*, de Goethe, publicado pela *Pléiade*, além de crítico literário e jornalista.

Robert Busillet escreveu ainda: "lego à Marie-Thérèse o que tenho no banco para quando ela se casar. Se ela tiver um filho, que o chame de Robert, em lembrança ao irmão que tanto a amava."[168]

Por vezes, as cartas transformaram-se em testamento formal, caso houvesse bens, propriedades e dinheiro, como fez Lucien Michard: "'Dou à minha mulher, Madame Michard, nascida Marie-Louise Maillet, todos os meus bens presentes e a vir.'"[169]

Missak Manouchien deixou para a esposa a edição de seus textos: "com a ajuda de meus amigos que vão querer me honrar, edite meus poemas e escritos que valem serem lidos."[170]

Em carta tratando exclusivamente do testamento, vale a citação daquela de Fortuné Dubois, de 8 de dezembro de 1941, endereçada à esposa, escrita da prisão de Cuincy, na cidade de Douai, próxima a Lille. A carta foi deixada à própria sorte com a solicitação a quem a encontrasse de encaminhá-la à destinatária. Dubois, nascido em 1896, pai de quatro filhos, era mineiro em Fenain, também no departamento Nord,[171] delegado sindical da CGT e militante do PCF. Nela, detalhou todas as atividades como trabalhador nas minas, indicando os períodos e as empresas, desde 1909, quando começou aos 13 anos de idade. A preocupação era que a esposa pudesse, com as informações detalhadas, reclamar seus direitos de 30 anos de serviço e 20 de contribuição a um fundo de pensão. Atuante na impressão e difusão de publicações clandestinas do Partido Comunista, Dubois foi acusado também de participar de ações armadas e sabotagens. Foi fuzilado pelos alemães como resis-

---

167 Guy Krivopissko (org.), *idem ibidem*, 2006, p. 144. *Les petits poussins* (Os pintinhos) é um dos 16 episódios da obra musical *Quadros de uma exposição*, de Modest Mussorgsky, compositor russo, escrita em 1874. Vernon é uma comuna, no departamento Eure, na Alta Normandia (Haute-Normandie); Issoire é uma comuna no departamento Puy-de-Dôme, na região de Auvergne.

168 Guy Krivopissko (org.), *idem ibidem*, 2006, p. 96.

169 Guy Krivopissko (org.), *idem ibidem*, 2006, p. 99.

170 Guy Krivopissko (org.), *idem ibidem*, 2006, p. 251.

171 A mineração era importante atividade na região. Para a greve de mineiros ocorrida em julho de 1941, ver o capítulo 2.

tente-refém em 14 de abril de 1942, na própria prisão, onde a filha também estava detida.[172]

Sem filhos, Missak Manouchian igualmente se preocupava com o sustento da esposa: "depois da guerra, você poderá fazer valer teu direito de pensão de guerra como minha mulher, pois morro como soldado regular do exército francês da Libertação."[173]

Os que não tinham nada de material para legar, ao menos deixaram uma prova de afeto, como o jovem Robert Busillet, 19 anos: "te dou esta asa de borboleta em lembrança de mim", escreveu à mãe antes de ser fuzilado.[174]

A MEMÓRIA DESEJADA

Terá passado pela cabeça dos condenados que, um dia, seriam vistos como heróis nacionais? Que seus nomes, estariam nas placas de ruas, praças, estradas, museus, memoriais? "Todos nós nos consolamos um pouco com a ideia de que não seremos esquecidos e teremos participado da construção do belo futuro", disse Maurice Lacazette à companheira, em agosto de 1943.[175] Referia-se aqui não à lembrança da família, mas à lembrança de que a Nação um dia teria dos combatentes da Libertação.

"O futuro nos restituirá o lugar que nos convém"[176], previu Georges Pitard, despedindo-se da sua mãe, da prisão de La Santé, em Paris, em 19 de setembro de 1941. Ex-combatente da Grande Guerra, advogado, militante do PCB, Pitard participou da campanha de 1940. Uma vez desmobilizado, dedicou-se à defesa de sindicalistas e comunistas perseguidos, razão pela qual foi preso, sendo fuzilado no Monte Valérien, em 20 de setembro de 1941.

Por sua vez, Arthur Loucheux, falava em esquecimento, na carta escrita para o irmão da prisão de Loos-lès-Lille, no departamento Nord, em 26 de setembro de 1941: "depois desta tormenta, uma legítima felicidade espera todos vocês, mas sempre há vítimas, eu sou uma delas, e, depois, não há mais o que dizer... Mais tarde, virá a quietude e o esquecimento, e a vida continuará para todos vocês." O mineiro

---

172 Guy Krivopissko (org.), *op. cit.*, 2006, p. 93-94.

173 Guy Krivopissko (org.), *idem ibidem*, 2006, p. 250-1.

174 Guy Krivopissko (org.), *idem ibidem*, 2006, p. 95.

175 Guy Krivopissko (org.), *idem ibidem*, 2006, p. 180.

176 Guy Krivopissko (org.), *idem ibidem*, 2006, p. 63.

RESISTÊNCIA: MEMÓRIA DA OCUPAÇÃO NAZISTA NA FRANÇA E NA ITÁLIA

nascido em 1910, militante sindicalista e comunista, membro do PCB, atuou na reconstrução da CGT clandestina e na grande greve dos mineiros do Nord-Pas-de-Calais, de maio e junho de 1941. Loucheux foi preso na sequência da repressão do ocupante, marcada pelas prisões, deportações e execuções. Juntamente com deze-nove reféns, foi fuzilado na prisão.[177]

O nacionalismo patriótico, a ideia de morrer pela Pátria, *morrer como francês*, a honra, o dever cumprido, o sacrifício, a coragem, todos valores muito presentes na Grande Guerra são referências fortes entre vários fuzilados, inclusive os jovens. "Que morte será mais honorável para mim?", perguntava Henri Fertet, aos 16 anos, ao pai, em letras trêmulas, pelas quais se justificou.[178] Fertet participou de ações da luta armada. Preso em 3 de julho de 1943, torturado, foi condenado à morte por tribunal militar alemão com outros jovens integrantes do grupo, todos fuzilados na Citadelle de Besançon, em 26 de setembro de 1943.[179]

"Saibam que dar a vida a seu país não é somente um sacrifício, mas é tam-bém a melhor prova de esperança que nosso país será um dia perfeitamente livre e feliz", escreveu Pierre Lamandé aos filhos pequenos.[180]

"Fique você também orgulhoso de mim", escreveu o jovem Julien Ducos, de 24 anos, para o pai. "Você terá dado à França um filho e nosso sacrifício não será inútil."[181] E adiante: "nós terminaremos como todos os patriotas. Nosso sacrifício, creio, não será inútil, pois dará à França, no dia da vitória, o direito de ficar, tam-bém, orgulhosa de seus filhos…". Produtor de vinho e militante da *Jeunesse agricole chrétienne* (JAC)[182], antes da guerra, tornou-se tenente no FFI, em Épernay. Acusado de terrorista, Ducos foi condenado à morte pelo tribunal militar de Châlons-sur-Marne, sendo fuzilado em 19 de fevereiro de 1944.

---

177 Guy Krivopissko (org.), *idem ibidem*, 2006, p. 67.

178 Guy Krivopissko (org.), *idem ibidem*, 2006, p. 197-8.

179 Sobre a Citadelle de Besançon, ver capítulo 2.

180 Guy Krivopissko (org.), *op. cit.*, 2006, p. 205.

181 Guy Krivopissko (org.), *idem ibidem*, 2006, p. 246.

182 Juventude agrícola cristã. "Movimento de juventude fundado em 1929 pela Igreja católica para a ação no meio rural, […]. Apesar da adesão da JAC aos grandes temas da Revolução Nacional de Vichy e a tolerância ao ocupante, muitos de seus membros juntaram-se aos ma-quis da Resistência, sobre as bases dos valores cristãos e da recusa ao STO". Guy Krivopissko (org.), *idem ibidem*, 2006, p. 312.

Da Prisão de Montluc, em Lyon, Henri Mazuir escreveu à esposa: "...terei pago com a vida o pouco de sacrifício que dei pela França". E ainda, aos pais e à irmã: "não tenho qualquer arrependimento e estou orgulhoso de dar a vida a meu país".[183] Aos pais, um anônimo, escreveu: "vocês devem ficar mais orgulhosos do que sofridos por ter dado um filho pela salvação da França".[184]

"É a mais bela morte, morrer por seu País", escrevia Jacques Mautret, de 17 anos, à irmã e ao pai, da Prisão de Montluc, em Lyon, preso na queda do *maquis* do Exército secreto, de Beaubery. Mautret juntou à carta de despedida outra que, acredita-se, tenha escrito para o pai quando decidiu entrar na Resistência. O pai conhecera as trincheiras de Verdun e opôs-se, em vão, ao engajamento do filho: "não sou um revolucionário de barricadas nem um desordeiro, mas meu pai lutou em Verdun, sofreu nas trincheiras para que a França vivesse. Saberei continuar sua obra e participar desta grande realização que vocês vislumbraram em 1918. Quero poder dizer, mais tarde, que, ao invés de eu ser um 'soldado de agitação', eu era 'um soldado da França'".[185]

Robert Pelletier, como Marc Bloch, em *A estranha derrota*[186], relacionou as duas guerras mundiais entre si na crítica à apatia dos franceses diante do ataque alemão de 1940: "jamais se morre em vão. É porque franceses demais diziam e pensavam o contrário que nós conhecemos a derrota com todas as assustadoras consequências".[187] A mortandade da Grande Guerra contribuíra nessa perspectiva.[188]

Surpreendentemente, para o leitor e para os próprios condenados, eles constatavam estarem tomados pela tranquilidade. "Saibam que estou perfeitamente calmo. Meus dois camaradas e eu passamos a noite falando tranquilamente, fazendo até piadas...", escreveu o conde Honoré d'Estienne d'Orves à irmã.[189]

Na carta que Bernard Maitre jogou do caminhão que o conduzia ao lugar de execução, La Combe-Freteuille, perto de Vesoul, dizia aos pais: "nesta última hora,

---

183 Guy Krivopissko (org.), *idem ibidem*, 2006, p. 214 e 215.

184 Guy Krivopissko (org.), *idem ibidem*, 2006, p. 216.

185 Guy Krivopissko (org.), *idem ibidem*, 2006, p. 237.

186 Marc Bloch. *A estranha derrota*. Rio de Janeiro: Jorge Zahar, 2011; sobre o assunto, cf o capítulo 2.

187 Guy Krivopissko (org.), *op. cit.*, 2006, p. 40.

188 Cf o capítulo 2.

189 Prisão de Fresnes, 28 de agosto de 1941. P. 55.

meu espírito está calmo, assim como meu corpo, minhas ideias bem definidas, assim como meus atos."[190] Com 21 anos, ex-marinheiro radiotelegrafista, fugindo do Serviço de Trabalho Obrigatório (STO), Maitre entrou na Resistência, primeiro no movimento Lorraine, depois no FTP, participando de inúmeras ações contra o ocupante e colaboradores. Preso em 20 de dezembro de 1943, condenado à morte pelo tribunal alemão de Vesoul, foi fuzilado com outros resistentes em 16 de fevereiro do seguinte.

Eles se diziam, na imensa maioria das cartas, serenos e calmos diante da morte, mesmo que lamentassem, sobretudo os jovens, a morte prematura – "Dezessete anos e meio, minha vida foi curta....", escreveu Guy Môquet.[191]

"É triste, Yvonne, morrer tão jovem e em plena saúde", testemunha um anônimo, cuja carta jamais chegou à destinatária.[192]

"Estou corajoso, te asseguro", escreveu Fernand Zalkinow, de 21 anos, à irmã. E continuou:

> para te dizer a verdade, não consigo explicar a mim mesmo como estou tão calmo. Antes da condenação, acontecia de frequentemente chorar, mas depois, não derramei uma só lágrima. Tenho a impressão de uma grande tranquilidade de alma e uma grande quietude. Parece-me que ainda há uma prova a passar, a última, e depois tudo terá terminado, sem mais." [...] "E, entretanto, sempre tive, desde os mais jovens anos, tanto, tanto medo de morrer. Acredito que o homem é curiosamente constituído. Agora, olho do alto todas as pequenas coisas da terra, todos os pequenos interesses pelos quais os homens brigam e o medo da morte que move tantas pessoas. Parece-me que tudo isso é bem insignificante.[193]

Sabiam os condenados que não havia qualquer possibilidade de reverter a situação na qual se encontravam, nem de fugir, apesar da *salvação*, imaginada por

---

190 Guy Krivopissko (org.), *op. cit.*, 2006, p. 241.

191 Guy Krivopissko (org.), *idem ibidem*, 2006, p. 81.

192 Carta de um anônimo escrita da prisão de Fresnes, em 19 de setembro de 1943, à esposa. A carta foi entregue ao Museu da Resistência Nacional após a 1a edição da coletânea de Krivopissko, de 2003.

193 Guy Krivopissko (org.), *op. cit.*, 2006, p. 127.

Félix Cadras, mais delírio do que expectativa. Alguns condenados chegaram a pedir formalmente clemência, sempre negada. Em todo caso, não são, absolutamente, cartas desesperadas. Uma das raras exceções, talvez seja, mais uma vez, a carta-lenço de Cadras, porém, ainda, mais pela forma da escrita do que pelo conteúdo.

Maurice Lacazette, referindo-se aos demais resistentes condenados à morte no mesmo processo dele, narrou a angústia do momento à companheira: "nós passamos horas duras, o tempo de se habituar à ideia de desaparecer, e todos os barulhos de botas no corredor apertam um pouco o coração. Chegou o momento? Os rostos se crispam, mas todos estão prontos e armados de muita coragem."

"Entro na morte sorrindo, como numa nova aventura, com alguns arrependimentos, mas sem remorso nem medo", escreveu Boris Vildé à esposa.[194]

Depois do julgamento usado pelos ocupantes como propaganda xenófoba, antissemita e contra a Resistência, Missak Manouchian registrou na carta para a esposa:

> morrerei com 23 camaradas daqui a pouco com a coragem e a serenidade de um homem que tem a consciência muito tranquila, pois pessoalmente, não fiz mal a ninguém e, se o fiz, foi sem ódio. Hoje, faz sol. É olhando o sol e a bela natureza que tanto amei que direi adeus à vida e a todos vocês, minha muito cara mulher e meus muito caros amigos.[195]

"Estou nesse momento numa calma e numa serenidade que vocês não podem fazer ideia", escreveu um anônimo aos pais e à noiva.[196]

Aos 17 anos, por sua vez, Jacques Mautret dizia ao pai e à irmã: "estou um pouco nervoso, mas não chorei, a morte não me dá medo."[197]

Na carta que Léonce Laval deixou para a esposa, datada de 20 de setembro de 1942, demonstrava tranquilidade, mas esclareceu seu ponto de vista em relação a um tipo de ação da Resistência que desencadeava represálias que custava a vida de

---

194 Guy Krivopissko (org.), *idem ibidem*, 2006, p. 113.

195 Guy Krivopissko (org.), *idem ibidem*, 2006, p. 251.

196 Guy Krivopissko (org.), *idem ibidem*, 2006, p. 216.

197 Guy Krivopissko (org.), *idem ibidem*, 2006, p. 236.

pessoas: "lembre a todos que eu era – Robert[198] também – absolutamente inocente e estrangeiro a um partido com formas de ação que eu reprovava formalmente. Morro vítima da estupidez de uns e do rigor de outros. Perdoo todos. Esta carta lembrará que eu aspirava apenas a dar meu sangue, não derramar o sangue dos outros." Em relação à "serenidade surpreendente que descubro em mim", disse adiante: "é preciso fingir esquecer para melhor morrer."[199]

Esta é a única carta na qual um refém assim avaliava ações da Resistência que acarretavam represálias por parte dos alemães e mortes de inocentes. Em outros países ocupados, onde a Resistência também lançou mão de ações semelhantes, causando retaliações, massacrando populações, os resistentes contaram com acusações e ressentimentos por parte das vítimas.[200]

Em sentido oposto ao destemor predominante nas mensagens, está a carta de Francis Lagardère à família. Antes da guerra, Lagardère acumulara fatos e casos de rebeldia nas escolas locais e na comunidade. A fragilidade e o medo tomaram o *enfant terrible* diante da morte próxima: "Em uma hora, estarei diante de Deus, e isto me apavora, eu que tanto pequei."[201] Falou da comunhão que ainda faria nos instantes finais, e de pecado, perdão, Deus. Campeão de atletismo, Lagardère recusou-se a alistar-se no *Chantiers de la jeunesse*, e, em seguida, a partir para a Alemanha, uma vez convocado pelo Serviço de Trabalho Obrigatório. Com 21 anos, tornou-se ativo militante da luta armada, responsável pela criação e pela organização de *maquis* nas montanhas do Isère e chefe do campo de Tréminis, no Vercors.[202] Preso em Grenoble, fuzilaram-no em Lyon, em 23 de dezembro de 1943.

---

198 Robert Dartagnan, professor de desenho, amigo de Léonce Laval, com quem foi preso e fuzilado. Cf. Claire Cameron (dir.), *op. cit.*, 2008, p. 226.

199 Claire Cameron (dir.), *idem ibidem*, 2008, p. 229.

200 Alessandro Portelli imortalizou o caso do massacre de Civittèla, região na Itália, ocorrido em mês e ano, quando a população do vilarejo onde os alemães assassinaram x habitantes em represália a um atentado, responsabilizaram os comunistas, autores da ação, pelo massacre. Cf. Alessandro Portelli. O massacre de Civitella Vai di Chiana (Toscana, 29 de junho de 1944). In Marieta de Moraes Ferreira e Janaína Amado (orgs.). *Usos & abusos da história oral*. Rio de Janeiro: Ed. FGV, 1998.

201 Guy Krivopissko (org.), *op. cit.*, 2006, p. 218.

202 Para os *maquis* no maciço montanhoso do Vercors, nos departamentos do Isère e do Drôme, ver o capítulo 2.

Réquiem para os resistentes

Viu-se até aqui como o foco das cartas era a despedida da família. Importava menos falar de política ou da guerra do que se despedir deles. Além disso, como eram censuradas, não convinha, por prudência, fazer comentários que resultassem na sua apreensão, em prejuízo das últimas palavras dos condenados aos seus próximos. Talvez pela mesma razão raros foram os condenados que expressaram arrependimentos e ressentimentos no campo da política, ao contrário da contrição que exprimiam quanto às relações familiares. Tudo talvez para não afligir ainda mais as pessoas queridas.

"Saibam também que não me arrependo dos atos da minha vida, que foi uma existência de trabalhador honesto, devotado à família e aos camaradas de miséria". Assim, se despedia Jean Baillet da família.[203]

Mesmo nas cartas enviadas clandestinamente, prevaleceram as despedidas, as declarações pessoais e íntimas. Como se viu na carta de Félix Cadras, escondida no forro do casaco, apesar dos *Vivas a Stalin* etc., é sobretudo, uma despedida (angustiada) da família.

As exceções ficam por conta de mensagens que, enviadas secretamente, procuravam passar informações precisas para evitar a queda de outros combatentes, como a carta de Félicien Joly, escrita da Prisão de Loos-lès-Lille, em 15 de novembro de 1941. Referia-se a um companheiro de luta que teria passado *endereços de numerosos camaradas* no interrogatório. Joly pretendia avisar aos destinatários para que fugissem e mudassem os *depósitos* de lugar.[204] No dia seguinte, foi fuzilado na *citadelle* de Lille.

Alguns poucos resistentes, entre as cartas lidas, demonstraram arrependimento. Chefe de uma seção de regimento do FTPF, aos 20 anos, Pierre Martinet dizia aos pais e irmãos: "pela única ação que fiz, pago duramente com a minha vida". Argumentava que "entrara de boa fé nesse grupo, talvez, me enganei…". Ainda assim, dizia que não lamentava nada. "Pago caro….", concluiu.[205]

Outro exemplo nesse sentido é a carta de René Villaret, de 21 anos, açougueiro que se integrou em dezembro de 1943 ao maquis FFI da La Vacquerie, no departamento onde nascera, Hérault. À mãe escreveu: "para mim, a vida foi, em

---

203 Guy Krivopissko (org.), *op. cit.*, 2006, p. 49.

204 Guy Krivopissko (org.), *idem ibidem*, 2006, p. 88-9.

205 Guy Krivopissko (org.), *idem ibidem*, 2006, p. 279-280.

momentos, o calvário [a identificação com o sofrimento de Cristo, de novo] de um rapaz que tinha se perdido do bom caminho que, todos vocês se esforçaram para que eu seguisse e que, não sei por que, não segui como vocês fizeram: era meu destino." Entretanto, também dizia que "não lamentava nada." [206]

Ou ainda: "Se tivesse imaginado que a minha vida seria tão curta, jamais teria deixados vocês, teria ficado junto a vocês como camponês", dizia Pierre Chaumeil, fuzilado em 17 de julho de 1944.[207] Resistente, dirigiu o serviço de informação do *Grupamento Gao*[208], em Corrèze. Preso em 4 de julho de 1944 pela Gestapo, Chaumeil foi condenado por tribunal militar alemão e fuzilado, aos 27 anos, em 17 de julho de 1944, na *carrière des Perrières*.

Lucien Michard, nascido em 1879, morreu fuzilado no Monte Valérien, em 13 de dezembro de 1941, condenado à morte porque não devolveu uma arma de fogo, conforme determinação dos ocupantes. Era dono de uma barbearia na Gare de l'Est, em Paris. Michard não era resistente nem se tornou refém, morto em represália a ações da Resistência. Na carta à esposa, escrita no mesmo dia do fuzilamento, atribuía o esquecimento ao excesso de trabalho e lamentou não terem feito o que planejaram: retirar-se para o campo.[209] Por fim, recomendava-lhe que não desse a notícia da execução aos filhos, mantidos na Alemanha como reféns. Só deviam saber na volta para casa.[210]

---

206 Guy Krivopissko (org.), *idem ibidem*, 2006, p. 282-3.

207 Guy Krivopissko (org.), *idem ibidem*, 2006, p. 293.

208 " 'Grupamento Gao': movimento de resistência criado por René Jugie, dito, 'comandante Gao', integrado do Movimentos Unidos da Resistência (MUR)." Guy Krivopissko (org.), *idem ibidem*, 2006, p. 312. Quanto ao MUR, foi a fusão, em 26 de janeiro de 1943, de três movimentos da zona sul: *Combat*, *Franc-Tireur* e *Libertação-Sul*. Guy Krivopissko (org.), *idem ibidem*, 2006, p. 312 e p. 314, respectivamente.

209 Guy Krivopissko (org.), *idem ibidem*, 2006, p. 98.

210 A nota biográfica de Lucien Michard, citada acima, coincide com as informações presentes no livro de Monique Houssin. *Résistantes et résistants en Seine-Saint-Denis: un nom, une rue, une histoire*. Ivry-sur-Seine, http://maitron-en-ligne.univ-paris1.fr/spip.php?article143051&id_mot=427 (consultado em 4/2/2014).

Capítulo 3 - Caderno de Imagens

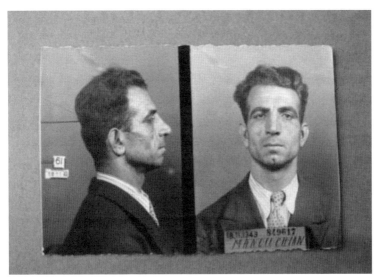

Imagem 1; Missak Manouchian. http://mongin-jules.fr/_media/img/medium/affiche-fusilles.jpg (acesso em 27/11/13)

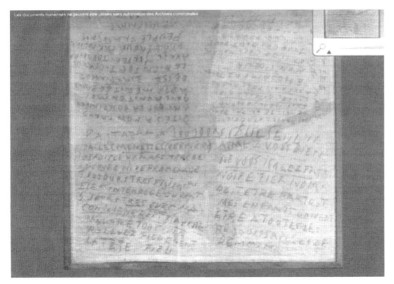

Imagem 2. Carta de despedida de Félix Cadras, escrita em lenço (depositada nos Archives municipales d'Ivry-sur-Seine, fundos Maurice Thorez)www.fonds-thorez.ivry94.fr/thorez_cin/cadeaux-1549-maurice-thorez-derniere-lettre-ecrite-par-felix-cadras-sur-un-mouchoir-avant-son-execution-en-1942-le-mouchoir-est-encadre-sous-verre.html (acesso em 1/12/13).

PARTE II
Itália

CAPÍTULO 4

Os Museus e Memoriais da Resistência da Itália

RESISTÊNCIA ITALIANA E ANTIFASCISMO: UM DESENCONTRO

Assim como a França, a Itália possui uma grande quantidade de museus dedicados à Resistência. Cronologicamente, esses lugares de memória tratam do período entre 8 de setembro de 1943 e 25 de abril de 1945.[1]

O primeiro marco refere-se à divulgação do armistício com os países aliados, assinado pelo general Pietro Badoglio, chefe de governo, cargo que assumiu após a deposição de Benito Mussolini pelo Grande Conselho do Fascismo, órgão máximo do Partido Nacional Fascista, em 25 de julho de 1943. A assinatura do acordo ocorreu quando as forças armadas norte-americanas e britânicas já haviam ocupado boa parte do território italiano, na sequência do desembarque na Sicília (10/7/43 a 17/8/43). Badoglio fora o comandante na Guerra da Etiópia (1936) e chefe do Estado maior das forças armadas, desde a entrada da Itália na guerra ao lado da Alemanha, em 10 de junho de 1940, até dezembro do mesmo ano, afastando-se após os fracassos italianos na África, na Grécia e na Albânia.

A segunda data, marco da periodização dos museus, 25 de abril de 1945, diz respeito à libertação final da ocupação estrangeira e ao fim da República Social Italiana estabelecida em Salò, após o resgate de Mussolini por uma força-tarefa alemã.

Deposto pelas forças que constituíram, em seguida, o novo governo, Mussolini foi aprisionado em *Campo Imperatore*, num hotel nas proximidades do maciço *Gran*

---

1   Sobre o conceito de Resistência na Itália, ver o capítulo 1.

Sasso,[2] pico mais elevado dos Apeninos, onde permaneceu entre 28 de agosto e 12 de setembro de 1943. Por meio de uma ação militar, a Alemanha o libertou, colocando-o à frente da República Social Italiana, fundada em 23 de setembro de 1943. Com a República de Salò, como ficou conhecida, em referência à nova capital, próxima a Milão, os alemães e a elite fascista contrária ao armistício pretenderam estabelecer, ali, no território, ainda não tomado pelos aliados, um simulacro do Estado fascista sob regime republicano. Mussolini, era, então, uma sombra do que fora em 1922, quando chegou ao poder, pois a República Social Italiana era governada menos pelo *Duce* e mais pelos nazistas e fascistas fiéis à Alemanha. A essa aliança, definida na sequência do 8 de setembro, deu-se o nome de nazifascismo.[3]

A Alemanha tentou impedir o avanço aliado em direção ao Norte do país, ocupado na esteira do Armistício entre o novo governo italiano e os Aliados, usando os Apeninos como barreira natural. Entre fins de outubro de 1943 e maio de 1944 erigiu, ao Sul da cordilheira, a *Linha Gustav*, constituída por fortalezas, bunkers de concreto, bloqueios de arame farpado, torres de tiros e campos minados, tudo guardado por 15 divisões do exército. Com o avanço aliado pelo centro do país e a tomada de Roma pelo exército norte-americano, em 4 de junho de 1944, a *Wehrmacht* refez suas defesas com a da Linha Gótica. Apenas em abril de 1945 os Aliados romperam essa última barreira defensiva, estabelecida nos maciços setentrionais dos Apeninos, nas regiões da Toscana e da Emilia Romagna.

A adesão incondicional à dominação estrangeira e a uma guerra perdida, que somente servia aos interesses alemães, custou ao que "restou do fascismo" a legitimidade como representante do interesse nacional. Entre os antifascistas, a crise

---

2   Na região de Abruzzo, na província de L'Aquila.

3   Sobre esse contexto da Itália, ver, entre outros, a síntese de Bernard Droz, no seu prefácio à edição francesa da obra de Claudio Pavone. *Une guerre civile*. Essai historique sur l'éthique de la Résistance italienne. Paris: Seuil, 2005 (1ª edição italiana de 1991); Renzo de Felice. *Mussolini l'alleato* [Mussolini, o aliado], II. La guerra civile. 1943-1945. Turim: Einaudi, 1997; Gianni Perona. "Penser la Résistance: les formes de la Résistance et l'opposition au fascisme en Italie." In: François Marcot e Didier Musiedlak (orgs.). *Les Résistances, miroir des régimes d'oppression*. Allemagne, France, Italie. Actes du Colloque International de Besançon, 24 a 26 set. 2003, Musée de la Résistance et de la Déportation de Besançon, Université de Franche-Comté e Université de Paris X. Besançon: Presses Universitaires de Franche-Comté, 2006; Claudio Silingardi. *Alle spalle della Linea Gotica*. Storie luoghi musei di guerra e resistenza in Emilia-Romagna. [Atrás da Linha Gótica. Histórias lugares museus de guerra e resistência na Emilia Romagna] Modena: Artestampa; Istituto Storico di Modena, 2009.

do verão de 1943 impôs como prioridade a luta contra a Alemanha, que se tornava o inimigo principal. Não era mais o caso de fazer oposição a um sistema que desabara. Se, no interior do país e no exílio, os antifascistas vinham desde a chegada de Mussolini ao poder refletindo sobre a natureza do fascismo, essa orientação implicou uma "simplificação radical da questão." Até então, o discurso antifascista reconhecia os "fascistas honestos" ou "de boa fé" como interlocutores políticos, expressões recorrentes na sua propaganda. Doravante, o antifascismo deixou de ser mera oposição política para tornar-se Resistência ao invasor alemão e negação frontal do fascismo no plano militar, físico e material. Passou-se da oposição ao confronto. Da conspiração secreta à guerra aberta.[4]

A urgência de unir forças para derrotar o inimigo gerou, entre os resistentes, interpretações apressadas sobre a fase final da guerra e sobre o significado do fascismo na história italiana, ao contrário das análises dos anos 1920 e 1930, sem dúvida mais ricas. Nesse sentido, a realidade da Itália pós-armistício amalgamou posições e perspectivas políticas muito diferentes, que se agruparam no combate ao nazifascismo.[5] O antifascismo de duas décadas pareceu superado diante da queda do regime. Cedeu lugar à nascente Resistência, que incorporava os antifascistas de sempre e todos aqueles que não mais se identificavam com o fascismo.

No exterior, soldados ítalo-americanos engajaram-se no exército dos EUA, fazendo esquecer as simpatias em relação à Itália fascista; na URSS, os antifascistas exilados deviam concentrar-se no combate à Alemanha, esquecendo as divisões do passado; os *partigiani* ligados ao PCI, os garibaldinos, recrutaram jovens do antigo exército, respaldados em acordo firmado entre Palmiro Togliatti, secretário geral do PCI, e Stálin.[6] As diferenças e divergências se acanharam diante da luta prioritária.

No interior do país, as duas organizações mais ativas entre os grupos *partigiani,* o Partido da Ação (esquerda não-marxista)[7] e o Partido Comunista, tive-

---

4   As interpretações presentes no parágrafo e as seguintes são de Gianni Perona, *idem ibidem*, 2006. Para a citação, p. 32. Retomo aqui aspectos da crise do verão de 1943, também abordados no capítulo 1, para facilitar a compreensão das questões relativas aos museus e memoriais da Resistência.

5   Cf Gianni Perona, *idem ibidem*, 2006.

6   Cf. Gianni Perona, *idem ibidem*, 2006, p. 37.

7   Partido da Ação, *Partito d'Azione* foi um partido politico socialista liberal, ideologicamente, próximo da social-democracia, fundado em julho de 1942, por ex-militantes do *Justiça e Liberdade, Giustizia e Libertà*. Por sua vez, este foi um movimento de resistência antifascista

ram que *reencontrar tradições democráticas nacionais* que retirassem qualquer suspeita quanto à natureza patriótica do engajamento militar. O PCI foi buscá-las no *Risorgimento*, nos voluntários que lutaram com Garibaldi pela República, engajados nas guerras "de independência", em 1859 e 1866, daí o nome *Brigadas Garibaldi*. A analogia da Resistência com o *Risorgimento* afirmava o caráter patriótico da luta contra o ocupante estrangeiro, tal como a guerra de libertação nacional do século XIX.[8] O Partido da Ação, por sua vez, as encontrou nos *interventisti* democráticos, defensores, desde 1914, da intervenção da Itália na Grande Guerra, ao lado dos países da *Entente*, quebrando a aliança com os impérios alemão e austro-húngaro. Entre os quadros das forças armadas, por sua vez, a fidelidade ao rei Vitor Emmanuel, que permanecia como chefe de Estado, mesmo sob o fascismo, foi o argumento legitimador no engajamento dos militares na Resistência.

Adotando a periodização 1943-1945, entretanto, os museus da Resistência reafirmam, ainda hoje, a construção de memória que reduziu o antifascismo à luta contra o estrangeiro, encobrindo os embates entre os italianos adeptos e contrários ao fascismo. Da mesma forma, o uso da periodização minimiza os confrontos no próprio campo do antifascismo.

No confronto entre aliados e resistentes contra nazifascistas, sob bombardeios de ambos os lados, a população italiana viveu a guerra civil.[9] De um lado, italianos antifascistas de primeira hora, muitos libertados da prisão no 8 de setembro; militares (oficiais, suboficiais e soldados) que deixaram o exército dissolvido e se recusaram a lutar ao lado dos alemães em nome da República Social Italiana; os que rejeitaram o fascismo no contexto das penúrias trazidas pela guerra, entre eles, muitos jovens nascidos e criados no regime, nas organizações do Estado totalitário. À luta dos *partigiani*, somaram-se os estrangeiros de diferentes partes do mundo, libertados ou fugidos dos campos de prisioneiros de guerra, quando da rendição da Itália.

---

ativo entre 1929 e 1945, fundado no exílio em Paris. O *Justiça e Liberdade* editou, na clandestinidade, o periódico *L'Italia Libera*, a partir de janeiro de 1943, cujo editor era Leone Ginzburg.

8   Sobre isso, ver o capítulo 1, seção sobre a Itália.

9   Para a perspectiva da guerra civil, ver Claudio Pavone, *op. cit.*, 2005 (1ª edição em 1991) e Renzo de Felice. *Mussolini l'alleato* [Mussolini, o aliado], II. La guerra civile. 1943-1945. Turim: Einaudi, 1997.

Na Resistência *partigiana*, seja nas montanhas, no campo ou nas cidades, as táticas e as forças militares regulares deram lugar à guerrilha. Embora contasse com a participação e o apoio dos países aliados, o combate expressou a guerra civil que dividiu o país. O avanço aliado, em direção ao Norte, fez da região da Emilia-Romagna importante cenário da guerra *partigiana*. Daí, a existência de muitos museus e memoriais da Resistência na região.

A guerra civil, conceito que pressupõe o confronto entre nacionais, ocorreu, simultaneamente, à guerra contra o ocupante estrangeiro, patriótica, e à guerra de classes, conforme interpretou Claudio Pavone.[10] No caso da França, a historiografia também utiliza a expressão guerra civil para qualificar o conflito entre 1940 (derrota para a Alemanha, seguida da ocupação do país) e 1944 (libertação). Mas foi na Itália que o enfrentamento militar entre nacionais (resistentes e fascistas republicanos) ganhou proporções mais evidentes e intensas.

Em todo caso, os museus italianos da Resistência não tratam – ou pouco tratam - da luta dos antifascistas entre a ascensão do regime, nos anos 1920, e a queda de Mussolini, em 1943. Eles só aparecem na exposição depois de atuantes na luta contra o nazifascismo, combatendo, muitas vezes, lado a lado de antigos fascistas dissidentes e desiludidos, civis ou militares. A desastrosa participação da Itália na guerra, com seu cortejo de derrotas militares e privações e sofrimentos para população,[11] havia derrubado o consenso construído, entre 1929 e 1937.[12] As insatisfações vieram à tona em manifestações populares contra o fascismo, nas cidades, resultando no fim do apoio do Grande Conselho Fascista e do rei a Mussolini. Assim, muitos dos nomes celebrados como heróis da Resistência nos museus e memoriais, são ex-partidários ou adesistas do fascismo. Entre os militares, vários

---

10 Ver Claudio Pavone, *op. cit.*, 2005 (1ª edição em 1991); ver o capítulo 1.

11 Para as privações e os sofrimentos para população, ver o texto de Giovanni de Luna. "Torino in Guerra (1940-1945)." In: Nicola Tranfaglia (org.). *Storia di Torino*. Dalla Grande Guerra alla Liberazione (1915-1945). v. 8. Turim: G. Einaudi, 1998, p. 695-829. Embora restrito à cidade de Turim, o texto dá um excelente quadro do drama vivido pela população italiana com a entrada do país na Segunda Guerra.

12 Para o debate acerca do consenso na Itália fascista ver, Renzo de Felice. *Mussolini il Duce*, I, Gli anni del consenso. 1929-1936, Turim: Einaudi, 1974; Patrizia Dogliani. "Consenso e organização do consenso na Itália fascista" e Didier Musiedlak. "O fascismo italiano: entre consentimento e consenso", ambos em Denise Rollemberg e Samantha Viz Quadrat (orgs.). *Sociedades e regimes autoritários*. v. 1, Europa. Rio de Janeiro: Civilização Brasileira, 2010.

haviam combatido nas guerras da Etiópia (outubro de 1935-maio de 1936), da Espanha (1936-1939), e das campanhas italianas, na Segunda Guerra Mundial. Por outro lado, os italianos antifascistas do período anterior ao 8 de setembro, somente são apresentados como resistentes na ação *partigiana* de combate ao nazifascismo. Antes de 1943, são denominados, unicamente, de antifascistas, assim como os que despareceram nas prisões, no exílio ou assassinados pelo regime. Em muitos museus da Resistência, os antifascistas de primeira hora só não estão de todo ausentes porque o registro da participação de muitos deles na Guerra Civil espanhola é incontornável.

Esta periodização da Resistência (1943-1945) reforça uma construção de memória que minimiza as diferenças e tensões entre as diversas famílias políticas que a compuseram (liberais, democratas, socialistas, comunistas e acionistas[13], anarquistas). Produz, como afirma Patrizia Dogliani, uma versão mitificada do fenômeno. Embora longa, vale a citação:

> o mito da resistência e uma memória coletiva amplamente absolutória do povo italiano sob o fascismo e da Itália, em seu envolvimento na Segunda Guerra Mundial. A vulgata, amplamente aceita pela maioria, seja dos antifascistas, seja daqueles que se consideravam a-fascistas, sustentava que o povo italiano havia suportado a ditadura fascista e a aliança militar com a Alemanha nazista em uma posição essencialmente conformada, passiva, de quem espera a queda do regime e, portanto, não de convicta adesão a ele. Esse comportamento teria se transformado rapidamente em oposição ao fascismo assim que a crise da liderança fascista e a evolução negativa da guerra conduzida pelo aliado germânico criassem condições para tanto, permitindo que o povo italiano se libertasse da opressão nazifascista através da luta de Resistência. Essa interpretação destinava-se essencialmente a minimizar as responsabilidades de guerra, sobretudo no que diz respeito às atrocidades cometidas contra as populações civis dos países ocupados (Iugoslávia, Grécia e até mesmo a Rússia) pela Itália fascista, e a apresentar a Itália nos acordos de paz, não como um país vencido, mas como uma

---

13   Acionistas, militantes do Partido da Ação, *Partito d'Azione*.

nação que participou, através da Resistência, da derrota do Terceiro Reich e de seus regimes satélites.[14]

Quando os museus estudados constroem narrativas que mostram as diferentes famílias políticas formadoras da Resistência, não desenvolvem as inúmeras tensões que as envolveram.

Nesses lugares de memória, a questão central que alimenta o mito é a ausência ou escassez de narrativas que exponham a adesão ao regime por grande parte da população. Essa foi a realidade durante determinado tempo, sobretudo, nos chamados anos de consenso (1929 e 1937). Neste sentido, indivíduos identificados com o fascismo, ao menos até a entrada da Itália na guerra, incluindo militares que nela combateram, foram integrados ao panteão[15] das homenagens, considerada a sua adesão à Resistência após a ocupação alemã. Trata-se de uma quase *naturalização* do *status* de resistente estendida a homens que, embora tenham combatido o nazifascismo, outrora serviram ao regime ou eram mesmo fascistas assumidos. Como disse acima, o status de resistente atribuído a eles, supervalorizado nas construções de memória dos países europeus no pós-1945, é negado aos antifascistas de primeira hora. Assim, a realidade da rejeição coletiva ao fascismo dos anos de guerra (1940-1943), desloca-se no tempo. Essa mudança ocorreu quando os bombardeios, a escassez de alimentos etc. trouxeram grande sofrimento à população. As derrotas militares devastadoras já no final de 1940 só agravaram a situação. Para o visitante de conhecimentos limitados sobre o tema, a rejeição ao fascismo parece a realidade da Itália das décadas de 1930 e 1940. Aí está a contribuição dos museus à construção e à manutenção do mito da Resistência na Itália.[16]

Semelhantemente ao que ocorreu na França do pós-guerra, como vimos no capítulo 2 sobre os museus e memoriais franceses, a memória da Resistência italiana cumpriu o papel de aplacar compromissos e responsabilidades coletivas. Na França do pós-guerra, a memória legitimou, em particular, a direita gaullista; na Itália, legitimou as esquerdas socialista e comunista, sobretudo, mas também resistentes

---

14 Patrizia Dogliani, *op. cit.*, 2010, p. 180-1.

15 Refiro-me aqui a panteão, pois, como discuti no capítulo 2, acredito que os museus da Resistência são antes espaços de celebração da memória do que produtores de conhecimento histórico, realidade não exclusiva à França, mas também aos demais países aqui estudados.

16 Sobre o mito da Resistência, ver Giampaolo Pansa. *Bella Ciao*. Controstoria della Reistenza. Milão: Saggi Rizzoli, 2014.

de outras tendências políticas e ideológicas, engajados nos combates entre 1943 e 1945. Os partidos que participavam da luta contra o nazifascismo, representados no *Comitê de Liberação Nacional* (CLN), constituíram os primeiros governos do pós-guerra. Eleita em 1946, a assembleia constituinte foi, em grande parte, formada pelos partidos do CLN, e imprimiram à nova constituição, em vigor a partir de 1º de janeiro de 1948, a marca da democracia e do antifascismo. Em junho de 1946, surgia, por meio de referendo, a República Italiana, colocando um fim na monarquia.

RESISTENZA E *RISORGIMENTO*: UM MITO

Claudio Silingardi viu três fases na constituição dos museus da Resistência, na Itália. No pós-guerra, a tendência, em âmbito nacional, foi a criação de seções sobre a temática, nos inúmeros museus do *Risorgimento* já existentes no país, como o de Ferrara. A ideia era abordar a Resistência à ocupação estrangeira e a seus colaboradores como um segundo *Risorgimento*.

Em seguida, nas décadas de 1950 e 1960, valorizaram-se os lugares que foram cenário de acontecimentos reais, transformando-os em museus, como são, por exemplo, o museu de Roma, criado na antiga sede da Gestapo e o museu dos *Sette Fratelli*, organizado na antiga casa da família Cervi.[17]

Por fim, as perspectivas local e regional prevalecem nos museus criados nos anos 1970-80, como é nítido, por exemplo, na região da Emilia-Romagna, nas proximidades da Linha Gótica. Esses lugares de memória são resultado da mobilização e do empenho de determinados indivíduos e associações, como a Associação Nacional *Partigiani* da Itália (ANPI[18]). Assim como na França, o tema da deportação política e racial foi incorporado às narrativas dos museus italianos a partir dos anos 1960, motivado pelo julgamento de Adolf Eichmann, em 1961, e pelas discussões que o evento desencadeou.[19] Como afirma Silingardi, até então, "a construção de uma identidade civil nacional necessitava mais de heróis do que de vítimas."[20]

---

17 Sobre o Museu dos *Sette Fratelli*, ver capítulo 5.

18 Associazione Nazionale Partigiani d'Italia.

19 Sobre a influência do julgamento de Eichmann nas construções de memória dos museus, ver o capítulo 2.

20 Claudio Silingardi, *op. cit.*, 2009, p. 35.

A construção de memória, segundo a qual a Resistência foi um *segundo Risorgimento*, corrobora a valorização da unificação frente a perspectivas diversas e, muitas vezes, opostas e conflitantes no interior da Resistência. Vale ainda notar que todos os museus italianos da Resistência são, contudo, prioritariamente regionais, atualizando, de certa forma, a questão dos regionalismos que retardou a unificação do Estado italiano e, em certo sentido, contradizendo a própria ideia de *Risorgimento*. Além desse aspecto, se houve de fato um *segundo Risorgimento*, melhor seria vê-lo em Mussolini e não na Resistência. Afinal, foi pelas mãos do *Duce*, nas duas décadas do Estado fascista, que a Itália completou a obra de tornar-se um Estado-nação.

Por sua vez, Ersilia Alessandrone Perona demarca quatro fases no processo de concepção dos museus da Resistência na Itália. A primeira identifica-se com

> o esforço do CLN [Comitê de Libertação Nacional] de criar um discurso público ao nível não somente dos símbolos, mas também das representações exemplares (1945-1947), frustrado pelo advento dos governos de centro-direita e congelado a partir da guerra fria; a recuperação do trabalho, sobretudo dos testemunhos entre a metade dos anos 50 e o fim dos anos 60; a transformação, a partir dos anos 60 com a entrada dos novos recursos humanos, culturais, políticos; a pesquisa, a partir dos anos 90, de um novo modo de representar, comunicar, transmitir a história nos museus. Pesquisa esta que se insere em um amplo debate internacional ainda aberto.[21]

Não se trata, aqui, bem entendido, de aprofundar as complexidades destes momentos ou fases do já longo percurso da construção da memória da Resistência materialidade nos museus. A intenção é destacar e problematizar questões que aí surgiram - e continuam a surgir - das infindáveis disputas de memória. Infindáveis pois suscetíveis às elaborações e reelaborações do presente e das perspectivas para o futuro.

---

21 Ersilia Alessandrone Perona. "Dai luoghi della memoria ala memoria dei luoghi: i musei della Resistenza in Italia." In _____ e Alberto Cavaglion (org.). *Luoghi della memoria, memoria dei luoghi nella regioni alpine occidentali*. 1940-1945. Turim: Istituto piemontese per la storia della Resistenza e della società contemporanea Giorgio Agosti, 2005, p. 188.

MUSEUS ITALIANOS DA RESISTÊNCIA: ENTRE A HISTÓRIA E A MEMÓRIA

Tal como no estudo dos museus franceses, procurei trabalhar os museus italianos da Resistência em diferentes regiões do país, priorizando aquelas onde a luta foi mais significativa, como a Emilia-Romagna (ver mapa). Embora também sensíveis às experiências locais, as narrativas dos museus franceses enfatizam bem mais as perspectivas nacional e mundial da Resistência no país.

Da mesma forma, nesse capítulo, o museu é lido como documento, embora seja concebido como monumento. Selecionei os museus que me pareceram importantes devido aos recursos disponíveis e às abordagens propostas, mas também trabalhei com aqueles esquecidos do público e das autoridades; incluí, no estudo, ainda, os museus que, bem estruturados, mantêm uma concepção *mais tradicional*, pouco ou nada recorrendo às modernas mídias disponíveis e às perspectivas historiográficas mais atualizadas. Examinei e classifiquei a localização de cada um deles (cidade, campo; bairros, subúrbios) e os prédios nos quais estão instalados (edificações construídas para a função, edificações já existentes); os tipos de documentação exposta (real e virtual; escrita, fotografias, filmes, depoimentos orais, objetos) e a construção das narrativas.

Os museus italianos assumem para si, como os museus franceses, a função pedagógica, estimulando a visita de alunos e estudantes, produzindo material para orientar os professores nas visitas.

Diferentemente do capítulo dedicado aos museus franceses, organizado em função de temáticas neles presentes e ausentes, tratarei dos museus da Resistência na Itália agrupando-os, quando possível, segundo características comuns ou semelhantes entre eles.

Assim, numa primeira seção, veremos o Museu Histórico da Libertação[22], em Roma (região do Lácio, província de Roma), instalado no prédio da Via Tasso, onde funcionaram os comandos da SS e da Gestapo, na cidade. A referência à Via Tasso tornou-se, na época, sinônimo de terror, estigma do qual a rua jamais se livrou. No entanto, mesmo neste museu da capital italiana, prevalece o enfoque regional.

Os Museus da Resistência de Morfasso (região da Emilia-Romanha, província de Piacenza) e de Valmozzola (região da Emília-Romanha, província de Parma) trabalhados na sequência, são museus pequenos e modestos, isolados de cidades

---

22 *Museo Storico dela Liberazione.*

RESISTÊNCIA: MEMÓRIA DA OCUPAÇÃO NAZISTA NA FRANÇA E NA ITÁLIA

grandes ou médias, criados nas montanhas, próximos aos lugares dos combates entre *partigiani* e nazifascistas.

Depois, temos os Museus da Resistência de Bologna (região Emília-Romagna, província de Bologna) e Ferrara (região Emilia-Romanha, província de Ferrara), cidades ocupadas pelos alemães e, por muito tempo, atrás da Linha Gótica. Aí, a guerrilha dos *partigiani* desenvolveu-se também no espaço urbano.

O Museu audiovisual da Resistência (Massa Carrara e La Spezia)[23] aparece em seguida, com a particularidade de ser dedicado, exclusivamente, a depoimentos orais e pessoais de resistentes e contemporâneos à ocupação alemã, dispondo unicamente de recursos audiovisuais. Nele, todo o acervo é luz e som.

Em Turim (região do Piemonte, província de Turim), foi criado um dos mais expressivos e sofisticados museu, mobilizando modernos recursos midiáticos em narrativas elaboradas. Veremos adiante[24]

Por fim, examinarei Museu dos *Sette Fratelli*, em Gattatico (região Emilia-Romana, na província de Reggio Emilia), instalado na casa dos sete irmãos fuzilados, em 1943. Na memória da tragédia dos Cervi, cabem dramas essenciais da época e das décadas seguintes à Segunda Guerra Mundial, síntese e metáfora da tragédia de todo o país, de uma geração. Por isso, optei por tratá-lo em capítulo próprio (capítulo 5).

Em Milão, apostei no potencial do Museu de História Contemporânea dedicado às duas guerras mundiais, animada para entender que tipo de narrativa estaria construída sobre o período 1914-1945 em um museu da cidade berço e *capital* do fascismo, a mesma que viu o corpo de Mussolini pendurado em praça pública. Entretanto, este acervo foi desativado, sem que fosse possível localizar o seu destino. Restou apenas a placa na entrada do belo *Palazzo Morando Attendolo Bolognini*, próximo à *Piazza del Duomo*.

Segundo o funcionário do Instituto Nacional para a História do Movimento de Libertação na Itália[25], em Milão, a ausência se deve ao fato de não ter existido

---

23 A província Massa Carrara localiza-se na região da Toscana, e a província La Spezia, na região da Ligúria.

24 O outro museu de características semelhantes é o de Nápoles (região da Campânia, província de Nápoles). Na impossibilidade de trabalhar, no momento, com os dois, optei pelo de Turim, onde a luta *partigiana* foi mais significativa do que a de Nápoles.

25 Istituto Nazionale per la Storia del Movimento di Liberazione in Italia.

Resistência, na cidade, o que reafirma o caráter regional dos museus da Resistência italianos, em prejuízo da dimensão nacional. Também evidencia o sentido celebratório, por meio do qual os museus históricos ainda são percebidos, colocando em segundo plano a produção e difusão de conhecimento histórico. Tanto é que, embora Milão tenha sido palco importante do fascismo, não há nenhum museu dedicado às historia do regime entre 1922 e 1945.

Assim como os museus, os memoriais da Resistência, na Itália, são muitos, como em diversos países ocupados pela Alemanha na guerra. Selecionei o memorial na *Piazzale Loreta*, praça onde o corpo do *Duce* foi exposto, em Milão, cidade que abriga diversos tipos de museus, vários especializados, mas nenhum deles dedicado à Resistência.

1 - Via Tasso

O Museu Histórico da Libertação, em Roma foi criado, em 1957.[26] Pouco ativo entre 1969 e 1980, considera-se o ano de 1980 como o de seu *relançamento*.[27] Foi instalado no prédio da Via Tasso, onde funcionaram a Gestapo e a SS, entre setembro de 1943 e 4 de junho de 1944 (libertação da cidade), ambas sob o comando do tenente-coronel Herbert Kappler. A rua estreita de edifícios residenciais e vizinhos a instituições religiosas ali estabelecidas desde o século XIX, está a uma estação de metrô do centro da cidade. Antes da guerra, os apartamentos do imóvel abrigavam a embaixada alemã em Roma, mais exatamente, os escritórios do serviço cultural. Ali, também antes da guerra, funcionou o gabinete de ligação (*l'ufficio di*

---

26 Cf. Arrigo Paladini. *Via Tasso*. Museo Storico dela Liberazione di Roma. Roma: Istituto Poligrafico e Zecca dello Stato, 1986; cf também o site do Museu; Orazio Guerra (dir.) *Capitolium*, Ottobre 1973. La Resistenza romana: trent'anni dopo. Roma: Stampa, 1973. Nessa publicação, ver, entre outros artigos, Guido Stendardo. Il Museo Storico della Liberazione, p. 75-78. Alessandra Olivieri (org.). *Messi al muro*. I manifesti conservati nel Museo Storico della libertazione, Roma: Museo Storico della Liberazione, 2011; Giuseppe Mogavero e Antonio Parisella (orgs.). Il Granatiere, 2011. Roma. IX Municipio. *Memorie di Quartiere*. Frammenti di storie di guerra e di Resistenza nell Appio Latino e Tuscolano. 1943-1944. Roma: Edilazio, 2007.

Agradeço ao Sr. Agostio Cardelli, funcionário do Museu, que nos recebeu com grande generosidade e competência.

27 Cf. site do Museu. Acesso em 11 de abril de 2014.

collegamento) entre as polícias políticas alemã e italiana, já então sob responsabilidade de Kappler.

Neste prédio, muitos *partigiani* foram presos, interrogados e torturados. A sua transformação em lugar de memória é, portanto, em si mesma, documento, acervo e narrativa do Museu. Como o Centro de História da Resistência e da Deportação, em Lyon, fundado na ex-sede da Gestapo na cidade francesa,[28] o uso de espaços físicos ocupados ou usados pelos inimigos, carregados de lembranças do terror, tem sido comum na afirmação da memória dos atingidos.

O ponto alto do acervo do Museu Histórico da Libertação é, além do prédio propriamente dito, as celas onde os *partigiani* estiveram encarcerados, mantidas como na época, com as mensagens que eles escreveram nas paredes. É, portanto, o espaço físico, sobretudo, que evoca nos visitantes, a lembrança e o sentido dos fatos ali ocorridos. No Museu de Lyon, o prédio é também documento, como vimos, pois sede da polícia política alemã na cidade ocupada. Entretanto, os vestígios da prisão (celas, inclusive) desapareceram da ex-sede da Gestapo e o visitante precisa ser informado da antiga função do edifício.[29] Restou, apenas, uma indicação do que seria uma cela no subsolo, visível por meio do vidro no chão do térreo, como um monumento dentro do museu. Já em Roma, o prédio é, diretamente, acervo. Sem mediação. O prédio, as celas e as paredes escritas são o essencial da documentação, mesmo que outros documentos estejam expostos e integrem a narrativa do museu. Em Lyon, mesmo considerando o significado do edifício, a documentação e a narrativa construída, em função dela, se sustentam, independentemente do espaço físico.

Cerca 2.000 resistentes civis e militares, conhecidos e anônimos, passaram pela Via Tasso, nos anos de ocupação alemã, e muitos dali saíram para o fuzilamento.[30] Todos são *mártires*, segundo a perspectiva exposta no museu, já anunciada na homenagem na parede externa: "Esta lápide consagra nos séculos o lugar onde mais cruelmente a ferocidade nazista agiu e onde mais brilhou o heroísmo dos mártires. A Associação Nacional dos *Partigiani* da Itália, em nome de todos os combatentes

---

28   Como se viu, no capítulo 2.

29   Embora o prédio tenha sido parcialmente destruído pelos bombardeios aliados que atingiram Lyon, como se viu no capítulo 2, não é esta a razão para a não-preservação do ambiente carcerário da Gestapo local.

30   A estimativa de 2.000 está no site do Museu.

da liberdade, pereniza a memória 5 de julho de 1945". Nenhuma menção, nesta ou em outra homenagem ali exposta lembra os antifascistas atingidos pelas deliberações conjuntas entre as polícias políticas alemã e italiana, que saíram da Via Tasso, antes da rendição de 8 de setembro de 1943. A placa lembra uns e silencia sobre outros.

As celas de isolamento ou solitárias são as menores e foram mantidas vazias, com vidros protegendo as inscrições nas paredes. As celas coletivas, maiores, abrigam outros tipos de documentos relativos à Resistência, em Roma: jornais clandestinos, armas, munições, medalhas, braçadeira, bandeira, fotos, documentos oficiais sobre racionamento de alimentos e restrições à liberdade civil e incentivos a delações; objetos e indumentária usados nas batalhas e encontrados nos corpos dos *partigiani* mortos; lista de mortos em combate, mapas, organogramas das bandas em luta. As outrora celas coletivas também guardam placas, listas nominais dos *caduti*[31] e objetos em celebração aos combatentes.

Em uma das ex-celas coletivas, são lembrados os resistentes fuzilados, durante a ocupação alemã, na Caverna Ardeatine e no Forte Bravetta, bem como os massacres cometidos pelos alemães, quando, derrotados, fugiam da cidade.

O massacre da Caverna Ardeatine, como ficou conhecido, foi a execução sumária de 335 combatentes, civis e militares, além de judeus, em 24 de março de 1944, nas pedreiras da Via Ardeatine, em Roma, sob o comando de Herbert Kappler.[32] As execuções foram uma represália ao ataque de resistentes, ocorrido no dia anterior, no qual 33 soldados alemães morreram. Em 1949, inaugurou-se, no lugar, um memorial, cujo nome explicita a perspectiva de sacralização da memória, o Sacrário da Caverna Ardeatine, palavra usada para se referir a "lugar que conserva objetos ou memória venerada."[33] Monumental, o lugar de memória abriga as cavernas, onde ocorreram os fuzilamentos, os mausoléus com os mortos e esculturas aludindo ao episódio e aos mártires, como são denominados os mortos no massacre.[34]

---

31 Literalmente, caídos, como são chamados os mortos das guerras.

32 Cf entre outros, L'eccidio dele Fosse Ardeatine, in *Capitolium*, Ottobre 1973. La Resistenza romana: trent'anni dopo. Diretor responsável pela publicação Orazio Guerra. Roma: Stampa, 1973.

33 Cf. Dicionário Houaiss online. Originalmente, ainda segundo esse dicionário, sacrário é o "cofre, caixa ou pequeno armário fixo sobre o altar-mor ou em altar secundário, com ou sem capela própria, onde são guardadas as hóstias consagradas e/ou a custódia."

34 *Sacrario dele Fosse Ardeatine*, em italiano.

O Forte Bravetta, nos subúrbios de Roma, fora usado, durante o regime de Mussolini, para execuções das sentenças de morte do *Tribunal especial para a defesa do Estado*, instância jurídica da Itália fascista para julgar crimes contra o regime. Com a rendição italiana, foram os ocupantes alemães que passaram a usar o lugar para fuzilar condenados. Entre 11 de outubro de 1943 e 3 de junho de 1944, houve 66 execuções, por ordem do *Tribunal militar de guerra* alemão e da Gestapo. A prefeitura de Roma inaugurou, em 2009, no antigo forte, o *Parque dos Mártires*, jardim público dedicado às *vítimas* do nazifascismo, plantando-se, inclusive, uma muda de árvore presumidamente vinda de Jerusalém, em homenagem aos judeus entre as vítimas. Em 1967, já havia sido construído, no Forte Bravetta, um memorial com a inscrição de 77 nomes. O erro deveu-se à repetição de certos nomes, além do acréscimo de nomes de fuzilados que haviam sido condenados pelos tribunais italianos anteriores ao armistício, e não pelo tribunal alemão instaurado quando da ocupação da Itália. Em outras palavras, os antifascistas, combatentes de antes da rendição só foram incluídos no memorial por engano. Como lugar de memória, o Forte Bravetta lembra e silencia, ao mesmo tempo, evocando a perspectiva da memória como conceito que incorpora lembrança, esquecimento e silêncio.[35]

Entre as centenas de mortos nas Cavernas Ardeatine, está o coronel Giuseppe Montezemolo, prisioneiro por dois meses na Via Tasso, mantido na cela número 5, do 2º andar, uma pequena cozinha transformada em solitária. Hoje, um busto, fotografias e placas homenageiam o comandante do Front Militar Clandestino, organização atuante da Resistência romana, cujo organograma está descrito na parede. Nesta cela, foram removidos parcialmente os tijolos que fechavam a janela, mostrando ao visitante o procedimento usado para impedir que o prisioneiro cometesse suicídio para escapar da tortura.

Nascido em uma família de tradição militar, em 1901, Giuseppe Montezemolo foi voluntário na Grande Guerra. Engenheiro civil e militar, com o início da Guerra da Etiópia, em 1935, foi chamado para integrar o Estado maior e, em 1937, voluntariou-se para combater na Guerra Civil espanhola ao lado das tropas franquistas, no comando de um batalhão. Com a entrada da Itália na Segunda Guerra Mundial, em 1940, integrou o Comando Supremo e, em seguida, já como coronel, comandou o departamento de engenharia motorizado. Em 1943, rendida a Itália, dirigiu o se-

---

35   Henry Rousso. *La hantise du passé*. Entretien avec Philippe Petit. Paris: Les Éditions Textuel, 1998.

cretariado do general Badoglio, chefe de governo com a queda de Mussolini. Com a ocupação alemã, Montezemolo entrou na clandestinidade, quando criou e comandou o Front Militar Clandestino. Intensamente procurado pelos nazifascistas, acabou capturado em 25 de janeiro de 1944. Levado para a Via Tasso, foi interrogado sob tortura antes de ser fuzilado.

O Museu expõe as roupas em farrapos encontradas no corpo do coronel. *Mártir das Ardeatine*, Giuseppe Montezemolo é lembrado como herói da Resistência, condecorado *post mortem* com a *Medalha de ouro pelo valor militar*, a mais alta condecoração do Estado a militares. Na parede da solitária, junto ao seu busto, leem-se as palavras do general britânico H. R. Alexander sobre ele: "Nenhum homem poderia ter feito mais ou dar mais para a causa de seu país e dos aliados do que ele fez."[36] As homenagens, no museu, silenciam sobre seu passado fascista, coerentemente, com a síntese das diversas forças políticas formada no 8 de setembro, conforme se viu acima. Gianni Perona lembra, inclusive, a preocupação de oficiais do exército italiano com uma guerra civil, no interior da corporação, o que fez o coronel Montezemolo, em 10 de dezembro de 1943, propor que os *partigiani* "políticos" combatessem os fascistas e os militares, os alemães, o que foi rejeitado pelo comando supremo.[37]

A camisa ensanguentada de Giocchino Gesmundo, também morto nas Cavernas Ardeatine, foi mantida emoldurada na parede da sala do térreo, destinada a conferências e aulas para visitantes, sobretudo, escolares. Nascido em 1908, o professor de liceu de história e filosofia, militante do PCI e atuante na Resistência em Roma, foi preso em 29 de janeiro de 1944, na Via Tasso. Acusado de preparar um ato de sabotagem contra soldados alemães, foi condenado à morte pelo tribunal de guerra alemão e fuzilado na Caverna Ardeatine. Na cela 13, onde Gesmundo esteve, podem-se ver, entre outros documentos, pregos de três pontas usados para deter as colunas de caminhões alemães, tais como os encontrados com ele quando da prisão. Também se encontrava, nesta cela, segundo consta no livro *Via Tasso*, de 1967, não mais hoje, um pedaço de pão, no qual um prisioneiro gravou uma mensagem antes

---

36 H. R. Alexander atuou nas duas guerras mundiais. No segundo confronto, obteve grande sucesso e prestígio. Liderou a retirada da divisão sob seu comando de Dunkerque; de volta à Grã-Bretanha, comandou a guarda das costas do país; em seguida, assumiu missões e comandos na Índia, Birmânia, Norte da África, na Sicília e em Roma.

37 Gianni Perona, *op. cit.*, 2006, p. 39.

do fuzilamento: *coragem, mãe*. Difícil não lembrar a presença da figura materna nas cartas de despedida de condenados à morte na França, como vimos, no capítulo anterior. Na Itália, os fuzilados também deixaram cartas de despedidas.[38]

No Museu Histórico da Libertação, não há qualquer recurso audiovisual ou informático. Para além da questão abordada sobre o prédio, a narrativa é construída, por um lado, por meio da exposição de objetos (bandeiras, braçadeiras, armas, roupas, fotos, documentos oficiais escritos, inclusive cartazes de aviso à população e de propaganda, imprensa clandestina, livros etc.); por outro, através das homenagens aos resistentes mortos ou sobreviventes (placas, listas nominais, bustos, esculturas, fotos, livros etc.). Prevalece, portanto, a concepção de museu como a coleção de *objetos autênticos*.

Em 2001, a exposição foi acrescida de uma sala consagrada, especificamente, aos italianos de origem judaica e aos judeus de Roma, tratando da sua presença na cidade antes da guerra, das perseguições e da deportação. A partir de então, como tantos museus da Resistência, e não somente na França,[39] o museu de Roma procurou aproximar as temáticas da Resistência e da deportação, em particular, dos judeus. Na Itália, os judeus foram os principais alvos da deportação, na área ocupada pelos alemães, se compararmos com os resistentes civis e militares. Os *partigiani* capturados na guerra contra o nazifascismo eram, em geral, fuzilados, embora alguns deles, se judeus, fossem enviados a campos de extermínio. Foi o que ocorreu com Primo Levi, exemplo célebre, enviado a Auschwitz.

Em todo caso, a preocupação dos museus da Resistência italianos de *naturalizar* o nexo entre Resistência e deportação, em particular, de judeus, é bem menor do que a dos museus franceses. Em Roma, o fato de a sala sobre a Shoah ficar no 3º e último andar, fisicamente afastada das demais dos 1º e 2º andares, só reforça a impressão de uma sala-exposição justaposta às demais, ausente na concepção original do museu. Nos museus italianos, o espaço dedicado à deportação dos judeus, quando existe, mais parece um apêndice, uma anexo, uma nota de rodapé.

A diferença entre os museus italianos e franceses quanto ao registro da deportação dos judeus tem a ver com o grau de responsabilidade que cada Estado

---

38 Pietro Malvezzi e Giovanni Pirelli (orgs.). *Lettre di condannati a morte della Resistenza italiana* (8 settembre 1943-25 aprile 1945). Turim: Einaudi, 2003 (1a ed de 1952, Giulio Einaudi editore).

39 Cf capítulo 2.

teve em relação ao genocídio planejado pelo Estado nazista dos judeus na Segunda Guerra.

No caso francês, o antissemitismo acabou assumido como um dos pilares da *Revolução Nacional* projetada pelo regime de Vichy, nascido da derrota para a Alemanha, em 1940. Suas estruturas administrativa, judiciária e repressiva, articularam-se com as dos ocupantes para levar a cabo a política de extermínio decidida na Conferência de Wannsee, em janeiro de 1942, na qual se decidiu pela Solução final. Assim, o Estado francês participou das perseguições e prisões, que culminaram no envio de milhares de judeus para os campos do Leste europeu.[40]

No regime fascista italiano, por outro lado, os judeus jamais chegaram a ser uma *questão*, como se dizia na época, malgrado a legislação restritiva e persecutória, adotada em 1938 por imposição da Alemanha, que Mussolini aceitou. Não por acaso, as deportações de judeus para os campos de concentração e extermínio só iniciaram depois da queda de Mussolini (julho de 1940). Além disso, a República de Salò, constituída na sequência do armistício, foi, sobretudo, uma criação da Alemanha, não um Estado italiano. Suas forças repressivas, como a Milícia,[41] atuaram como aparelhos auxilares das forças de ocupação na deportação de judeus e dos demais perseguidos. Por outro lado, Vichy era de fato o Estado francês. Daí por que, na construção de memória dos museus de Resistência, a naturalização, anacrônica, diga-se de passagem, entre Resistência e deportação dos judeus seja mais uma necessidade das batalhas de memória da França, do que da Itália.

---

40   Cf. Serge Klarsfeld. *Vichy-Auschwitz. La solution finale* de la question juive en France. Paris: Fayard, 2001 (1ª ed. 1983).

    Apesar disso, o regime de Vichy buscou atuar para preservar os franceses de origem judaica, os assimilados de longa data e os heróis de guerra. Ao menos preservá-los das deportações, sendo esta uma fonte de cizânias cotidianas entre autoridades da ocupação e funcionários franceses de Vichy. Esta preocupação pouco ocorreu na Alemanha, apesar da existência dos *mischlingue* (mestiços de ariano e judeus) aceitos na *Wehrmacht*. Cf. Bryan Mark Rigg. *Os sodados judeus de Hitler*. Rio de Janeiro: Imago, 2004.

41   A *Milizia Voluntaria per la Sicurezza Nazionale* (Milícia Voluntária para a Segurança Nacional), cujos integrantes ficaram conhecidos como *camisas negras*, foi criada em 1923, pelo regime fascista, como corporação de polícia civil com função de polícia política. Com a queda do fascismo (25 de julho de 1943), a maior parte das unidades do Norte do país aderiram à República Social Italiana, sendo absorvidas pela Guarda Nacional Republicana e pelo exército da RSI. Em 6 de dezembro de 1943, o general Badoglio dissolveu, oficialmente, a Milícia.

Em todo caso, vimos acima a homenagem aos judeus, na inauguração do monumento aos fuzilados do Forte Bravetta, em 2009, em Roma, com a plantação da muda da árvore vinda de Jerusalém no *Parque dos Mártires*.

Na atual sala dedicada à *Shoah*, no Museu Histórico da Libertação, em Roma, são vistos documentos, inclusive jornais, sobre a legislação antissemita em Roma, fotos de bares com a inscrição na vitrine proibindo a entrada de judeus e de famílias de origem judaica deportadas; documentos escolares e de identidade indicando origem judia; fichas de prisão de judeus assassinados no massacre da Caverna Ardeatine.

No Museu Histórico da Libertação, são organizadas visitas e conferências para escolares e estudantes, tendo em vista a missão pedagógica que anima, como se viu, os museus da Resistência. Uma biblioteca disponibiliza também ao visitante a leitura *in locus* de livros e textos sobre o assunto.

Os registros nas paredes das solitárias da Via Tasso dão alguma noção do que os prisioneiros pensaram e sentiram no momento decisivo, nas mãos inimigas, no suplício da tortura, face à morte provável e iminente. São referências religiosas, citações literárias; versos; marcações dos dias, na tentativa de não perder a noção do tempo; despedidas de pessoas íntimas e saudações a companheiros de luta; estímulos à elevação do moral; vivas patrióticos e declarações de amor à Itália; advertências acerca de suposto traidor; às vezes, apenas nomes, iniciais, assinaturas. Há escritos em latim e grego. Alguns desenharam cruzes; outros as desenharam explicitando o Cristo pregado. Eles expressam a fé, evocam compaixão, falam da dor e do sacrifício conhecidos naquele lugar, espelham-se na dor e no sacrifício de Jesus. Os escritos e desenhos são rastros das passagens pela Via Tasso, mensagens para os demais presos, para os que sobrevivessem à guerra, para as famílias, para eles mesmos.

Lendo as paredes das celas de isolamento, é impossível não lembrar as cartas dos fuzilados da França, tema do capítulo anterior, apesar das distintas situações nas quais umas e outras foram produzidas. Os condenados na França não só sabiam certa a morte, como estavam a poucas horas da execução. E, de fato, todos, sem exceção, foram fuzilados, logo após se despedirem nas missivas. Embora haja sobreviventes da Via Tasso, nas circunstâncias em que se encontravam, a morte parecia-lhes igualmente certa. Em todo caso, entre outras diferenças, nas cartas da França, os presos puderam dissertar, ainda que em condições emocionais terríveis, sobre assuntos variados, do passado, do presente e do futuro; nas paredes das solitárias, os prisioneiros deixaram trechos curtos, fragmentos, sopros, espasmos. Lá, é prosa, choro; aqui, verso, lágrima. Na França, vimos letras trêmulas nos papéis; em Roma, letras deformadas pelos instrumentos usados para fincar a parede. As cartas são mensagens privadas; as mensagens das celas de Roma, públicas, inscritas na parede na esperança de testemunhar para a posteridade. Os presos italianos fizeram da cela um memorial![42]

Os escritos das paredes do cárcere nazista falam, de uma forma ou de outra, da relação impossível entre corpo e espírito, coerentemente com o estado em que os prisioneiros se encontravam. Talvez expressem a dificuldade de resistir à dor da tortura. Sabato Martelli Castaldi, general da aeronáutica, morto na Caverna Ardeatine, escreveu: *"quando o teu corpo não existir mais, o teu espírito existirá ainda mais vivo na recordação que fica. Que ele possa sempre servir de exemplo."* A dor física e a dor da alma de um preso anônimo, citando Dante: "não há maior dor do que lembrar, na miséria, o tempo feliz."[43] Outro não identificado clamou: "Jesus Cristo, poupe-nos." Sem mediações poéticas ou religiosas, o subtenente de artilharia Arrigo Palladini desabafou: "Eu não desisto, mas está duro". Palladini, preso entre 4 de maio e 4 de junho de 1944, sobreviveu ao cárcere nazista. Depois da guerra, tornou-se professor de liceu de filosofia, história, italiano e latim, e dirigiu o Museu Histórico de Roma, de 1985 até a sua morte, em 1991. É autor-organizador do livro *Via Tasso*, onde estão publicadas fotos das inscrições nas paredes, citadas aqui, entre outros documentos do museu.

Os presos da Via Tasso deixaram também palavras que procuravam força e consolo, na honra, no nacionalismo, na pátria: "lembre-se de que você vai morrer por seu país". E Palladini registrou a ideia em verso:

> Ame a Itália mais do que a ti mesmo,
> mais do que tudo no mundo,
> mais do que a tua vida e a de todos os entes queridos,
> sem limite algum, com fé inquebrantável
> no teu destino. Só vai custar-te morrer
> por ela serenamente e sem pesar
> como os mártires que te precederam.

---

42 Contudo, como disse acima, resistentes italianos prestes a serem fuzilados também deixaram cartas de despedidas. Cf. Pietro Malvezzi e Giovanni Pirelli (orgs.), op ct, 2003.

43 *"Nessun maggior dolore che ricordarsi del tempo Felice nella miséria"*. Dante Alighieri, A divina comédia, século XIV.

E ainda:
A alma, a Deus
A vida, ao rei
O coração, à mulher
A honra, a mim.

"Viva a Itália". "Quem morre pela pátria, vive eternamente". "Eterno", "Itália ressurge!", deixaram escrito na paredes outros presos.

Na cela onde ficou, o preso inglês, J. Lloyd, desenhou a bandeira britânica e escreveu no idioma original "Inglaterra para sempre" e "Exército Britânico".

Pode-se também ler mensagens que procuram elevar o moral dos companheiros e de si próprio: "a morte é horrível para quem a teme" e "Sempre de pé!", também registros de Palladini. Nesta mesma direção, estão as saudações a civis e militares que por ali passaram e morreram, como Simone Simoni, general assassinado na Caverna Ardeatine; e a Pilo Arbertelli, professor de liceu de história e filosofia, membro do PCI, comandante da facção armada do Partido da Ação, torturado pela Banda Koch[44], assassinado no mesmo lugar. Junto ao nome do professor Arbertelli, a pequena cruz e a data 24/3/44. Inscrições que procuram eternizá-los na memória.

No mais, como disse acima, a despedida da mãe, numa cela, da namorada, em outra; despedidas de companheiros de luta. Outras cruzes; as marcações do tempo; algarismos e números. Uma advertência acerca de um suposto traidor, feita também por Arrigo Palladini: "percebo que na sede da OSS[45] há um traidor conectado ao inimigo". Em outra inscrição, por meio do desenho de um coelho, junto à palavra "cuidado", Palladini identificou o tal suspeito, conhecido por *Coniglio*, coelho, em italiano. Outra informação, essa anônima, indicava: "coronel Cano Luigi partiu para Berlino, 3 de junho, escrito….". E uma acusação: "foram os romanos". Ou, enfim, apenas nomes, iniciais de nomes e assinaturas, o que bastava para dizer o essencial.

---

44 A Banda Koch, comandada pelo soldado italiano Pietro Koch (1918-1945) ficou conhecida pelo extremismo no combate aos *partigiani* na República de Salò. Ao cair nas mãos dos aliados, foi executado no Forte Bravetta.

45 OSS, *Office of Strategic Services*, agência de informação norte-americana, na Segunda Guerra Mundial, atuou na Itália durante a invasão, articulada com o setor de informação militar italiano, a partir do governo de Badoglio.

2 - Morfasso e Valmozzola

O Museu da Resistência Piacentina[46], em Sperongia di Morfasso, e o Museu da Resistência em Valmozzola[47] têm em comum o fato de localizarem-se nas montanhas, cenário da luta guerrilheira entre *partigiani* e o nazifascistas. Assim como os resistentes da França procuraram as montanhas do Vercors, como vimos no caso da França, os antifascistas italianos e estrangeiros organizaram grupos de ação numa região de difícil acesso. As mesmas montanhas que serviam de barreira natural para os nazifascistas, contra o avanço aliado, protegiam os *partigiani* dos inimigos nazifascitas. O confronto e a guerra civil.

O Museu da Resistência Piacentina, inaugurado em 25 de abril de 2009, localiza-se em Sperongia, vilarejo de Morfasso, comuna da região da Emilia-Romagna, na província de Piacenza, próximo à estrada distrital que serpenteia as montanhas. Está aberto à visitação apenas nos fins de semana e feriados. Do lado de fora, podem-se avistar, ao longe, alguns povoados encravados nas montanhas, destacando-se os campanários das igrejinhas locais.

Junto ao Museu, apenas a igreja e a gruta artificial, com a santa, os numerosos ex-votos e um pequeno monumento: "Sperongia a seus filhos com reconhecimento". A cruz e o antigo canhão de pequeno porte acompanham o registro dos nomes dos mortos nascidos ali, em diferentes conflitos, em duas lápides que se unem como um livro aberto: na da esquerda, dez nomes de soldados mortos na Grande Guerra (1915-1918); na da direita, um morto na Guerra da Etiópia, em 1936, e três na Segunda Guerra Mundial, sendo um antes do armistício, em agosto de 1943, em Catanzaro, na Calábria, como soldado das forças armadas italianas sob regime fascista; outro, nos Bálcãs, já depois do armistício, em dezembro de 1943; e, por fim, um morto em Partigiano, na província de Forlì-Cesene, na região da Emilia-Romagna, em 1945.

No mais, o silêncio imponente das montanhas. O que dá sentido de lugar de memória a Sperongia di Morfasso não é o uso da modesta edificação, onde o museu foi instalado, outrora teve, mas as montanhas, testemunhas da história dos *partigiani* piacentinos. Ali, tal qual se viu no Vercors, no capítulo sobre os museus

---

46 *Museo della Resistenza Piacentina.*

47 *Museo della Resistenza in Valmozzola.* Agradeço ao Sr. Maurizio Carra, responsável pelo museu, que, igualmente, nos recebeu com grande generosidade e competência.

da Resistência na França, as montanhas são, antes de tudo, o acervo, o lugar de memória. A natureza torna-se cultura.

Logo depois do armistício, combatentes russos, iugoslavos, gregos e ingleses fugiram do campo de prisioneiros de guerra de Cortemaggiore, do governo fascista, buscando refúgio nas montanhas dos vales da Arda e do Stirone.[48] Para sobreviver, formaram as primeiras bandas, como são denominadas, nas divisas entre as províncias de Parma e Piacenza. A esses grupos de estrangeiros, em seguida, se juntaram *partigiani* locais, dando origem, mais tarde, a diversos grupamentos engajados na Resistência. Em novembro de 1943, o advogado e membro do PCI, Vladimiro Bersani, contatou o Comitê de Libertação Nacional da província e, no início do ano seguinte, articulou os vários pequenos grupos, buscando superar as diferenças ideológicas para somar forças diante do inimigo. Assim, por volta de abril, maio de 1944, essas bandas foram ordenadas e incorporadas à Brigada Garibaldi, organização militar antifascista do PCI, como se viu, composta por centenas de divisões. Sob o comando de Bersani, surgiu a 38ª Brigada Garibaldi ou Brigada Garibaldi-Divisão Bersani. Os vários destacamentos que a compunham mantiveram as antigas lideranças, crescendo a partir de então.

A narrativa do Museu da Resistência Piacentina concentra-se, portanto, na memória do lugar, propriamente dito, dos combates travados na região e de seus líderes. Orgulhosamente, lembra ao visitante, assim que ele entra no museu: "estamos na profunda zona *partigiana* do Vale d'Arda, berço da primeira banda, mas também território da Divisão Garibaldi-Bersani." Mas ela também rende homenagem à população local, "que durante vinte longos meses sofreu sob a bota nazifascista, pagando duro tributo de morte, destruição, violência e deportação, na esperança da libertação e de um futuro melhor."[49]

Entre as lideranças locais que se integraram à Brigada Garibaldi, além do comandante Paolo Selva, codinome Bersani, morto em julho de 1944, o museu destaca Italo Croci, Antonio Labati, Pietro Inzani, o Águia Negra. Vários estrangeiros,

---

48   Essas informações e as que se seguem estão em Maria Luisa Cerri. "*Piacenza nella guerra di liberazione - Rassegna Bibliografica - Elenco formazioni XIII zona.*" Comitato Provinciale A.N.P.I Piacenza. Cf. também Giorgio Cassinari. *Piacenza nella Resistenza.* Con l'elenco dei caduti partigiani e civili. Piacenza: TEP, Edizioni d'arte, 2004; Franco Sprega. Il filo della memoria. Fatti e cronache di Fiorenzuola dal movimento socialista agli albori della Resistenza. Piacenza: Tip.Le.Co., 1998; Claudio Silingardi, *op. cit.*, 2009.

49   As duas citações estão nos painéis do museu.

que se juntaram à guerrilha, ganham destaque na narrativa, alguns, comandantes de divisões da Brigada Garibaldi, como o tenente do exército iugoslavo Giovanni Grcavaz. *O Eslavo*, como era conhecido, comandara uma banda autônoma, composta por iugoslavos, russos e um inglês, oriundos da fuga do campo de Cortemaggiore. Comunista, esteve à frente da 62º Brigada Garibaldi-Divisão Luigi Evangelista. Na memória coletiva do lugar, *O Eslavo* e suas histórias tornaram-se lenda.

Hoje, o Museu propõe um circuito denominado *caminho partigiano de Giovanni, o Eslavo*. Durante três horas, o visitante percorre as suas trilhas, como se vivenciasse a sua experiência, como se fosse o próprio personagem no cenário no qual atuou. A proposta do circuito parece confirmar a ideia do cenário do confronto como documento: "Da sede do museu, parte um percurso histórico-naturalista, no Vale d'Arda, chamado o 'caminho do *partigiano*', que, através do rio Arda e dos bosques circundantes, mantidos em boa parte intactos, permite reconstruir os caminhos do mensageiro *partigiano*, os pontos de observação e os principais lugares onde os destacamentos viveram."[50]

O caminho do Eslavo materializa o *rastro* como metáfora da memória, como viu Jeanne-Marie Gagnebin, inspirada em Paul Ricoeur e Walter Benjamin. O rastro, para o filósofo francês, é como a marca do tato no veludo; ou, segundo o alemão, o rastro guardaria, ao mesmo tempo, a presença e a ausência, o sinal de alguém que por ali passou, o registro do passado no presente. Assim, a história é a passagem; a memória, o rastro. A memória contém, nessa percepção, a tensão da presença da ausência. Seguindo os *rastros* do Eslavo, *experimenta-se,* de certa forma, essa questão.

Outro personagem lembrado, igualmente presente na memória local, é Emilio Canzi, anarquista nascido em Piacenza, em 1893. Apesar da numerosa presença de anarquistas nas primeiras bandas *partigiane,* e mesmo depois, quando já predominavam os membros identificados com o Partido da Ação e o Partido Comunista,[51] Canzi é um dos raros anarquistas cuja memória é destacada nesse museu. Militante dos *Arditi del Popolo*,[52] exilou-se na França, em 1922, depois de acusarem-no de matar um fascista. Dali seguiu para lutar na Guerra civil espanhola; com a derrota dos republicanos para os franquistas, voltou para a França, onde foi

---

50 Cf site do museu: www.resistenzapiacenza.it (acesso em 16/7/14).

51 Gianni Perona, *op. cit.*, 2006, p. 35.

52 Organização antifascista criada em 1921.

preso e enviado para campo de concentração na Alemanha, trajetória comum a tantos antifascistas dos anos de ascensão da extrema direita na Europa. Libertado no 8 de setembro de 1943, Ezio Franchi, seu nome de guerra, tornou-se comandante das lutas travadas nas montanhas piacentinas. Emilio Canzi sobreviveu aos fascistas dos anos 1920, às duas guerras, a da Espanha e a mundial, aos nazistas na França ocupada e a seus colaboradores, à prisão, aos nazifascistas, ao combate das montanhas, para morrer em novembro de 1945, em consequência do atropelamento de um caminhão do exército aliado britânico.[53]

A foto clássica de Canzi, com a arma a tira colo, reproduzida em tamanho natural, é vista logo que se entra no museu. Nos anos 1950, um memorial em Peli di Coli, na região, foi dedicado ao anarquista. O artista, Secondo Tizzoni, transformou a conhecida imagem em escultura, como se eternizasse o momento em que foi tirada, eternizando Emilio Canzi nas montanhas, eternizando-o na memória. De pé, Canzi olha as montanhas que o circundam. Tizzoni conseguiu retratar o *herói* local, integrando o cenário natural ao memorial, chamando as montanhas para dizer, ao visitante, quem foi aquele homem.

O Museu, como tantos outros, expõe armas, munições, capacetes, objetos e material de campanha; uma cama militar de origem norte-americana e uma bicicleta; roupas e uniformes; pedaços de bomba e de um avião; documentos de identidade; as bandeiras do CLN, do *Corpo Voluntari della Libertá*[54] e da Seção ANPI de Caorso de 1945;[55] fotos dos *partigiani* sozinhos e nas bandas, mobilizados e descontraídos; organogramas das divisões; o jornal da imprensa local estampando a manchete da queda de Mussolini; medalhas e certificados de reconhecimento emitidos pelo ministério da defesa; listas de mortos e desaparecidos, listas de sobreviventes; a foto de um homem e uma criança, ambos cobertos por armas e munições; mapas. Um pequeno quadro da conhecida foto dos *sette fratelli*.[56]

---

53   Ver, entre outros, o dossiê "Emilio Canzi". Piacenza (1893-1945). Suplemento do n. 316 (abr. 2006) da revista mensal anarquista "A".

54   O CVL foi a primeira estrutura de coordenação geral da Resistência, oficialmente, reconhecida pelos países aliados e pelo governo do general Badoglio.

55   Seção da comuna de Caorso, na região Emilia-Romagna, província de Piacenza, da Associação Nacional *Partigiani* da Itália, do PCI.

56   Ver o capítulo seguinte.

Fotos bonitas e grandes cobrem as paredes da escada vasada que liga o térreo ao 1º andar, lembrando também os anônimos, dando cara à luta de toda uma região.

Embora a maioria dentre os *partigiani* seja do sexo masculino, vemos também um número razoável de mulheres participantes da guerra, cerca de 200, segundo informação do museu, não somente em funções assistenciais, mas também no combate militar. Luisa Calzetta, conhecida como *Tigrona*, comandante de um destacamento, no Vale Nure, aparece na foto com a arma em punho. A jovem professora morreu numa emboscada. Uma seção é dedicada às mulheres combatentes Outra seção é destinada aos padres que ajudaram, de inúmeras maneiras, os *partigiani*, alguns fuzilados, como Dom Giuseppe Borea, pelos fascistas, em fevereiro de 1945, por suas atividades de apoio; outros se tornaram combatentes armados, como o pároco de Peli, Dom Giovanni Bruschi. A seção em memória aos estrangeiros na Resistência piacentina integra os nomes já mencionados e outros mais (russos, iugoslavos, mongóis, gregos, um australiano, um sul-africano, um escocês). Um alto-relevo homenageia Husejinov Vilajst, russo morto em combate. No lugar da cabeça, uma estrela contendo a foice e o martelo.

O Museu apresenta também das campanhas de propaganda nazifascista, com seus cartazes difamatórios dos *partigiani - bandidos* e *rebeldes* – ao mesmo tempo em que incentivava voluntários italianos para trabalhar nas indústrias alemães.

Por fim, este museu trata da deportação realçando a deportação dos *partigiani* e, em menor quantidade, dos militares, enviados para os nos campos de trabalho forçado, na Alemanha. Ao todo, a região de Piacenza teve 169 deportados políticos, 85 nos campos do Terceiro Reich e 84 em Bolzano, campo de trânsito na Itália, ativo entre o verão de 1944 e o fim da guerra, comuna na região Trentino-Alto Adige, na província de Bolzano.[57] À deportação de judeus, o museu piacentino dedica, igualmente, um espaço aos judeus de Piacenza deportados para Auschwitz, seção própria que destoa do foco da narrativa.

Buscando unir uma perspectiva narrativa mais tradicional à mais moderna, alguns recursos informáticos estão disponíveis aos visitantes, por meio dos quais se podem acessar mapas localizando os vários grupos em suas áreas de atuação. Eles permitem ainda ouvir depoimentos de ex-combatentes. Um banco de dados é disponibilizado para encontrar os *partigiani*, seus dados e informações, por meio de diferentes entradas.

---

57 Informação no museu.

No filme original de 8 mm, por cerca de dez minutos, vemos a população recebendo, entusiasmada, os soldados americanos que entravam na cidade piacentina.

O Museu da Resistência Piacentina, ao celebrar a 38ª Brigada Garibaldi-Bersani, assim como outras divisões garibaldinas, celebra, também, o PCI, embora não exclua o anarquista Emilio Canzi nem membros de outras tendências partidárias. Mas sobressai, de longe, a celebração da memória comunista. Daí o destaque para a presença de estrangeiros dos quatro cantos do mundo, conforme a perspectiva internacionalista do comunismo. Narrando a participação deles nos enfrentamentos locais, mantém-se, ao mesmo tempo, a característica de museu regional, uma constante, nos museus da Resistência italianos.

A construção de memória nesse museu, porém, parece coerente com a perspectiva da Resistência como *segundo Risorgimento*, realçando a suposta capacidade de unificar posições e tendências políticas diferentes e/ou conflitantes, na defesa da integridade do país, solapada pela ocupação alemã, apoiada pelos fascistas contrários à rendição. Nessa elaboração, articulam-se os pontos de vista local, regional e nacional, além do internacional (guerras espanhola e mundial e movimento comunista internacional). Por ser o *berço da luta partigiana*, a região – as montanhas – tem lugar eminente, portanto, na Resistência. A população contribuiu na defesa dos vilarejos, onde nasceram, da região e do país, e na luta contra a ditadura nazifascista. Participando da 38ª Brigada Garibaldi, o combate em Morfasso foi também nacional. O nome Garibaldi, líder mitológico do *Risorgimento*, capaz de pôr fim às guerras civis de outros tempos; as centenas de divisões garibaldinas, sob a batuta dos comunistas, de reconfigurar, uma vez mais, a Nação.

As palavras de Franco Franchini, engajado na luta *partigiana*, depois do 8 de setembro, e morto em outubro de 1944, já evocavam esses sentido: "Resistência é página limpa, clara, heroica do segundo *Risorgimento* da Itália."[58]

Não por acaso, logo ao entrar no museu, o visitante se depara com uma citação escrita na parede junto ao contorno desenhado das montanhas, que estabelece um elo direto entre os fatos nelas desenrolados e a Constituição surgida no imediato pós-guerra: "Se você quiser andar em peregrinação no lugar onde nasceu a nossa constituição, ande pelas nossas montanhas onde morreram os *partigiani*, pelos

---

58 Trata-se de uma das epígrafes do livro de Sergio Giliotti, *op. cit.*, 2010, p. 4.

cárceres onde foram aprisionados, pelos campos onde foram enforcados".[59] Surgia, assim, a memória segundo a qual a Constituição de 1946 originou-se da luta de resistência *partigiana*. Essas palavras são de Piero Calamandrei (1889-1956), jurista, professor nas universidades de Modena, Siena e Florença. Antifascista, integrou o *Justiça e Liberdade*, movimento que originou o Partido da Ação, do qual foi co-fundador e representante na constituinte formada no pós-guerra.[60] Seu partido pouco está representado, no Museu da Resistência Piacentina, na Brigada Garibaldi, assim como, diga-se de passagem, na constituinte da qual participou. Mas suas palavras, escritas na parede, dão o sentido da narrativa do museu. Piero Calamandrei, antifascista de primeira hora, não se lançou, porém, diretamente, na guerra *partigiana*.[61]

A tese da Resistência unificadora do país em guerra civil está presente, nos demais museus, como veremos nos museus de Valmozzola e Turim, por exemplo.

Próximo ao Museu, no modesto memorial, estão inscritos os nomes dos soldados do exército italiano mortos nas guerras do Estado fascista da época de Mussolini (guerra da Etiópia e Segunda Guerra), originários de Morfasso. Excluídos do museu, mais parece que viveram e morreram em outro tempo e contexto, como os filhos de Sperongia di Morfasso, desaparecidos na Grande Guerra, cujos nomes aparecem no mesmo memorial, na lápide à esquerda.[62]

---

59 "Se voi volete andare in pellegrinaggio nel luogo dove è nata la nosta constituizione, andate nelle nostre montagne dove caddero i partigiani, nelle carceri dove furono empregionati, nei campi dove furono impiccati".

60 Calamandrei foi também presidente do Conselho Nacional forense, de 1946 até a sua morte, em 1956.

61 Cf. Gianni Perona, *op. cit.*, 2006, p. 37.

62 Para essa discussão, ver o capítulo 2.

VALMOZZOLA[63]

"A Constituição não é outra coisa senão o espírito da Resistência traduzida na forma jurídica." Essas palavras, equivalentes às de Piero Calamandrei na entrada do Museu da Resistência Piacentina, também aparecem inscritas no Museu da Resistência em Valmozzola. Elas são de Ettore Cosenza (1919-1990), que, de jovem recrutado para combater no exército italiano na guerra, tornou-se nos anos 1970, diretor do Instituto Histórico da Resistência de Parma. Formado em letras clássicas, o subtenente Cosenza estava integrado ao regimento estacionado em Parma, quando do armistício, e foi mais um dos ex-militares que se refugiou nas montanhas da região da Emilia-Romagna. Em contato com a Resistência, integrou-se à 12ª Brigada Garibaldi, assumindo, em seguida, o vice-comando e, depois, o comando, da recém-constituída 31ª BG, com o nome de guerra Trasibulo. Em fevereiro de 1945, esteve à frente da Divisão Val Ceno, que enquadrava cinco brigadas atuantes na zona Oeste de Cisa. Depois da guerra, Cosenza tornou-se professor de letras clássicas em liceus de Parma e Fidenza e, nos anos 1970, dirigiu o Instituto Histórico da Resistência de Parma[64]

Com a autoridade intelectual e política de Piero Calamandrei e Ettore Cosenza, as narrativas dos museus visitados nas montanhas da Emilia-Romagna[65] constroem a memória da Resistência em função do que seria o seu capítulo final, a Constituição de 1946. Recorrem, pois, à teleologia, ao fato ocorrido após aos acontecimentos que envolveram o movimento para explicá-lo. Em outras palavras, dão sentido ao fenômeno do presente para o passado.

---

63 Além das obras citadas para o Museu da Resistência Piacentina (Morfasso), ver Prof. Don Giuseppe Cavalli (org.). *Il contributo dei cattolici alla lotta di liberazione in Emilia-Romagna.* Atti del 2º Convegno di studi tenuto nei giorni 1, 2, 3 Maggio 1964 a Parma-Salsomaggiore. Parma: Associazione Partigiani Cristiani, 1995 (1a edição de 1966); Sergio Giliotti. *La Seconda Julia nella Resistenza.* La più bianca delle brigate partigiane. Reggio Emilia: Diabasis, 2010; cf ainda material (breves textos impressos) do Museu da Resistência em Valmozzola, alguns assinados por Maurizio Carra, responsável pelo museu.

64 http://www.venticinqueaprile.it/ Cosenza Ettore

65 Existem outros museus da Resistência nas montanhas da Emilia-Romagna. Cf. Claudio Silingardi, *op. cit.,* 2009. O museu de Valmozzola não consta dessa espécie de guia histórico, pois inaugurado depois da edição do livro.

Seguindo o padrão do museu de Morfasso, o museu de Valmozzola localiza-se no vilarejo de Mormorola di Valmozzola, à beira da estrada distrital, perto da sede da comuna de Valmozzola, do pequeno comércio local e de algumas casas. Foi inaugurado em maio de 2011, numa edificação nova e abre apenas nos fins de semana. Em um único salão, está o acervo e a sala adjacente serve para aulas e conferências. O Museu é dedicado a Gian Paolo Larini, jovem médico *partigiano* que, com a esposa Caterina, cuidou de muitos feridos.

Em frente à prefeitura, um memorial lembra os *heróis* de Valmozzola, mortos nas duas guerras mundiais, sem diferenciar, quanto à segunda, os desaparecidos antes e depois do armistício de 1943 Outro memorial, pequeno, perto da entrada do museu, rejeita o terrorismo contemporâneo e o esquecimento, o que nada tem a ver com o acervo do museu. Na legenda do memorial, lê-se: "Para nunca esquecer os italianos mortos de Nassiriya, vítimas do terrorismo. 12 de novembro de 2006." Refere-se, pois, à rememoração do bombardeio Nassiriya, ataque suicida ocorrido em 2003, contra o quartel da polícia militar italiana, na cidade iraquiana, ao Sul de Bagdá. Localizado junto ao museu da Resistência, a intenção parece ter sido assimilar o terrorismo da ocupação ao terrorismo atual.

O museu de Valmozzola celebra os combates nas montanhas, tal como o de Morfasso, por meio da exposição de objetos e homenagens aos *partigiani* engajados na luta entre 1943 e 1945. Roupas, uniformes, capacetes, armas, munição, material de campanha, maleta de rádio, maleta de medicamentos e instrumentos cirúrgicos, um pedaço de avião, paraquedas, os cilindros de metal lançados de paraquedas pelos aliados, na região, contendo equipamentos e mapas etc. Tudo está exposto dentro e fora de vitrines. Habituada a tecidos rústicos de fabricação artesanal, a população local, na época, maravilhou-se com os tecidos leves e sintéticos, dos paraquedas, logo transformados em véus das santas da igreja. Fotos das santas com os véus integram a documentação. As bandeiras italiana, da Segunda Brigada Julia e norte-americana destacam-se, dependuradas no teto.

As fotos dos *partigiani* e, entre eles, mulheres, em armas ou enfermeiras, retratam-nos prontos para o confronto e nos momentos de descontração, assim como seus corpos já sem vida. Como em todos os lugares, os resistentes são, em sua maioria, jovens. Vemos também, nas fotos, o céu de Valmozzola pontilhado pelos paraquedas lançados; a carta de campo com mensagem codificada; os inúmeros certificados de mérito ao combatente; a carta manuscrita do *partigiano* francês, datada de 24 de junho de 1944, ao lado da foto de seu túmulo, no cemitério local.

Na carta, procurara usar metáforas para se comunicar com a família, mantendo a segurança. Em uma vitrine, há pequenos móveis de um quarto de boneca, presente enviado da França pela mãe do jovem à menina que cuidava do túmulo do seu filho.

O Museu expõe ainda mapas reproduzindo o relevo acidentado da região, com os pequenos paraquedas e bandeirinhas alfinetados, indicando os lugares de lançamento da ajuda aliada e os dos enfrentamentos. Valmozzola é uma das comunas que demarcam a chamada *zona livre de Bardi,* controlada pelos resistentes, onde Ettore Cosenza comandou as cinco brigadas.[66] A placa com a afirmação de Ettore Cosenza, acima citada, acompanha o busto (artesanal) do "comandante *Trasibulo*", homenagem ao *herói*. Não existe qualquer recurso audiovisual no museu.

A guerra civil, em Valmozzola, ficou marcada pela participação da Segunda Brigada Julia, organização que reuniu os *partigiani* católicos da região, diferentemente da Brigada Garibaldi, fiel à orientação comunista da III Internacional. Eles eram ex-militares italianos, desertores do exército, após o armistício, e soldados aliados, prisioneiros de guerra, fugidos do campo de prisioneiros e de concentração da região.

A formação militar do que veio a ser a Segunda Brigada Julia tem a ver com a adesão de Achille Pellizzari, ao Comitê de Libertação Nacional (CLN), em agosto de 1943, embora, oficialmente, sua criação date de agosto do ano seguinte. Pellizari, professor de literatura italiana da Universidade de Gênova, fora deputado pelo Partido Popular Italiano, de inspiração católica, entre 1921 a 1924. Antifascista, durante o *ventennio*,[67] integrava o grupo clandestino de intelectuais democráticos *Tempesta*. Depois do 8 de setembro de 1943, engalou-se na luta armada.[68] Contudo, em novembro de 1943, o que veio a ser a Segunda Brigada Julia ainda era o grupo Vampa, codinome do seu líder, com poucos membros, fraco e sem armas. Em março do ano seguinte, já contava com 40 *partigiani*, quase todos ex-soldados e oficiais da Brigada Julia, do exército italiano que participara das campanhas da Grécia

---

66 As comunas que demarcavam a chamada zona livre de Bardi são, além de Valmozzola, Bardi, Varsi, Solignano e Borgotaro.

67 *Ventennio*, nome dado às duas décadas do regime fascista na Itália.

68 Depois da Guerra, Achille Pellizzari foi nomeado reitor da Universidade de Gênova e, em junho de 1946, tornou-se deputado constituinte pela Democracia Cristã, partido de inspiração católica.

(1940-1941) e da URSS (1942-1943), com enormes perdas. Daí o nome, Segunda Brigada Julia.

Outros três nomes estão identificados à formação da Segunda Brigada Julia: o padre Guido Anelli, "animador e organizador do movimento *partigiano* na província de Parma", Giuseppe Molinari, conhecido pelo pseudônimo *Birra*, e Guglielmo Cacchioli, *o Beretta*, ambos comandantes militares da Julia. Dom Anelli foi, segundo pesquisa de Sergio Giglliotti nos arquivos de Washington, o responsável pelo estabelecimento das relações entre o Vaticano e os *partigiani*, resultando, por sua vez, nos contatos deles com os aliados.[69] *Companheiro de fé e de luta*, como o certificado emitido pela *Associazione Partigiani Cristiani di Parma*, de 31 de agosto de 1967, o *padre volante* (mensageiro), como era conhecido, está presente na memória coletiva de Valmozzola, em homenagem aos resistentes católicos.

A Segunda Brigada Julia travou a luta antifascista alheia a qualquer organização partidária, rejeitando, assim, a disciplina de partido e os sectarismos políticos, obedecendo apenas ao Comando Único Operativo, dirigido por Giacomo di Crolallanza.[70] A brigada também atou no incentivo à deserção de jovens fascistas da Divisão Itália e da Divisão Monterosa.

Os fatos mais marcantes na memória coletiva da comuna, mobilizando rememorações periódicas, é o ataque ao trem na estação de Valmozzola, liderado

---

69 Sergio Giliotti, *op. cit.*, 2010. Segundo a matéria de jornal *Corriere della Sera*, de Milão, assinada por Ennio Caretto, exposta no Museu, com Giliotti, de 26 de agosto de 2003, p. 31, trata-se do Relatório datado de 28 de novembro de 1944, de um agente americano, capitão A. Cagiati, do *Office of Strategic Services*, agência de espionagem do Estado norte-americano, formada na Segunda Guerra Mundial, antecessora da *Central Intelligence Angency* (CIA). O documento descreve a visita de Dom Anelli a Montini, então, secretário de Estado do Vaticano, no papado de Pio XII que, depois de sua morte, o sucedeu como papa Paulo VI. Dom Anelli era emissário do Comitê Nacional da Libertação de Parma. Ainda segundo Giliotti, baseando-se no documento, Cagiati e Anelli conversaram com Montini por cerca de uma hora, pedindo-lhe ajuda para a luta *partigiana* nas montanhas. Para Cagiati, o encontro marcou um ponto de inflexão importante no "degelo" entre o Vaticano e os *partigiani*, temeroso que, com eles, a Itália se tornasse comunista. A matéria de jornal está acessível em www.archiviostorico. corriere.it/2003/agosto/26/Questo_uomo_decisivo_che_appoggera_co_o_030826089.shtml

70 Giacomo di Crolallanza, conhecido como *Pablo*, foi oficial do exército italiano, integrante como capitão da campanha na Albânia. Aderindo à Resistência, comandou a 31ª Brigada Garibaldi e o Comando Único Operativo de Parma. Morreu no ataque alemão, em 17/10/1944, ao Comando Único, em Bosco de Corniglio.

pelo *partigiano* Mario Betti, em 12 de março de 1944. As versões sobre os objetivos da ação são controversas. Uns mencionam o saque de alimentos estocados na estação, então sob controle dos fascistas locais; outros acreditam que a intenção era a libertação de um determinado prisioneiro, que chegava no trem das 8h:30m; há também os que se referem à libertação não de um, mas de um grupo de desertores do exército que estava sendo levado de La Spezia para Parma. Diariamente, os trens que passavam por Valmozzola, vindos da Ligúria, traziam muitos militares. Por fim, há os que defendem que o encontro do trem, na estação, com os *partigiani* foi apenas coincidência.[71]

Em todo caso, eles, os *partigiani,* tomaram de assalto o trem, matando alguns militares fiéis à República de Salò (soldados e dois oficiais da X Mas[72]) e capturando outros, que depois fuzilaram. Betti morreu no assalto. A represália, iniciativa dos fascistas da X Mas sediados na região de La Spezia, não tardou. No dia 17 de março de 1944, eles levaram de trem, até Valmozzola alguns *partigiani,* presos em outro confronto na região, e, chegando a uma colina próxima à estação, fuzilaram-nos. Na memória coletiva local, confirmada no museu, os dois acontecimentos, que tão bem sintetizam a guerra civil, simbolizam a coragem e a luta *partigiana* (o assalto ao trem), ao mesmo tempo em que comprovam o terror daquele tempo.

A pequena estação tornou-se, para o vilarejo, o lugar das comemorações, onde os ex-*partigiani,* o curador do museu, a comunidade, todos se encontram para celebrar o aniversário do acontecimento. A solenidade, vale dizer, ocorre no dia 17 de março, em homenagem, portanto, aos jovens *partigiani* fuzilados.[73] Na estação, há placas colocadas, em diversos anos da celebração, com os nomes dos fuzilados e dos mortos no assalto ao trem, entre os quais está o de Mario Betti, com a inscrição: "vivo e presente conosco até que nos encontremos unidos em si."

---

71   Cf texto disponível no museu, assinado por Maurizio Carra.

72   A X MAS, ou *X Flottiglia* [flotilha] *MAS*, era uma unidade de assalto da Marinha italiana. Com o armistício, tornou-se corpo franco e, em seguida, aderiu à República de Salò, na Marinha Nacional Republicana, mantendo a guerra contra os países aliados.

73   Quando visitamos o museu, no dia 28 de fevereiro de 2014, recebemos um folder convidando e mobilizando a população para a cerimônia que ocorreria no dia 15 de março de 2014, na praça da estação. Previam-se missa, orações, depósito de coroa de flores, presença de *partigiano*, pronunciamento do prefeito. Em seguida, todos iriam para o museu, onde seria inaugurado o busto em homenagem a Ettore Consenza, o Trasibulo, com a presença de sua filha.

Dentro da estação, existe um modesto restaurante, com as paredes repletas de fotos, documentos escritos originais e textos sobre a Resistência local, em geral, e sobre os episódios que envolvem a história da estação. Ali também estão expostas, tal qual no museu, as fotos dos rapazes (muito jovens) que morreram na colina. Os acontecimentos do qual foi palco, as narrativas construídas sobre eles, as comemorações e, por fim, a *exposição museógrafa* pública fizeram da estação de trem de Valmozzola um lugar de memória. A estação ferroviária-lugar de memória continua ativa como tal, mantendo suas funções de zona de embarque e desembarque e venda de bilhetes.

Assim, se, no museu de Morfasso, distante a apenas 50 Km de Valmozzola, a memória da Resistência nas montanhas da Emilia-Romagna é construída segundo a experiência da 38ª Brigada Garibaldi, celebrando os comunistas, em Valmozzola, a construção ancora-se na participação da Segunda Brigada Julia, celebrando os católicos engajados na luta *partigiana*.

Bologna e Ferrara
O Museu da Resistência de Bologna[74]

O Museu de Bologna foi inaugurado em 2006, no centro da cidade, no antigo Convento de San Mattia, secularizado desde Napoleão e, hoje, pertencente à comuna de Bologna. O convento também abriga o Instituto Histórico Ferruccio Parri[75], ao qual o museu está ligado, e o Instituto para História da Resistência e da Sociedade Contemporânea na província de Bologna, dois centros de pesquisa e documentação.[76] Até então, o Museu do *Risorgimento* de Bologna possuía uma sala dedicada ao tema da Resistência, como ainda ocorre em Ferrara, entre outros museus do país, como veremos adiante. A criação de um espaço próprio para um

---

74 Museo della Resistenza di Bologna.

75 Sobre Ferruccio Parri falo adiante.

76 Sobre o museu e os dois institutos, bem como para as informações, que se seguem, sobre a cidade de Bologna na Segunda Guerra Mundial, ver Claudio Silingardi, *op. cit.*, 2009. Ver também os artigos e depoimentos de ex-*partigiani* e ex-militares do exército na publicação em comemoração dos sessenta anos da libertação de Bologna: Nazario Sauro Onofri (org.). *I Quaderni di Resistenza oggi*, I. 1943 Cade il fascismo. Pubblicazione per il Sessantennale della lotta di liberazione. Supplemento al n. 4 del 2003 di "Resistenza oggi". Bologna: ANPI di Bologna, 2003.

museu da Resistência da cidade deve-se à iniciativa das associações de *partigiani*, projeto assumido, por fim, pela municipalidade.

Na sequência do armistício de 8 de setembro, Bologna foi ocupada pelos nazistas e fascistas refratários à rendição. Capital da Emilia-Romagna, cenário destacado da guerra civil, Bologna e sua população vivessem intensa e dramaticamente a guerra. A localização geográfica da cidade era estratégica: centro urbano regional; ponto de comunicação das linhas ferroviárias entre o Norte e Sul do país; localizada atrás da Linha Gótica, na planície, mas junto aos Apeninos, onde, como se viu, se desenvolveu a luta *partigiana*; vizinha ao front onde os países aliados forçavam o avanço da linha de demarcação do território ocupado.

Pouco antes da queda de Mussolini, Bologna já havia sofrido pesado bombardeio (24/7/1943), quando se submeteu a população a toque de recolher. No dia 25 de setembro, novo bombardeio aliado deixou 905 mortos, 1.200 feridos e muita destruição. Outros bombardeios se seguiram, como o de 29 de janeiro de 1944. Ao todo, 94 incursões aéreas atingiram Bologna, com resultados catastróficos: 2.481 mortos, 2.704 feridos, 1.330 edifícios totalmente destruídos e 3.000 parcialmente danificados.[77] Refúgios antiaéreos foram construídos, na tentativa de minimizar os efeitos das bombas anglo-americanas. Nos desdobramentos dos ataques, vieram os problemas de abastecimento de alimentos e combustível. A necessidade de aquecimento chegou com o inverno e as condições de uma população submetida à violência das autoridades nazifascistas só pioraram.[78] É neste contexto de sofrimento e privações que nasceu a Resistência urbana, protagonizada pelos comunistas, contando também com as participações de socialistas, *acionistas*, católicos, republicanos e anarquistas.[79]

---

77 Cf. Claudio Silingardi, *op. cit.*, 2009.

78 Ver, além da bibliografia citada, o artigo de Luca Pastore. "Scioperi del 1943 e situazione socio-economica a Bologna durante I primi tre anni di Guerra" [Greves de 1943 e situação sócio-econômica em Bologna durante os três primeiros anos de guerra]. In: Nazario Sauro Onofri (org.). *I Quaderni di Resistenza oggi*, I. 1943 Cade il fascismo. Pubblicazione per il Sessantennale della lotta di liberazione. Supplemento al n. 4 del 2003 di "Resistenza oggi". Bologna: ANPI di Bologna, 2003.

79 Ver também Nazario Sauro Onofri. La lotta politica dei bolognesi dalla dittatura alla Resistenza. In: Nazario Sauro Onofri (org.). *I Quaderni di Resistenza oggi*, I. 1943 Cade il fascismo. Pubblicazione per il Sessantennale della lotta di liberazione. Supplemento al n. 4 del 2003 di "Resistenza oggi". Bologna: ANPI di Bologna, 2003.

De início, as ações da Resistência estiveram identificadas à libertação de soldados italianos, ao acolhimento de prisioneiros ingleses e americanos fugidos dos campos alemães e a ajuda a famílias de judeus que fugiam da deportação. A partir de novembro de 1943, os primeiros núcleos *partigiani* entram em ação na cidade e, nos meses seguintes, constituíram a 7ª Brigada GAP Garibaldi-Gianni. Os Grupos de Ação Patriótica (GAP)[80] eram pequenos grupos guerrilheiros, criados pelo Partido Comunista Italiano, no contexto da rendição, e sujeitos ao comando geral das Brigadas Garibaldi. A guerrilha intensificou-se, então, resultando em diversas ações como o assalto à prisão de San Giovanni, em Monte, quando quase 400 presos foram libertados, e o ataque ao Hotel Baglioni, sede do comando nacional-socialista, em Bologna.

A narrativa do Museu da Resistência de Bologna está centrada no cotidiano de uma cidade ocupada pelos nazistas e fascistas, bombardeada pelos aliados e palco da luta *partigiana* de Resistência. Ao contrário do confronto nas montanhas, em Morfasso e Valmozzola, por exemplo, o espaço urbano foi o cenário dos combates.

Apesar de estar integrado a um centro pesquisa e documentação, o Instituto Histórico Ferruccio Parri, e da experiência marcante da cidade nos anos de ocupação, o museu parece pouco valorizado, mais um *lugar de esquecimento* do que de lembrança.[81] Nas três salas do museu de Bologna, não há objetos da época, como armas, munições etc., tão comuns nos museus da Resistência, não somente na Itália, mas em outros países ocupados. Toda a exposição é organizada com fotos e documentos escritos, além de depoimentos de ex-*partigiani* disponíveis em áudio e vídeo, e de um banco de dados, no qual se pode localizá-los e obter breves informações biográficas.[82] As exceções quanto à ausência de objetos são três pequenas esculturas. Uma de uma figura masculina nua, com o sangue escorrendo pelo corpo, muito semelhante às representações de Cristo na cruz, mas amarrado à estaca usada para o fuzilamento dos *partigiani*. Onde se leria INRI, sigla da frase em latim para "Jesus Nazareno Rei dos Judeus", lê-se a inscrição ameaçadora, em alemão, "Atenção, bandidos", com a *assinatura* SS e o desenho da suástica. É mais

---

80   Claudio Silingardi, *op. cit.*, 2009, p. 140.

81   Muitos dos recursos audiovisuais descritos por Claudio Silingardi, no seu livro, não estão disponíveis.

82   A sala "Laboratório de sugestões multimídia", indicada no livro de Claudio Silingardi, está desativada.

RESISTÊNCIA: MEMÓRIA DA OCUPAÇÃO NAZISTA NA FRANÇA E NA ITÁLIA

do que evidente a associação entre o *partigiano* e Jesus, sacralizando a memória dos resistentes. A outra escultura retrata um homem sentado, torturado e amarrado à cadeira.[83] Por fim, um trabalho feito com arame farpado e um pedaço de madeira de uma barraca do campo de extermínio alemão Ljubelj, Mauthausen.[84]

Também dedicado aos anos 1943 a 1945, o museu de Bologna dá maior espaço à luta antifascista no período anterior à queda de Mussolini, não se limitando a registrar a participação dos italianos em defesa da República na Guerra Civil espanhola, como os museus italianos em sua maioria. Como evidencia o título proposto, "O antifascismo antes da Resistência", o conceito de *Resistência* é reservado ao período da luta *partigiana* entre 1943 e 1945. O antifascismo anterior é definido como *oposição* ao regime liderado por Mussolini entre 1922 e 1943. Em certo momento da exposição, por exemplo, lê-se: "entre os resistentes, havia antifascistas de longa militância…". De sorte que só há resistentes, neste registro, após a ocupação alemã de parte da Itália. Além dos antifascistas que se tornaram *partigiani*, o Museu também qualifica como resistentes, "os antifascistas de longa militância", "os jovens e joveníssimos", motivados pelas rebeliões contra o fascismo às vésperas da rendição; os desertores do exército que, depois do armistício se recusaram a continuar a guerra ao lado dos alemães; os prisioneiros de guerra, enfim, que também nesse contexto, fugiram ou foram libertados dos campos de prisioneiros.

A vida dos militantes antifascistas esteve marcada por repressão, prisões, assassinatos e exílio. Nesse sentido, pode-se ver fotos de antifascistas nos anos 1920, como a de Carlo Rosselli, ao lado de Ferruccio Parri e outros, em fotografia de setembro de 1927, todos algemados, condenados pela organização da fuga do velho líder socialista, Filippo Turati,[85] para a Córsega.

Jornalista e historiador, Rosselli (1899-1937) criou o *socialismo liberal*, um socialismo não-marxista, inspirado no movimento operário inglês. Militou contra o fascismo, na Itália, e no exílio em Paris, onde fundou com o movimento antifascista *Justiça e Liberdade*,[86] em 1929, que originou o Partido da Ação (1942-1947). Morreu assassinato, na França, em 1937, por fascistas franceses. Ferruccio Parri (1890-1981), que dá nome ao Instituto Histórico, também foi jornalista e militante

---

83   Não há informações no museu sobre as esculturas (autores, datas etc.).

84   A peça não está assinada nem datada.

85   Filippo Turati (1857-1932), advogado, jornalista, politico, pioneiro do socialismo italiano.

86   *Giustzia e Libertà*.

antifascista do *Justiça e Liberdade*. Preso diversas vezes, liderou o Partido da Ação no combate ao nazifascismo, nos anos seguintes ao armistício, presidindo o Comitê de Libertação Nacional (CLN) e tornando-se primeiro-ministro italiano entre junho e dezembro de 1945. Ainda nos registros anos 1920, aparecem fotos de presos políticos nas ilhas mediterrânicas de Lipari e Ústica, pertencentes à Sicília, a primeira com os socialistas Lionello Grossi e Renato Tega, tirada no Natal de 1926, a segunda com outros prisioneiros, tirada em maio de 1927. Em nenhum desses casos, o museu aplica a expressão resistentes a tais prisioneiros, ao legendar as fotos, senão a de antifascistas.

A partir de 1936, muitos dentre os antifascistas de primeira hora, 4.418 homens,[87] seguiram para a Espanha, engajando-se militarmente na defesa da República. Assim, no museu, há o texto da locução de Carlo Rosselli, emitida aos italianos por meio das ondas da rádio Barcelona, em 13 de novembro de 1936. Rosselli proclamou: "Hoje, na Espanha, amanhã, na Itália." O tema dos voluntários italianos, em particular dos bolonheses engajados na Guerra Civil espanhola é fartamente tratado, em sintonia com a maioria dos museus italianos. Muitos deles atuaram, três anos mais tarde, na luta *partigiana* de Bologna, enfrentando o nazifascismo.

Ainda em referência ao período anterior à rendição, o museu expõe o busto de Anteo Zamboni, o rapaz de Bologna, que tentou matar Mussolini. Aos 15 anos de idade, Anteo atirou no *Duce*, quando de sua visita à cidade, em 31 de outubro de 1926. Foi linchado pela tropa de proteção do ditador. O pai, a mãe e os irmãos foram condenados à prisão, acusados de o terem influenciado. A acusação deveu-se ao fato de tratar-se de uma família de anarquistas, embora o pai já tivesse se tornado fascista. Segundo outra versão, a tentativa frustrada de eliminar Mussolini tem a ver com outra característica atribuída ao menino, a pouca inteligência, razão pela qual era conhecido pelo apelido de *Batata*. Anteo Zamboni tornou-se nome de rua, celebrado como herói da sua cidade.

A Bologna da guerra é retratada, no museu, por meio da violência contra os civis. Os bombardeios, as destruições, os mortos, os feridos, os desabrigados, os refúgios antiaéreos, a escassez de comida, o racionamento. Os massacres em represália às ações dos *partigiani*, que atingiram, diretamente, a população civil. Os temidos

---

87 Informação do museu.

rastrellamenti,[88] isto é, *blitz* das forças militares alemães em busca de *partigiani* no meio dos habitantes. Um mapa localiza as sedes das administrações alemães e fascistas na cidade, desde a ocupação até a libertação em 21 de abril de 1945.

Em outro mapa, é possível acompanhar as etapas do avanço das forças armadas americanas e britânicas desde o desembarque na Sicília, forçando o deslocamento da Linha Gótica, atrás da qual Bologna estava localizada, por sinal próxima do front.

A Resistência urbana é abordada por meio dos protagonistas e suas ações, ao longo das suas etapas. O *grande salto*, ou seja, o crescimento significativo da Resistência ocorreu entre a primavera e o verão de 1944. As diversas brigadas estão representadas, com destaque para a 7ª Brigada Garibaldi-Gianni e a 8ª Brigada *Justiça e Liberdade*. Um organograma detalha a organização política e militar do movimento no país. A imprensa clandestina também é lembrada como atividade *partigiana*. Uma foto da máquina impressora e exemplares de diversos periódicos ilustram o assunto.

A propaganda fascista contra os resistentes e a favor da ida de trabalhadores para a Alemanha também está presente em cartazes coloridos, como em outros museus do país. As imagens e as palavras veiculadas nesse material demonizam os *partigiani* e celebram os alemães, bem como as condições que os operários italianos encontrariam na Alemanha. Em contraponto, estão exibidos os cartazes da Resistência, concitando a população para o combate *partigiano*. Cartazes compostos apenas de texto curto, afixados, na época, nos muros de Bologna.

A narrativa proposta, no Museu, valoriza a *luta política e social*, expressa nas greves de fábrica e manifestações populares, em março de 1944, com a participação dos camponeses da região e da população.[89] Apesar do reconhecimento do papel

---

88 A palavra vem de *rastrello*, ancinho em português. Ancinhar é a ação de passar o ancinho e procurar algo. Pode ser traduzida também por busca, batida, caçada. Agradeço a Marcelo Scarrone o esclarecimento.

89 Cf. Coordinamento donne Anpi. *Donne, il valore dell'unità*. Un incontro di generazioni fra memoria e attualità. Bologna: Edizioni Provincia di Bologna, 2005. Ver também o depoimento de Antonietta Carletti. "Nascono i Gruppi di defesa della donna". In: *I Quaderni di Resistenza oggi*, I. 1943 Cade il fascismo. Pubbicazione per il Sessantennale della lotta di liberazione. Supplemento al n. 4 del 2003 di "Resistenza oggi". Nazario Sauro Onofri (org.). Bologna: ANPI di Bologna, 2003.

que esse tipo de engajamento teve, no enfrentamento ao nazifascismo, ele não é nomeado como Resistência.

A presença das mulheres também integra a narrativa, tanto nas manifestações populares, como na guerrilha urbana, como no museu de Valmozzola. Entretanto, o Museu de Bologna aborda o tema da violência sexual contra as mulheres, durante a ocupação por meio de fotos e documentos escritos elaborados na época. Organizando-se e somando-se à Resistência, elas denunciaram inúmeros casos de estupros de mulheres adultas jovens e até mesmo meninas.

Os temas da deportação, dos judeus em particular, e do trabalho forçado integram a exposição. Nesta altura, o museu procura reconstituir a adoção da realidade das leis racistas de 1938, no contexto da aliança entre a Alemanha e a Itália, na qual Hitler, praticamente, impôs a Mussolini este tipo de legislação. Nas manchetes dos periódicos da grande imprensa, como em um jornal de Bologna, lemos: "Professores e alunos judeus excluídos das escolas a partir de 16 de outubro."[90] A primeira captura em massa de judeus de Bologna aconteceu entre 6 e 8 de novembro de 1943, realizada pela SS, com base nas listas de identificação e localização fornecidas pela polícia fascista. A segunda, de dezembro de 1943, foi conduzida, diretamente, pelos italianos. Nesse sentido, a questão do antissemitismo não limita as responsabilidades da *Shoah* à Alemanha, mas incorpora também a participação dos fascistas no massacre, tal como os museus franceses.

Essa abordagem, porém, não condiz com a história, mas com uma certa construção de memória. A própria cronologia exposta no museu evidencia como essas ações nada tinham a ver com Mussolini, já instalado em Salò, submisso à Alemanha nazista, morto politicamente. Tampouco expressam as orientações do fascismo em relação à questão judaica que, como disse anteriormente, sequer foi *uma questão* na Itália fascista. A legislação antissemita de 1938 só foi aplicada, de fato, depois da queda de Mussolini (25/7/43) pelos fascistas republicanos.

Por outro lado, a narrativa construída no museu informa que apenas 2 ou 3% dos militares italianos aderiram ao recrutamento fascista, após a queda de Mussolini, atraídos pelas benesses prometidas pela RSI. A enorme maioria recusou--se a entregar as armas às forças militares alemães, sendo massacrada; outros tantos foram levados para campos de prisioneiros na Alemanha e na Polônia, embora, formalmente, não fossem considerados prisioneiros de guerra. Por terem aderido ao

---

90   *Il Resto del Carlino*, Bologna, 3 de setembro de 1938.

RESISTÊNCIA: MEMÓRIA DA OCUPAÇÃO NAZISTA NA FRANÇA E NA ITÁLIA

armistício, receberam o status de *traidores*. As fotos expostas no museu mostram os italianos capturados pelos alemães na Itália, nos Bálcãs e na Grécia, nos campos de prisioneiros. Foram cerca de 600 mil, submetidos à "duríssima reclusão." O *Caserme Rosse*, em Bologna, serviu de campo de trânsito para os militares que aguardavam para seguirem para o Leste. A partir do verão de 1944, foi-lhes imposto o trabalho compulsório nos campos, sendo dele poupado apenas os oficiais.[91] Assim, a narrativa do museu de Bologna, sem dizê-lo, apresenta os militares, oficiais e soldados, em sua grande maioria, como vítimas da Alemanha e da República Social Italiana. Da mesma forma que nos museus de Roma, Morfasso e Valmozzola, abordados acima, o exército italiano é poupado das responsabilidades das guerras e batalhas travadas em nome do fascismo.

Nesta mesma direção, a narrativa da mobilização popular contra nazifascismo, vista acima, omite a mobilização similar no entre-guerras, em apoio ao fascismo, como a multidão que lotou a praça pública de Bologna, em 31 de outubro de 1926, na visita do *Duce* à cidade, quando Anteo Zamboni, isolado, foi linchado após fracassar no atentado a Mussolini.

A libertação de Bologna aparece em fotos que registram uma população em festa, vibrante, aplaudindo as tropas aliadas que chegavam, como na imagem da comuna de Alseno, exposta no museu de Morfasso. Aqui, como nos demais museus, a libertação soa como catarse coletiva, eufórica, depois de tanta opressão e do sofrimento.

Por fim, o museu de Bologna trata do *muro da Praça Netuno*. No coração do centro histórico, o muro externo do Palácio d'Accursio, onde está instalada a prefeitura, tornou-se, espontaneamente, um memorial, sem alguma iniciativa pública ou de associações *partigiane*. Como se sabe, as praças sempre foram lugar público, por excelência, sobretudo aquelas que abrigam as sedes do poder local. Nelas, assuntos de interesse geral da comunidade são expostos, divulgados, discutidos, de modo que funcionam como espaço de comemorações, celebrações, festas. O memorial

---

91 No Museu de Ferrara, uma exposição temporária, inaugurada em 25 de janeiro de 2014, reuniu fotos de um desses muitos oficiais, o tenente do *Regio Esercito*, Arnaldo Pozza, que registrou em fotos, o dia a dia no campo de prisioneiros Stalag X-B, localizado em Sandbostel, na Baixa Saxônia, no noroeste da Alemanha. O seu filho, Roberto Pozza, após a morte do pai, organizou a exposição e o livro-catálogo. Cf. Roberto Pozza. *La valigia nascostas*. Istantanee dai Balcani e quaderno di campo del Sottotenente Arnaldo Pozza internato militare a Sandbostel Stalag XB (1941-1945). Ferrara: Casa Editrici Tresogni, 2014.

surgiu em lembrança dos mortos das lutas antifascistas dos anos 1920 e contra o nazifascismo, nos anos 1943-1945. Depois, foi integrando a memória de guerras e conflitos que sucederam a Segunda Guerra Mundial. Por fim, o memorial foi incorporado pelo museu, transformando-se em objeto do acervo e parte de sua narrativa memorialística.

Historicamente, foi no *Muro da Praça Netuno* que dezoito corpos de *partigiani*, foram pendurados pelos fascistas, a maior parte fuzilada ali mesmo, em julho de 1944[92]. Atualmente, o muro ostenta a inscrição: "lugar de descanso de *partigiani.*" Aliás, o corpo de Anteo Zamboni, morto em outra praça de Bologna, também havia sido exposto ali, nos anos 1920. O muro do Palácio d'Accursio era o lugar público tradicional para a exibição dos corpos de executados pelas autoridades locais, em várias épocas, sempre com o objetivo de aterrorizar e intimidar a população. Era um cenário típico do *castigo exemplar* do Antigo Regime, autêntico espetáculo multitudinário, como diria o autor de *Vigiar e Punir*[93]. Veremos adiante outras situações nas quais esse padrão se repete, explicando a localização de cada memorial

Logo depois da libertação, a população passou a depositar, junto ao muro, flores, mensagens e as fotos dos fuzilados, em memória dos *partigiani* de Bologna executados, fazendo dele um lugar de memória, quase um santuário. As fotos de diferentes momentos, expostas no museu, registram a sua evolução até se tornar o Sacrário dos *partigiani* da Praça Netuno, como é identificado, nome também usado, como se viu, para o memorial Caverna Ardeatine, em Roma. Neste caso, a *sacralização da memória* é evidente, embora não problematizada, tampouco assumida na narrativa do Museu.[94]

---

92 Essa versão é do Museu. Segundo, Claudio Silingardi (*op. cit.*, 2009), no muro, os nazifascistas expunham os corpos dos *partigiani* assassinados. Ou seja, não somente os do mês de julho de 1944. P. 149.

93 Michel Foucault. *Vigiar e Punir*. Petrópolis: Vozes, 1977, p. 33. O autor afirma que, desde o século XIX, as penas de morte, nos países ocidentais, passaram a ser discretas, reservadas ao interior de presídios, abandonando-se o caráter espetacular e público. Uma mudança de discursos e práticas punitivas, entre outras presentes no discurso de juristas do século XVIII e sobretudo no dos iluministas do século XVIII. Vale notar que os regimes totalitários da primeira metade do século XX, em especial os regimes de extrema-direita (antiliberais por vocação e hostis ao Humanismo de tradição renascentista) reeditaram esta prática do *castigo exemplar*, bem como da *culpabilização coletiva* por delitos individuais.

94 Sobre a *sacralização da memória* (Todorov, Rousso e outros), ver o capítulo 2.

RESISTÊNCIA: MEMÓRIA DA OCUPAÇÃO NAZISTA NA FRANÇA E NA ITÁLIA

Atualmente, podem-se ver, no muro, milhares de pequenos retratos dos *partigiani* de Bologna desaparecidos, com os respectivos nomes e datas de nascimento e morte. Setenta anos depois, ainda são depositadas flores no lugar. Ao longo dos anos, fotos da cidade ocupada, dos *partigiani* em combate, de corpos amarrados às estacas usadas nos fuzilamentos, da festa da libertação, listas das brigadas e dos respectivos brigadistas somaram-se ao memorial.

Da mesma forma, diversas placas foram sendo afixadas, junto ao bronze do *Boletim da Vitória*.[95] Celebram os combatentes bolonheses e a cidade, que recebeu a "medalha de ouro pelo valor militar." Celebram também a libertação, como a estela colocada na comemoração de seu aniversário de 1970.[96] Nem sempre consta a informação do ano em que foram afixadas, o que não é o caso do bronze em memória de Anteo Zamboni, inaugurado em 1965: "O povo de Bologna, nos 20 anos da luta antifascista, homenageia o filho herói sacrificado.[97] Com esta pedra, consagra no tempo Anteo Zamboni pela audácia de amar a liberdade, jovem mártir assassinado, em 31-10-1926, pelos asseclas da ditadura."

Outra placa lembra o "sacrifício" dos militares italianos mortos no massacre do exército alemão à Divisão de Infantaria Acqui, que estava nas ilhas mediterrâneas gregas Cefalônia e Corfù, região estratégia na guerra. Quando do armistício, ao contrário de outras unidades do exército recém-dissolvido, a divisão se recusou a render-se aos alemães, razão pela qual os militares foram metralhados em massa.[98] Na inscrição, constam os números de oficiais, suboficiais e soldados desaparecidos.

---

95 *Boletim da Vitória* (*Bollettino della Vittoria*) é um texto oficial do general Armando Vittorio Diaz, comandante do exército italiano na Grande Guerra (1915-1918), informando e exaltando a vitória sobre o império austro-húngaro, antigo inimigo da Itália. O texto foi gravado em placas de bronze fundido da artilharia capturada ao inimigo e expostas em todos os quartéis e municípios do país.

96 Informação na placa.

97 *Immolatisi*, em italiano.

98 Sobre o enfrentamento em Cefalônia, ver Alberto Preti. La resistenza a Cefalonia della divisione "Acqui". In: *I Quaderni di Resistenza oggi*, I. 1943 Cade il fascismo. Pubblicazione per il Sessantennale della lotta di liberazione. Supplemento al n. 4 del 2003 di "Resistenza oggi". Nazario Sauro Onofri (org.). Bologna: ANPI di Bologna, 2003. Também nesta publicação, ver o depoimento de um sobrevivente do massacre de Cefalônia: Riccardo Piva. "Ho combattuto a Cefalonia contro i tedeschi."

Nas décadas seguintes, foram colocadas, no muro da Praça Netuno, estelas em memória de mortos em atentados terroristas de outros momentos do século XX. Essa associação entre o terror perpetrado por grupos terroristas e o terror vivido pelos civis na Segunda Guerra Mundial, também está presente, em Valmozzola, como vimos. Em Bologna, são lembradas "as vítimas do terrorismo fascista", segundo a inscrição na placa, de três diferentes atentados a trens, em 1974, 1980 e 1984.[99] Fascista, depois da guerra, virou adjetivo a-histórico.

FERRARA

A história de Ferrara, na região Emilia-Romagna, durante os anos de ocupação alemã é, particularmente, interessante por diversas razões.[100] A primeira diz respeito à existência de uma significativa e forte comunidade judaica desde o século XV, época da família D'Este, senhores de Ferrara entre 1240-1598.[101] Os Estados Estenses, constituídos por Ferrara, Modena e Reggio Emilia, tornaram-se terra de refúgio da população judaica expulsa ou segregada em guetos em outras cidades da

---

99 Em 4 de agosto de 1974, uma bomba explodiu no trem que fazia o percurso Roma-Munique, na altura de San Benedetto Val di Sambro, província de Bologna, região da Emilia-Romagna. Conhecido como *massacre do Italicus* (o trem expresso), o atentado matou 12 pessoas e deixou 44 feridos. A organização de extrema-direita Ordem Negra (*Ordine Nero*) reivindicou a autoria do crime.

Em 2 de agosto de 1980, uma bomba explodiu na estação ferroviária central da cidade de Bologna, matando 85 pessoas e ferindo 200. O *massacre de Bolonha* foi atribuído à organização *neofascista* Núcleos armados revolucionários (*Nuclei Armati Rivolucionari, NAR).*

Dez anos após o *massacre do Italicus*, em 23 de dezembro de 1984, outra bomba explodiu no trem que ia de Nápoles para Milão, perto do local do ato terrorista de 1974, San Benedetto Val di Sambro. No *massacre de Natal*, morreram 17 pessoas e 267 ficaram feridas. A autoria do atentado permaneceu desconhecida, mas as suspeitas recaíram em organizações de extrema-direita do chamado *Terrorismo Negro* (*Terrorismo Nero*), na *Banda della Magliana* e na máfia siciliana, *Cosa Nostra*.

100 As informações acerca da cidade de Ferrara estão baseadas, sobretudo, em Claudio Silingardi, *op. cit.*, 2009.

101 Sobre os judeus de Ferrara, ver Anna Rosa Campagnano. História das comunidades. De Antuérpia para Ferrara: a nação judaica espanhola. *Revista Morasha*, n. 67, março de 2010 (www.morasha.com.br; acesso em 4/6/14)

península itálica, assim como dos judeus expulsos da Espanha (1492), de Portugal (1497) e de alguns principados alemães adotantes do luteranismo no século XVI[102].

Em Ferrara, por iniciativa do duque Ercole I D'Este, os judeus de origem espanhola instalaram-se, em 1492, garantindo-se-lhes liberdade religiosa e a prática do comércio com redução de impostos. Segundo Anna Rosa Campagnano, "o grupo de judeus que aderiu à chamada do duque formou uma pequena comunidade que fez reviver as antigas tradições culturais e religiosas do judaísmo sefardita e que se atribuiu o nome de *Nação Portuguesa*."[103] Foi em Ferrara que surgiu a primeira tradução, em 1553, para o castelhano da Torá, o Antigo Testamento, evidenciando a pungência da imigração sefardita na cidade, a *Bíblia de Ferrara*, como ficou conhecida.

Durante o período fascista, a prestigiada comunidade manteve fortes vínculos com o regime. Entre 1926 e 1938, inclusive, a cidade teve como prefeito Renzo Ravenna, judeu, amigo íntimo de Italo Balbo, líder regional do fascismo com projeção nacional.[104]

Segundo Claudio Silingardi, a liderança e a popularidade de Balbo, o único líder fascista capaz de rivalizar nesses aspectos com Mussolini, fez de Ferrara um "lugar de absoluto relevo no quadro do fascismo italiano."[105] Balbo, nascido em Ferrara, em 1896, tinha aderido ao partido em 1921, tornando-se secretário do movimento na cidade. Em 1923, foi acusado de matar o padre antifascista Giuseppe Minzoni, de Argenta, na província de Ferrara. Político, militar e aviador, fez a travessia transatlântica, em 1933, façanha que aumentou ainda mais a sua popula-

---

102 Martinho Lutero hostilizou os judeus ao longo da Reforma protestante, seja por causa da usura por eles praticada seja pela decepção por não vê-los aderir ao cristianismo reformado. O antissemitismo de Lutero aparece no seu opúsculo intitulado *Sobre os judeus e suas mentiras* (1543), escrito pouco antes de sua morte. Mas, já na década de 1530, ele pregava contra os judeus. Não por acaso, os judeus foram expulsos da Saxônia, em 1536, pelo príncipe Frederico III, grande protetor de Lutero. Há historiadores que estabelecem nexos entre o antissemitismo de Lutero e o das igrejas luteranas na época do nazismo. Cf. Cristopher J. Probst. *Demonizing the Jews: Luther and the Protestant Church in Nazi Germany*. Indiana: Indiana University Press, 2012.

103 Anna Rosa Campagnano, *op. cit.*, 2010.

104 Sobre Renzo Ravenna, ver Ilaria Pavan. *Il podestà ebreo*. La storia di Renzo Ravenna tra fascism e leggi razziali [O prefeito judeu. A história de Renzo Ravenna entre fascismo e leis raciais]. Roma: Laterza, 2006.

105 Claudio Silingardi, *op. cit.*, 2009, p. 97

ridade, razão pela qual Mussolini decidiu enviá-lo para a Líbia, no ano seguinte. Tornou-se, então, governador da então colônia italiana.

Aliado aos proprietários de terra da província de Ferrara, Balbo esteve identificado com o fascismo agrário, fazendo de Ferrara seu berço. Criou, assim, uma identidade própria da província de Ferrara em relação ao fascismo de Milão. Nesse mesmo sentido, propunha também uma política cultural baseada na glória local do Renascimento e do período governado pela família D'Este, em contraponto aos mitos de Roma alimentados por Mussolini. Italo Balbo, apoiado na próspera comunidade judaica de Ferrara, se opôs fortemente à legislação antissemita instituída em 1938 e à entrada da Itália na guerra, em 1940, ao lado da Alemanha. Em 28 de junho de 1940, o avião que pilotava foi abatido, supostamente, por engano pela própria força aérea real italiana, em Tobruk, na Líbia.

A legislação antissemita de 1938 foi, como interpretou Claudio Silingardi, "a primeira fissura no sistema de poder [do fascismo local] que contava com os judeus. O prefeito judeu, Renzo Ravenna, apoiado por Balbo desde 1926, foi obrigado, como disse, a deixar o cargo, em 1938.[106] Na cidade que os tinha abrigado por mais de 400 anos, os judeus, embora leais ao fascismo desde os anos 1920, testemunharam a destruição da sinagoga, em 21 de setembro de 1941. Uma ação perpetrada pelos fascistas. Silingardi assinala que esse ataque e o da sinagoga de Trieste, em julho de 1942, foram os dois únicos episódios do gênero ocorridos na Itália.

O desaparecimento de Balbo, segundo Silingardi, já mudara o equilíbrio do fascismo local e, com a ocupação, no final de 1943, "o novo grupo de fascistas assumiu cargos e posições em Ferrara", inclusive a direção do partido. Neste contexto, os antigos fascistas da cidade, identificados com Balbo e o próprio Ravenna, passaram à oposição.

A especificidade do fascismo de Ferrara talvez permita enxergar aí uma *guerra civil dentro da guerra civil*, em meio à Segunda Guerra, opondo facções rivais de fascistas, quer lideranças quer militantes. Em Ferrara, a rivalidade vinha desde os anos 1920, mas se agudizou no final da década de 1930 e primeiros anos da seguinte. Em 1940, a divergência residiu na questão da entrada da Itália na guerra ao lado da Alemanha, uns a favor, outros contrários. Em 1943, residiu no dilema

---

106 Ravenna continuou vivendo com a família em Ferrara até o 8 de setembro de 1943. Com o armistício e as perseguições antissemita das forças de ocupação e dos fascistas da RSI, refugiou-se, com a família, na Suíça. Após a guerra, voltaram para a cidade, onde viveu até a sua morte, em 29 de outubro de 1961. Cf. Ilaria Pavan, *op. cit.*, 2006.

entre o apoio ao armistício com os anglo-americanos e a lealdade à aliança ítalo-germânica. A questão de fundo, nesses dois episódios, estava centrada no papel que o Estado italiano deveria exercer na guerra. Defesa da nação italiana ou servilismo a outros países europeus.

Entrar ou não na guerra e de que lado? Dilema italiano vivenciado na Grande Guerra e reeditado décadas depois, em outro contexto. Mussolini foi personagem-chave nos dois momentos.

Entretanto, além deste confronto, e aquém dele, Ferrara já experimentara a rivalidade entre as facções fascistas, evidente na misteriosa morte de Italo Balbo, em 1940. Em todo caso, o enfrentamento radicalizou-se com a ocupação e ganhou ares de ajustes de contas entre os dois grupos. Os fascistas, que governavam a cidade e a província de Ferrara antes da ocupação alemã, foram considerados traidores por aceitarem o armistício. A acusação vinha da facção que os sucedeu, ligada à República Social Italiana. As retaliações não tardaram. *Guerra civil dentro da guerra civil* seriam esses confrontos.

Expressão dessa realidade foi o assassinato do secretário do partido fascista em Ferrara, Igino Ghisellin, já no contexto da ocupação alemã e da criação da República Social Italiana, em 13 de novembro de 1943. A repressão que se seguiu ao fato atingiu não somente aos antifascistas, acusados pelo atentado, mas também aos antigos fascistas. Entre 14 e 15 de novembro, em represália, onze civis sem qualquer envolvimento com o assassinato de Ghisellini, foram mortos e os corpos expostos junto ao muro do Castelo D'Este. Entre eles, quatro estavam presos, desde outubro, acusados de atividades antifascistas, e quatro fascistas não partidários da República Social Italiana, entre eles, o senador Emilio Arlotti, industrial e exponente de destaque do fascismo de Ferrara. Além disso, 70 pessoas foram presas, entre antifascistas, judeus e fascistas antigos que recusavam o nazifascismo. Símbolo da cidade, da glória da família D'Este e do Renascimento em Ferrara, o castelo tornou-se, nos anos de ocupação, sede do comando alemão e do Bureau político da polícia (*Ufficio politico della Questura*), dirigido por De Sanctis. Hoje, duas placas lembram o acontecimento.

Ainda de acordo com Silingardi, este massacre suscitou dois efeitos. O primeiro foi a onda de inscrição no Partido Fascista Republicano, nascido com a República Social Italiana, a maior adesão ao fascismo na Itália. O segundo, "o congelamento da possibilidade de desenvolvimento da Resistência na cidade, causando a partida de muitos antifascistas que serão, então, protagonistas da Resistência em outras cidades da Emilia-Romagna".[107] Entretanto, represálias como o massacre ocorrido em Ferrara, conforme vimos em outros lugares, não levaram, necessariamente, nem a filiações maciças ao Partido Fascista Republicano nem a fugas em peso de antifascistas. A explicação da fragilidade da Resistência, como movimento, expresso em ações e organizações está, talvez, no alto grau de consenso que o fascismo obteve em Ferrara, não obstante as rivalidades entre as facções fascistas e as diferenças entre os fascistas que exerceram o poder. A ausência de comunistas, por exemplo, entre os onze assassinados, mesmo que seja, como conclui Silingardi, evidência de que a represália pretendia passar um recado aos próprios fascistas não adeptos da República Social Italiana, demonstra também a fraqueza dos movimentos de esquerda. Em Ferrara, a guerra civil foi, sobretudo, a guerra entre fascistas e não entre fascistas e ex-fascistas, que deixaram de sê-lo nos anos de guerra e/ou com a ocupação. Ao contrário do que se viu, por exemplo, em Bologna, em Ferrara sequer houve a possibilidade de uma luta *partigiana*. O próprio Silingardi reconhece que, além da "violência preventiva", perpetrada pelos fascistas, "o contexto geral da província, em particular pelo caráter da paisagem agrária e pelo incontestável consenso que o fascismo ainda recolhe/consegue/obtém" "retardou de muito o desenvolvimento da luta *partigiana*"

Igino Ghisellini, fascista adepto da República Social Italiana, entretanto, fora assassinado pelos próprios correligionários, mais exatamente pela Milícia do Partido Fascista Republicano, em razão de disputas internas pelo poder, como comprovaram documentos revelados no pós-guerra.[108] Carlo Govoni, assessor de Ghisellini, empenhado em identificar os responsáveis pelo crime, acabou enviado para o campo de concentração de Dachau, próximo a Munique, na Alemanha, onde morreu.

A violência instituída pelo sucessor de Ghisellini, Enrico Vezzalini, ativo colaborador dos alemães, com a sua formação paramilitar, e por seu chefe de polícia, Carlo De Sanctis, retardaram ainda mais, ainda segundo Silingardi, o desenvolvimento da luta *partigiana*. Apenas na província, não na cidade, ela conheceu alguma

---

107 Claudio Silingardi, *op. cit.*, 2009, p. 100.

108 Cf. Antonella Guarnieri. *Dal 25 luglio a Salò*. Ferrara 1943. Nuova interpretazione della lunga notte. Ferrara: 2G editrice, 2005. A autora é "responsável pela comunicação e didática" do Museu do *Risorgimento* e Resistência de Ferrara. Cf.: museorisorgimentoresistenzaferrara. wordpress.com (acesso em 6/6/14).

expressão. Mais uma vez, acredito que o fato tem mais a ver com as características próprias do fascismo em Ferrara do que com a violência desencadeada pela facção no poder após a ocupação, presente também em outros lugares perto ou atrás da Linha Gótica.

Em todo caso, é interessante refletir sobre as batalhas de memória que o assassinato de Ghisellini - e a consequente represália - provocaram no pós-guerra. Em 1960, o cineasta Florestano Vancini, nascido, em 1926, em Ferrara, lançou o filme *La lunga notte del '43*, sobre o massacre do Castelo Estense, baseado, por sua vez, na novela de Giorgio Bassani, *Una notte del'43*, publicada, em 1956, no livro *Cinque storie ferraresi*.[109] Escritor de origem judaica, nascido em Bologna, em 1916, Bassani passou a infância e a adolescência em Ferrara e seus livros retratam a burguesia judaica da cidade. Ligado ao Partido da Ação, Bassani foi preso, em maio de 1943, com outros judeus, acusados de atividades antifascistas. Vancini foi pressionado para fazer o filme como se o assassinato dos onze civis tivesse sido obra dos nazistas e não dos fascistas, deturpando, pois, a história em função dos interesses do presente.[110] Passada a Segunda Guerra, e já no contexto do início da década de 1960, o massacre devia ser atribuído ao estrangeiro e não a italianos. Vancini resistiu às pressões da memória apaziguadora, mantendo-se fiel à história.

Ainda sobre a memória do acontecimento, Silingardi conta que, a partir de 1970, alguns ex-*partigiani* de Bologna indicaram que o assassinato de Igino Ghisellini tinha sido obra dos resistentes, confirmando a versão que os fascistas de Ferrara deram na época. Atribuíram a responsabilidade a um grupo *gappista* de Bologna. Deturpando os fatos, foi uma "tentativa de acreditar que a Resistência de Ferrara era maior do que de fato era no momento da morte de Ghisellini", concluiu Silingardi.

Nas comemorações da libertação da cidade e do país, em 25 de abril de 1959, inaugurou-se a sala dedicada à Resistência (1943-1945), no Museu *Risorgimento*, instalado no Palácio dos Diamantes, uma das célebres obras do Renascimento de Ferrara. O Museu *Risorgimento* passou, então, a chamar-se Museu do Primeiro

---

109 O livro *Cinque storie ferraresi* deu a Giorgio Bassani (Bologna, 4/3/16 – Roma, 13/4/2000) recebeu o Prêmio Strega, em 1956 (Turim: Einaudi, 1a ed. 1956). Florestano Vancini (Ferrara, 24/8/26 – Roma, 18/9/2008).

110 A informação sobre as pressões nesse sentido sofridas por Vancini está em Claudio Silingardi, *op. cit.*, 2009, p. 97.

e do Segundo *Risorgimento*. Na década de 1970, foi renomeado como Museu do *Risorgimento* e da Resistência de Ferrara.[111]

Como os demais museus da Resistência do país, o de Ferrara trata da Resistência local. O Palácio dos Diamantes situa-se no centro da cidade, no coração da *Addizione Erculea*, ambiciosa obra urbanística realizada entre o final do século XV e o início do XVI, pela família D'Este.[112] Próximo ao Castelo Estense, o Palácio abriga ainda a Pinacoteca Nacional, com obras da Idade Média ao século XVIII, e a Galeria Cívica de Arte Moderna e Contemporânea.

Infelizmente, não é permitido fotografar dentro do museu, único caso entre os diversos museus visitados.[113] Também a se lamentar a transferência de objetos relativos à comunidade judaica local para o Museu Judaico, que, como se viu, teve um papel importante no fascismo local.[114] Teria sido interessante analisar a maneira como essa documentação foi antes usada na sala da Resistência, numa cidade onde, como disse Silingardi, os judeus oscilaram entre o judaísmo e o fascismo.[115]

O Museu expõe, em vitrines, objetos de campanha, como capacetes, armas, bombas, cantis, um aparelho transmissor, uniformes. Bandeiras do Comitê de Libertação Nacional, do Comitê de Liberação Nacional de Ferrara e a da 35ª Brigada Garibaldi-Bruno Rizzieri-Ferrara, nome em homenagem ao *partigiano* morto em 30 de abril de 1944. Vemos também máscaras de gás, fotos de *partigiani*, o lenço vermelho com a imagem de Garibaldi, pertencente a um *partigiano*. Certificados e medalhas. Documentos escritos, jornais e fotos lembrando os grupos de "Resistência civil", entre os quais o formado em defesa da mulher. Cartaz ameaçando com represália as ações da Resistência, assinado por Enrico Vezzalini, su-

---

111 A parte do museu referente ao *Risorgimento* possui duas grandes salas. Uma quarta é dedicada a exposições temporárias.

112 Os princípios racionais traçaram o monumental projeto do arquiteto Biagio Rossetti, motivado pela expansão da área urbana e pela defesa da cidade. As ruas estreitas e tortuosas herdadas da cidade medieval cederam lugar ao planejamento moderno.

113 Algumas fotos das duas partes do Museu (*Risorgimento* e Resistência) podem ser vistas no site museorisorgimentoresistenzaferrara.wordpress.com. Contudo, não foram fotografadas as legendas das fotos, dificultando ou impedindo a identificação.

114 A informação sobre a transferência da documentação está em Claudio Silingardi, *op. cit.*, 2009. O Museu Judaico de Ferrara está fechado, desde 2012.

115 O Museu Judaico de Ferrara (*Museo Ebraico di Ferrara*) está fechado desde 20 de maio de 2012, devido ao terremoto que atingiu as regiões da Emilia, da Lombardia e do Vêneto.

RESISTÊNCIA: MEMÓRIA DA OCUPAÇÃO NAZISTA NA FRANÇA E NA ITÁLIA

cessor de Ghisellini. Informações e fotos do campo de Fossoli, na Emilia-Romagna, criado pelos italianos para os prisioneiros de guerra norte-americanos e britânicos, em 1942, e depois usado pelos nazifascistas como principal campo de concentração e de trânsito da região para presos políticos e judeus. Cartazes de propaganda fascista. Em destaque, o conhecido cartaz de Gino Boccasile, artista gráfico responsável pela propaganda política da República Social Italiana, no qual retrata o velho garibaldino sentado com as mãos no rosto em meio a ruínas.[116] No alto da imagem, as datas de 9 de maio de 1936 e 8 de setembro de 1943: a primeira lembra a anexação da Etiópia e a proclamação do império italiano por Mussolini; a segunda, o armistício, a *traição* e o fim do império. O cartaz mostra memória de Garibaldi, símbolo da nação, apropriada pela RSI, como foi também, como se viu, pela Resistência, nomeando Brigada Garibaldi, os grupos *partigiani* ligados ao PCI.

Em bronze, vê-se um alto-relevo, doação de Gaetano Maranim em 2012, com a imagem de sete crianças, todos meninos excessivamente magros, assinado por Raza Olia e intitulado *O assassinato dos sete irmãos Cervi*. A representação infantilizada dos irmãos, cujas idades reais, quando do episódio, variavam entre 22 e 42 anos, associa-se, de imediato, às célebres imagens de pessoas esqueléticas, libertadas dos campos de concentração e extermínio, ao fim da guerra. Ou talvez expresse, simplesmente, a morte da inocência, daí a associação a crianças. Outra obra exposta no museu é *Il Gibbo*, personagem grotesco criado pelo ilustrador, Antonio (Tono) Zancanaro.[117] Meio animal, meio homem, a criatura serviu como caricatura de Mussolini. Sob a perspectiva da memória, a sacralização dos *mártires* da Resistência, de um lado, e a demonização do outrora viril e imponente *Duce*.

Alda Costa, professora primária nascida em Ferrara, em 1876, socialista do PSI, sindicalista, é lembrada no museu. Presa em 1926, por se recusar a fazer a saudação fascista, só foi libertada no 25 de julho de 1943, com a queda de Mussolini. Com a ocupação de Ferrara e a RSI, Alda Costa voltou para a cadeia em 15 de novembro deste ano. Dela saiu doente, para ser internada no hospital, onde morreu, em 30 de abril de 1944. A antiga militante antifascista ganha a condição de resistente, não pelos anos de atuação, anteriores à prisão de 1926, nem pelos anos de prisão

---

116 Luigi (Gino) Boccasile foi também pintor, além de artista gráfico ligado à propaganda (militar e política) e à publicidade. Bari, 1901-Milão, 1952.

117 Tono Zancanaro, Pádua, 8/4/1906-Pádua, 3/6/1985.

fascista. Mas pelos meses de vida sob a ocupação alemã e o governo da República Social Italiana.

Também estão expostos os textos das mensagens do general Badoglio aos italianos, transmitidas na rádio, anunciando, em 25 de julho de 1943, a queda de Mussolini e, em 13 de outubro de 1943, a declaração de guerra à Alemanha.

Mapas localizam os grupos da Brigada Garibaldi, formados e atuantes na província.

Em janeiro de 2009, o museu incorporou ao acervo os desenhos de Ferruccio Parri e outros soldados e marinheiros, feitos em campos de prisioneiros. Em novembro de 1943, eles foram capturados pelos alemães, na Ilha de Leros, no mar Egeu, na Grécia, onde combatiam nas forças armadas italianas. Entre novembro de 1943 e agosto de 1945, passaram por cinco campos de trânsito, de prisioneiros e de concentração. Há também documentos de italianos de origem judaica e socialistas presos no campo de concentração de Buchenwald, na Alemanha.[118]

Diferentemente dos demais museus, o de Ferrara, nas salas dedicadas ao *Risorgimento*, assim como na da Resistência, expõe uma enorme quantidade de documentos, originais e cópias, oficiais ou não, de tipos muito diferentes, relativos às diversas tendências e filiações políticas entre a esquerda e a direita. Na documentação disposta em portfólios sobre mesas, encontram-se cartazes de propaganda fascista, cartazes de partidos de esquerda; fotos, panfletos, jornais, documentos oficiais, correspondências privadas etc., abrangendo o período 1919 a 1945. A organização se restringe à cronologia dos anos, mas não dos meses. Entretanto, não há qualquer indicação que justifique a exposição da documentação, como se, por si mesma, ela emprestasse sentido à narrativa do museu. O visitante fica com a impressão de que a riqueza do acervo reside mais nesse material do que no que está disposto nas vitrines e nas paredes. Embora se possa manipular os inúmeros álbuns, não se trata de trabalhar com a documentação *in loco*, como em um arquivo, uma vez que o espaço físico não permite (não há mesas nem cadeiras, por exemplo), além da interdição à fotografá-la. O museu, um arquivo, em certa medida, *expõe* a documentação, confundindo e realizando, com limites, funções diferentes. Em outros museus da Resistência, italianos e franceses, existe uma preocupação dos curadores em associar arquivo e museu; em Ferrara, porém, essa disponibilização do acervo frustra as funções de ambos.

---

118 Cf. Ferruccio Parri. *Kriegsfangener* [Prisioneiro de guerra]. 1943-1945. Ferrara, 2003.

Claudio Silingardi explica a "exposição dos documentos", substituindo o "esforço de contextualização", devido à "dificuldade da pesquisa histórica em responder algumas perguntas fundamentais da história da cidade e da província."[119] Frente às complexidades da realidade histórica, a solução, evidentemente, não está na renúncia à análise das fontes.

Vale notar, por fim, que não há, no museu de Ferrara, qualquer recurso audiovisual ou informático.

MASSA CARRARA-LA SPEZIA

O Museu Audiovisual da Resistencia-Massa Carrara e La Spezia localiza-se no alto de uma montanha dos Alpes Apuanos, na comuna de Fosdinovo, província Massa Carrara, na região da Toscana. A documentação diz respeito a essa província e a da vizinha La Spezia, na região da Ligúria, ao Sul da Emilia-Romagna, cobrindo as comunas de Massa, Carrara, Fosdinovo, Sarzana, La Spezia, Lerici, Castelnuovo Magra, Arcola, Ortonovo e Tresana. O acesso ao museu somente é possível de carro. Na sua parte externa, é possível ver a planície e o mar Mediterrâneo, no horizonte distante.[120]

A construção da casa, que abriga o museu, data de 1948, resultado do trabalho voluntário de ex-*partigiani* e cidadãos de Sarzana, comuna próxima a Fosdinovo, para a criação de uma colônia de férias. Do imediato pós-guerra, antes mesmo de a casa ser erguida, até o verão de 1971, a colônia recebeu milhares de meninas e meninos. A partir de então, foi abandonada e, somente em 1994, por iniciativa da ANPI (Associação Nacional *Partigiani* da Itália[121]) de Sarzana, e com o apoio de associações públicas e civis, iniciou-se a recuperação da edificação, transformando-a no museu da Resistência. Em junho de 2000, em uma zona outrora palco de violentos confrontos entre *partigiani* e nazifascistas, submetida a destruições e massacres da população civil, o museu foi inaugurado, *como um monumento à paz.*[122] Atualmente, é gerido pela Associação Museu Histórico da Resistência.

A grande diferença desse museu para os demais visitados reside em que todo ele está organizado em função de instalações audiovisuais e suportes multimídia.

---

119 Silingardi, *op. cit.*, 2009, p. 104.

120 Agradeço à Simona Mussini, responsável pelo museu e por suas atividades didáticas.

121 *Associazione Nazionale Partigiani d'Italia.*

122 As informações estão no museu.

Não há qualquer objeto de campanha em vitrines, bandeiras, armas, munições, fotos etc. Tudo isso está presente no museu em forma de som e imagens projetadas, inclusive, mapas localizando as formações *partigiane* de Massa Carrara e La Spezia. A exceção encontra-se nas reprodução das fotos da antiga colônia de férias, expostas junto à entrada do museu, na parte externa, onde não funcionaria o recurso da projeção. Como disse, no museu de La Spezia e Massa Carrara tudo é luz e som.

Entretanto, a essência do acervo, sem dúvida, são os depoimentos orais de *partigiani*, organizadores ou lideranças do movimento, e da população local, que viveu os anos de guerra, recuperando, assim, o testemunho de vítimas civis da guerra.[123] Até mesmo as habituais informações escritas que contextualizam os temas dos museus, afixadas nas paredes, são praticamente inexistentes. A ideia é colocar o depoimento oral no centro da narrativa. Provavelmente, a opção conceitual do museu inseriu-se no contexto de valorização da história oral, sendo a Itália um país onde se valorizou e desenvolveu esta metodologia.

A documentação está disponível em uma única grande sala; os demais espaços são dedicados a atividades paralelas referentes ao tema da Resistência, como conferências, debates, celebração de efemérides, trabalhos pedagógicos etc.

No salão estão as *mesas da memória*, como foi chamada a bancada, onde estão dispostos grandes *livros* audiovisuais, ou melhor, superfícies-monitores em forma de livros. Ao tocá-los, inicia-se a projeção, em telões diante do visitante, da imagem e a emissão da voz dos depoentes, narrando suas experiências. Nos *livros*, sobre a mesa, abaixo dos telões, fotos antigas do depoente, das pessoas e das situações às quais se refere. Cada um dos seis *livros*, trata de um tema: camponeses, *partigiani*, massacres, mulheres, deportados e calendário. Além da interatividade com a documentação (oral e escrita), o visitante pode escolher a sequência da exposição.

No livro relativo aos massacres a vilarejos, populações civis, *partigiani*, reféns, uma fenda, como das que ficam no chão após um terremoto, diferencia-o dos demais. As imagens – virtuais – dos vilarejos e cidades destruídas e dos corpos dos seus habitantes e *partigiani*, são levemente deformadas pela abertura real.

No livro do calendário, tem-se acesso à cronologia ilustrada e comentada de todo o período, de 26 de outubro de 1922, início da Marcha sobre Roma, até

---

123 Os depoimentos filmados foram fornecidos pelo Arquivo Audiovisual do Movimento Operário e Democrático de Roma, cf site: www.museodellaresistenza.it. Alguns desses depoimentos ou parte deles estão acessíveis no site. A direção do trabalho de entrevistas é assinada pelo professor Paolo Pezzino, da Universidade de Pisa.

a libertação das regiões Massa Carrara e La Spezia, e da Itália, em 25 de abril de 1945, garantindo o conhecimento da sequência dos acontecimentos. A composição do calendário diz respeito aos grandes marcos nacionais (a Marcha sobre Roma, o Tribunal Especial, a Itália na guerra, a queda de Mussolini, o armistício, a República de Salò e a Libertação). Por outro lado, os depoimentos, mapas, fotos e demais documentos expostos nas projeções abordam os fatos locais.

Os testemunhos retratam, em função de pontos de vista individuais, o dia a dia da guerra civil, nas duas províncias. Os Alpes Apuanos, cordilheira situada ao Norte da Toscana, abarcando, além das províncias de Massa Carrara e La Spezia, as de Lucca e Pisa, palco da luta contra os nazifascistas, serviram também de refúgio para os *partigiani*. Ao todo, 18 pessoas da região têm seus depoimentos registrados, cinco mulheres e 13 homens. Entre os homens, oito eram *partigiani*, sendo dois antifascistas de antes da guerra, ambos do PCI, e dois militares que não aderem à RSI); dois camponeses; um operário (operário naval em La Spezia, atuante na greve de março de 1944); um sacerdote (procurou intermediar relação entre antifascistas e nazifascistas, na tentativa de minorar a violência contra a população); e um militar prisioneiro de guerra na Alemanha. Quanto às mulheres, duas são *partigiane*; duas, camponesas; e uma deportada para campo de concentração alemão.

Os camponeses lembram os *rastrellamenti*, ou seja, as *blitzs* alemães, em busca de *partigiani* e dos que os ajudavam; os saques e os incêndios de casas; as fugas antes das razias, levando, quando possível, grãos e pão; a ajuda aos *partigiani*, com os quais, alguns se identificavam, fornecendo alimentos etc. Os *partigiani* narram as ações, as sabotagens, a greve de operários na cidade de La Spezia; os massacres, as represálias, os fuzilamentos de feridos, prisioneiros políticos, além de *partigiani* e reféns. Destacam que as represálias não eram, exclusivamente, iniciativas da SS, mas também da própria *Wehrmacht*.

Entre os vários massacres, o mais presente na memória da população ocorreu em Forno, comuna de Massa, em 13 de junho de 1944. Tratou-se de uma represália executada pelo exército alemão, em conjunto com o X-Mas, contra a proclamação da *República livre de Forno*, pelos *partigiani,* em 9 de junho. Ao todo, 72 pessoas foram assassinadas (oito durante a ação; 10 queimados vivos no quartel dos *carabineri* locais; 54 fuzilados, entre os quais, o comandante dos *carabineri*, acusado de colaborar com os grupos *partigiani*). Ainda como parte da retaliação, cerca de 400 civis foram enviados para campos de concentração na Alemanha.

A libertação das províncias de Massa Carrara e La Spezia é lembrada por todos como o fim dos bombardeios, das fissuras nas famílias, das invasões às casas.

TURIM

Aberto ao público em 30 de maio de 2003, o Museu Ampliado da Resistência, Deportação, Guerra, Direitos e Liberdade,[124] em Turim, na região do Piemonte, província de Turim, apresenta uma periodização diferente dos demais museus italianos. Ela parte de 1938, quando foram instituídas no país as leis raciais, e segue até 1948, ano da promulgação da nova constituição, que institucionalizou a redemocratização da Itália.

Os demais museus italianos da resistência, como vimos, adotam como marco inaugural de suas narrativas o ano de 1943, entre a queda de Mussolini e o armistício. O foco da aproximação entre o fascismo e o nazismo recai sobre o mesmo ano, com a fundação da República Social Italiana, o regime fantoche de Salò, base do conceito de nazifascismo. Nos casos em que a cronologia recua no tempo, o marco realçado é o ano de 1940, quando a Itália entrou na guerra do lado alemão.

No caso do Museu de Turim, no entanto, a perspectiva histórica é mais ampla, pois a aproximação entre os regimes é datada do ano em que a Itália se vergou às pressões nazistas para a adoção de uma legislação antissemita, até então ausente na história do fascismo.

A guerra, as derrotas nas campanhas militares, o armistício, a ocupação estrangeira, a República Social Italiana, vieram na sequência. Na mesma direção, o tema da deportação política e racial para os campos de concentração e extermínio, destacado no Museu - presente, inclusive no próprio nome - encontra sentido nessa referência temporal (1938).

Na narrativa proposta pelo Museu de Turim, portanto, a submissão da Itália à Alemanha já estava dada (ou anunciada), em 1938, quando promulgou a legislação antissemita.

Mais uma vez, vemos o uso do marco inicial de acordo com a construção de memória, sem correspondência na história. Como já disse, o fascismo durante as duas décadas em que Mussolini esteve no poder nunca sequer colocou a existência dos judeus como um problema. Da mesma forma, o fascismo, como movimento político e cultural nos anos anteriores à chegada do *Duce* ao poder, preocupou-

---

124 *Museo Diffuso della Resistenza, della Deportazione, della Guerra, dei Diritti e della Libertà.*

-se com o assunto. Pelo contrário, o fascismo seguiu a antiga tradição da Itália de receber judeus perseguidos na Europa. Ferrara é expressão dessa tradição. As leis antissemitas de 1938 devem ser compreendidas como resultado das pressões da Alemanha nazista e não como adesão à causa. Ainda assim, uma vez promulgadas, praticamente não foram aplicadas, servindo, na verdade, para "alemão ver". As perseguições e deportações de judeus na Itália ocorreram, de fato, no contexto da República Social Italiana. Embora, formalmente, à frente do governo, Mussolini já não tinha o controle da política exercida por Salò. Deixara de ser prisioneiro dos países Aliados, para tornar-se marionete da Alemanha nacional socialista. Ao estabelecer como marco inicial do período tratado o ano de 1938, a narrativa do Museu de Turim atribui ao fascismo um caráter e, por extensão, uma responsabilidade na *Shoah* que ele não teve.

A constituição democrática de 1948, no outro extremo da periodização, é o ponto de chegada de um longo aprendizado de uma população que apoiou o fascismo e viveu as duras consequências dessa opção (guerra, bombardeios, ocupação, massacres, fome etc.), colaborando, no fim das contas, com a barbárie dos campos alemães. Exemplo de perspectiva semelhante também aparece nos museus franceses, como o de Besançon, por exemplo, que celebra, ao fim da exposição, a Declaração Universal dos Direitos do Homem, proclamada pela Assembleia Geral das Nações Unidas, em 1948, ou como no Museu da Resistência de Grenoble, que incorpora as temáticas dos Direitos e Liberdade.

Como todos os museus da Resistência na Europa, o de Turim também assume o papel pedagógico de narrar o passado para as gerações presentes e futuras, acreditando, assim, evitar a reedição dos erros passados. Em todos, a educação é o caminho por meio do qual o objetivo pode ser alcançado.

Quanto à sua organização, o museu também apresenta uma proposta original para o eixo da narrativa, recorrendo aos lugares públicos da cidade, onde eventos marcantes aconteceram nos anos de guerra. Assim, os lugares de memória são trazidos para dentro do museu (também lugar de memória). A ideia, segundo Guido Vaglio, diretor do museu, é destacar a estreita relação entre a história e o território, valorizando os lugares de memória da cidade, explorando os vestígios que ela conserva. O natural de Turim que visita o museu reconhece nos filmes, nas fotos e nos testemunhos, as praças da cidade, as avenidas, os palácios que lhe são familiares. Mas o faz em um contexto muito diverso, a da Turim dos anos de guerra.

Transformados ao longo do tempo pela evolução urbana, lembra Vaglio, esses lugares, muitas vezes esquecidos, estão carregados de história. Entre eles, destacam-se o Sacrário do Martinetto, símbolo da memória da Resistência local, onde mais de 60 *partigiani* e opositores ao regime foram fuzilados; o refúgio antiaéreo na Praça do *Risorgimento;* a Caserna da via Asti, lugar de prisão e interrogatório; o quarteirão do Teatro de Turim, atingido pelos bombardeios.[125]

Na abordagem focada nos lugares de memória da cidade, toda a ênfase da narrativa está no cotidiano de uma Turim tomada pelos infortúnios da guerra.

Ainda integrando a exposição, o visitante tem acesso ao abrigo antiaéreo, situado abaixo do subsolo do *Palazzo dei Quartieri Militari di San Celso*, onde o museu está instalado. O refúgio foi usado pelos empregados do jornal *La Gazzeta del Popolo,* que, na época, funcionava no Palácio, e por morados locais.[126] Toda a exposição segue o clima sombrio e tenso, intercalando-se a escuridão e as luzes das projeções, fazendo o visitante se sentir como se estivesse no próprio abrigo antiaéreo.

O Palácio é uma imponente construção, dois prédios simétricos, dos anos 1716-1728, e serviu de caserna, outrora delimitando a entrada a Oeste da cidade. Atualmente, abriga os escritórios judiciais e municipais. Aí também estão instalados, desde os anos 1990, o Instituto Nacional de Cinema da Resistência e o Instituto Piemontês para a História da Resistência e da Sociedade Contemporânea, responsável pela curadoria da exposição permanente do museu. No fim desta década, o empenho da Associação da Resistência em fazer um museu, na cidade, sobre a Segunda Guerra Mundial, recebeu apoio da Comuna de Turim, dando origem ao Museu.

A aproximação física entre instituições dedicadas à pesquisa histórica e à memória está ligada à perspectiva de "coexistência e complementariedade entre museu e instituto", com o objetivo de "valorização e enriquecimento recíproco".[127]

---

125 Os lugares são: 1) Praça Castello; 2) Palácio Campana; 3) Gueto judaico; 4) Teatro de Turim; 5) Albergue Nacional; 6) Estação Porta Nuova; 7) Sinagoga; 8) Orfanato Israelita; 9) Sede da polícia (Questura); 10) Santuário da Consolata; 11) Casa Gobetti; 12) Cárcere Nuove; 13) Curtume Fiorio; 14) Refúgio antiaéreo; 15) Sacrário do Martinetto; 16) Casa de Dante di Nanni; 17) Estabelecimento Fiat Mirafiori; 18) Quartel Alessandro La Marmora; 19) Pian del Lot; 20) Museu Difuso da Resistência.

126 Cf site do museu: www.museodiffusotorino.it (acesso em 23/6/14).

127 As informações sobre o Palácio estão no site do Museu: www.museodiffusotorino.it (acesso em 23/6/14).

Desde 2009, o *Palazzo dei Quartieri Militari di San Celso* tornou-se também sede do Centro Internacional de Estudos Primo Levi (*Centro Internazionale di Studi Primo Levi*). Como se viu, museus da Resistência na França, como o de Lyon, Besançon e Bourges, bem como o de Bologna, também se preocupam em estabelecer vínculos estreitos entre museu e arquivos e centros de estudos, procurando, assim, sintonizar o museu com atualizações documentais e historiográficas. Trata-se do desafio que os museus históricos enfrentam, como vimos também no caso dos museus franceses: deixar de ser um lugar de celebração (memória) para ser um lugar de produção e difusão de conhecimento (história), como explicita Guido Vaglio.[128]

A concepção da narrativa focada no cotidiano da guerra está baseada nas ideias de Giovanni de Luna, professor de história contemporânea da Universidade de Turim, membro do conselho científico do Instituto Piemontês para a História da Resistência e da Sociedade Contemporânea. Elas são apresentadas num vídeo-aula acessível ainda no hall de entrada do museu, *Torino in guerra* (1940-1945).[129]

Luna trabalha o impacto da Segunda Guerra Mundial na cidade de Turim como objeto de pesquisa histórica. Para isso, recorre a dois conceitos-chave: a guerra total e a identidade coletiva da cidade. O sentido geográfico, ideológico e material da guerra, que envolveu todos os componentes políticos, sociais, nacionais dos países beligerantes, atingiram diretamente a população civil e transformaram seu cotidiano, caracterizando a guerra total. Pela primeira vez, Turim viveu essa experiência. Embora reconheça as diferenças de todos os tipos que configuram a população de Turim, Luna acredita que essa realidade tenha forjado aí uma identidade coletiva, que não foi a mera justaposição de vivências individuais. Os intensos bombardeios sobre a cidade e a ocupação nazista foram os motivadores mais evidentes na formação desse *ethos*, embora o autor não use o conceito. É essa abordagem que estrutura a narrativa do museu: os bombardeios, a mobilização civil, a produção industrial, a fome, o frio, o medo, as mortes. O cotidiano, que pressupõe a normalidade e a previsibilidade, é transformado em evento excepcional. A experiência

---

128 Cf vídeo com o diretor, no site.

129 As ideias propostas na vídeo-aula estão desenvolvidas no texto de Giovanni de Luna, de mesmo nome, *Torino in Guerra* (1940-1945), publicado na monumental obra: Nicola Tranfaglia (org.). *Storia di Torino. Dalla Grande Guerra alla Liberazione* (1915-1945). v. 8. Turim: G. Einaudi, 1998, p. 695-829. O texto está disponível no site do Instituto Piemontês para a História da Resistência e da Sociedade Contemporânea: www.istoreto.it. Cf também a íntegra da vídeo-aula, gravada em 19/12/2005, disponível no Instituto.

do *front interno*, segundo Luna. No início da guerra, foi possível viver essa "irreal normalidade", que durou pouco. A partir de meados de 1942, tudo mudou, dando lugar a uma dramática realidade: fome, frio, medo.

Assim, a exposição explora essa tensão vivida pelos habitantes de Turim: a excepcionalidade no dia a dia. A busca de lenha para se aquecer, o cultivo de alimentos nos jardins públicos, para amenizar a escassez de comida, são exemplos dessa relação. Também o são os espetáculos teatrais, bailes, concertos para exorcizar o sofrimento, expressão da população da vontade de viver, numa busca da normalidade impossível.

O drama dos bombardeios, em Turim, começou depois de dezembro de 1942, com os bombardeios do centro histórico e das fábricas.[130] Vale lembrar a importância industrial da cidade, inclusive, sede da fábrica de automóveis Fiat, onde muitos operários da cidade trabalhavam. A morte se espalhou por toda a cidade, em qualquer lugar, não em lugares precisos. Diante do medo e da insegurança coletivos, a imagem da Virgem de Consolata apareceu nas portas das casas. O retorno da fé. Indefesos, asseguravam-se à proteção religiosa. O desespero. A comunidade que surgiu do refúgio antiaéreo, respondendo ao medo com solidariedade. A mudança no ritmo do dia e da noite. A convivência com a morte na guerra que não estava mais longe, no front, mas no coração da cidade, o front interno. Desapareceu a diferença entre o front e a retaguarda.

A ocupação nazista foi, segundo Luna, outro tipo de convivência com a morte. O espírito militante do Partido Nacional Fascista, baseado na paixão, cedeu lugar ao espírito militarizado do Partido Fascista Republicano. E, à medida que a repressão afirmava-se, a Resistência intensificava, por sua vez. Essa reação à opressão foi espontânea, em Turim, embora núcleos resistentes também tenham surgido nas fábricas motivados por organizações políticas.

A Libertação, coincidindo com o fim da guerra, foi a explosão de felicidade. Reencontrar a disponibilidade da liberdade, do próprio tempo. A febre de participação política no pós-guerra: 90% da população votaram na eleição para a assembleia constituinte. "A febre da democracia", diz Luna, numa demonstração da capacidade de reconstruir o tecido democrático.

Apesar de o marco cronológico inicial partir de 1938, com as leis raciais - um marco nacional e internacional da história fascista - arriscaria dizer que o Museu de

---

130 Cf. Giovanni de Luna, *idem ibidem*,1998.

RESISTÊNCIA: MEMÓRIA DA OCUPAÇÃO NAZISTA NA FRANÇA E NA ITÁLIA

Turim é, antes de tudo, o museu da Turim nos anos de guerra, revelada no dia a dia em meio a situações extremas. O tema da Resistência não é o centro da narrativa e bem poderia ser uma seção da exposição.

No Museu de Turim, diversos tipos de fontes e linguagens são fartamente usados, orais e escritas, através de recursos multimídias interativos. Apenas dois objetos de época estão expostos: uma máquina impressora de jornais clandestinos e uma cadeira para fuzilamento, usada no *massacre de Martinello*.[131] Enquanto se observa a cadeira, colocada num plano um pouco acima do rés-do-chão, são projetados na tela junto à parede, num fluxo constante e permanente, os nomes dos fuzilados no massacre com as informações sobre suas profissões e datas de nascimento e morte. De resto, como o museu de La Spezia e Massa Carrara, tudo é imagem projetada e som.

O foco na vivência cotidiana da cidade dá os nomes às seções do museu: *viver o cotidiano, viver sob bomba, viver sob o regime, viver sob a ocupação e viver livre.* O sentido da visita é indicado pelas linhas desenhadas no chão, como se o visitante tivesse embarcado nas linhas do metrô, passando a percorrer os lugares de memória, transformados em *estações*, onde os fatos aconteceram e o visitante deve parar. Ao parar diante deles, o sensor é acionado e iniciam-se a projeção das imagens, a narração e os testemunhos.

Em cada seção, duas pessoas (um homem e uma mulher) falam sobre o assunto em questão. Os testemunham também se iniciam quando o visitante coloca-se diante das telas. Em seguida, são projetadas imagens de filmes e documentários da época relacionadas com o depoimento.

A parte central da exposição é uma grande mesa na qual as *linhas de metrô* e as *estações* também estão desenhadas. Nela, diversos monitores ativados pelo toque mostram os momentos e lugares importantes da história da cidade na guerra.

Chega-se, na sequência, à temática da *reconquista dos direitos* com a constituição de 1948. Quatro de seus artigos centrais, que garantem a liberdade, a democracia e a igualdade e rejeitam a violência, são lidos por atores cujas imagens são projetadas. Ouvem-se também testemunhos, notícias, comentários sobre os temas.

---

131 *Massacre de Martinello* foi o fuzilamento de 11 *partigiani* presos anteriormente por ocasião de denúncias ou *rastrellamenti* (*blitz*), ocorrido em 23 de janeiro de 1945, executados pelos fascistas.

O caminho assinalado no chão e na mesa – eixo da narrativa do museu – supostamente se confunde com o caminho percorrido pela sociedade italiana, das leis raciais à constituição.

Em outra série de testemunhos, colocando-se diante das imagens do depoente, o visitante vê a própria imagem sobreposta à dele. Por meio desse recurso, ele, o visitante, é colocado *dentro da exposição* e *no lugar do outro,* inserindo-se em um debate que não diz mais respeito ao passado, unicamente, mas também ao presente e ao futuro.

Numa última sala, por fim, o visitante é convidado a manifestar-se deixando uma breve mensagem escrita num *post-it* a ser fixado no mural. Ao sair, retorna ao pátio do palácio que também dá acesso à exposição permanente. Ali estão duas placas em homenagem a mortos da cidade, que estavam, originalmente, na fábrica da Fiat e no curtume local, homenagem aos trabalhadores que neles tombaram. As paredes do pátio interno estão grafitadas com temas e palavras referentes aos temas do museu. Neste espaço também se encontra o banco triangular rosa, obra realizada em memória dos homossexuais mortos em campos de concentração durante a guerra.[132]

O museu dispõe de uma sala de conferência destinada a abrigar eventos culturais, como palestras, encontros, espetáculos teatrais, concertos, filmes, pretendendo, com isso, que o visitante aprofunde o conhecimento sobre os temas e com eles se envolva.[133] Como os demais museus da resistência, abre-se a visitação de escolas e turmas de todos os níveis, oferendo orientação e material aos educadores para a preparação da visita. Propõe ao público, ainda, uma agenda de visita guiada (presencial) aos lugares de memória da Turim da Segunda Guerra Mundial.

---

132 A obra é de Corrado Levi, realizada por ocasião de concurso promovido pela comuna de Bologna, em 1989, doada ao museu de Turim.

133 Essas expectativas estão explicitadas no site do museu: www.museodiffusotorino.it (acesso em 18/7/14).

Os testemunhos

Para a montagem dos depoimentos audiovisuais, foram ouvidos homens e mulheres, moradores de Turim, que narram suas lembranças da infância ou juventude, nos anos de guerra. Todos eles, pessoas comuns.

Um estudante universitário, nascido em Roma, em 1920, que esteve no front, na campanha da Rússia, e retornou ao país em junho de 1943. No front, recebia cartas da noiva relatando o bombardeio na cidade. Nada sabia sobre os campos de concentração, afirma. Viu, na estação de trem, pessoas com estrelas amarelas; disseram-lhe que vinham de campo de trabalho. Pediram água. Os italianos deram, mas os alemães quebraram a garrafa.

Uma jovem nascida em Cremona, em 1921, trabalhadora nos sindicatos fascistas, acredita que se aproveitou dessa experiência, ao entrar para a Resistência. A senhora que, um mês depois de dar a luz ao filho, voltou ao trabalho; na guerra, não havia direitos, diz. Um ex-subtenente que partiu com 52 homens para uma missão, no front; retornaram doze. Lembra o caminho de volta, no frio, famintos, exaustos. Só sobreviveu, acredita, porque era oficial. A maior parte dos soldados morriam de exaustão, não em combate, lembra. Um ex-oficial, combatente na Croácia, que se voluntariou para ir para a Rússia, pois gostava da literatura do país. "A guerra me ensinou a viver", afirmou outro senhor no seu depoimento. Os bombardeios, andar pela cidade à procura de comida no mercado negro, ir para as filas às 4h:30 da manhã são suas lembranças marcantes. Um estudante, nascido em Turim, em 1923, que participou nas atividades antifascista, fala da prisão no *Carceri Nuove*, uma das *estações* da exposição do museu. Uma partigiana ligada ao Partido da Ação, nascida em Verona, em 1919, detida na prisão de *San Vittore*, em Milão, em novembro de 1944, lembra a deportação para o campo italiano de Bolzano, onde permaneceu até 29 de abril do ano seguinte.

Nascido em Turim, em 1927, um senhor descreve a infância na cidade, como aluno de uma escola hebraica. Com as leis raciais de 1938, a família, *pequeno burguesa*, optou por se instalar na bela casa, em Biella, no Piemonte, a cerca de 80 Km de Turim. Com 13 anos, na época, a guerra evoca antes de tudo as boas lembranças da infância: "se dormia serenamente, as sirenes ouvidas eram as das fábricas, não as que anunciavam os bombardeios". E conclui: "a vida continuava o seu curso", numa "paz ilusória". Ainda assim, também se referia ao mercado negro, em Biella, e às notícias sobre os bombardeios de Turim que chegavam. Não sentia ressentimentos dos ingleses e americanos pelos bombardeios, só dos alemães.

De família italiana, uma senhora nascida em Lyon, na França, em 1924, conta que voltaram à Itália quando iniciou a guerra. Suas lembranças envolvem a fome e o frio, o mercado negro, o pão duro; as pessoas sempre tristes, preocupadas; o ressentimento contra os ingleses, americanos e os alemães pelos bombardeios: "americanos, não venham nos bombardear e sim aos alemães!", dizia. "Raiva e dor, sobretudo, isso".

Uma senhora nascida em 1910, em Turim, originária de família operária e socialista, lembra as leituras e os colóquios e encontros na casa da avó: o socialismo era algo de belo, avançado. Lembra o enorme contraste entre que ouvia na rua e em casa a respeito de Mussolini: na rua, eram só opiniões positivas, admiração; em casa, ele era a encarnação do inimigo. Atribui à educação que recebeu em casa o afastamento que conseguiu manter, como criança, da propaganda fascista. Em 1933, se graduou. Queria ser professora e acabou se filiando ao Partido Nacional Fascista para conseguir trabalhar, diz. Passou a ensinar no curso ginasial, onde suas iniciativas foram limitadas pelo diretor da escola: "crer, obedecer e combater", esses eram os objetivos do trabalho do educador, dizia-lhe. Para escapar da perseguição racial, conta que emigrou, em 1936, portanto, antes das leis antissemitas. Estava noiva de um médico alemão de origem judaica. Foram para Bolívia, que aceitava médicos judeus em fuga da Europa. Ali viveram casados até 1946. Lembra a vida no país pobre, na cidade onde se instalaram, com cerca de mil habitantes, sem eletricidade nem água potável. Expressa toda a gratidão ao "povo boliviano" pela hospitalidade. Impactada com a realidade do país, desconhecida completamente, e com liberdade para ler, procurou em Marx, Lenin e Plekanov respostas para compreendê-la. Encontrou, respostas no clássico de F. Engels, *A origem da família, da propriedade privada e do Estado*: "o comunismo primitivo, a burguesia despreparada, o imperialismo estrangeiro." "Compreendi o socialismo", constata.

Outro senhor, também nascido em Turim, em 1927, narra a infância e a juventude durante os anos de regime fascista, na organização *Balilla*[134], do Partido Nacional Fascista: "era um simples e normal *balilla*, mas me sentia um soldado". Lembra as excursões nas montanhas, o alpinismo, a disciplina, os uniformes, os *campi Dux*, espécie de colônia de férias da organização: "Isso fez muitas crianças orgulhosas! Era entusiasmante fazer parte daquilo!" Acreditavam que nunca entra-

---

134 *Opera Nazionale Balilla*; as crianças e os jovens da organização juvenil fascista eram chamadas de *balilla*.

riam na guerra, mas ouviu, aos 13 anos, o famoso discurso em que Mussolini levou a Itália para o conflito. Entretanto, vieram os bombardeios. Depois do armistício de 8 de setembro, não se podia mais usar o uniforme de *balilla*: "era perigoso."

Um ex-partigiano, nascido em Turim, em 1926, narra a sua participação na Resistência, como integrante de um grupo do *Squadre di Azione Patriottica* (SAP), formação criada, no verão de 1944, com grupos de 15 a 20 integrantes em cada. Chegara a se apresentar para trabalhar, na Alemanha, no esforço de guerra, atendendo aos apelos da propaganda. Atuou na preparação da defesa de uma fábrica, num "entusiasmo inconsciente".

Uma ex-*partigiana*, nascida em Roma, em 1922, conta a sua experiência no comando de um grupo de cidadãos engajados em ações militares, no tempo da ocupação. Lembra, também, os anos na escola primária, durante o regime fascista: "a educação fez de nós orgulhosos de sermos italianos". A Itália era pobre, diz, mas não se recorda da pobreza do país durante sua educação primária. "A guerra colonial não era uma conquista, não era assim que a apresentavam…" E continua: "era apresentada na escola como campos para trabalhar". Já a entrada na Segunda Guerra Mundial foi percebida como um sacrifício tendo em vista um objetivo. A guerra era dura, mas depois do 8 de setembro, "tudo mudou rapidamente." "Tivemos que enfrentar a máquina de guerra alemã, a hostilidade dos alemães." "As noções de equilíbrio, organização, assistência, dever, tudo mudou". "A retórica de guerra não valia mais." "A guerra era todo dia". "Quando os italianos não lutaram mais, eles [os alemães] se voltaram contra nós [italianos], endureceram a guerra". Acreditava, como disse, que a Resistência salvou muitas vezes.

A exposição explora testemunhos diversificados, mas não é difícil perceber um ponto de aproximação entre eles: tudo era ótimo, pelo menos aceitável, até a entrada na guerra. Assim, as duas décadas de regime fascista são relembrados como o passado mítico, ideal, portanto, típico das narrativas de memória. Evidenciam, neste fragmento de memória individual, o amplo apoio social ao regime fascista durante o *ventennio*. Como se o Mussolini do período *ante bellum* nada tivesse a ver com o *Duce* que conduziu a Itália para o abismo da guerra. O problema, na memória dos depoentes de Turim, não foi o fascismo nem mesmo a aliança com a Alemanha, mas a submissão a ela. Essa submissão expressava-se na entrada do país em uma guerra que só interessava à Alemanha e, depois, na criação da República de Salò, estado fachada para os interesses alemães e na ocupação estrangeira do território italiano. O problema eram os alemães e os italianos que se submeteram a eles.

As narrativas respaldam, ainda, a tese central do museu, segundo a qual o fascismo, a violência e a guerra "ensinaram" a tolerância e despertaram o interesse pela democracia. O fascismo parece desaparecer com o fim da guerra. A intensa e longa vivência da sociedade em duas décadas sob o regime parece superada pelo sofrimento e pelo horror da guerra.

A função pedagógica desse museu celebratório da Resistência, comum aos demais, sejam italianos sejam franceses, parece sugerir – e temer - que o extremismo de direita sobreviva e prospere. Os italianos e franceses do século XXI sabem disso e, mais, sabem como muitos externam uma nostalgia daqueles regimes diante de um *aggiornamento* da ordem autoritária e xenófoba.

O MEMORIAL DA PRAÇA LORETO

São muito conhecidas as fotos dos corpos de Mussolini, Claretta Petacci, sua *amante*, como se dizia na época, e mais três expoentes fascistas pendurados de cabeça para baixo na *Piazzale* Loreto, em Milão.[135] Executados por *partigiani* comunistas, em Giulino di Mezzegra, comuna de Mezzegra, na região da Lombardia, província de Como, em 28 de abril de 1945, os cadáveres foram levados para Milão.[136] Expostos na praça desde a madrugada, no início da manhã, já havia tanta gente querendo ver a cena que os *partigiani* resolveram pendurá-los na cobertura do posto de gasolina, onde estavam, na esquina da praça com o Corso Buenos Aires. Ali, ficaram durante horas. A multidão, que outrora lotara as praças públicas das cidades italianas para saudar, euforicamente o *Duce*, agora, afluía de todas as partes de Milão, berço e *capital* do fascismo, para cobri-lo de insultos. Uma senhora não se conteve, puxou uma arma e atirou no cadáver de Mussolini. Um *partigiano* teve o pudor de amarrar a saia de Clara Petacci em suas pernas, evitando a exposição das partes íntimas de Claretta. No mais, a barbárie do *espetáculo*, vivido como uma catarse, tão comum ao fim dos grandes conflitos.

A escolha do lugar para a exibição dos corpos não foi aleatória. Exatamente ali, em 10 de agosto do ano anterior, 15 *partigiani* foram fuzilados por membros da

---

135 Piazzale, praça grande.

136 À exceção do corpo de Achilles Starage, ex-secretário do Partido Nacional Italiano, preso e morto em Milão, cujo corpo foi levado para se juntar aos demais, na praça.

*Legione autonoma mobile Ettore Muti*137 e os corpos deixados no local. Tratava-se de uma prática comum, como se viu, em outras cidades, como ocorreu em Bologna, na Piazza Netuno, servindo de exemplo para a população do destino reservado aos antifascistas. Castigo exemplar.

No pós-guerra, a Praça Loreto, cujo nome tem origem no santuário dedicado à *Madona di Loreto* desde o século XVI, passou a se chamar *Piazza dei Quindici Martiri*, Praça dos 15 mártires, transformada, assim, em lugar de memória. Pouco tempo depois, entretanto, retomou ao antigo nome. Em 2005, Stefano Zecchi, escritor, jornalista e professor da Universidade de Milão, além de assessor cultural, nessa altura, da comuna de Milão, propôs, sem êxito, mais uma mudança de nome: *Piazza della concordia*. Como a *Place de la Concorde*, em Paris, outrora *Place de la Révolution*, onde se executavam os condenados à guilhotina, nos anos da Revolução Francesa. Nas nomeações e renomeações de logradouros públicos, palcos de eventos históricos, emergem diversas leituras do passado. Lugares de memória do que passou, segundo o ponto de vista do tempo presente. De um presente que, ao modificar-se sempre, reiventa o passado à feição de valores extemporâneos. Tempos múltiplos, em todo caso. Memórias em permanente mutação.

No pós-guerra, uma pequena coluna foi erguida como memorial, homenageando os 15 fuzilados, exatamente no local no qual os dois eventos aconteceram, ou seja, a exposição dos corpos dos *partigiani* e a dos corpos do líder fascista, seus sequazes e sua amante. Aliás, a exposição pública dos corpos de Mussolini, Clareta, e demais fascistas foi, de fato, *o primeiro memorial* em homenagem aos *quindici martiri*.

Nas décadas seguintes, um grande trabalho urbanístico mudou, consideravelmente, a paisagem da Piazzale Loreto e dos arredores. As ruas foram alargadas, os prédios deram lugar a grandes edificações com *outdoors* nos topos. A Piazzale manteve-se como rotatória, distribuindo a circulação dos carros e transportes pú-

---

137 Legião autônoma Móvel Ettore Muti, corpo militar da República Social Italiana com funções militares e de polícia política, constituída, sobretudo, por fascistas de Milão, integrantes da Milícia Voluntária para a Segurança Nacional (*Milizia Volontaria per la Sicurezza Nazionale*). Entre março de 1944 e abril de 1945, estive à frente das *blitz* (*rastrellamenti*) e crimes, na províncias de Milão e Cuneo (região do Piemonte). O nome, Ettore Muti, homenageava o tenente coronel do exército e da aeronáutica, condecoradíssimo na Grande Guerra, na Guerra Civil espanhola e na Segunda Guerra Mundial, morto em 1943.

blicos em diferentes direções, mas foi, porém, ampliada de acordo com as necessidades do aumento do trânsito de uma grande cidade industrial, como Milão.

Chegando-se à Praça, hoje, é muito difícil, quase impossível, localizar, de imediato, o lugar da foto clássica dos corpos pendurados. A coluna em lembrança aos 15 *partigiani* desapareceu, assim como o posto de gasolina. Em 1960, inaugurou-se outro memorial, mas não mais na Piazzale Loreto, propriamente dita, atualmente tomada por um enorme e desgovernado matagal. O memorial foi erguido na *Viale* Andrea Doria, uma das ruas que, outrora, fazia esquina com o posto de gasolina, um pouco mais adiante da Piazzale Loreto. O mais espantoso é que, neste memorial, não há qualquer referência ao episódio da exposição do corpo de Mussolini e seus companheiros, apenas ao fuzilamento dos *partigiani* e à exposição dos seus corpos.

O memorial, como monumento, é uma coluna de duas faces. Na parte da frente, vê-se a escultura em alto relevo de São Sebastião, do escultor Giannino Castiglioni,[138] a imagem consagrada do mártir cristão com as flechas perfurando seu corpo seminu, o olhar voltado para o Céu. Na parte de trás da coluna, estão os nomes dos 15 fuzilados, a data do evento, 10 de agosto de 1944, o brasão da cidade de Milão e o emblema da República Italiana fundada em 1948. Tudo acompanhado da seguinte inscrição: *Alta l'illuminata fronte caddero nel nome della libertà*, ou seja, *Com a face iluminada, voltada para o Altíssimo, caíram em nome da liberdade.*

Há muitas imagens de mártires olhando para o Céu com ar plácido. Olhando para Deus, encomendando-se a Ele pela glória do martírio. É uma das tópicas da iconografia cristã, a começar pela representação da crucificação. Jesus, pouco antes de morrer, olhando para o Céu, proferiu uma das últimas frases: "Pai, nas tuas mãos entrego o meu espírito." Ou, na versão hebraica: "Deus, nas tuas mãos entrego minh'alma."

Muitos condenados, na Itália ou na França, como antes analisamos, recusavam a venda nos olhos no momento do fuzilamento, preferindo encarar o pelotão, a morte de frente. Olhar para o Céu, por outro lado, significa evitar encarar a morte, quiçá desprezá-la, pela confiança na imortalidade da alma.

Sebastião, oficial romano convertido ao cristianismo, foi executado por recusar-se a abjurar da fé cristã. A imagem do mártir santificado, em lembrança aos *quindici martiri,* mortos numa guerra civil, associados ao martírio dos cristãos por

---

138 Giannino Castiglioni, 1884-1971.

um poder opressor (império romano), sacraliza-os, igualmente. O olhar voltado para o Céu, na memória sacralizada da Resistência, não exalta a coragem – ou não só – mas o júbilo pela morte gloriosa.

Capítulo 4 - Caderno de Imagens

A Itália durante a guerra civil

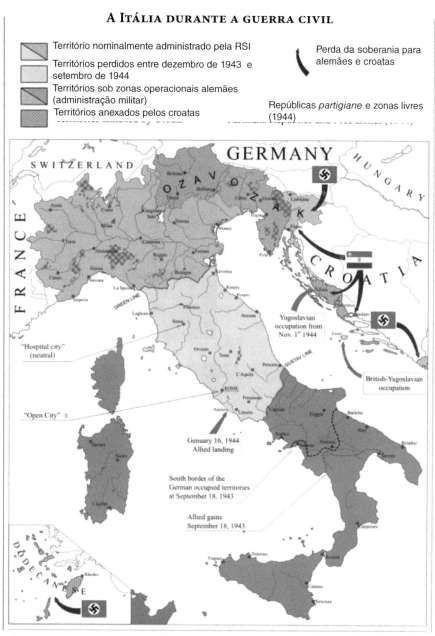

Imagem 1. Emanuele Mastrangelo. *Atlante storico della Resistenza italiana*. L. Baldissara, Bruno Mondadori, 2000. (acesso em 1/12/13).
Fonte: https://upload.wikimedia.org/wikipedia/commons/thumb/1/19/Italian-social-republic-and-civil-war.svg/800px-Italian-social-republic-and-civil-war.svg.png

Imagem 2. Desenho na parede de uma cela da sede da Gestapo, em Roma, atualmente, Museu Histórico da Libertação de Roma. (In: Arrigo Paladini. Via Tasso. Museo Storico dela Liberazione di Roma. Roma: Istituto Poligrafico e Zecca dello Stato, 1986; disponível também em http://www.viatasso.eu/esposizione_galleria_sezione.asp?sezione=graffiti (acesso em 22/4/14)

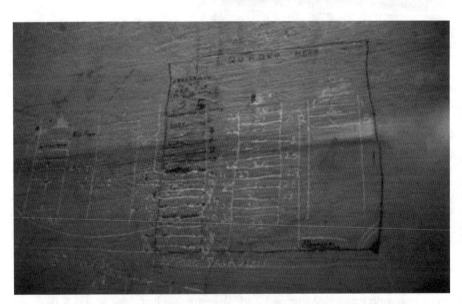

Imagem 3. Calendário desenhado preso na parede de cela da sede da Gestapo, em Roma, atualmente, Museu Histórico da Libertação de Roma, por partigiane preso. http://www.viatasso.eu/esposizione_galleria_sezione.asp?sezione=graffiti (acesso em 22/4/14)

Imagem 4. Inscrição na parede de cela da sede da Gestapo, em Roma, atualmente, Museu Histórico da Libertação de Roma, feita por partigiane preso: " A morte é horrível para quem a teme."
http://www.viatasso.eu/esposizione_galleria_sezione.asp?sezione=graffiti (acesso em 23/5/15)

Imagem 5. Emilio Canzi, *partigiano* anarquista. Museu da Resistência Piacentina, em Sperongia di Morfasso, Itália. (Foto da foto da Autora)

Imagem 6. Memorial a Emilio Canzi, *partigiano* anarquista, em Peli di Coli, província de Piacenza.
https://www.flickr.com/photos/tillo980/7795110784

Imagem 7. Mulheres *partigiane*. À frente, Luisa Calzetta, a Tigrona. Museu da Resistência Piacentina (Foto da foto da Autora)

Imagem 8. Tecidos dos paraquedas transformados em manto das imagens de santas das igrejas.
Museu da Resistência em Valmozzola. Foto da foto da Autora

Imagem 9. Escultura de *partigiano* amarrado à estaca usada nos fuzilamentos, semelhante a Cristo crucificado. Museu da Resistência de Bologna. Foto da Autora.

Imagem 10. Memorial aos *partigiani* mortos; muro externo do Palácio d'Accursio, na Praça Netuno, em Bologna. Foto da Autora

Imagem 11. Cartaz de Gino Boccasile, artista responsável pela propaganda política da República Social Italiana, no qual retrata o velho garibaldino sentado com as mãos no rosto em meio a ruínas. No alto da imagem, as datas de 9 de maio de 1936 e 8 de setembro de 1943: a primeira lembra a anexação da Etiópia e a proclamação do império italiano por Mussolini; a segunda, o armistício, a *traição* e o fim do império.
Museu do *Risorgimento* e da Resistência de Ferrara.
Fonte: https://museorisorgimen-toresistenzaferrara.files.wordpress.com/2012/06/album-foto-museo-del-risorgimento-e-della-resistenza.ppt

Imagem 12. Museu Audiovisual da Resistencia-Massa Carrara e La Spezia. Foto da Autora

Imagem 13. Museu Ampliado da Resistência, Deportação, Guerra, Direitos e Liberdade
http://gabrielrapetti.com/media/2012/04/MuseoResistenzaTorino01.jpg
(Acesso em 15/7/14)

Imagem 14. Mussolini, Clara Petacci e fascistas mortos por partigiani. Piazzale Loreto, Milão, 29 de abril de 1945.

Imagem 15. Os 15 corpos fuzilados e deixados na Piazzale Loreto, em 10 de agosto de 1944. http://www.comune.cinisello-balsamo.mi.it/pietre/IMG/jpg/66oloreto5.jpg (acesso em 3/7/14)

Imagem 16. Piazzale Loreto, Milão, atualmente. Piazzale Friedrichstrasse - Own work, CC BY-SA 3.0, Fonte: https://upload.wikimedia.org/wikipedia/commons/thumb/3/3f/Milano_-_piazzale_Loreto.jpg/1024px-Milano_-_piazzale_Loreto.jpg

Imagem 17. Piazzale Loreto, Milão, anos 1940. Na esquina, à direita, está o posto de gasolina Esso, em cuja cobertura o corpo de Mussolini, Clara Petacci e fascistas foram pendurados de cabeça para baixo.
https://upload.wikimedia.org/wikipedia/it/4/42/Piazzale_Loreto_Buenos_Aires_anni40.jpg

Imagem 18. Memorial aos 15 *partigiani* mortos, em agosto de 1944. Próximo à Piazzale Loreto, Milão. Foto da Autora

Imagem 19. Memorial aos 15 *partigiani* mortos, em agosto de 1944. Próximo à Piazzale Loreto, Milão. Foto da Autora.

CAPÍTULO 5

Os *Sette Fratelli*

Tudo o que o povo italiano expressou como mérito na resistên-
cia – luta contra a guerra, patriotismo concreto, novo ímpeto de
cultura, fraternidade internacional, criatividade na ação, cora-
gem, amor pela família e pela terra, tudo isso estava presente nos
Cervi; por isso, nesses sete rostos graves de camponeses inteligentes
da Emilia, reconhecemos a imagem do nosso cansativo, doloroso
renascimento. Italo Calvino.[1]

Terra, ideias e fuzil

No dia 28 de dezembro de 1943, sete irmãos foram fuzilados, na província de Reggio Emilia, região da Emilia-Romagna, pelos fascistas locais.

Gelindo tinha 42 anos, Antenore, 37, Aldo, 34, Ferdinando, 32, Agostino, 27, Ovidio, 25, Ettore, 22. Eram filhos de Genoeffa Cocconi e Alcide Cervi, trabalhadores rurais estabelecidos numa fazenda de 20 hectares (20 Km2), em Gattatico, próximo à cidade de Reggio Emilia, a cerca de 18 Km de Parma. A família, incluindo as quatro esposas e os onze filhos, compartilhavam a *casa colonica*, ou *casolare,* típica da zona rural italiana, que conjuga os espaços destinados à habitação e ao trabalho, expressão da estrutura patriarcal das famílias camponesas.

---

1   Italo Calvino. *Patria Indipendente,* janeiro de 1953. Este artigo foi republicado em: Museo Cervi. *Raccolta di scritti e poesie sui fratelli Cervi* [Coletânea de escritos e poesia sobre os irmãos Cervi]. Reggio Emilia: Instituto Alcide Cervi, s/d. *Patria Indipendente é um periódico da Associação Nacional de Partigiani* da Itália, ANPI (1ª edição do periódico da ANPI, em 2/3/52).

As duas filhas de Genoeffa e Alcide já não moravam mais na casa, seguindo seus rumos ao lado dos maridos. Sede da fazenda, à direita do imóvel ficavam os aposentos da família, a cozinha, a sala de refeições; à esquerda, os estábulos e o celeiro. Todos trabalhavam, tirando da terra e dos animais o próprio sustento e comercializando a produção nos povoados vizinhos. Além dos alimentos, quase tudo de que precisavam era fabricado no local, como os rústicos tecidos feitos nos teares manuais, as roupas, os móveis etc. Percorrendo as estradas da província veem-se inúmeras dessas casas, como as dos Cervi. Outrora núcleos familiares e produtivos de pequenos camponeses proprietários ou arrendatários, hoje, estão abandonadas, com a vegetação subindo pelas ruínas das edificações, tomando conta do vazio.

Em 1953, Italo Calvino publicou dois artigos sobre o assunto: um em janeiro, no periódico da Associação Nacional de *Partigiani* da Itália (ANPI), *Patria Indipendente*; outro, no *L'Unità*, jornal do PCI, em 27 de dezembro, véspera dos dez anos do fuzilamento.[2] Nascido em 1923, o célebre escritor participou da Resistência e foi membro do PCI até 1956. No contexto da invasão da Hungria pela URSS, esmagando a revolta popular crítica às políticas soviéticas no país, Calvino rompeu com o Partido. No momento da efeméride da tragédia dos Cervi, o tom celebratório dos artigos ia ao encontro das construções de memória da Resistência do pós--guerra, como vemos a seguir.

Os Cervi haviam se estabelecido no lugar em 1934, camponeses pobres, endividados, vindos de Campegine, perto de Gattatico. A mudança, contudo, já significava certa ascensão, pois deixavam de ser meeiros para tornarem-se arrendatários. O terreno era pouco produtivo, pois acidentado e desnivelado. Com a nova condição, passaram a ter autonomia quanto ao ritmo de trabalho, aos métodos e às técnicas utilizados. Apesar da autoridade do pai e do filho mais velho, característica da tradição patriarcal, viviam como em uma *república*, discutindo e decidindo tudo conjuntamente. Sempre muito unidos. Perguntado certa vez sobre os filhos, o velho Alcide respondeu: "Meus filhos? Dizer um era dizer sete e dizer sete era como dizer um."[3]

---

2   Cf. Italo Calvino, *idem ibidem*, 1953(a) e _____. "I sette fratelli." *L'Unità*, 27/12/53 (b). Este último também está na coletânea Museo Cervi. *Raccolta di scritti e poesie sui fratelli Cervi*, Reggio Emilia: Instituto Alcide Cervi, s/d. A partir daqui, cito os artigos como Italo Calvino, *op. cit.* (ou *idem ibidem*), s/d (*Raccolta di scritti e poesie sui fratelli Cervi*), "a" (janeiro de 1953) e "b" (27/12/53).

3   Italo Calvino, *idem ibidem*, s/d (b).

Em Gattatico, trabalhando arduamente, dia após dia, os Cervi nivelaram o terreno, o que não era comum, construíram canais de irrigação e abriram um velho poço desativado para abastecê-los.[4] Em brochuras e folhetos, informaram-se sobre cultivos de uvas e trigo, criação de gado para leite e corte, apicultura, aplicando os métodos e as técnicas aprendidos. A princípio, os vizinhos não fizeram fé, desacreditando no empenho e no investimento para potencializar aquelas terras. Equivocaram-se. A fazenda passou a ser tão produtiva que, depois de algumas temporadas, em 1939, os Cervi conseguiram até mesmo comprar um pequeno trator. Foi o primeiro trator da província!

No dia em que, terminadas as obras de nivelamento do terreno e aberto o fluxo de água do poço para os canais, os Cervi deram uma festa. Alcide propôs um brinde: "- Faço um brinde ao progresso, ao futuro, à felicidade do povo, para que, de magro e macilento como era a minha terra, se torne rico e desenvolvido, como será a minha terra amanhã".[5] Diariamente, aravam a terra sem descanso. A fazenda de Gattatico, a produção obtida e a máquina comprada eram, ao mesmo tempo, recompensas dos esforços passados e promessas de farturas futuras.

Quando foi comprar o trator em Reggio Emilia, Aldo trouxe também um globo. Voltou para casa dirigindo a máquina com o globo acomodado sobre ela. Os vizinhos logo acorreram à beira da estrada para vê-lo passar. O trator revolvia a terra da fazenda; o globo talvez os lembrasse a imensidão das terras desconhecidas, que os filhos nunca conheceriam, que o pai jamais pensou conhecer um dia. Trabalho e ideias; Gattatico e o mundo. O trator e o globo tornaram-se o grande símbolo da história dos Cervi.[6]

Era uma família fora do comum.[7] À noite, ao invés de frequentarem as tabernas e os bailes, liam. Na casa, além dos manuais técnicos sobre cultivos diversos, havia livros. Virgílio, Homero, Dante Alighieri, Anatole France, Gorki, uma clás-

---

4   O trabalho da família para a melhoria da fazenda foi narrado em detalhes por Alcide, no seu livro. Cf. Renato Nicolai e Alcide Cervi. *Os meus sete filhos*. Lisboa: Editoria Avante!, 1979.

5   Renato Nicolai e Alcide Cervi, *op. cit.*, 1979, p. 73.

6   O desenho do trator com o globo é o logotipo do Museu Cervi, sobre o qual falo adiante. O trator e o globo é também o título do artigo de Luciano Casali. "Il trattore e il mappamondo. Storia e mito dei fratelli Cervi." In: *Storia e problemi contemporanei*, Bologna, n. 47, jan-abr. 2008.

7   Italo Calvino, *op. cit.*, s/d (b).

sica história da Itália em cinco volumes, um número da revista *Reforma Social*[8] e a coleção da *Relações Internacionais*, revista da qual Gelindo era assinante. O globo ajudava nas leituras.

Os Cervi não escondiam sua oposição a Mussolini e ao fascismo. *Da mãe, herdaram a inteligência, do pai, a coragem*, diziam deles. Quando o regime caiu, em 25 de julho de 1943, ofereceram uma "gigantesca *pastasciutta*",[9] para festejar o acontecimento. Alertaram, porém, que tempos difíceis não tardariam.

Nas redondezas, diziam, os irmãos eram os que sabiam sobre os acontecimentos nacionais e internacionais, passados e presentes, e mesmo, futuros.

Aldo havia se tornado *a consciência política da família*, já antes de se mudarem para Gattatico. Durante o regime do *Duce*, quando fazia o serviço militar, em 1929, foi condenado a três anos de detenção, acusado de insubordinação. Fazendo sentinela no quartel, atirou em um tenente-coronel, que se recusou a identificar-se. Em represália, o oficial mandou-o a julgamento. A prisão de Gaeta, onde Aldo cumpria pena, estava cheia de comunistas. Ali fez *a universidade do cárcere*[10]: estudou e discutiu história, política, economia. Depois de dois anos, em 1931, foi solto e voltou para casa. Como comunista.

As discussões noturnas entre os Cervi ganharam novos rumos e *a união entre irmãos tornou-se também união entre companheiros*.[11] O pai, outrora eleitor do Partido Popular Italiano[12], acompanhou a nova orientação dos filhos.[13]

---

8   *La Riforma sociale*. La Rivista di scienze sociali e politiche e di economia. Periódico fundado em 1894, dirigido por F. S. Nitti e L. Roux (Turim-Roma), aos quais se juntou, em 1901, Luigi Einaudi, que, em 1908, passou a dirigi-la (Turim). Em abril de 1935, deixou de ser publicada. Cf. <www.treccani.it/enciclopedia/la-riforma-sociale> (acesso em 30/1/15).

9   Prato de massa.

10 Italo Calvino, *op. cit.*, s/d (b).

11 Italo Calvino, *idem ibidem*, s/d (b).
    Calvino dá a impressão de que os irmãos já estudavam e liam antes de Aldo se tornar comunista; o mais provável, porém, é que tenham começado a ler a partir da sua volta para casa.

12 *Partito Popolare Italiano* (PPI), organização política de inspiração católica, foi fundado em 1919 pelo padre Sturzo, tornando-se um partido de massas. Foi dissolvido pelo regime fascista, em 1926. Após a queda de Mussolini (25/7/43), assumiu o nome de Democracia Cristã. Cf www.treccani.it/enciclopedia/partito-popolare-italiano (acesso em 30/1/15).

13 Mais do que eleitor, como informa Calvino, Alcide Cervi era filiado ao Partido Popular Italiano. A carteira de filiação está exposta no Museu, como se verá adiante.

Na sequência do armistício de 8 de setembro de 1943, a Emília-Romagna foi ocupada pelos alemães e os Cervi esconderam prisioneiros estrangeiros desmobilizados ou fugidos das prisões, bem como desertores italianos que se negavam a lutar pelo nazifascismo.[14] Cerca de uma centena de ex-prisioneiros passou pela fazenda, entre soviéticos, ingleses, sul-africanos, italianos, além de um aviador americano e um desertor alemão. Ali, foram acolhidos, alimentados; os feridos tratados e ajudados a conectarem-se com as primeiras bandas *partigiane* que surgiam nas montanhas da Emilia-Romagna. A casa tornou-se um *posto avançado da fraternidade internacional no coração da guerra mais cruel.*[15]

Aldo, a liderança entre os irmãos, seguiu para o Monte Ventasso, nos Apepinos reggianos, para se engajar na guerrilha, formando o grupo que ficou conhecido como banda Cervi. Participou da expropriação de armamentos de um presídio, de sabotagens diversas e de atividades clandestinas nos vilarejos. Isolados e sem suprimentos, os *partigiani* da banda dispersaram-se e Aldo voltou para casa.

Os Cervi haviam sido *os pioneiros nas novas técnicas agrícolas* na província; agora, eram *os pioneiros na experimentação dos métodos guerrilheiros, com o protagonismo de Aldo.*[16]

A fazenda da família, entretanto, não era mais lugar seguro nem para Aldo nem para os estrangeiros e italianos que ali se refugiavam. Em vão, os irmãos procuraram escondê-los nas fazendas e nos sítios da região. Temendo as represálias dos nazifascistas, ninguém se dispôs a recebê-los. O risco de terem as casas incendiadas era real.

No dia 25 de novembro de 1943, antes do amanhecer, os fascistas da Guarda Nacional Republicana[17] chegaram à fazenda, cercando a casa. Atiraram. Além de toda a família, lá estavam dois britânicos, dois russos e dois italianos. Das janelas, os homens responderam ao ataque com granadas de mão e tiros. Resistiram. Os fascistas puseram, então, fogo em uma das alas da casa. Na impossibilidade de continuarem o confronto e temendo pela vida dos filhos, esposas, pai e mãe, Aldo decidiu pela rendição. *Uma coisa acima de tudo caracterizava Aldo: sua decisão de*

---

14   Sobre essa conjuntura específica, ver o capítulo 4.

15   Italo Calvino, *op. cit.*, s/d (a).

16   Italo Calvino, *idem ibidem*, s/d (a).

17   *Guardia Nazionale Repubblicana* (GNR), força armada instituída pelo governo da República Social Italiana (RSI), com funções militares e de polícia.

arriscar tudo por tudo estava sempre acompanhada da preocupação com a família.[18] Os estrangeiros e um dos italianos, passando-se por francês, foram encaminhados para campos de concentração. Os sete irmãos, o velho Alcide e Quarta Cimurri, jovem desertor da GNR, que havia estado com Aldo nas montanhas, foram levados para uma prisão de Reggio Emilia.

Aldo assumiu todas as responsabilidades, declarando que os irmãos e o pai nada sabiam sobre os homens escondidos. Acreditou que, assim, salvaria os irmãos e o pai, sendo apenas ele condenado à morte. *Atitude heroica, coerente com a sua personalidade.*[19]

Na prisão, não desanimaram, tentando fugir várias vezes. Esperavam consegui-lo no dia 30 de dezembro, quando parte dos guardas estaria de folga devido ao Ano Novo.

No dia 27, entretanto, *partigiani* executaram o secretário do *fascio* de Bagnolo in Piano, comuna da província. À noite, nesse mesmo dia, o Tribunal Especial de Reggio Emilia reuniu-se, decidindo pela condenação à morte dos *sette fratelli* e de Quarta Cimurri, o jovem italiano.

Na manhã seguinte, os oito foram fuzilados.

Alcide permaneceu preso até o início de janeiro, quando um bombardeio destruiu parte da prisão, possibilitando sua fuga e dos demais prisioneiros. De volta à fazenda, o pai ainda não sabia do trágico destino dos filhos.

A casa voltou a ser incendiada pelos fascistas em outubro de 1944. Pouco depois, perto de completar o primeiro aniversário da morte dos filhos, Genoeffa, a mãe, faleceu. Dizem que morreu de desgosto.

Quando soube da morte dos filhos, Alcide, depois de chorar, e aguentando o impacto da notícia, disse: "Depois de uma colheita, vem outra". Aos 70 anos de idade, retomou o trabalho na fazenda. Tinha quatro viúvas e dez crianças para alimentar.[20]

O NOVO MUNDO DE ALCIDE

O massacre dos sete irmãos Cervi tornou-se um ícone na memória coletiva da Resistência italiana[21]. No pós-guerra, o PCI encontrou nos *fratelli* seus heróis da

---

18 Italo Calvino, *op. cit.*, s/d (a).

19 Italo Calvino, *idem ibidem*, s/d (a).

20 A neta mais velha, Maria, tinha 10 anos de idade.

21 Luciano Casali, *op. cit.*, 2008, p. 131.

RESISTÊNCIA: MEMÓRIA DA OCUPAÇÃO NAZISTA NA FRANÇA E NA ITÁLIA

Resistência e fez de Alcide, testemunha e sobrevivente da tragédia, a encarnação viva da *lenda*, personagem conhecido não apenas no cenário da guerra civil, mas em todo o país e mesmo nos países socialistas. "A história da família Cervi", sentenciou Piero Calamandrei, "melhor do que qualquer outra, resume em si os aspectos mais humanos, mais naturais e mais simples da Resistência, e conjuntamente os seus aspectos mais puros e espirituais, e direi mesmo mais celestiais."[22]

A casa dos Cervi passou a receber muitos visitantes. Delegações de ex-*partigiani* e de partidos políticos antifascistas e de esquerda, representantes de entidades e municipalidades. Todos queriam ver o pai dos *mártires*. *Papà* Alcide, chamavam-no. Alcide Cervi, o pai de toda a nação resistente. "Logo se tornou [a casa] um local de culto da Resistência e do antifascismo, uma espécie de santuário laico".[23]

Em janeiro de 1947, os irmãos receberam *post mortem*, a *medalha de prata pela bravura militar* concedida por terem sido os "'primeiros entre os primeiros' que deram asilo aos perseguidos políticos e militares e iniciaram a luta armada".[24] Através de um abaixo-assinado popular, receberam também a *medalha de ouro*, assinada pelo artista italiano Marino Mazzacurati, em 1953.[25] No alto relevo da medalha, vemos a imagem do carvalho sobre o qual brilham sete estrelas. Como uma

---

22 Piero Calamandrei. "Sete irmãos e um pai". Texto apresentado como posfácio à edição portuguesa do livro de Renato Nicolai e Alcide Cervi, *op. cit.*, 1979, p. 133. Trata-se de parte do discurso pronunciado no Teatro Eliseo, em Roma, em comemoração aos Cervi, em 17 de janeiro de 1954. A íntegra do texto foi publicada em Piero Calamandrei. *Homens e cidades da Resistência*. Bari, Laterza, 1955, assim como em Museo Cervi. *Raccolta di scritti e poesie sui fratelli Cervi, op. cit.*, s/d.
Piero Calamandrei (1889-1956), jurista, professor nas universidades de Modena, Siena e Florença; antifascista, integrou o *Justiça e Liberdade*, movimento que originou o Partido da Ação, do qual foi co-fundador e representante na constituinte formada no pós-guerra.

23 Cf site do Museu Cervi de Gattatico: www.istitutocervi.it/museo-cervi (acesso em 30/1/15).

24 A Medalha de prata pela bravura militar é concedida pelo Estado italiano, de acordo com o decreto real de 4 de novembro de 1932, "para distinguir e publicamente homenagear os autores de atos heroicos militares, mesmo aqueles realizados em tempo de paz, desde que o feito esteja intimamente ligado com os fins a que as Forças Armadas são constituídas, seja qual for a condição ou qualidade do autor ". Cf. Wikipedia.

25 Marino Mazzacurati (1908-1969), escultor e pintor italiano identificado, em diferentes momentos da sua trajetória, com o expressionismo, o cubismo, o abstracionismo e o realismo. http://www.treccani.it/enciclopedia/marino-mazzacurati (acesso em 22/1/15). É o autor do conhecido monumento *Il partigiano*, em Parma.

nova Ursa e uma *nova Estrela Polar*, constelações usadas como referências para o caminho a tomar, observou Luciano Casali.[26] Outras medalhas, em diferentes momentos, foram oferecidas em homenagem à família.[27]

Alcide foi recebido, no Palácio Quirinale de Roma, em 17 de janeiro de 1954, pelo primeiro presidente eleito da República Italiana fundada em 1946, Luigi Einaudi.

A história do *sacrifício pela libertação do país* foi celebrada nos dois artigos de Italo Calvino, de 1953.

Vários intelectuais, escritores, poetas, políticos também escreveram sobre o fuzilamento dos sete irmãos, emprestando talentos variados, nas incontáveis homenagens ao *martírio* dos Cervi[28]: Piero Calamandrei, Luigi Einaudi, Salvatore Quasimodo, Carlo Levi, Gianni Rodari e tantos outros.[29] Alguns desses textos também estão reunidos na *Raccolta di scritti e poesie sui fratelli Cervi*.[30]

Alcide Cervi narrou sua história a Renato Nicolai, dando origem ao livro *Os meus sete filhos* publicado em 1955, com apresentação de Sandro Pertini.[31] Hoje, está na 20a edição, com introdução de Luciano Casali, professor de história contemporânea da Bologna, e prefácio de Piero Calamandrei. Por iniciativa do PCI, foi traduzido em 14 países, como URSS, Japão, Argentina, Romênia, China, França, Holanda, Portugal.[32]

---

26 Luciano Casali, *op. cit.*, 2008, p. 8.

27 Cf numismatica-italiana.lamoneta.it/moneta/W-ME7OH/26

28 *Martírio*, palavra usada por Italo Calvino, *op. cit.*, s/d (a).

29 Salvatore Quasimodo (1901–1968), poeta italiano, representante do hermetismo; tradutor de textos clássicos, especialmente, da lírica grega, e de William Shakespeare e Molière; Prêmio Nobel de Literatura em 1959.
Carlo Levi (1902-1975), escritor e pintor italiano.
Gianni Rodari (1920-1980), escritor, poeta, pedagogo e jornalista italiano, vencedor do Prêmio Hans Christian Andersen, em 1970.

30 Museo Cervi, *op. cit.*, s/d.

31 Alcide Cervi e Renato Nicolai. *I miei sete figli.* Turim: Einaudi, 2010.
Sandro Pertini (1896-1990), presidente da República entre 9/7/1978 e 29/6/1985, pelo PSI.

32 O livro está disponível no site da ANPI (www.anpibagnoaripoli.it/doc/libri/LibroCervi.pdf, acesso em 30/1/15). A edição atual é da Einaudi. A informação, segundo a qual o livro foi publicado em 14 países, além da Itália, está na edição portuguesa: Renato Nicolai e Alcide Cervi. *Os meus sete filhos.* Lisboa: Editoria Avante!, 1979. Usei esta edição portuguesa, de

Renato Nicolai escreveu na primeira pessoa do singular, procurando fazer de Alcide o narrador onisciente do texto.[33] O testemunho, seguindo o tom sacralizador dos artigos de Italo Calvino, está marcado pela heroicização dos filhos: lucidez, senso de justiça, coragem, fraternidade, solidariedade; amor à liberdade, patriotismo, inteligência, disposição e iniciativa para o trabalho e para o estudo, perseverança, disciplina, esperança, dedicação à família. Alcide refere aos livros ainda existentes na fazenda, quando Nicolai o entrevistou, demonstrando a excepcionalidade dos interesses dos filhos. A identidade comunista da família confunde-se, nessa narrativa, com os valores morais dos filhos, sem haver qualquer menção ao vínculo ou às aproximações com o PCI nacional ou local. Da mesma forma, Alcide vê a iniciativa dos filhos, a exemplo do acolhimento aos prisioneiros e desertores, sob a ótica de valores católicos, chegando a chamá-las de como "obras de caridade".[34] A união, o trabalho e a inteligência conduziriam a Itália à glória. A família camponesa, como era a sua própria, poderia indicar, com seu exemplo, o caminho da unificação italiana buscado desde o século XIX, ou ainda, o caminho de uma outra unificação, a verdadeira, a da revolução.

Na Introdução à edição portuguesa (1979), Mario Alighiero Manacorda, intelectual marxista, professor de história da educação da Universidade de Roma *La Sapienza*, o episódio ocorrido na província de Reggio Emilia ganha dimensões de luta do movimento comunista internacional: "no pequeno grupo dos sete irmãos Cervi já não emerge o herói individual, mas o herói colectivo, um povo, todos os povos do mundo combatentes pela liberdade."[35] Na homenagem de Manacorda, a exaltação à sabedoria popular do camponês.

Muitas canções populares também foram compostas em memória da tragédia.

1979, e a edição atual italiana, Alcide Cervi e Renato Nicolai. *I miei sete figli*. Turim: Einaudi, 2010.

33 A partir das edições de 1971, Nicolai apareceu como coautor. Até então, os créditos da autoria eram de Alcide e Nicolai aparecia como editor [*a cura di*]. Voltarei a esse ponto adiante. Cf. Luciano Casali, *op. cit.*,. 2008, p. 125.

34 Renato Nicolai e Alcide Cervi, *op. cit.*, 1979, p. 128.

35 Renato Nicolai e Alcide Cervi, *idem ibidem*, 1979. Mario Alighiero Manacorda (1914-2013), Educador e historiador da cultura e da educação, membro do PCI, também foi professor de história da educação da Universidade de Florença. Cf. http://www.treccani.it/enciclopedia/mario-alighiero-manacorda_%28Enciclopedia-Italiana%29/ (acesso em 3/4/15).

A história dos *fratelli* chegou às telas em 1968, no filme de Gianni Puccini, *Os sete irmãos Cervi*, baseado no livro de Alcide e Renato Nicolai. Gian Maria Volontè, filiado do PCI e um dos atores mais engajados do cinema italiano da época, fez o protagonista Aldo. O papel de *Papà* Alcide foi representado pelo ator russo Oleg Zhakov.[36]

No ano seguinte, 1969, foi lançado o documentário *Papà Cervi*, de Franco Cigarini, com testemunho de Ferrucci Parri.[37] A homenagem deixou registradas imagens de Alcide, inclusive na casa, onde ainda morava na época, um ano antes de seu falecimento.[38]

A bibliografia sobre a história dos sete irmãos fuzilados pelos fascistas é vasta, porque ela diz respeito não só à história da família, mas à da Itália do século XX, desde o fascismo ao pós-guerra, passando pela ocupação alemã pela Resistência *popular* e *patriótica*. "Entre os fatos que seus filhos [de Alcide] estudavam à noite, com os punhos sobre as têmporas, ao redor da mesa, nos volumes da antiga história da Itália, esta história da família deve encontrar o seu lugar", concluíra Calvino.

Depois da libertação, em outubro de 1945, os despojos dos oito fuzilados foram exumados e ganharam sepultamento de heróis. O bombardeio de 8 de janeiro de 1944, o mesmo que atingiu a prisão na qual Alcide encontrava-se, permitindo sua fuga, havia atingido os caixões, expondo os cadáveres, que foram, mais uma vez, enterrados em vala comum.[39] Acompanhado por uma multidão, o sepultamento transformou-se em manifestação pública, com discursos de autoridades locais, do presidente do Comitê de Libertação Nacional, de representantes de partidos antifascistas, das formações *partigiane*, da federação comunista de Reggio Emilia e de Parma. Alcide também se pronunciou. Os homenageados ganharam imponente mausoléu, no cemitério de Campegine, junto ao túmulo da mãe Genoeffa. Os corpos haviam sido enterrados numa fossa comum e anônima, fora da cidade de Reggio Emilia, em Villa Ospizio. A informação sobre o fuzilamento não foi anun-

---

36 A grafia de Zhakov também aparece como Jakov.

37 Ferrucci Parri (1890-1981), jornalista e militante antifascista do *Justiça e Liberdade*; preso diversas vezes, liderou o Partido da Ação no combate ao nazifascismo, nos anos seguintes ao armistício, presidindo o Comitê de Libertação Nacional (CLN); tornou-se-se primeiro-ministro italiano entre junho e dezembro de 1945.

38 O documentário completo está disponível na web: www.youtube.com/watch?v=IeS7-1YS-5BM (acesso em 19/1/2015).

39 Cf. Renato Nicolai e Alcide Cervi, *op. cit.*, 1979, p. 124.

ciada previamente nem as mortes comunicadas à comunidade local, como os fascistas e nazistas, em geral, faziam.[40] Na narrativa de Pietro Calamandrei, de 1954, a esse respeito, Alcide surge como profeta e os filhos, Cristos ressuscitados das tumbas. Embora longa, vale a citação:

> 'Digo-vos', teria dito o pai, enquanto todos estavam presos, 'que bem cedo estas paredes cairão, e os torturadores do povo ocuparão o lugar dos torturados, e nós voltaremos para nossas casas e com trabalho voltaremos a construir tudo o que foi destruído....'

> Não tardou que a profecia começasse a realizar-se. Na noite de 8 de janeiro os muros da prisão ruíram com as bombas que caíam do céu; e os encarcerados encontraram-se, eles também, confusos com a multidão que fugia para procurar abrigo nos campos. Atrás daqueles fugitivos corriam vozes de Apocalipse: 'Os muros das prisões caíram em pó... Castigo de Deus... A cidade será bombardeada sete vezes para vingar os sete irmãos Cervi... As bombas abriram os seus túmulos". Era verdade. O bombardeamento fizera voar a pouca terra com que os assassinos à pressa os tinham coberto depois do fuzilamento. Os seus sete rostos, tão diferentes e contudo tão familiares, tinham reaparecido.

> Naquele cataclismo de desmoronamentos e de incêndios corria ainda como uma rajada vingadora a antiga vibração:

> 'Abrem-se os túmulos,

> Levantam-se os mortos'.

> As campas dos Cervi estavam abertas. Os irmãos Cervi tinham-se erguido: voltavam aos seus campos. Todos os sete, atrás de seu pai: todos os sete, invisíveis mas presentes; atrás

---

40 Cf Luciano Casali. "Introduzione." In: Alcide Cervi e Renato Nicolai. *I miei sette figli*. Turim: Einaudi, 2010.

dele, dentro dele, novamente juntos e integrados nele (grifos no original).[41]

Fratelli Cervi virou nome de escolas públicas, ruas, praças, organizações, associações, não somente na região da Emilia Romagna, mas em toda a Itália. Luciano Casali contabilizou um total de 142.000 logradouros e instituições com denominações laudatórias à memória da família.[42]

Em 2001, Margherita Cervi, viúva de Antenore, publicou suas memórias, *Não era tempo de lamentar-se*, ilustrado pelo artista plástico Nani Tedeschi,[43] considerado "um olhar sobre as mulheres nessa história".[44] Adelmo Cervi, filho de Aldo, também escreveu sobre o assunto, expressando o ponto de vista da criança que então era no fim de 1943. Adelmo é hoje uma espécie de representante da família, atuante nas organizações de preservação da memória dos Cervi e da Resistência, presente nas comemorações das efemérides. Maria, a neta mais velha de Alcide, filha de Antenore, desempenhou esse papel até falecer, em 2007.

Alcide morreu em março de 1970, aos 95 anos. O funeral reuniu cerca de 200 mil pessoas na cidade de Reggio Emilia, com a presença de políticos e autoridades não somente da província, mas de dimensão nacional, como Giorgio Amendola[45] e Ferruccio Parri. A notícia do falecimento saiu nas primeiras páginas dos jornais *L'Unità, Il Resto del Carlino, Gazzetta di Reggio, Il Giorno, Patria.*[46]

A *casa colonica* da fazenda transformou-se em museu, em 2001, *Museo Cervi de Gattatico,* e a estrada que hoje passa em frente chama-se *Via Fratelli Cervi*

---

41 Piero Calamandrei, *op. cit.*, 1979, p. 136-7 (originalmente, discurso pronunciado no Teatro Eliseo, em Roma, em 17 de janeiro de 1954).

42 Luciano Casali, *op. cit.*, 2008, p. 5.

43 Nani Tedeschi, nascido em 1939.

44 Cf site do Instituto Alcide Cervi. Margherita Cervi. *Non c'era tempo di piangere.* Reggio Emilia: Instituto Alcide Cervi, 2001.

45 Giorgio Amendola (1907-1980), militante do PCI, desde 1929, antifascista e *partigiano*; deputado constituinte de 1946 e deputado em 1948; deputado no parlamento europeu, em 1969; filho do liberal antifascista Giovanni Amendola, morto em 1926, em Cannes, França, em consequência da agressão de fascistas sofrida na Itália. Cf www.treccani.it/enciclopedia/ricerca/Giorgio-Amendola (acesso em 30/1/15).

46 As informações sobre o funeral estão nos painéis do Museu.

e um pouco adiante, *Via Genoeffa Cocconi*.[47] Quando Italo Calvino visitou a casa, no início da década de 1950, ainda encontrou o velho Alcide, as viúvas e os netos morando e trabalhando na propriedade.[48] Em abril de 1972, por iniciativa da Associação Nacional dos *Partigiani* da Itália, já havia sido criado o Instituto Alcide Cervi,[49] atualmente, sob jurisdição do ministério da educação, universidade e pesquisa.[50] O Instituto gerencia o Museu, a Biblioteca-arquivo Emilio Sereni, com a guarda dos livros e documentos do estudioso da agricultura que lhe dá o nome, e o Arquivo histórico nacional dos movimentos camponeses, e, por fim, as atividades do Parque agroambiental, com um percurso guiado nas terras dos Cervi.

Atrás da antiga casa, foi erguida uma moderna e imponente edificação para abrigar o Instituto. Como os demais museus da Resistência na Europa, disponibiliza visitas guiadas às escolas de todos os níveis e material didático no site para a preparação prévia dos professores. Em suma, a fazenda abriga hoje, não somente o Museu, mas um complexo de espaços que procura articular a história e a memória da província, em suas múltiplas dimensões (política, social, econômica, cultural), centrando-se na simbologia dos irmãos resistentes fuzilados. No dia 25 de julho de cada ano, no verão reggiano, promove-se ao ar livre, na antiga fazenda, uma *gigantesca pastasciutta*. Em 1943, oferecida pela família para comemorar a queda do fascismo, a festa hoje celebra a memória dos *fratelli* e da Resistência.

Junto à entrada da casa-museu, há uma foto recortada de Alcide em tamanho natural, com o braço estendido, convidando o visitante a entrar. O prédio tem

---

47 Com a configuração atual, o Museu foi inaugurado em 24 de abril de 2001. Entretanto, uma exposição, permanente, sobre a história da família, reunindo alguns objetos, já existia na casa desde 1993. Cf. Claudio Silingardi. *Alle spalle della Linea Gotica. Storie luoghi musei di guerra e resistenza in Emilia-Romagna*. [Atrás da Linha Gótica. Histórias lugares museus de guerra e resistência na Emilia-Romagna] Modena: Artestampa; Istituto Storico di Modena, 2009, p. 160.

48 Visitei o Museu Cervi de Gattatico, em fevereiro de 2014. Agradeço a Alice Lugli, antropóloga e funcionária do Museu, a competência e hospitalidade com que nos atendeu.

49 Além da ANPI, a criação do Instituto contou também com o apoio da Aliança Nacional de Camponeses (Alleanza Nazionale dei Contadini), atual, Confederação Italiana de Agricultores (Confederazione Italiana Agricoltori), da província de Reggio Emilia, e da comuna de Gattatico.

50 Cf site do Museu Cervi. Segundo Claudio Silingardi, desde 1964, Alcide tentou transformar a casa em museu. Cf. Claudio Silingardi, *op. cit.*, 2009, p. 160.

duas alas interligadas por um pátio, onde está o velho pequeno trator. Sobre ele, uma réplica do globo. Mais atrás, uma maquete da casa e da fazenda.

Na ala à direita, pode-se ter uma noção do cotidiano da família. No térreo, a cozinha e a sala de refeições, com dois grandes barris e utensílios de madeira usados no preparo dos alimentos, o fogão à lenha, a mesa comprida e as cadeiras. Subindo as escadas, veem-se dois quartos de casal. As camas, os criados-mudos, os porta-retratos sobre as cômodas, o espelho, os armários, uma máquina de costura; em um quadro oval, o retrato de um familiar pendurado na parede. No corredor, o chapéu, o casaco e o cachecol de Alcide, pendurados em um cabideiro, protegidos por um vidro. O globo, que Aldo trouxe com o trator, está numa vitrine espelhada, tendo ao fundo a imagem de Alcide com o objeto. No quarto de Genoeffa e Alcide, as botas e a bengala dele estão num canto; em cada lado da cama, veem-se dois quadros pendurados na parede: junto a um Cristo martirizado na cruz, a conhecida fotografia dos sete rostos dos filhos; do outro, o retrato de Palmiro Togliatti, secretário geral do PCI, entre 1927 e 1964.[51]

No corredor, subindo mais alguns degraus, o visitante é surpreendido com uma instalação, de 2005, multimídia, ultramoderna, contrastando com os antigos e rústicos objetos encontrados até então, a *Quadrisfera:* um enorme globo formado por um sem-número de monitores nos quais são reproduzidos filmes e fotos da época em que os irmãos viveram, numa explosão de imagens acompanhadas de som, deslumbrando o espectador. Na verdade, trata-se de um jogo de espelhos onde um quadrante da esfera é rebatido para baixo e para o lado, deformado para dar a curvatura, formando-se, assim, o enorme globo luminoso, multiplicando as imagens ao infinito, até mesmo a imagem do observador nele refletida. Na *Quadrisfera,* alusão ao globo de Aldo, nos vemos inseridos no mundo dos Cervi.

Mais alguns degraus acima, chega-se ao auditório para conferências, aulas e pronunciamentos, além de dois salões. Neles, estão expostos esculturas, pinturas e desenhos de artistas locais e de diferentes partes sobre a história dos Cervi, os membros da família, a casa e a fazenda. Voltarei adiante ao assunto. Em uma das salas,

---

51 Palmiro Togliatti (1893-1964). Membro fundador do PCI desde 1921, fundador e editor, com Gramsci, do jornal *L'Ordine nuovo*; secretário geral do Partido desde a prisão de Gramsci, em 1927, então, até sua morte, em 1964. Exilou-se em Moscou em 1934, tornou-se membro da Internacional Comunista e, em 1944, retornou à Itália; vice-presidente do Conselho (1944-45), ministro da Justiça (1945-46); deputado constituinte (1946) e da câmara (1948). Cf www.treccani.it/enciclopedia/palmiro-togliatti (acesso em 30/1/15).

RESISTÊNCIA: MEMÓRIA DA OCUPAÇÃO NAZISTA NA FRANÇA E NA ITÁLIA

também encontram-se os registros fotográficos do filme estrelado por Gian Maria Volontè e dos bastidores da filmagem.

Na ala à esquerda da casa, outrora estábulos e celeiros, estão expostos objetos e instrumentos de madeira, metal e couro usados pela família no cultivo da terra e na criação dos animais: arados, carroças, foices, ancinhos, recipientes, celas, cordas, funis, escadas etc. Ali também estão os teares e os fios com os quais as mulheres fabricavam os tecidos. Os painéis narram, por meio de textos e imagens, a história da família e da realidade da província rural na primeira metade do século XX. Os camponeses trabalhando a terra. Os métodos usados. A cultura popular. A religiosidade. A foto de um longo cortejo de camponeses da Gattatico de 1924, na procissão de Santo Antônio de Pádua; à frente, um enorme Cristo crucificado. Nos painéis, também se leem trechos de discursos e artigos de escritores e políticos célebres ligados à Resistência e à República de 1946 sobre os Cervi. Numa vitrine, os livros e as revistas que os irmãos liam à noite, depois da jornada de trabalho. A carteira de filiação de Alcide ao Partido Popular, datada de 1921. A foto do grupo amador que encenou, em 1946, a peça *Os sete irmãos Cervi*, em Campegine.[52]

Na sala contígua, outrora também estábulo, segue a exposição com jornais de época e do pós-guerra, referindo-se à luta de trabalhadores de Reggio Emilia, à Resistência na província, aos irmãos.[53] A foto do polígono de tiro, onde foram fuzilados. Quarto Camurri, com uniforme da Guarda Nacional Republicana, acocorado. Uma espécie de caldeirão de ferro, usado para transformar o leite em manteiga. A grande máquina impressora da imprensa clandestina da província. As fotos do funeral dos irmãos e de Camurri.

O terceiro e último antigo estábulo transformou-se numa sala inteiramente dedicada à memória dos Cervi no pós-guerra.[54] Nela, Alcide surge como o personagem central dessa história. Na sala, estão expostas as incontáveis fotografias e notícias de jornais sobre as suas viagens pela Itália e pelo mundo, ao lado de personalidades políticas e de desconhecidos, celebrado e celebrando a memória dos filhos. Alcide correu a Itália, atravessou suas fronteiras. Acenando em cortejos em

---

52 Esse primeiro "estábulo" (*stalla*) é denominado *Seção etnográfica*. Nessa sala, também estão disponíveis para compra publicações sobre os irmãos Cervi.

53 Esse segundo "estábulo", transformado em sala, foi denominada *Seção histórico-política*.

54 Esse terceiro e último "estábulo" foi denominado *Seção da memória e alla vita che*.

carro aberto por ruas. Em palestras e palanques, entre lideranças políticas, multidões anônimas, cercado por jovens e crianças, autografando o seu livro.

Por onde passava, Alcide carregava no peito as sete medalhas concedidas aos filhos. Na parede, estão os certificados da homenagem, emoldurados. Também estão os diplomas de *Estrela [Stelle] Garibaldina*, oferecidos aos Cervi pelo comando central da Brigada Garibaldi, "como aliados, pelo socorro prestado pela família aos prisioneiros americanos e ingleses".[55]

Papà Cervi, na Caverna Ardeatine[56], em 1954; *Papà* apertando a mão do presidente da República Luigi Einaudi, em 1954; *Papà* visitando o túmulo de Antonio Gramsci, em setembro de 1954; *Papà* com Pietro Nenni, secretário do PSI, em 1954; *Papà* com Pietro Secchia[57] e Palmiro Togliatti, em 1954, brindando na sede da direção do PCI, sob o olhar provocante do secretário-geral; *Pappà* durante a viagem à URSS, em 1955[58]; *Papà* com operários fabris da Reggio Emilia, no início dos anos 1950; *Papà* com um grupo de crianças de *Pioneri*, organização de jovens entre 7 e 14 anos de idade, do PCI, em seu aniversário de 80 anos, em 1955[59]; *Papà* recebendo a cidada-

---

55 Cf site do Museu Cervi de Gattatico.

56 Trata-se do memorial inaugurado em 1949 em homenagem às vítimas do massacre da Caverna Ardeatine como ficou conhecido o assassinato de 335 combatentes, civis e militares, e judeus, em 24 de março de 1944, nas pedreiras da Via Ardeatine, em Roma, sob o comando da SS.

57 Pietro Secchia (1903 –1973), militante socialista da Federação da Juventude, desde 1919, em 1921, ingressou no Partido Comunista Italiano e, em 1928, integrou o comitê central do partido. Preso várias vezes entre 1922 e 1929 por suas atividades antifascistas, em 1931, foi condenado a 18 anos de prisão. Libertado em 1943, participou da Resistência e foi comissário-geral das Brigadas Garibaldi; secretário-adjunto do PCI, entre 1948 e1954; deputado constituinte, em1946; senador, em 1948; vice-presidente do Senado, entre 1963 e 1972. Cf www.treccani.it/enciclopedia/pietro-secchia (acesso em 30/1/15).

58 A revista ilustrada ligada ao PCI, *Vie Nuove*, criada em 1946 por Luigi Longo, publicou uma série sobre a viagem de Alcide à URSS, como um diário. Cf informação no painel do Museu Cervi de Gattatico.
Luigi Longo (1900 –1980), antifascista italiano, secretário geral do PCI, entre 1964 e 1972.

59 Os *Pioneri* [Pioneiros], os *Falchi Rossi* [Falcões vermelhos] e os [Andorinhas], organizações juvenis, a primeira ligada ao PCI e a segunda ao PSI, promoviam visitas à casa dos Cervi para encontrar o nonno Cervi. Criados em 1949, na Reggio Emilia, os Pioneri assumiram como símbolo uma medalha na qual se via um carvalho com sete estrelas entre suas folhas, referência aos irmãos fuzilados.

nia honorária de Poggibonsi, em Siena, em 18 de julho de 1964; *Papà* desfilando em carro aberto pelas ruas de Milão, em 9 de maio de 1965, nas comemorações do Dia Nacional da Resistência; *Papà* condecorado pelo embaixador soviético, em 1965.[60]

As vitrines guardam presentes recebidos por Alcide nas viagens pelo mundo, oferecidos pelos visitantes da casa e enviados por autoridades ou admiradores de diversos países (URSS, Cuba, Vietnã etc.): placas com dizeres grafados e altos-relevos do rosto de Alcide; *certificados ao patriota*, miniaturas de aviões de guerra, carros, barcos e do arado e do trator da própria família; *matrioskas*, bonecos; bustos variados, entre eles, um de Togliatti; bandeiras, quadros, flâmulas, faixas, estatuetas; miniaturas de monumentos e obeliscos; o leão dourado de Veneza, um vaso com terra do campo de concentração de Fossoli,[61] uma bola de baseball... A foto emoldurada da bandeira italiana tremulando no céu azul com dedicatória do então presidente da República, de Carlo Azeglio Ciampi, oferecida quando visitou o Museu, em janeiro de 2004.[62]

Talvez Alcide, nos caminhos percorridos, tenha elaborado o luto, encontrando o apaziguamento para a dor da perda irreparável, algum sentido para as mortes inúteis, enfim, a própria sobrevivência. Alcide personificou o mito dos Cervi, tornando-se, por fim, mais conhecido do que os próprios filhos.

Na contracorrente da narrativa dominante no Museu, lemos, em um dos painéis da sala:

> Mas o caráter da experiência dos irmãos Cervi também provocou controvérsia e discussões. Nos anos 50, no clima da 'guerra fria' e da forte contraposição entre esquerda e direita, os familiares confrontaram-se duramente com alguns elementos da Cúria de Reggia Emilia, que acusaram os Cervi de terem feito merca-

---

60 Algumas dessas passagens estão registradas no documentário de Franco Cigarini, de 1969. A condecoração soviética recebida por Alcide foi a "Ordem da guerra patriótica" de primeira classe, concedida pelo presidente do Soviete Supremo da URSS, pelo "empenho da família na ajuda aos ex-prisioneiros russos". A cerimônia aconteceu no Teatro Municipal de Reggio Emilia, em 20/10/65. Cf informação no painel do Museu.

61 O Campo de Fossoli, na Emilia-Romagna, foi criado pelos fascistas italianos para os prisioneiros de guerra norte-americanos e britânicos, em 1942, e depois usado pelos nazifascistas como principal campo de concentração e de trânsito da região para presos políticos e judeus.

62 Carlo Azeglio Ciampi (1920-), foi presidente entre 18/5/1999 e 15/5/2006, sem partido [independente]

do negro durante a guerra e denunciaram o uso da sua história pelos comunistas. Também nos anos 70, a discussão sobre os Cervi continuou, mas desta vez o debate foi interno entre ex--dirigentes comunistas da Resistência e incide sobre o caráter de sua participação na luta *partigiana*.[63]

A ARTE COMO NARRATIVA DE MEMÓRIA

Na parte superior da casa-museu, vimos, está a exposição permanente de obras de artistas (pinturas, desenhos e esculturas) celebrando a memória dos Cervi. Nesse espaço, também são organizadas exposições temporárias.

As imagens estão reproduzidas no livro *Museu Cervi. A coleção de arte contemporânea*. São "mais de duas centenas de pinturas, esculturas e trabalhos gráficos que datam do imediato pós-Segunda Guerra Mundial até os dias atuais".[64]

Como *romance popular*,[65] as obras exprimem, sobretudo, representações populares do mito dos Cervi. Figurativas, muitas *naïves* e alegóricas, com cores cortes. Desenhos em grafite, em preto e branco. Descrevo, a seguir, algumas delas.

Não é difícil perceber a referência à *idade de ouro*, representação do mito, tão bem analisado por Raoul Girardet[66]: o tempo passado, perfeito, interrompido pela catástrofe.

Antes, a fazenda próspera, pródiga, fértil, com a família feliz, trabalhando, como no quadro de Adele Casoli, cujo título é evidente: *Esse era um oásis de paz*.[67] *Depois*, a fazenda devastada, arruinada, habitada unicamente pelas mulheres e crianças.

Em *A grande mãe*, de Luisa Imbeni,[68] a Genoeffa Cocconi de preto, cercada pelos onze netos, numa terra destruída, a casa em chamas; as crianças sentadas no

---

63 Painel no intitulado *A memória dos Cervi*, na sala dedicada ao pós-guerra. Cf. Museu Cervi de Gattatico.

64 Orlando Piraccini e Paola Varesi (orgs.). *Museo Cervi. La raccolta d'arte contemporânea* [A coletânea de arte contemporânea]. Reggio Emilia: Istituto Alcide Cervi, Istituto per i Beni Artistici, Culturali e Naturali della regione Emilia-Romagna, 2001.

65 Painel no Museu Cervi de Gattatico.

66 Raoul Girardet. *Mitos e mitologias políticas*. São Paulo: Companhia das Letras, 1987.

67 Adele Casoli. *Questa era un' oasi di pace*. Óleo sobre tela. 48 x 69 cm, s/ data.

68 *La grande madre*, de Luisa Imbeni, óleo sobre compensado, 125 x 150 cm, 1990.

chão, onde restou um pouco de verde e flores; elas seguram um ramo de trigo e a avó, um bebê no colo; Alcide não aparece; voando, uma pomba branca com um ramo verde no bico. A artista recorreu à metáfora presente no Antigo Testamento: Noé, terminado o dilúvio, soltou uma pomba; ao retornar à embarcação com um ramo de oliveira no bico, Noé soube que a terra podia voltar a ser habitada. A imagem simboliza, assim, o recomeço, a superação, após um terrível acontecimento. A pomba, recorrente na iconografia cristã, identifica-se ainda com o espírito santo e o batismo.[69]

No quadro de Dino Fiorini, *Escola da vida*,[70] o velho Alcide tampouco foi representado; nele, vê-se Genoeffa no centro, cercada pelas noras e pelos netos; a escuridão, que domina o ambiente, contrasta com focos de luz emanados das crianças, dos aventais das mulheres, do trator, da casa e do horizonte; não há qualquer vegetação na fazenda; vemos o trator, o arado e umas pequenas carroças vazias, inúteis.

Outro exemplo dessa representação é *Até de sete flores pode nascer uma nação livre,* de Mora Franco:[71] os irmãos estão no céu, felizes, trabalhando; abaixo, surge uma terra fértil, verde, florida, com a bandeira italiana, avançando sobre um mundo como que saído de um incêndio; a Lua tem também as cores nacionais.

Franca Restelli também pintou a fazenda depois da tragédia; na obra, aparecem as quatro viúvas de preto, as crianças e Alcide, todos trabalhando, uma das crianças sobre o trator. A terra ainda está devastada, com uma enorme árvore à frente, sem folhas, mas começando a florescer; o céu vermelho e laranja, como um incêndio, imagem recorrente, mas, ao fundo, em amarelo, já se vê o Sol nascente; atrás, a casa; no céu, no canto à direita, voam muito alto sete pássaros brancos.

---

69   "Quando Cristo sobe das águas do seu baptismo, o Espírito Santo, sob a forma duma pomba, desce e paira sobre Ele. O Espírito desce e repousa no coração purificado dos batizados. Em certas igrejas, a sagrada Reserva eucarística é conservada num relicário metálico em forma de pomba (o *columbarium)* suspenso sobre o altar." Cf. Vaticano. Catecismo da Igreja católica. http://www.vatican.va/archive/cathechism_po/index_new/p1s2cap3_683-1065_po.html; (acesso em 27/1/15).

70   *Suola di vita*, de Dino Fiorini, óleo sobre compensado, 120 x 160 cm, s/d.

71   *Anche da sette Fiori può nascere una nazione libere*, de Mora Franco, acrílico sobre tela, 100 x 50 cm, 2013.

Depois do crepúsculo, há sempre outro dia é o nome da obra.[72] Mais uma vez, a simbologia cristã da ave branca sugerindo o recomeço, a superação, como na frase de Alcide tantas vezes citadas: "Depois de uma colheita, vem outra."[73] A referência cristã, aqui, soma-se ao universo do camponês, do tempo cíclico.

As obras referentes a Alcide, em particular, predominam na exposição. Bustos, pinturas e desenhos nos quais aparece sozinho, em meio a crianças e representantes de organizações políticas.

Em *Papà Cervi fala aos jovens*, de Armando Ferretti, vemos Alcide sério cercado por crianças, à frente, um menino com o boné típico dos operários do século XIX e início do XX, apontando numa direção - ou *mostrando o caminho* -, pose comum na representação de lideranças comunistas.[74] Essa imagem serviu para a capa do livro *Museu Cervi. A coleção de arte contemporânea.*

Outra obra, de Nicolaj Zukonv, mostra Alcide sorrindo, com o lenço garibaldino no pescoço, crianças a seu redor, uma delas, um menino, com o boné operário; seu rosto reproduzido nos quatro cantos do desenho em preto e branco, em um deles, com o globo.[75]

O grande carvalho é o título que Vasco Montecchi deu ao busto em terracota de Alcide,[76] uma referência à metáfora comum nas homenagens: os fascistas haviam cortado os sete ramos do carvalho, mas a árvore mantinha-se viva, forte. Um dia o carvalho também desapareceria, mas suas sementes eternizariam a linhagem. Como vimos, a metáfora do carvalho está presente na medalha de ouro desenhada por Marino Mazzacurati.

Em *Retrato de Papà Cervi*, de Sergio Terzi, Alcide está à frente, sério, de terno, com as sete medalhas dos filhos no peito, camisa vermelha, cercado por flores e muito verde; atrás, a representação do fascismo, encarnado na figura medonha, meio homem, meio bicho: negro (em contraste com um Alcide muito branco no

---

72   *Dopo un tramonto c'è sempre un altro giorno*, de Franca Restelli, óleo sobre tela, 125 x 80 cm, 1999.

73   Como vimos acima, frase pronunciada no momento em que Alcide recebeu da esposa a notícia da morte dos filhos, segundo a narrativa de Alcide Cervi e Renato Nicolai. *Os meus sete filhos*. Lisboa: Avante!, 1979, p. 119.

74   *Papà Cervi parla ai Giovani*, de Armando Ferretti, pintura sobre cartão, 46 x 33 cm, 1955.

75   *Papà Cervi (Allegoria)*, de Nicolaj Zukonv, grafite sobre papel, 40 x 60 cm, 1973.

76   *La grande quercia*, de Vasco Montecchi, terracota, 44 x 30 cm, 1978.

RESISTÊNCIA: MEMÓRIA DA OCUPAÇÃO NAZISTA NA FRANÇA E NA ITÁLIA

primeiro plano), olhos vermelhos, boca cheia de dentes e sobrancelhas brancas; a mão está coberta de sangue escorrendo pelos dedos.[77]

A pintura de Ivo Spaggiari mostra Alcide num terno verde, medalhas no peito; como fundo, o vermelho e o branco da bandeira italiana, completada no verde do seu paletó. No quadro, *Papà Cervi* funde-se com o símbolo nacional.[78]

Fernando Gazza o representou de pé, sério, atrás de uma mesa, cercado por homens e mulheres sentados e de pé. A pintura é repleta de referências. Alguns sorriem, outros estão sérios; são civis e militares: um *partigiano* garibaldino, um policial, um padre; sobre a mesa, a Constituição da República Italiana, nascida no pós-guerra, jornais de diferentes tendências políticas; ao fundo, à esquerda, uma mulher sorridente carrega a bandeira tricolor; à direita, uma escultura da pomba branca com enormes asas abertas sobre um pedestal; um monumento com uma figura masculina nua caída, com a inscrição *Hoje como ontem, unidos na Resistência*; também atrás, no centro, um quadro pendurado de outro monumento, as Duas Torres (*Le Due Torri*) [79], símbolo de Bologna, capital da Emilia-Romagna.[80] Neste caso, a pomba alude à paz, alcançada por meio da união de todos, da (re)conciliação proposta na obra.

Os bustos e retratos de Genoeffa são em menor número.

Na pintura de Ivo Spaggiari, escorrem do rosto da mãe sete lágrimas de sangue; o fundo da tela é vermelho e branco e, completando a bandeira nacional, o verde da sua roupa.[81]

Genoeffa e Alcide aparecem juntos no quadro de Piero Ghizzardi: o marido, com um leve sorriso, olha para a esposa; atrás, vemos braços levantados de *partigiani* em armas, como se o casal à frente e os guerrilheiros integrassem um só grupo.[82]

---

77   *Ritratto di Papà Cervi*, de Sergio Terzi (Nerone), óleo sobre tela, 79 x 59 cm, sem data.

78   *Ritratto di Papà Cervi*, de Ivo Spaggiari (Pantaleone), óleo sobre tela, 69 x 48 cm, 1975.

79   *Le Due Torri*, uma denominada *Garisenda*, mais baixa e inclinada, outra, Asinelli, mais alta e menos inclinada estão localizadas em antigo ponto de entrada da cidade, a atual *Strada Maggiore*.

80   *Ricordo di Papà Cervi*, de Fernando Gazza, técnica mista sobre papel, 130 x 200 cm, 1998.

81   *Ritratto di Genoeffa Cocconi*, de Ivo Spaggiari (Pantaleone), óleo sobre tela, 58,5 x 38,5 cm, 1975.

82   *Mamma e Papà Cervi*, de Piero Ghizzardi, técnica mista sobre cartão, 70 x 100 cm, "por volta de 1960-70".

Nello Leonardi desenhou *A família Cervi*, no interior da casa, na sala de refeições, sentada à mesa, a mesma que está no andar térreo do Museu; os sete irmãos e o pai, lendo, estudando e debatendo; numa cabeceira, uma esposa amamentando um bebê, na outra uma criança; sobre a mesa, os livros; o globo está sobre a lareira/fogão, junto ao qual (o fogão) está uma mulher de costas.[83]

Por fim, mais uma obra na qual os Cervi empunham, literalmente, a bandeira nacional. Os sete irmãos *partigiani*, em silhueta, sobem uma montanha, segurando o pavilhão. O verde, branco e vermelho destacam-se no desenho em preto e branco. Num primeiro plano do quadro, está o trator. Trata-se de um dos desenhos de Nani Tedeschi que ilustram o livro de Margherita Cervi.[84]

HISTÓRIA X MEMÓRIA

A banda Cervi foi formada por Aldo antes do armistício de 8 de setembro de 1943 para combater os fascistas e nazistas, e não depois, já no contexto da luta contra o nazifascismo, como sugere o texto de Italo Calvino.[85] Estima-se que contava com 20 a 30 homens, entre os irmãos e prisioneiros de guerra soviéticos fugidos dos campos de concentração. A liderança de Aldo baseava-se na sua fidelidade ideológica ao comunismo e à Rússia revolucionária, mas sem qualquer ligação com o PCI nacional nem tampouco com a cúpula do partido na Reggia Emilia. Devido à independência dos Cervi e da banda em relação a qualquer organização partidária, muitos na província os tinham como anarquistas. Não eram. Admiravam a Rússia dos sovietes, considerando-a sua segunda pátria.[86]

Talvez Aldo tenha se apropriado de maneira própria do comunismo que conheceu na prisão, incorporando e reelaborando ideias, descartando o partido, fundindo a pretensão libertária da ideologia ao suposto espírito independente dos Cervi. Não é à toa que os vizinhos os tinham como anarquistas. Lembremos: Aldo esteve preso entre 1929 e 1931 e a família mudou-se para Gattatico em 1934.

---

83 La famiglia Cervi, de Nello Leonardi, carvão vegetal sobre papel, 53,5 x 82,5 cm, 1961.

84 Esse desenho, assim como os demais expostos no Museu feitos como ilustração das memórias de Margherita Cervi têm o mesmo título, que é o do livro: *Non c'era tempo di piangere* [Não era tempo de lamentar-se]. Nani Tedeschi, técnica mista, 44,5 x 30 cm, 1994.

85 Cf Italo Calvino, *op. cit.*, s/d (b).

86 Cf. Giampaolo Pansa. *Bella Ciao*. Controstoria della Resistenza. Milão: Saggi Rizzoli, 2014, capítulo 8, *I Cervi e altri misteri* [Os Cervi e outros mistérios].

Embora se trate de especulações, o certo é que ele e os irmãos descartaram o PCI e os comunistas reggianos como intermediários na relação com a Resistência ao nazifascismo. Uma evidência disso é o fato de assumirem, antes do 25 de julho de 1943, a luta armada contra o fascismo, o que não era a recomendação do Partido, como vimos no capítulo anterior. Alcides descreve, em seu livro, várias dessas ações resistentes realizadas pelos filhos nesse período, inclusive a derrubada de um poste de alta tensão em Sant'Ilario, próximo a Gattatico.[87]

Após a queda do fascismo (25 de julho de 1943) e a divulgação do armistício (8 de setembro), a banda deslocou-se da planície para as montanhas, nos Apeninos, quando fez a ação do assalto ao presídio, obtendo armas e alimentos.

A autonomia do grupo *partigiano* desagradou o PCI reggiano. A banda já contava com outros estrangeiros, ingleses e sul-africanos, que agiam de forma violenta com a população civil local. A manutenção de boas relações com os habitantes locais era lei de ouro na luta resistente. Através delas, procurava-se evitar delações e obter eventual assistência como alimentos, remédios, informações etc. O Partido considerou os *fratelli* "gente fora de controle" e a banda, um perigo para a luta *partigiana* que se iniciava. Militantes comunistas de Campegine, contudo, negligenciando as regras de segurança, confiaram tarefas ao grupo. Preocupados com isso, os dirigentes partidários locais enviaram dois representantes, no final de setembro de 1943, para conversar com Aldo, na tentativa de submeter a banda ao controle do PCI.[88]

Aldo recusou-se a descer com os *partigiani* para o vale para se unirem ao Grupo de Ação Patriótica recentemente formado, acusando os comunistas de incapazes e oportunistas. Como vimos no capítulo anterior, os GAPs eram pequenos grupamentos guerrilheiros, criados pelo PCI, no contexto da rendição italiana na guerra, sujeitos ao comando geral das Brigadas Garibaldi, as organizações militares da Resistência do PCI.[89]

De volta a Reggio Emilia, os enviados informaram ao Partido local a impossibilidade de Aldo submeter-se às diretivas partidárias.

---

87   Cf. Renato Nicolai e Alcide Cervi, *op. cit.*, 1979, p. 85.

88   Essas informações e análises, assim como as que se seguem, estão em Giampaolo Pansa, *idem ibidem*, 2014.

89   Para as organizações *partigiane* do PCI, ver o capítulo 4.

A banda Cervi ficou isolada, sem qualquer apoio no caso de um ataque dos nazifascistas.

Com a chegada antecipada do inverno, no fim de outubro, Aldo e os *partigiani* deixaram as montanhas, instalando-se na própria fazenda de Gattatico, uma opção altamente temerária, para dizer o mínimo. A casa já havia se tornado refúgio de ex-prisioneiros de guerra estrangeiros e a autoridade fascista da província de Reggio Emilia não desconhecia o fato. Porém, na Guarda Nacional Republicana, havia um capitão que conhecia os Cervi desde que eram crianças e vizinhos. Supõem-se que os *fratelli* contavam com a proteção deste amigo de infância. Depois do fuzilamento dos irmãos, esse oficial desertou, integrando-se às Brigadas Garibaldi, tornando-se personagem relevante da Resistência comunista na província.

Em 25 de novembro de 1943, como vimos, os fascistas da GNR foram à casa dos Cervi para prendê-los. Além dos irmãos e do pai, levaram dois italianos e quatro estrangeiros integrantes da banda. Os irmãos foram espancados e interrogados na cadeia de Servi, em Reggio Emilia. Sabiam o que os aguardava: passariam um longo período na cadeia, ou seriam deportados para um campo de concentração alemão ou fuzilados.

No dia 17 de dezembro de 1943, em uma comuna nas proximidades de Reggio Emilia, *partigiani* do PCI fizeram um atentado, vitimando o coronel da Milícia[90], Giovanni Fagiani, ferindo ainda a sua filha. Após a ação, os fascistas prometeram retaliação em caso de outros ataques.

Os Cervi e Quarto Camurri permaneceram presos.

Dez dias depois, um funcionário da comuna de Bagnolo in Piano, Davide Onfiani, foi morto pelos *partigiani*. Ninguém entendeu por que o GAP o escolheu como alvo do novo atentado, pois Onfiani não tinha envolvimento com os fascistas. Os comunistas haviam se enganado, matando a pessoa errada. O alvo era um fascista da província.

A ação exasperou o Parido Fascista Republicano reggiano. Nessa mesma noite, seus dirigentes reuniram-se e decidiram o destino dos sete irmãos e de Quarto. No dia seguinte, os oito foram fuzilados.

***

---

90 *Milizia volontaria per la sicurezza nazional*, corpo de polícia civil e ordem militar, 1923-1943, cujos integrantes eram chamados de *camisas negras*.

O historiador Luciano Casali, baseando-se na detalhada pesquisa de Eva Lucenti, analisou o fenômeno da construção do mito dos sete irmãos fuzilados.[91]

As grandes linhas fundadoras do *mito dos Sete Fratelli* encontram-se nos textos de Italo Calvino, ambos de 1953. Casali recorre a N. Gallerano para compreendê-lo: "'o mito é uma construção simbólica na qual elementos da realidade são retrabalhados e propostos em uma síntese, agindo profundamente na mentalidade coletiva e revelando aspirações, desejos, cultura'".[92]

Na narrativa de Calvino, já aparecia a ideia de que a "democracia vem do povo e a Resistência havia encontrado as suas raízes no mundo camponês e nas tradições das lutas populares italianas".[93] Esses e outros mitos reapareceram em *Os meus sete filhos*, publicado em 1955 e várias vezes reeditado, cuja difusão foi excepcional, tanto no que diz respeito à quantidade de exemplares como na distribuição na Itália e no exterior. Editado pelo PCI, vendido à módica quantia, cerca de um milhão e meio de exemplares foram distribuídos em 50 anos, sendo um milhão nos dois primeiros anos.[94]

Procurando uma "linguagem quase popular", Calvino aproximava-se da linhagem social da testemunha, favorecendo a leitura e a compreensão. Como vimos, o escritor visitou a fazenda e escreveu a partir de "conversas com Alcide".[95] Nos anos seguintes à libertação, esta foi a orientação de intelectuais críticos do próprio isolamento durante o regime fascismo, buscando, assim, integrar "a cultura e a política e vida". Esse recurso, também presente na escrita de Renato Nicolai, estaria, portanto, já em Calvino.

Até a publicação dos dois artigos, ou seja, passados dez anos do episódio do fuzilamento dos irmãos, ninguém se lembrava da família como exemplo de "amor pelo progresso e pela fraternidade universal". Como as fábulas das quais era amante e estudioso, Calvino concluiu sua narrativa de maneira pedagógica e moralizante. A

---

91 Luciano Casali, *op. cit.*, 2008; Eva Lucenti. "I fratelli Cervi: nascita di un mito. *Annali dell'Istituto Alcide Cervi*. Vols. 27-28, Reggio Emilia, Edizioni Tecnograf, 2006, 300p. As informações a seguir, estão no artigo de Casali.

92 Gallerano *apud* Luciano Casali, *idem ibidem*, 2008, p. 6.

93 Luciano Casali, *op. cit.*, 2008, p. 126.

94 Cf. Luciano Casali, *idem ibidem*, 2008, p. 133.
Apenas a título de referência, 50 liras, hoje, equivaleriam a 0,03 euros, ou R$ 0,10.

95 Luciano Casali, *idem ibidem*, 2008, p. 126.

história tornou-se, desde então, exemplo para toda a Itália e o luto dos Cervi, o luto de todas as famílias que perderam seus filhos na guerra.

As circunstâncias da morte dos irmãos não determinou o ponto de partida para o nascimento e a difusão do mito. O fuzilamento não foi divulgado, como vimos, pelos fascistas, enterrando os corpos como anônimos e em local distante. Quando as covas foram atingidas pelo bombardeio de 8 de janeiro de 1944, os corpos voltaram a ser enterrados anonimamente, como também vimos. Somente depois da libertação, foram exumados, reconhecidos e sepultados dignamente.

Para compreender a construção do mito dos sete irmãos, Eva Lucenti recorreu a referências da tragédia grega e da Bíblia, estas presentes na religiosidade popular. Lucenti refere-se, por exemplo, à história narrada no Antigo Testamento, no livro primeiro livro dos *Macabeus*[96], segundo a qual a mãe e seus sete filhos foram torturados e mortos no reinado de Antíoco,[97] por se recusarem a comer carne de porco. Casali, contudo, defende que tais referências são insuficientes para explicar o funeral dos Cervi, por exemplo:

> o fenômeno do funeral dos irmãos promovido pela pequena e periférica seção de Campegine do PCI, o 28 de outubro de 1945 transformou-se num rito de massa, em uma verdadeira e própria manifestação de proporções enormes que em absoluto foi prevista, que... fugiu completamente das mãos dos organizadores para transformar-se em algo absolutamente imprevisto: uma multidão compareceu, mobilizada pela informação transmitida de boca a boca, sem que tivesse havido solicitação de associações, grupos e partidos que, por sua vez, envolveu os inscritos, que só deste modo veio souberam do translado dos restos mortais de Villa Ospizio para Campegine, passando por Reggio Emilia.[98]

Houve, então, dois momentos distintos, na origem e difusão da história, identificou Eva Lucenti. Um primeiro espontâneo – evidente no evento do fune-

---

96 O livro I Macabeus integra o Antigo Testamento da Bíblia Católica, mas não a hebraica, pois é considerado apócrifo.

97 Rei Antíoco da dinastia Selêucida, que governou a Síria, incluindo o reino hebreu, no século II a.C.

98 Luciano Casali, *idem ibidem*, 2008, p. 131.

ral - seguido de outro cuidadosamente construído, mas ancorado no que já estava presente na "mentalidade coletiva".[99]

Casali supõe que, até o funeral, outubro de 1945, provavelmente a história havia circulado oral e espontaneamente. Nada se havia escrito, até então, sobre o acontecimento.

Somente a partir de 1947, o fenômeno ganhou outra dimensão.

Em 7 de janeiro, o presidente da jovem República, fundada poucos meses antes, foi a Reggio Emilia para afixar no peito de Alcide as sete medalhas de prata de bravura militar concedida a seus filhos. A data para a homenagem foi o 150º aniversário da bandeira tricolor, nascida justamente na cidade.[100] No país recentemente saído da sangrenta guerra civil, a escolha da efeméride evocava o sentimento nacional, associado, na história da Itália, à luta contra o domínio estrangeiro e ao processo de unificação.[101] A cidade preparou-se para receber o chefe de Estado. Uma multidão participou do acontecimento, com desfile de ex-*partigiani*, erguendo cartazes com nomes dos mortos na guerra de libertação. Para a festa, houve ampla mobilização da imprensa, das associações, partidos, instituições.

Entretanto, mesmo com toda a repercussão daquele que foi "um dos primeiros grandes eventos públicos da República Italiana", ainda não foi, tampouco, nesse momento, que a história dos Cervi ganhou "interesse institucional".[102]

---

99 Eva Lucenti *apud* Luciano Casali, *idem ibidem*, 2008, p. 131.

100 A bandeira tricolor foi criada em 1797 como símbolo da República Cisalpina (1797-1802), mais tarde, República Italiana (1802-1805), depois, Reino da Itália (1805-1814).

101 A bandeira tricolor foi criada na República Cisalpina (1797-1802), portanto, antes do *Risorgimento*, 1815-1861. A República Cisalpina, cuja capital era Milão, surgiu com Napoleão ainda general na República francesa (fase do Diretório, antes do 18 Brumário). Foi a estreia, na Itália, das ideias e instituições da França revolucionária, um antecedente, por assim dizer, do *Risorgimento*. Em 1802, o nome República Cisalpina mudou para República Italiana e Napoleão, que já era imperador, assumiu a presidência. Embora não fosse lombardo, tampouco era francês, mas corso. Em 1805, a República virou Reino da Itália e Napoleão seu rei até 1814. Com a derrota final de Napoleão, em 1815, o Congresso de Viena deu a Lombardia para a Áustria, que já controlava o Vêneto. Em suma, a bandeira tricolor vem da República revolucionária do século XVIII em uma região que, desde 1815, lutou contra um ocupante estrangeiro, por sinal germânico, os austríacos.

102 Luciano Casali, *idem ibidem*, 2008, p. 132.

Em 1948-49, a *gente 'normale'* passou a visitar a casa de Alcide, em Gattatico, logo conhecido como Papà Alcide, fazendo dele o "pai de todos".[103] Tudo isso, vale lembrar, ocorreu antes dos artigos de Calvino, ambos de 1953. Também nesse momento surgia a imagem recorrente nas homenagens: o velho e forte carvalho com os sete galhos quebrados. Em 1953, Marino Mazzacurati usou a imagem da árvore, na criação da medalha, substituindo os galhos quebrados por sete estrelas.

Para Casali, o aspecto central na representação da história, que sensibilizou a mentalidade coletiva, foi a figura do velho Alcide, mais exatamente, seu empenho para seguir adiante depois da catástrofe, retomando as rédeas do trabalho na fazenda e da família destruída. A síntese está na frase que costumava repetir, inspirada no saber camponês ("depois de uma colheita, vem outra colheita"). A tenacidade de Alcide calou fundo, primeiramente, os reggianos, depois, os emilianos, por fim, os italianos de todo o país. Eles também precisavam ir em frente, depois da "catástrofe coletiva", que foi a guerra, em geral, e a guerra civil, em particular.

Consolidado o simbolismo da história dos Cervi de maneira espontânea, iniciou-se a segunda fase da construção do mito, sistemática, de dimensões nacionais e capilares. Este trabalho vinculou-se à escrita e à divulgação do livro *Os sete irmãos*, livro de Renato Nicolai, cujas ideias principais, vale lembrar, já estavam contidas nos artigos de Calvino (1953).

Eva Lucenti entrevistou, em dezembro de 2004, Sandro Curzi, um dos responsáveis pela Comissão de imprensa e propaganda do PCI, em meados dos anos 1950. Curzi revelou os bastidores da "Operação Cervi", uma decisão deliberada de Palmiro Togliatti, que havia visitado Alcide em Gattatico em 17 de setembro de 1954, para instrumentalizar a história da família. *Os meus sete filhos* foi, na verdade, um trabalho coletivo da liderança do PCI e não propriamente um livro autoral, de Renato Nicolai. Cada página foi discutida em conjunto. Da mesma forma, foram preparados os comícios de maior importância nacionais e internacionais, em homenagem aos irmãos e ao pai, e toda a campanha de propaganda em torno da tragédia. Curzi acredita que Renato Nicolai encontrou nos artigos de Calvino, sua "maior inspiração" e não nos "numerosos encontros" que teria tido com Alcide, como consta no livro desde a 1ª edição.[104]

---

103 Casali não sabe precisar o momento em que surgiu a alcunha.

104 Aqui, vale destacar que a tese de Casali acima indicada, segundo a qual os artigos de Calvino foram ponto de partida para o estabelecimento das ideias centrais do mito, amplamente di-

As disputas de tendências no interior do Partido, na região da Emilia, e mesmo nacionalmente, explicariam os interesses políticos de Togliatti na história dos *fratelli*, segundo Casali. Pietro Secchia,[105] responsável pelo setor de propaganda do Partido, de 1946 a 1954, e vice-secretário geral de Togliatti de 1948 a 1955, compunha a linha mais inflexível de oposição à aliança com partidos liberais, apegando-se aos princípios revolucionários do Partido. A grande maioria dos comunistas na Emilia apoiava Secchia, e não Togliatti, mais moderado. A história dos Cervi teria dado ao secretário geral a oportunidade para defender que as referências para a revolução deviam ser encontrada no mundo camponês. E este, como os Cervi, tinha métodos reformistas, gradualistas; combinava o compromisso religioso com o político; partia das raízes católicas, depois socialistas e, por fim, comunistas; mostrava a enorme vontade de construir um país novo, alterando por iniciativa própria suas condições de trabalho e vida. " 'Os irmãos Cervi foram o exemplo do melhor reformismo' ", resumiu Curzi.[106]

Assim, na Comissão de imprensa e propaganda do Partido, discutiu-se sobre a necessidade de um texto para ser usado em comícios e reuniões visando a transformar a história em um fenômeno de massa. Uma vez produzidas as memórias de Alcide, as organizações de base foram instruídas pela Comissão a realizar uma "ação sistemática" para difundi-las.

A partir da morte de Alcide, em 27 de março de 1970, o livro sofreu alterações, assinalou Eva Lucenti. Até então, assinado apenas por Alcide, nas edições seguinte, passou a estampar o nome de Nicolai como coautor e não mais como editor (curador). Eliminaram-se a palavra "comunista" e qualquer referência ao *L'Unità*, jornal do PCI e ao próprio Partido. O nome de Stalin foi substituído pelos de Andrea Costa e Camillo Prampoloni, fundadores do socialismo na Itália.[107] Segundo Lucenti, cujo livro foi publicado pelo Instituto Alcide Cervi, vale destacar, os Cervi deixavam de ser "comunistas" para apresentarem-se como "democratas". A família Cervi não foi consultada nem informada sobre as alterações. Para Curzi,

---

fundidas pelo livro assinado por Nicolai, está, na verdade, no testemunho de Curzi a Eva Lucenti.

105 Sobre Pietro Secchia, ver nota 57.

106 Curzi *apud* Luciano Casali, *op. cit.*, 2008, p. 135.

107 Andrea Costa (1951-1910) e Camillo Prampoloni (1859-1930).

"esconder a verdadeira história dos Cervi foi esconder uma parte da história italiana, quase envergonhada".[108]

Já em Calvino, contudo, como os próprios Casali e Lucenti observaram, aliás, a história da tragédia dos Cervi indicava que a democracia vinha do povo (camponês). Em outras palavras, antes de o PCI, no contexto do início dos anos 1970, transformar os *sette fratelli* de comunistas a democratas, o escritor já havia traduzido a luta pelo comunismo dos Cervi em luta pela democracia, as classes, em povo, e a guerra civil em guerra pela unificação.

A versão acima apresentada sobre a responsabilidade do PCI no fuzilamento dos sete irmãos e de Quarto Camurri foi narrada por Giampaolo Pansa, em seu livro de sugestivo título: *Bella Ciao. Contra-história da Resistência.*[109] Conhecido jornalista italiano, nascido em 1935 formou-se em ciência política com a tese *Guerra partigiana entre Gênova e o vale do rio Pó.*[110] É autor de várias publicações sobre a Itália do século XX, em especial, sobre temas ligados ao fascismo, à Resistência e à guerra civil guerrilheira contra os nazifascistas.

O jornalista baseou-se, para o capítulo dedicado aos Cervi, no testemunho de Giorgio Pisanò, em *O triângulo da morte.*[111] Segundo Pansa, entre as muitas publicações sobre os sete irmãos fuzilados pelos fascistas reggianos, três autores desconstroem a memória sacralizada. Eles responsabilizam o PCI por ter provocado a tragédia, ao fazerem os dois atentados, no momento em que eles encontravam-se presos e a represália era certa. Defendem que, na realidade, o alvo das ações dos comunistas não era os fascistas mortos, mas os próprios Cervi... Além de Pisanò,[112]

---

108 Curzi *apud* Luciano Casali, *op. cit.*, 2008, p. 137.

109 Giampaolo Pansa, *op. cit.*, 2014.

110 *Guerra partigiana tra Genova e il Po.* Roma, Laterza, 1967.

111 *Il triangolo della morte.*

112 Pisanò (1924-1997), jornalista, escritor e político, era fascista e depois do 8 de setembro ficou do lado do nazifascismo.

RESISTÊNCIA: MEMÓRIA DA OCUPAÇÃO NAZISTA NA FRANÇA E NA ITÁLIA

são eles Dario Fertilio,[113] no romance histórico *A última noite dos irmãos Cervi* [114], e Liano Fanti, em *Uma história do campo: vida e morte dos irmãos Cervi.*[115]

Depois da guerra, ainda segundo Pansa, falou-se muito timidamente das contradições entre a banda Cervi e o PCI reggiano. Os comunistas nada teriam feito para salvar os irmãos, como capturar fascistas como reféns para libertá-los; não lhes ofereceram esconderijo, quando deixaram as montanhas e voltaram para a casa. O Partido mantinha pequenas casas usadas pelos meeiros da província, longe de centros habitados, para esconder armas, explosivos, alimentos e pessoas procuradas pela polícia fascista. Enfim, os dirigentes comunistas locais queriam mesmo era a eliminação dos Cervi, insubmissos ao comando partidário.

A trágica história dos Cervi ia, assim, muito além do episódio por si só trágico do fuzilamento, prolongando-se na instrumentalização do velho Alcide.

Qual é a verdade dessa história?

Os comunistas teriam realizado os dois atentados para que a represália recaísse sobre os irmãos? Não teriam, deliberadamente, se empenhado em salvá-los? Responsáveis por uma ou outra atitude, usariam, depois do fim da guerra, a memória dos *fratelli* e o velho Alcide como ícones da Resistência garibaldina?

O problema é que os testemunhos são fortemente marcados por ideologias, tanto de direita, como de esquerda. Essa realidade da guerra civil e do pós-guerra, prolongou-se nos anos de Guerra Fria. Giorgio Pisanò, a principal fonte de Giampaolo Pansa, era fascista e manteve-se fiel a Mussolini, quando o Duce foi deposto, aderindo à República Social Italiana. Terminada a guerra, no contexto da formação da República Italiana, ligou-se ao Movimento Social Italiano, partido de direita que reagrupou antigos fascistas, de Salò ou não.[116]

Diante dessa realidade, é razoável confiar nos testemunhos de fascistas defensores do nazismo?

---

113 Dario Fertilio, nascido em 1949, é jornalista de origem dálmata, radicado na Itália, militante das vítimas do comunismo e pela liberdade.

114 *L'ultima notte dei fratelli Cervi.*

115 *Una storia di campagna*: vita e morte dei fratelli Cervi. Camunia, 1990. Liano Fanti é jornalista e historiador.

116 Em 1972, o Movimento Social Italiano juntou-se ao Partido Monarquista de Unidade Democrática Italiana, acrescentando ao nome Direita Nacional, tornando-se, assim, Movimento Social Italiano-Direita nacional.

O título do livro de Pisanò, *O triângulo da morte* já explicita a guerra ideológica que não terminou em 1945. Refere-se à área, também chamada de *triângulo vermelho*, entre as províncias de Reggio Emilia, Bologna e Ferrara. De setembro de 1943 a fins de 1946, nessa região registrou-se um número particularmente alto de mortes, cujas responsabilidades são atribuídas aos *partigiani* e a militantes comunistas. Entre os mortos, estariam, não apenas fascistas, mas também e sobretudo aqueles identificados como *inimigos de classe*. A violência foi maior entre o período imediatamente antes e depois da libertação (abril de 1945), quando a luta entre fascistas e antifascistas somou-se ao confronto entre proprietários de terra, de um lado, e camponeses e meeiros, de outro.[117]

Foi nesse contexto que, em 11 de maio de 1945, foram assassinados por integrantes da Brigada Garibaldi-Paolo os sete irmãos Govoni. Entre eles, dois haviam aderido à República Social Italiana. Como os sete irmãos Cervi, foram enterrados em uma das muitas valas comuns, onde tantas vítimas da guerra civil desapareceram. Em 1951, os restos mortais dos Govoni foram encontrados e, enfim, sepultados. O funeral contou com a presença de muitas pessoas. Se a memória fascista está comprometida pela ideologia, a memória comunista não fica atrás. Por que considerar o depoimento de uns e rejeitar o depoimento dos outros? É aceitável tal procedimento, no trabalho de construção do conhecimento histórico?

Luciano Casali, por exemplo, que retoma (2008) a montagem da "Operação Cervi" desvendada por Eva Lucenti (2006), nada fala sobre a versão de Giorgio Pisanò (1992). A inconsistência das provas documentais para comprovar a responsabilidade dos *partigiani* comunistas na execução dos Cervi, ou mesmo a convicção de que se trata de uma opinião anticomunista, como de fato é, não deveria impedir, pelo contrário, que a tese de Pisanò fosse trazida para o debate.

Afinal, a suposta eliminação dos irmãos insubordinados ao Partido não seria o primeiro nem o último expurgo no interior do movimento comunista internacional. Só para ficarmos com os expurgos mais próximos no tempo ao caso Cervi, lembremos os tribunais do terror estalinista, eliminando antigos bolcheviques (1936-1938), e a Guerra civil espanhola (1936-1939), quando a intervenção

---

117 Cf. Giorgio e Paolo Pisanò. *Il triangolo della morte. La politica della strage in Emilia durante e dopo la guerra civile* [O triângulo da morte. A política de massacre na Emilia durante e após a guerra civil]. Milão: Mursia, 1992 [1a ed.].

soviética em defesa da República, custou a vida de muitos anarquistas e comunistas independentes da Internacional Comunista.

É digno de nota a ausência de qualquer referência à *Batalha do trigo*, na historiografia celebratória dos Cervi e no próprio Museu, A partir de 1925, o regime de Mussolini promoveu uma importante campanha para aumentar a produção de trigo e, assim, alcançar a autossuficiência. A iniciativa previa o beneficiamento das terras, a construção de sistemas de irrigação e a mecanização do campo. O notável sucesso alcançado pela batalha do trigo melhorou as condições de vida do trabalhador do rural. A mudança da família Cervi, em 1934, de Campegine, onde era meeira, para Gattatico, tornando-se arrendatária, talvez tenha relação com essa política pública do regime fascista.

Mais uma vez, se não é possível provar essa tese, vale ao menos mencioná-la. Aliás, o espírito empreendedor, tão celebrado da família, empenhando em modernizar o cultivo agrícola e pecuário, com obras, mecanização, técnicas e métodos, fazia parte da campanha. "Que belo dia, aquele!", lembrou Alcide, "O mais lindo da minha vida! Máquinas, homens e campos, eis o progresso, meus filhos!"[118] O que foi cantado em verso e prosa como excepcionalidade e mesmo genialidade dos *fratelli* talvez possa ser melhor contextualizado como resultado das políticas públicas do fascismo. Nas memórias de Alcide, por exemplo, ele descreve a ida a Reggio Emilia para solicitar apoio ao *Ente Bonifica*, órgão de beneficiamento, para as obras de nivelamento das terras da fazenda e construção dos canais de irrigação. O apoio consistiu na cessão de 15 carroças (*vagoni*) e os trilhos (*binari*), registrado no documento assinado por Alcide.

A história é muito mais complexa do que a memória, construída do presente para o passado, invertendo a direção da própria história, aparando arestas indesejáveis, possibilidades incômodas, buscando legitimar a realidade presente e os projetos para o futuro. A memória inventa o passado.

As informações presentes nos painéis do Museu Cervi de Gattatico apenas mencionam, como vimos, as tensões entre as versões sobre o massacre dos irmãos Cervi, sem enfrentar, de fato, a polêmica. No mínimo, a controvérsia expõe as contradições no interior do antifascismo. A ideologia impede, ainda hoje, o esclarecimento dos fatos.

---

118 Renato Nicolai e Alcide Cervi, *op. cit.*, 1979, p. 70.

O visitante do Museu Cervi não terá ideia das controvérsias – no próprio campo do antifascismo, para não dizer do comunismo - em torno do destino trágico dos irmãos homenageados; tampouco, dos massacres que o caso dos *fratelli Govoni* exemplificam. Não se trata aqui de *julgar* comportamentos nos anos da guerra civil, nem as *condenações certas* e as *erradas*. À Justiça, esse papel; à história, a busca do que ocorreu ou poderia ter ocorrido, como e por quê.

O Museu dos *sette fratelli* Cervi exalta o espírito empreendedor e independente da família, o mesmo que teria selado sua tragédia. Sem enfrentar a questão da (im)possibilidade de independência dos irmãos diante do centralismo comunista - em particular, estalinista - o Museu celebra, na verdade, o PCI. A memória venceu a história.

Depois de sete décadas, restam as reflexões sobre os significados das diferentes narrativas sobre o mesmo acontecimento e os usos da memória na construção do mito da Resistência italiana, no momento em que o país, depois de vinte anos de regime fascista e de dois de guerra civil, se *reunificava*, em busca de mais um *Risorgimento*.

O museu histórico tem reivindicado a condição de produtor e não unicamente a de divulgador de conhecimento, debate apresentado no capítulo 2. Havendo, contudo, tantos museus históricos da Resistência em vários países europeus, sobretudo, na França e na Itália, poucos conseguem homenagear seus personagens e, ao mesmo tempo, apresentá-los como personagens complexos, com seus dilemas pessoais e incertezas políticas no contexto em que viveram.

Capítulo 5 - Caderno de Imagens

Imagem 1. Museu Cervi de Gattatico. A família Cervi. Foto da foto da Autora.

Imagem 2. Museu Cervi de Gattatico. A casa (*casa colonica*) dos Cervi. Foto da foto da Autora.

Imagem 3. Museu Cervi de Gattatico. Os Cervi após do massacre. Foto da foto da Autora.

Imagem 4. Museu Cervi de Gattatico. A casa dos Cervi, atualmente, Museu Cervi de Gattatico. Foto da Autora.

Imagem 5. Museu Cervi de Gattatico. O trator (original) e o globo (cópia). Foto da Autora.

Imagem 6. Os sete irmãos Cervi: Ettore Cervi, 22 anos; Ovidio Cervi, 25 anos; Agostino Cervi, 27 anos; Ferdinando Cervi, 32 anos; Aldo Cervi, 34 anos; Antenore Cervi, 37 anos; Gelindo Cervi, 42 anos. (foto presente no Museu Cervi de Gattatico e em diversos sites, como: http://www.casolenostra.org/index.php?/plugin/tag/antifascismo)

Imagem 7. Museu Cervi de Gattatico. Estábulo transformado em sala do Museu. Foto da Autora.

Imagem 8. Museu Cervi de Gattatico. O estábulo, originalmente. Foto da foto da Autora.

Imagem 9. Museu Cervi de Gattatico. Alcide Cervi com Pietro Secchia, sob o olhar de Palmiro Togliatti. Foto de 1954. Foto da foto da Autora.

Imagem 10. Museu Cervi de Gattatico. Alcide Cervi, capa da Revista Vie Nuove.
http://www.ebay.it/itm/VIE-NUOVE-18-1956-25-APRILE-1945-CIRCO-MOSCA-POPOV-ALCIDE-CERVI-GRACE-DI-MONACO/251707243274?pt=Riviste_e_Giornali&hash=item3a9aebbb0a

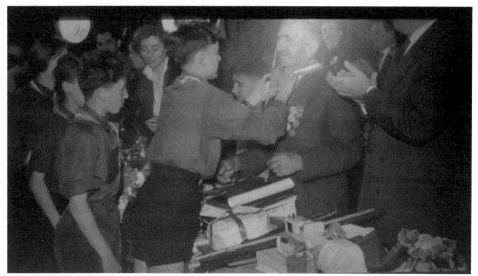

Imagem 11. Museu Cervi de Gattatico. Homenagem a Alcide Cervi. Foto da foto da Autora.

Imagem 12. Museu Cervi de Gattatico. Adele Casoli. *Esse era um oásis de paz* (*Questa era un' oasi di pace*. Óleo sobre tela. 48 x 69 cm, s/ data). Foto da Autora.

Imagem 13. Museu Cervi de Gattatico. Luisa Imbeni, *A grande mãe* (*La grande madre*. Óleo sobre compensado, 125 x 150 cm, 1990). Foto da Autora.

Imagem 14. Museu Cervi de Gattatico. Dino Fiorini. *Escola da vida* (*Suola di vita*. Óleo sobre compensado, 120 x 160 cm, s/d). Foto da Autora.

Imagem 15. Museu Cervi de Gattatico. Mora Franco. *Até de sete flores pode nascer uma nação livre (Anche da sette Fiori può nascere una nazione libere*. Acrílico sobre tela, 100 x 50 cm, 2013). Foto da Autora.

Imagem 16. Museu Cervi de Gattatico. Franca Restelli. *Depois do crepúsculo, há sempre outro dia* (*Dopo un tramonto c'è sempre un altro giorno*. Óleo sobre tela, 125 x 80 cm, 1999). Foto da Autora.

Imagem 17. Museu Cervi de Gattatico. Armando Ferretti. *Papà Cervi fala aos jovens* (*Papà Cervi parla ai Giovani*, pintura sobre cartão, 46 x 33 cm, 1955). Foto da Autora.

Imagem 18. Museu Cervi de Gattatico. Nicolaj Zukonv, *Papà Cervi* (Allegoria), (Grafite sobre papel, 40 x 60 cm, 1973). Foto da Autora.

Imagem 19. Museu Cervi de Gattatico. Vasco Montecchi. *O grande carvalho* (*La grande quercia*, terracota, 44 x 30 cm, 1978). Foto da Autora.

Imagem 20. Museu Cervi de Gattatico Sergio Terzi. *Retrato de Papà Cervi* (*Ritratto di Papà Cervi*. Óleo sobre tela, 79 x 59 cm, sem data). Foto da Autora.

Imagem 21. Museu Cervi de Gattatico. Ivo Spaggiari, *Papà Cervi* (*Ritratto di Papà Cervi*. Óleo sobre tela, 69 x 48 cm, 1975). Foto da Autora.

Imagem 22. Museu Cervi de Gattatico. Fernando Gazza (*Ricordo di Papà Cervi*. Técnica mista sobre papel, 130 x 200 cm, 1998). Foto da Autora.

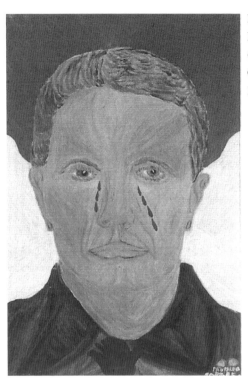

Imagem 23. Museu Cervi de Gattatico. Ivo Spaggiari, *Retrato de Genoeffa Cocconi* (*Ritratto di Genoeffa Cocconi*. Óleo sobre tela, 58,5 x 38,5 cm, 1975). Foto da Autora.

Imagem 24. Museu Cervi de Gattatico. Piero Ghizzardi. *Mamma e Papà Cervi* (técnica mista sobre cartão, 70 x 100 cm, "por volta de 1960-70"). Foto da Autora.

Imagem 25. Museu Cervi de Gattatico. Nello Leonardi. *A família Cervi* (*La famiglia Cervi*. Carvão vegetal sobre papel, 53,5 x 82,5 cm, 1961). Foto da Autora.

Imagem 26. Museu Cervi de Gattatico. Nani Tedeschi. *Não era tempo de lamentar-se* (*Non c'era tempo de piangere*. Técnica mista, 44,5 x 30 cm, 1994). Foto da Autora.

Imagem 27. Mussolini sobre um trator, na Batalha do trigo.
http://it.wikipedia.org/wiki/Battaglia_del_grano

BIBLIOGRAFIA

Aly, Götz. *Comment Hitler a acheté les Allemands*. Le IIIe Reich, une dictature au service du peuple. Paris: Flammarion, 2005.

Arendt, Hannah. *Da Revolução*. São Paulo: Ática, 1988.

Ayçoberry, Pierre. *La société allemande sous le IIIème Reich*. 1933-1945. Paris: Éditions du Seuil, 1998.

Azéma, Pierre e Bédarida, François. "Historisation de la Résistance." *Esprit*, Paris, n. 198, jan. 1994.

Azevedo, Cecília; Rollemberg, Denise; Knauss, Paulo; Bicalho, Maria Fernanda; Quadrat, Samantha (orgs.). *Cultura política, Memória e historiografia*. Rio de Janeiro: Ed. FGV, 2009.

Baldwin, Peter (ed.). *Reworking the Past*. Hitler, the Holocaust and the historians. Boston: Beacon Press, 1990.

Barcellini, Serge e Wieviorka, Annette. *Passant, souviens-toi!* Lieux du souvenir de la Seconde Guerre mondiale. Paris: Plon, 1995.

Bédarida, François. "L'histoire de la Résistance: lectures d'hier, chantiers de demain." *Vingtième Siècle*, Paris, n. 11, jul-set, 1986.

Benjamin, Walter. "Experiência." In: _____. *La metafisica de la juventud*. Barcelona: Ediciones Paidós, 1993.

_____ "Experiência e pobreza." In: _____. Magia e técnica, arte e política. *Obras escolhidas I*. São Paulo: Brasiliense, 1994.

Benz, Wolfgang (ed.). Miscel. *Fests chrift für Helmut Krausnkk zum 75* [Coletânea. Homenagem aos 75 anos de Helmut Krausnkk]. Geburtstag, Stuttgart: DVA, 1980.

Bertrand, Mickaël (dir.). *La déportation pour motif d'homossexualité en France*. Débats d'histoire et enjeux de mémoire. Lyon: Mémoire Active, 2010.

Bloch, Marc. *A estranha derrota*. Rio de Janeiro: Jorge Zahar, 2011.

Broszat, Martin e outros. *Bayern in der NS-Zeit* (Baviera nos anos do nacional socialismo). 6 vols. Munique: De Gruyter Oldenbourg, 1977-1983. (Band I (volume I) Soziale Lage und politisches Verhalten der Bevölkerung im Spiegel vertraulicher Berichte; Band II Herrschaft und Gesellschaft im Konflikt; Band III Herrschaft und Gesellschaft im Konflikt; Band IV Herrschaft und Gesellschaft im Konflikt; Band V Die Parteien KPD, SPD, BVP in Verfolgung und Widerstand; Band VI Die Herausforderung des Einzelnen).

_____ e Friedländer, Saul. "Sur l'historisation du national-socialisme. Échanges de lettres." *Bulletin trimestriel de la Fondation Auschwitz*, 1990, n. 24, p. 43-86.

_____. *L'État hitlérien*. L'origine et l'évolution des structures du Troisième Reich. Paris: Fayard,1986.

Burrin, Philippe. *La dérive fasciste. Doriot, Déat, Bergery 1933-1944*. Paris: Le Seuil, 1986.

Cadras, Mary. *Les enfants de la tourmente*. Paris: Editions Graphein; Fondation pour la mémoire de la déportation, 1995.

Calamandrei, Piero. *Homens e cidades da Resistência*. Bari: Laterza, 1955.

Cameron, Claire (dir.) *Le Mont-Valérien*. Résistance, repression et mémoire. Montreuil: Éditions Gourcuff Gradenigo, Ministère de la Défense, 2008.

Campagnano, Anna Rosa. "História das comunidades. De Antuérpia para Ferrara: a nação judaica espanhola." *Revista Morasha*, n. 67, mar. de 2010.

Camus, Albert. *O estrangeiro*. 5ª ed. Rio de Janeiro: Record, s/d.

Casali, Luciano. "Il trattore e il mappamondo. Storia e mito dei fratelli Cervi." *Storia e problemi contemporanei*, Bologna, n. 47, jan-abr. 2008.

Cassinari, Giorgio. *Piacenza nella Resistenza*. Con l'elenco dei caduti partigiani e civili. Piacenza: TEP, Edizioni d'arte, 2004.

Cavalli, Giuseppe, Don (org.). *Il contributo dei cattolici alla lotta di liberazione in Emilia-Romagna*. Atti del 2° Convegno di studi tenuto nei giorni 1, 2, 3 Maggio 1964 a Parma-Salsomaggiore. Parma: Associazione Partigiani Cristiani, 1995 (1a edição de 1966).

Cerri, Maria Luisa. *"Piacenza nella guerra di liberazione - Rassegna Bibliografica - Elenco formazioni XIII zona."* Comitato Provinciale A.N.P.I Piacenza.

Cervi, Alcide e Nicolai, Renato. *I miei sete figli*. Turim: Einaudi, 2010.

Cervi, Margherita. *Non c'era tempo di piangere*. Reggio Emilia: Instituto Alcide Cervi, 2001.

Contini, Giovanni e Paggi, Silvia (ed.). *La memoria divisa*: Civitella della Chiana, 29 giugno 1944-94. Roma: Manifestolibri, 1996.

Coordinamento donne Anpi. *Donne, il valore dell'unità*. Un incontro di generazioni fra memoria e attualità. Bologna: Edizioni Provincia di Bologna, 2005.

D'Almeida, Fabrice. "Musée d'histoire, histoire dans les musées." *Vingtième Siècle*. Revue d'histoire, Paris, n. 37, jan-mar de 1993.

Delumeau, Jean. *Le péché et la peur*. La culpabilisation en Occident. (XIIIe- XVIIIe siècles). Paris: Fayard, 1983.

Desvallées, André e Mairesse, François (orgs.). *Concepts clés de museologie*. Com o apoio do Musée Royal de Mariemont e do Comité international de l'ICOM (International Council of Museums) pour la museologie. Paris: Armand Colin, 2010.

Doré-Rivé, Isabelle (dir.) *Une ville dans la guerre*. Lyon 1939-1945. Les collections du Centre d'Histoire de la Résistance et de la Déportation. Lyon: Fage; CHRD, 2012.

Dossier "Emilio Canzi. Piacenza (1893-1945)". Suplemento do n. 316 (abr. de 2006) da revista mensal anarquista "A".

Emprin, Gil e Barrière, Philippe. *Musée de la Résistance et de la Déportation de l'Isère*. Le guide. Grenoble: Musée de la Résistance et de la Déportation de l'Isère, s/ data.

Epstein, Denise. *Survivre et vivre*. La fille d'Irène Némirovsky témoigne. Entretiens avec Clémence Boulouque. Paris: Denöel, 2008.

Fajon, Etienne. *Ils aimaient la vie*. Lettres des fusillés. Paris: Ed. Messidor, 2001.

Fanti, Liano. *Una storia di campagna*: vita e morte dei fratelli Cervi. Camunia, 1990.

Felice, Renzo de. *Mussolini il Duce*, I, Gli anni del consenso. 1929-1936, Turim: Einaudi, 1974.

_____. *Mussolini l'alleato*, II. La guerra civile. 1943-1945. Turim: Einaudi, 1997.

Ferreira, Marieta de Moraes e Amado, Janaína (orgs.). *Usos & abusos da história oral*. Rio de Janeiro: Ed. FGV, 1996.

Ferro, Marc. *A Grande Guerra*. 1914-1918. Lisboa: Edições 70, 2002.

Fest, Joachim. *La Résistance allemande* à Hitler. Paris: Perrin, 2009.

Fishman, Sarah; Downs, Laura Lee; Sinanoglou, Ioannis; Smith, Leonard V.; Zaretsky, Robert (orgs.). *La France sous Vichy*: autour de Robert O. Paxton. Paris: IHTP/ CNRS; Bruxelas: Editions Complexe, 2004.

Foucault, Michel. *Vigiar e Punir*. Petrópolis: Vozes, 1977.

Furet, François. *Pensando a Revolução Francesa*. Rio de Janeiro: Paz e Terra, 1989.

Freud, S. *O estranho*. 1919.

Gagnebin, Jeanne Marie. *Lembrar escrever esquecer*. São Paulo: Ed. 34, 2006.

Ganier-Raymond, Philippe. *L'Affiche rouge*. Paris: Fayard, 1975.

Gellately, Robert. *Apoiando Hitler*. Consenso e coerção na Alemanha nazista. Rio de Janeiro: Record, 2011.

Gervereau, Laurent. Le musée, source ou moteur de recherche? *Vingtième Siècle*. Revue d'histoire, Paris, Presses de Sciences Po, n. 72, 2001/4.

Geyer, Michael. "Resistance as ongoing project: visions of order, obligations to strangers, struggles for civil society." *The Journal of Modern History*, v. 64, Supplement: Resistance against the Third Reich (dez. 1992), p. S217-S241.

Giliotti, Sergio. *La Seconda Julia nella Resistenza*. La più bianca delle brigate partigiane. Reggio Emilia: Diabasis, 2010.

Gimard, Jacques. *Trompe-la-mort*. Les carnets secrets de Pierre Paoli, agent français de la Gestapo. Reims: Éditions Qui lit vit, 2011.

Girardet, Raoul. *Mitos e mitologias políticas*. São Paulo: Companhia das Letras, 1987.

Goldmann, Lucien, *Le dieu caché*. *Étude sur la vision tragique dans les Pensées de Pascal et dans le théâtre de Racine*. Paris: Gallimard, 1955.

Gomes, Angela de Castro (org.). *Escrita de si, escrita da história*. Rio de Janeiro: Ed. FGV, 2004.

_____. (org.). *Direitos e Cidadania*. Memória, política e cultura. v. 2. Rio de Janeiro: Ed. FGV, 2007.

Green, Julien. *La fin d'un monde*. Paris: Seuil, 1992.

Guarnieri, Antonella. *Dal 25 luglio a Salò*. Ferrara 1943. Nuova interpretazione della lunga notte. Ferrara: 2G Editrice, 2005.

Guerra, Orazio (dir.) *Capitolium*, Ottobre 1973. La Resistenza romana: trent'anni dopo. Roma: Stampa, 1973.

Halbwachs, Maurice. *La mémoire colletive*. Paris: Albin Michel, 1997.

_____. *Les cadres sociaux de la mémoire*. Haia: Mouton, 1976.

Hermet, Guy, Hassner, Pierre e Rupnik, Jacques (orgs.), *Totalitarismes*. Paris: Economica, 1999 (1a ed. 1984).

Historial Charles de Gaulle. "Espoir." Hôtel National des Invalides, Musée de l'Armée. *Revue de la Fondation Charles de Gaulle*, Paris, Numéro hors série, mars 2008.

Houssin, Monique. *Résistantes et résistants en Seine-Saint-Denis:* un nom, une rue, une histoire. Ivry-sur-Seine:

Husson, Jean-Pierre. *La Marne et les Marnais à l'épreuve de la Seconde Guerre mondiale*, 2 tomes. Reims: Presses universitaires de Reims, Champagne-Ardenne, 1995.

Husson, Jocelyne. *La Déportation des Juifs de la Marne* 1942-1944. Reims: Presses universitaires de Reims, 1999.

Kershaw, Ian. *L'opinion allemande sous le nazisme en Bavière*: 1933-1945. Paris: Editions CNRS, 2002.

_____. *The "Hitler myth"*. Image and reality in the Third Reich. Oxford: Oxford University Press, 1987.

Kissener, Michael. "Les formes d'opposition et de résistance au national-socialisme en Allemagne." In: Marcot, François e Musiedlak, Didier (orgs.). *Les Résistances, miroir des regimes d'oppression*. Allemagne, France, Italie. Actes du Colloque International de Besançon, 24 a 26 septembre 2003, Musée de la Résistance et de la Déportation de Besançon, Université de Franche-Comté e Université de Paris X. Besançon, Presses Universitaires de Franche-Comté, 2006.

Klarsfeld, Serge. *Les 1007 fusillés du Mont-Valérien parmi lesquels 174 Juifs*. Paris: Ed. FFDJF, 2010.

_____. *Vichy-Auschwitz. La solution finale* de la question juive en France. Paris: Fayard, 2001 (1ª ed. 1983).

Koehn, Barbara. *La Résistance allemande contre Hitler*, 1933-1945. Paris: Presses Universitaires de France, 2003.

Krivopissko, Guy. *À vous e à la vie*. Lettres des fusillés du Mont-Valérien, 1940-1944. Paris: Talladier, 2010.

_____(org.). *La vie à en mourir*. Lettres de fusillés (1941-1944). 2a ed. Paris: Talladier, 2006 [1a ed em 2003].

Laborie, Pierre. *Les Français sous Vichy et l'Occupation*. Toulouse: Éditions Milan, 2003.

_____. "La Résistance et le sort des juifs." In: Laborie, Pierre. *Les Français des années troubles*. De la guerre d' Espagne à la Liberation. Paris: Seuil, 2003.

_____. *Le chagrin et le venin*. La France sous l'Occupation, mémoire et idées recues. Montrouge: Bayard, 2011.

_____. Os franceses do pensar-duplo. In: Rollemberg, Denise e Quadrat, Samantha (orgs.). *A construção social dos regimes autoritários*: legitimidade, consenso e consentimento no século XX. Europa. Rio de Janeiro: Civilização Brasileira, 2010. v. 1.

_____. *Les mots de 39-45*. Toulouse: Presses Universitaires du Mirail, 2006.

_____. *Les Français des années troubles*. De la guerre d' Espagne à la Liberation. Paris: Seuil, 2003.

_____. *L'opinion française sous Vichy*. Les Français et la crise d' identité nationale. 1936-1944. Paris: Seuil, 2001.

_____. "Historiens sous e surveillance." *Esprit*. Paris, n. 198, jan, 1994.

Le Goff, Jacques. Documento/Monumento. Romano, R. *Enciclopédia Einaudi: Memória/História*. Lisboa: Imprensa Nacional/ Casa da Moeda, 1982.

Le Maitron. *Dictionnaire biographique du mouvement ouvrier, mouviment social.* Paris: Editions de l'Atelier, 2007.

Le Maner, Yves. *La Coupole*. Centre d'Histoire et de Mémoire du Nord-Pas-de-Calais. Saint Omer: La Coupole Éditions, 2011.

Lécureur, Bertrand. "L'autre Allemagne", la résistance intérieure au nazisme, un aspect particulier des manuels d'histoire allemands publiés depuis 1950." *Tréma*, n. 29, 2008.

Lelièvre, Delphine. *La dernière lettre*. Paroles de résistants fusillés en France. Paris: Ed. Magnard, 2011.

Levisse-Touzé, Christine e Veillon, Dominique. Museu do Général Leclerc de Hauteclocque e da Libertação de Paris - Museu Jean Moulin. *Jean Moulin*. Artiste, préfet, résistant. Paris: Talladier, 2013.

_____; Martens, Stefan (orgs.). *Des Allemands contre le nazisme*. Oppositions et résistances. 1933-1945. Paris: Albin Michel, 1997.

Liebmann, Léon. Michel (Henri). "Les courants de pensée de la Résistance." *Revue belge de philologie et d'histoire,* v. 42, 1964, n. 42-2, p. 662-665.

Longerich, Peter. *Nous ne savions pas*. Les allemands et la Solution finale. 1933-1945. Paris: Éditions Héloïse d'Ormesson, 2008.

Lucenti, Eva. "I fratelli Cervi: nascita di un mito." *Annale dell'Istituto Alcide Cervi*, 2005-2006. Reggio Emilia: Tecnograf, 2006.

_____. Entrevista com Sandro Curzi sobre o mito dos irmãos fratelli Cervi. *Storia e problemi contemporanei*. v. 22, fascículo 51, 2009, p. 123-136.

Malvezzi, Pietro e Pirelli, Giovanni (orgs.). *Lettre di condannati a morte della Resistenza italiana* (8 settembre 1943-25 aprile 1945). Turim: Einaudi, 2003(1a ed de 1952, Giulio Einaudi editore).

Marcot, François (org.). *Dictionnaire historique de la résistance*. Paris: Robert Laffont, 2006.

_____; Musiedlak, Didier (dirs.). *La Résistance et les Français:* lutte armée et maquis. Besançon: Presses Universitaires de Franche-Comté, 1996.

Martins, Estevão de Rezende (org). *A história pensada*. Teoria e método na historiografia europeia do século XIX. São Paulo: Contexto, 2010.

Mastrangelo, Emanuele. *Atlante storico della Resistenza italiana*. L. Baldissara, Bruno Mondadori, 2000.

Mémorial du Maréchal Leclerc de Hauteclocque et de la Libération de Paris. Musée

Jean Moulin. *Guide général*. Paris: Éditions des musées de la Ville de Paris, 1997.

Meneses, Ulpiano Bezerra de. A cultura material no estudo das sociedades antigas. *Revista de História*, n. 115, 1983, pp. 103-117.

_____. A exposição museológica: Reflexões sobre os pontos críticos na prática contemporânea. *Simpósio de comunicação dos museus de Arqueologia e Etnologia*, Universidade de São Paulo, 1993.

_____. "A problemática da identidade cultural nos museus: de objetivo (de ação) a objeto (de conhecimento)." *Anais do Museu Paulista*. São Paulo: Universidade de São Paulo. Nova Série, n. 1, 1993, p. 207-222.

_____. Do teatro da memória ao laboratório da História: a exposição museológica e o conhecimento histórico. *Anais do Museu Paulista*. São Paulo: Universidade de São Paulo, Nova série, v. 2, p. 9-42, 1994.

_____. História e imagem: iconografia/iconologia e além. In: Cardoso, Ciro F. e Vainfas, Ronaldo (orgs.). *Novos domínios da História*. Rio de Janeiro, Elsevier; Campus, 2012.

_____. *Museu e sociedade/Museu e público: propósitos sem ilusões*. Mimeo., s/d.

Merlio, Gilbert. *Les résistances à Hitler*. Paris: Talladier, 2001.

Michel, Henri. *Les courants de pensée de la Résistance*. Paris: Presses Universitaires de France, 1962.

Moatti, Alain e Rivière, Henri. "Le monument invisible." In: *Espoir*. L'Historial Charles de Gaulle. Hôtel National des Invalides, Musée de l'Armée. Revue de la Fondation Charles de Gaulle. Paris, Numéro hors série, mar. 2008.

Mogavero, Giuseppe e Parisella, Antonio (orgs.). *Memorie di Quartiere*. Il Granatiere, 2011. Roma. IX Municipio. Frammenti di storie di guerra e di Resistenza nell Appio Latino e Tuscolano. 1943-1944. Roma: Edilazio, 2007.

Moltke, Freya von. *Memories of Kreisau & German Resistance*. Lincoln and Londres: University of Nebraska Press, 2003.

Mommsen, Hans. "The German Resistance against Hitler and the restoration of politics." *The Journal of Modern History*, v. 64, Supplement: Resistance against the Third Reich (dez. 1992), p. S112-S12.

Müller, Klaus-Jünger. "La résistance allemande au régime nazi. L'historiographie en République Fédérale." *Vingtième Siècle*. Revue d'histoire, Paris, n°11, jul-set. 1986. p. 91-106.

Musée de l'Armée. Département contemporain. 1871/1945. Paris: Éditions Artlys, 2013.

Musée de la Résistance de Bondues. Association "Souvenir de la Résistance et des Fusillés du Fort Bondues". *Ils étaient 68...* Les fusillés du Fort Lobau de Bondues. Éds. Musée de la Résistance de Bondues, s/data.

Musée de la Résistance. Fort Lobau. Bondues. *Guide de visite*, s/d.

Museo Cervi. *Raccolta di scritti e poesie sui fratelli Cervi*. Reggio Emilia: Instituto Alcide Cervi, s/d.

Nazé, Francis. *Du Fort à la cour sacrée*. Souvenir de la Résistance et des fusillés du Fort Bondues. 1987.

Némirovsky, Irène. *Suíte francesa*. Lisboa: Dom Quixote, 2005.

Nicolai, Renato e Cervi, Alcide. *Os meus sete filhos*. Lisboa: Editoria Avante!, 1979.

Nietzsche, F. *Assim falou Zaratustra*. São Paulo: Companhia das Letras, 2011.

Nolan, Mary. "The historikerstreit and social history." *New German Critique*, n. 44, Special issue on the historikerstreit (primavera-verão,1988), p. 51-80.

Nora, Pierre. "Entre memória e história: a problemática dos lugares." *Projeto História*. São Paulo, n. 10, p. 7-28, dez. 1993.

_____ (dir.). *Les Lieux de mémoire*. Paris: Gallimard. 3 tomos: t. 1 *La République* (1 v., 1984), t. 2 *La Nation* (3 v., 1987), t. 3 *Les France* (3 v., 1992).

Olivieri, Alessandra (org.). *Messi al muro*. I manifesti conservati nel Museo Storico della libertazione, Roma: Museo Storico della Liberazione, 2011.

Onofri, Nazario Sauro (org.). *I Quaderni di Resistenza oggi*, I. 1943 Cade il fascismo. Pubbicazione per il Sessantennale della lotta di liberazione. Supplemento al n. 4 del 2003 di "Resistenza oggi". Bologna: ANPI di Bologna, 2003.

Paladini, Arrigo. *Via Tasso*. Museo Storico dela Liberazione di Roma. Roma: Istituto Poligrafico e Zecca dello Stato, 1986.

Palmier, Jean-Michel. *Weimar en exil*. Le destin de l'émigration intellectuelle allemande antinazie en Europe et aux États Unis. Paris: Payot, 1988. 2 vols.

Pansa, Giampaolo. *Bella Ciao*. Controstoria della Reistenza. Milão: Saggi Rizzoli, 2014.

Parri, Ferruccio. *Kriegsfangener* [Prisioneiro de guerra]. 1943-1945. Ferrara, 2003.

Pattier, Jean Baptiste. *Vérités officieles. Comment s'écrit l'histoire de la Seconde Guerre Mondiale*. Paris: Vendémiaire, 2012.

Pavan, Ilaria. *Il podestà ebreo*. La storia di Renzo Ravenna tra fascism e leggi razziali. Roma: Laterza, 2006.

Pavone, Claudio. *Une guerre civile*. Essai historique sur l'éthique de la Résistance italienne. Paris: Seuil, 2005 (1ª edição italiana de 1991).

Paxton, Robert O. *La France de Vichy*. 1940-1944. Paris, Seuil, 1997 (1a edição, em 1973).

RESISTÊNCIA: MEMÓRIA DA OCUPAÇÃO NAZISTA NA FRANÇA E NA ITÁLIA

_____. *Vichy France*. Old guard and new order. 1940-1944. New York, 1972.

Perec, Georges. *W ou a memória da infância*. São Paulo: Companhia das Letras, 1995.

Perona, Ersilia Alessandrone e Cavaglion, Alberto (org.). *Luoghi della memoria, memoria dei luoghi nella regioni alpine occidentali*. 1940-1945. Turim: Istituto piemontese per la storia della Resistenza e della società contemporanea Giorgio Agosti, 2005.

Perona, Gianni. "Penser la Résistance: les formes de la Résistance et l'opposition au fascisme en Italie." In: Marcot, François e Musiedlak, Didier (orgs.). *Les Résistances, miroir des regimes d'oppression*. Allemagne, France, Italie. Actes du Colloque International de Besançon, 24 a 26 septembre 2003, Musée de la Résistance et de la Déportation de Besançon, Université de Franche-Comté e Université de Paris X. Besançon, Presses Universitaires de Franche-Comté, 2006.

Peschanski, Denis; Pollak, Michael; Rousso, Henry (orgs.). *Histoire Politique et Sciences Sociales*. Questions au XXè siècle. Paris/Bruxelles: IHTP/Editions Complexes, 1991.

Peschanski, Denis. "Le concept du totalitarisme" (Cap. 7). In: Peschanski, Denis; Pollak, Michael; Rousso, Henry (orgs.). *Histoire Politique et Sciences Sociales*. Questions au XXè siècle. Paris/Bruxelles: IHTP/Editions Complexes, 1991.

_____. *La France des camps: l'internement, 1938-1946*. Paris: Gallimard, 2002.

_____. "Résistance, résilience et opinion dans la France des années noires. *Psychiatrie Française*", v. XXXVI, n. 2-5, p. 194-210, fev. 2006.

Piraccini, Orlando e Varesi, Paola (orgs.). *Museo Cervi*. La raccolta d'arte contemporânea Reggio Emilia: Istituto Alcide Cervi, Istituto per i Beni Artistici, Culturali e Naturali della regione Emilia-Romagna, 2001.

Pisanò, Giorgio e Pisanò, Paolo. *Il triangolo della morte. La politica della strage in Emilia durante e dopo la guerra civile*. Milão: Mursia, 1992.

Pomian, K. Colecção. Romano, R. *Enciclopédia Einaudi*: Memória/História. Lisboa: Imprensa Nacional/ Casa da Moeda, 1982. v. 1; p. 51-85.

Pozza, Roberto. *La valigia nascostas*. Istantanee dai Balcani e quaderno di campo del Sottotenente Arnaldo Pozza internato militare a Sandbostel Stalag XB (1941-1945). Ferrara: Casa Editrici Tresogni, 2014.

Probst, Cristopher J. *Demonizing the Jews: Luther and the Protestant Church in Nazi Germany*. Indiana: Indiana University Press, 2012.

Quadrat, Samantha e Rollemberg, Denise (orgs.). *História e memória de ditaduras. Brasil, América Latina e Europa*. Rio de Janeiro: Ed. FGV, 2015.

Rafesthain, Alain. *Le Cher sous Vichy*. 1940-1944. La vie quotidienne. Paris: Royer, 2006.

Reichel, Peter. *La fascination du nazisme*. Paris: Éditions Odile Jacob, 1993.

Revue de la société des amis du Musée de l'Armée. De Gaulle aux Invalides. N. 139, 2010.

Rigg, Bryan Mark. *Os sodados judeus de Hitler*. Rio de Janeiro: Imago, 2004.

Rioux, Jean Pierre e Sirinelli, J. F. (dir.). *Para uma história cultural*. Lisboa: Estampa, 1998.

Rollemberg, Denise e Quadrat, Samantha (orgs.). *A construção social dos regimes autoritários*. Legitimidade, consenso e consentimento no Século XX. v. 1: Europa. Rio de Janeiro: Civilização Brasileira, 2010.

Rousso, Henry. *La hantise du passé*. Entretien avec Philippe Petit. Paris: Les Éditions Textuel, 1998.

_____. *Le Régime de Vichy*. 2a ed. Paris, PUF, 2012

_____. *Le syndrome de Vichy de 1944 à nos jours*. 2ª ed. Paris: Seuil, 1990 (1ª ed. 1987).

Sémelin, Jacques. "Qu'est-ce que 'résistir'?" *Esprit*, Paris, n. 198, jan. 1994.

Scheler, Lucien. *Lettres de fusillés*. Paris: Editions France D'Abord, 1946.

Scholl, Inge *La Rose blanche*. Six allemands contre le nazisme. Paris: Les Éditions de Minuit, 2001 (1ª edição francesa de 1953).

Silingardi, Claudio. *Alle spalle della Linea Gotica*. Storie luoghi musei di guerra e resistenza in Emilia-Romagna. Modena: Artestampa; Istituto Storico di Modena, 2009.

Sirinelli, Jean-François. "Effets d'âge et phénomènes de génération dans le milieu intellectuel français" e "Les Khagneux et normaliens des années 1920: un rameau de la "génération de 1905?". *Les Cahiers de l'Institut d'Histoire du Temps Present*. Dossier Générations intellectuelles. Paris, n. 6, nov. 1987.

_____. *Génération intelectuelle*. Les Khâgneux et normaliens dans l'entre-deux-guerres. Paris: Fayard, 1988.

_____. "Génération et Histoire Politique", *in Vingtième Siècle*. Revue d'Histoire, Paris, n. 22, abr-jun 1989.

Sprega, Franco. *Il filo della memoria*. Fatti e cronache di Fiorenzuola dal movimento socialista agli albori della Resistenza. Piacenza: Tip.Le.Co., 1998.

Sternhell, Zeev. *Nascimento da ideologia fascista*. Com Sznajder, Mario e Asheri, Maia. Lisboa: Bertrand Editora, 1995.

Todorov, Tzvetan. *Les abus de la Mémoire*. Paris: Arléa, 2004.

_____. *Uma tragédia francesa*. Rio de Janeiro: Record, 1997.

Tranfaglia, Nicola (org.). *Storia di Torino*. Dalla Grande Guerra alla Liberazione (1915-1945). v. 8. Turim: G. Einaudi, 1998.

Traverso, Enzo (éd.) *Le totalitarisme*. Le XXe siècle en débat. Paris: Seuil, 2001.

Trommler, Frank. "Between normality and Resistance: catastrophic gradualism in nazi Germany." *The Journal of Modern History*, v. 64, Supplement: Resistance against the Third Reich (dez. 1992), p. S82-S101.

Vallade, Olivier, *Des combats au souvenir*. Lieux de Résistance et de mémoire. Isère et Vercors. Grenoble: Presses Universitaires de Grenoble, 1997.

Veil, Simone. *Une vie*. Paris: Stock, 2007.

Veillon, Dominique. "La mode comme pratique culturelle". In Rioux, Jean-Pierre (dir.). *La vie culturelle sous Vichy*. Bruxelas, Éditions Complexe, 1990.

Vergnon, Gilles. *Résistance dans le Vercors*. Histoire et lieux de mémoire. Grenoble: Glénat, Parc Naturel Régional du Vercors, 2012.

Vovelle, Michel. *L'Heure du grand passage*. Paris: Gallimard, 1993.

Weisenborn, Günther. *Une Allemagne contre Hilter*. Paris: Félin, 1998, tradução do original *Der lautlose Aufstand* [A rebelião silenciosa]. Bericht über Die Widerstandsbewegung des Deutschen Volkes, 1933-1945 [Relatório sobre o movimento de resistência [Widerstand] do povo alemão, 1933-1945], 1ª edição de 1953.

Wieviorka, Olivier. *La mémoire désunie*. Le souvenir politique des années sombres, de la Libération à nos jours. Paris: Seuil, 2010.

Ypersele, Laurence van e Debruyne, Emmanuel. *Je serai fusillé demain*. Les dernières lettres des patriotes belges et français fusillés para l'occupant: 1914-1918. Bruxelas: Racine Eds., 2011.

AGRADECIMENTOS

Este livro é resultado da pesquisa intitulada *A honra inventada. Museus e memoriais da Resistência aos fascismos na Segunda Guerra Mundial,* [1] desenvolvida no Departamento de História e Programa de Pós-Graduação em História da Universidade Federal Fluminense, com apoio do Conselho Nacional de Desenvolvimento Científico e Tecnológico (CNPq). Parte do trabalho foi desenvolvido no pós-doutorado, realizado na Universidade de São Paulo (2013), no Programa de Pós-Graduação de História Social. Agradeço à Área de História da UFF (Departamento e PPGH), a concessão de um ano de licença para o pós-doutorado; ao CNPq, a bolsa de produtividade; ao PPGHS da USP, em especial, ao querido amigo, Francisco Martinho, professor de História da Civilização Ibérica, meu supervisor na USP.

Agradeço, igualmente, à FAPERJ (Fundação Carlos Chagas Filho de Amparo à Pesquisa do Estado do Rio de Janeiro) o apoio para a publicação do livro, bem como a bolsa de Iniciação Científica concedida à Ana Carolina Padovani, estudante de história da UFF, a quem sou grata pelo interesse e pela dedicação.

Em alguns dos museus visitados, tive a sorte de contar com a competência e o apoio preciosos de pesquisadores e funcionários dedicadíssimos: Xavier Laurent, do Museu da Resistência e da Deportação do Cher, Bourges, França; Agostio Cardelli, do Museu Histórico da Libertação, Roma; Maurizio Carra, do Museu da

---

[1] *Honra inventada* é como os historiadores se referem ao mito da Resistência, no caso da França. Entre outros, ver Pierre Laborie. *L'opinion française sous Vichy*. Les Français et la crise d'identité nationale. 1936-1944. Paris: Seuil, 2001; -------. *Les Français des années troublés*. De la guerre d'Espagne à la Liberation. Paris: Seuil, 2003.

Resistência em Valmozzola, Itália; Alice Lugli, do Museu Cervi de Gattatico, Itália e Simona Mussini, do Museu audiovisual da Resistência-Massa Carrara e La Spezia, Itália. A eles, meus agradecimentos e respeito pelo trabalho que desenvolvem.

À Editora Alameda, que acolheu com entusiasmo o livro.

Por fim, expresso admiração e reconhecimento por duas pessoas especiais. À Doris, irmã querida, cujo amor inquebrantável nos une e fortalece. Ao Ronaldo, que me acompanhou nessa e tantas outras viagens.

Esta obra foi impressa em São Bernardo do
Campo no inverno de 2016 pela gráfica *Assahí*.
No texto foi utilizada a fonte Minion Pro em
corpo 10,25 e entrelinha de 15, 375 pontos.